高速公路智能化管理研究系列丛书

面向数智时代的高速公路
智能管控理论及应用

顾明臣　张英杰　王江锋　祝　涛　等著

北京交通大学出版社

·北京·

内容简介

本书深入研究了高速公路数据质量控制、交通状态识别与态势推演、主动交通管控、施工区管控、机电系统健康检测与评估、差异化收费等应用场景,并运用群体智能、人工智能、大数据等技术方法对相关理论进行了探索,将提出的创新性管控算法和技术方法应用于高速公路管控、精准收费、智慧隧道和智慧服务区等领域。

本书具有系统性、专业性、实践性和创新性等突出特点,为我国高速公路交通管理及其相关研究人员提供了理论支持和技术实践指导,有助于提升我国高速公路管控能力,促进公路交通高质量发展。

图书在版编目(CIP)数据

面向数智时代的高速公路智能管控理论及应用/顾明臣等著. -- 北京:北京交通大学出版社,2024.6. -- ISBN 978-7-5121-5271-7

Ⅰ. U491

中国国家版本馆 CIP 数据核字第 20247PV524 号

面向数智时代的高速公路智能管控理论及应用
MIANXIANG SHUZHI SHIDAI DE GAOSU GONGLU ZHINENG GUANKONG LILUN JI YINGYONG

责任编辑:严慧明	特约编辑:师红云
出版发行:北京交通大学出版社	电话:010-51686414　　http://www.bjtup.com.cn
地　　址:北京市海淀区高粱桥斜街 44 号	邮编:100044

印　刷　者:北京虎彩文化传播有限公司

经　　销:全国新华书店

开　　本:185 mm × 260 mm　　印张:18.75　　字数:428 千字　　彩插:0.25 印张

版 印 次:2024 年 6 月第 1 版　　2024 年 6 月第 1 次印刷

定　　价:68.00 元

本书如有质量问题,请向北京交通大学出版社质监组反映。对您的意见和批评,我们表示欢迎和感谢。

投诉电话:010-51686043,51686008;传真:010-62225406;E-mail:press@bjtu.edu.cn。

本书编委会

主　　任：顾明臣　张英杰　王江锋　祝　涛

副主任：张　硕　李　溯　王一宁　张　虎
　　　　李　源　唐夔川

编　　委：孙星亮　熊慧媛　张家庆　张百永
　　　　许海波　齐崇楷　张越评　李丹凤
　　　　石媛嫄　蹇峰　贺丹　郝硕
　　　　刘增军

支持单位：

交通运输部规划研究院
北京交通大学
盘天（厦门）智能交通有限公司
河南交通投资集团有限公司
安徽省交通规划设计研究总院股份有限公司
黑龙江省公路建设中心
浙江交投高速公路运营管理有限公司
重庆高速公路集团有限公司

前　言

随着5G、人工智能、大数据、云计算等创新科技与交通运输系统的深度融合，交通运输领域进入数字化、智能化关键发展期。数字化转型已经成为推进交通运输提效能、扩功能、增动能的重要手段，数字化技术应用在交通运输个别领域已呈现领先态势，高速公路基础设施的数字转型、智能升级得到了加速推广与应用，面向数智时代的高速公路智能管控理论发展也应满足新的需求。因此，如何利用创新科技赋能高速公路智能管控，最大限度地提升高速公路交通流运行质量和通行服务效率，是新时期推动交通运输高质量发展面临的一个重要课题。数智时代的高速公路智能管控涉及多维数据感知、业务应用决策、智慧出行等方面，应通过路网数据治理挖掘与人工智能算法的赋能，全面提升高速公路网管理、决策的智能化水平。

本书围绕高速公路数据质量控制、交通状态识别与态势推演、主动交通管控、施工区管控、机电系统健康检测与评估、差异化收费等应用场景，运用群体智能、人工智能等方法对这些应用场景所涉及的理论进行了研究，提出了相应的创新性管控算法。同时，将所研究的理论方法应用到高速公路管控中，对高速公路管控、精准收费、智慧隧道和智慧服务区等所使用的数智技术进行了介绍。

针对高速公路智能管控，本书从管控原理、方法和应用效果等角度，对所涉及的数据分析、识别和推演算法、主动管控方法和收费定价模型等理论方法进行了深入研究，主要特点包括以下几个方面。

（1）系统性。涉及数据质量、交通状态、主动管控、机电系统、差异化收费等方面，对高速公路识别、管控、评估等方法进行了深入研究，并给出了相应研究理论方法的应用情况。

（2）专业性。围绕高速公路智能管控所涉及路网态势推演、事故风险模型、施工区等经典场景，提出了反映高速公路交通流运行规律的核心理论和方法，为相关管理和研究人员提供支持。

（3）实践性。针对当前高速公路实际应用场景进行了理论方法的应用，并将应用成果进行了总结，使得所提出的理论方法可以很好地同实际问题相结合。

（4）创新性。使用多种人工智能算法解决高速公路智能管控问题，充分体现了数智时代的技术特征与当前交通领域的新技术发展，使研究人员能够了解当前交通领域的前沿知识，也有利于提升高速公路管控能力。

本书研究成果得到了重点研发计划项目（2018YFB1600703、2019YFF0301403）、国家自然科学基金项目（61973028）等20余项项目的支持。本书主要内容汇聚了编者及"城市综合交通大数据智能计算平台研发创新团队"多年来的研究成果，可为高速公路智能管控提供理论方法和技术支撑。

本书编写分工如下：第1、2、3、4章由北京交通大学王江锋编写，齐崇楷、郝硕、贺丹等人参与修订；第5、6、7、8、9章由交通运输部规划研究院顾明臣、张英杰、祝涛、张硕、李溯、熊慧媛、张百永编写，寒峰、孙星亮、张家庆、许海波、齐崇楷、张越评、李丹凤、石媛嫄、刘增军等人参与修订。编写过程中也得到了盘天（厦门）智能交通有限公司等相关科技公司和多家高速公路运营管理单位的大力支持，在此一并表示感谢！

高速公路智能管控领域的系统性、专业性和实践性较强，限于编者学识和实践经验，难免存在疏漏和不妥之处，敬请读者批评指正，以便今后进一步修改完善，特此致谢！

编者
2024 年 3 月

目 录

第1章 引言

1.1 高速公路建设与发展概况

我国高速公路建设始于1988年正式通车的沪嘉高速公路，经过30多年的建设发展，我国高速公路网已成为国家交通基础设施建设的重要组成部分。随着中国经济的快速发展，交通运输需求不断增加，高速公路的建设和发展也得到了迅速推进。截至2022年，我国高速公路总里程已达到17.7万km，覆盖范围包括99%以上的城镇人口，特别是20万人口以上的城市和地级行政中心，里程规模位居世界第一；预计到2025年，除个别展望线外，"71118"国家高速公路网主线将全面建成。

高速公路的快速发展，使得城市之间的联系更加紧密，城市化进程加快，使得人们的出行更加便捷，物流运输更加高效和经济，为国家经济的快速增长提供了有力的支撑。

随着数字化技术、人工智能、AI算法、多维智能传感器等新技术在高速公路建设与管理方面的不断应用，我国高速公路建、管、养的技术水平都得到了实质性提升，高速公路出行服务更加高效、便捷和安全。京雄高速项目借助智慧管理平台，对关键构造物设施建设的关键参数进行全方位在线监控，为施工安全提供了有力技术保障；高速公路路面智能巡检系统在公路设施基础性能管控中精准分析路面设施疲劳程度，与传统的人工巡查相比，作业效率和精准性大幅度提高；高速收费发卡缴费机器人在高速公路收费站中以试点示范的方式正逐步推广应用，在提升收费精准性的同时，显著提高了收费站通行服务效率；新一代国产化激光云、高清夜视、毫米波雷达等感知技术在路网流量采集、车型分类、超限预警、交通事件识别等方面也得到了实质性应用；BIM + GIS技术、高分遥感、北斗定位等技术手段，在某些重大高速公路建设项目的勘察测绘、正向设计、三维协同设计、施工自动化控制、资产数字化交付、运行维护等环节逐步得到示范应用；在高速公路服务区，智能化服务设施、智能充电桩、触摸终端、移动服务机器人等智能化、人性化的应用可以为出行公众提供预约停车、预约充电、娱乐购物、行前规划、定制出行等数字化菜单式服务场景。

总之，高速公路的快速建设发展和数字化技术的广泛应用为国家经济社会发展提供了重要的交通支撑，同时也带来了一系列新的管控与服务难题，如何采用更为科学的大数据、物联网、边缘计算、人工智能算法及感知终端等先进技术和手段，有效提升大规模高速公路网络化、智能化、精准化管理水平，提供更加便捷、安全和人性化的出行服务，已成为新时期高速公路建设管理与综合服务的关键。

1.2　高速公路面临的问题与挑战

近年来，交通运输部先后印发《加快建设交通强国五年行动计划（2023—2027 年）》《关于推动交通运输领域新型基础设施建设的指导意见》《交通运输领域新型基础设施建设行动方案（2021—2025 年）》《关于推进公路数字化转型 加快智慧公路建设发展的意见》等一系列关于促进公路数字化转型、推动智慧公路建设发展、加快提升高速公路建设与运行管理服务水平的相关试点示范措施和保障机制，为数智技术在公路建设、管理、养护、运行、服务全流程的深化转型应用，助力数字交通建设提供了基础保障。

随着我国高速公路网规模的不断扩大，数字化技术在国民经济和社会产业中的不断深化应用，高速公路智能管控与人性化服务的转型升级也面临着一系列新的问题与挑战。这些问题不仅包括数字化技术与高速公路业务应用场景的结合与转化，更多涉及如何在新的技术、新的数据资源、新的出行模式需求条件下，提升高速公路管控理论与数字化技术应用的相互适应性，以改善和提高高速公路管控的智能化程度和科学精准性，成为新时期高速公路管理发展面临的技术瓶颈。例如交通流数据采集与数据质量管控、高速公路运行状态识别与预警、交通流管控与引导策略、高速公路施工交通安全组织、高速公路差异化收费定价、交通收费站组织与管理、服务区运营管理与服务等方面，都会对高速公路的运输组织效率与安全监管产生实质性影响，因此亟须深入研究和解决。

第2章 交通流数据采集与质量控制

2.1 交通流数据质量分析

2.1.1 质量问题来源

在交通流数据采集过程中，由于检测器自身设备故障、传输失误等原因引发的各类数据质量问题统称为异常数据。异常数据的存在严重影响交通流数据质量，以致难以从中挖掘出深层次的交通特征参量关系和运行变化规律。此外，异常数据的存在导致部分智能交通系统无法正常运行，如交通信息实时发布系统、交通管理系统等。造成检测数据异常的原因非常多，大致可以归纳为驾驶员因素、检测系统因素和环境因素三个方面，如图 2-1-1 所示。

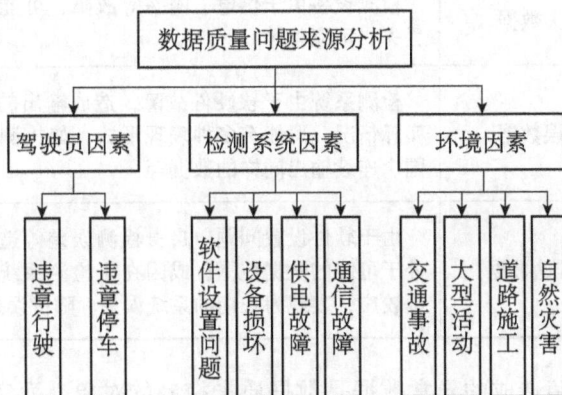

图 2-1-1 交通流数据质量问题来源分析

由于交通行为具有很强的随机性，驾驶员在实际环境中可能出现违章行驶、违章停车等情况，影响其他驾驶员的正常行驶，进而影响附近检测设备采集的数据。由这类原因造成的异常数据具有很强的随机性、不确定性的特点，对数据的影响依实际情况而定。

检测系统是一个复杂的软硬件系统，系统出现通信故障、供电故障、设备损坏和软件设置问题等均会导致交通流数据丢失、错误或不准确，从而影响整个系统的正常运转。由于检测系统故障导致的交通流异常数据不能反映真实交通流状态，此时交通流异常数据表现形式多样。检测系统造成的数据异常也是数据质量控制的主要目标。

环境因素是影响正常交通流的主要因素，包括交通事故、大型活动、道路施工、自然灾害等。交通事故、道路施工、自然灾害等可能导致道路交通流阻断、交通瓶颈发生；

大型活动可能造成短时间内的交通需求异常，交通流运行过程偏离长期变化趋势，使得检测到的交通流数据与历史交通流数据相比出现明显异常。由交通流状态自身异常，而检测设备正确检测到交通流的异常情况所导致的检测数据出现异常，在处理中应当与其他原因特别是由于检测系统故障造成的异常数据相区别。

2.1.2　质量问题分类

根据交通流数据质量问题产生的原因，针对数据质量控制的需求，将异常数据分为由于检测系统故障产生的异常数据和由于实际交通情况产生的异常数据两大类。由于检测系统故障产生的异常数据，根据其偏离正常值程度，可以分为缺失数据、错误数据和不准确数据。异常数据分类具体描述见表2-1-1。

表2-1-1　异常数据分类表

异常数据产生原因	异常数据类别	描述
实际交通情况	数据波动	由于实际交通环境中的各种事件造成实际交通流的波动，波动的可能范围较大，表现为数据的突变，在实时处理中通常难以与由于检测设备造成的不准确数据相区分
检测系统故障	缺失数据	检测设备由于供电、网络等故障，可能造成部分检测数据的丢失、不完整等
	错误数据	检测系统由于软硬件故障，造成输出的检测数据明显不符合实际情况，可能有多种表现形式，如检测数据明显超出合理范围、连续输出同样的数据等
	不准确数据	由于软件设置问题、自身检测误差等造成数据不准确，但仍处于可能的数据范围；成因在于检测系统，可能产生的误差范围较广，表现为长期的系统误差、随机误差和数据突变等

其中检测系统故障造成的异常数据是数据质量控制的对象，而实际交通情况造成的异常数据则应当尽可能与检测系统造成的异常数据相分离，并予以保留。

从交通流数据角度分析，上述分类的异常数据分别对应了一定的取值区间，如图2-1-2所示。图2-1-2中区域二表示"完全不可能"的取值范围，对应着完全不符合实际情况的数据取值，如流量为负值或交通流多参数间明显不匹配的情况；区域三表示"逻辑上可能"的取值范围，即交通流各参数在实际中可能存在的取值范围；区域四表示"符合趋势"的取值范围，即当前数据与历史时间数据、相邻空间数据变化趋势基本一致。

图2-1-2中区域四内不准确数据和由实际情况造成的波动数据与历史时间数据、相邻空间数据偏离范围较小，主要由两个原因造成：一是交通流随机性的正常体现；二是由检测设备的随机误差造成。其中交通流随机变化和检测设备的随机误差均难以避免，只能通过原始数据与其他来源数据进行对比分析判断。因此将不对此类较小偏差数据进

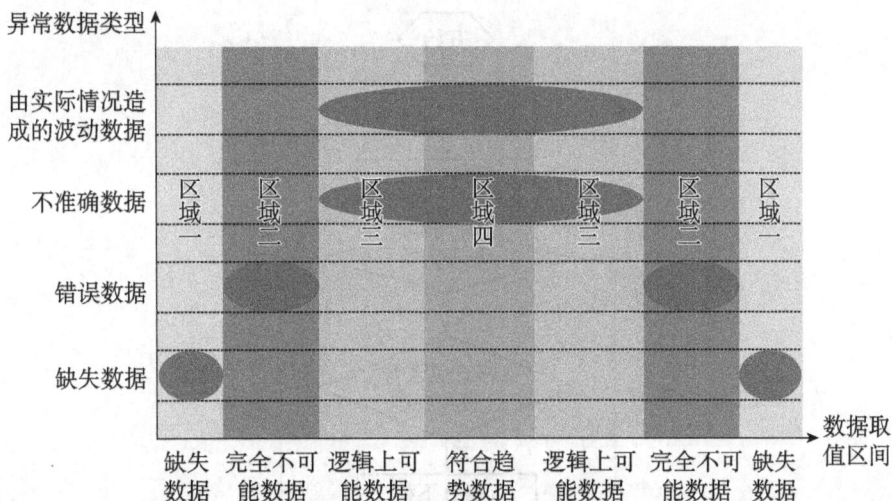

图 2 - 1 - 2 异常数据分类示意图

行分析研究。

图 2 - 1 - 2 中区域三内不准确数据和由实际情况造成的波动数据与历史时间数据、相邻空间数据变化趋势相差较大。区域二内错误数据和区域一内缺失数据存在明显异常，可以较容易地对其进行识别和处理。区域二和区域三内的异常数据分布范围较广，仅从部分数据的统计特征上通常难以直接区分，对这二者的区分也是数据质量控制的重点和难点。

2.1.3 质量问题识别

1. 规范性检测

数据规范性检测是对采集上传的交通流数据的属性格式是否符合标准规范、是否出现错误代码等进行检验，具体检测内容包括数据格式规范性检测和数据属性字段是否缺失两部分。

数据格式规范性检测要求检测器采集的交通数据按照既定的格式录入。例如，交通数据的采集时间和更新时间应符合格式 "2016 - 10 - 20 12:30:20.304"，若不符合此时间格式，则表明该时刻录入的时间格式不规范。数据格式规范性检测流程如图 2 - 1 - 3 所示。

数据属性字段是否缺失是对交通流数据相关属性信息的完整性识别，如交调站点经纬度、编号等属性是否缺失。若某一时刻交通流数据属性字段值为空，则视为字段缺失。

数据规范性检测属于最基本的数据检验，规则简单明确，执行速度快，应当作为基本的检验首先进行。

2. 缺失数据检测

数据缺失在交通流数据采集中是十分普遍的现象。交通检测器每隔一段时间会对道路断面交通流数据进行采集，但是有时由于通信干扰、线路故障、采集频率混乱、环境影响等原因导致采集的数据无法按照规定的时间上传给信息系统，从而造成部分原始数

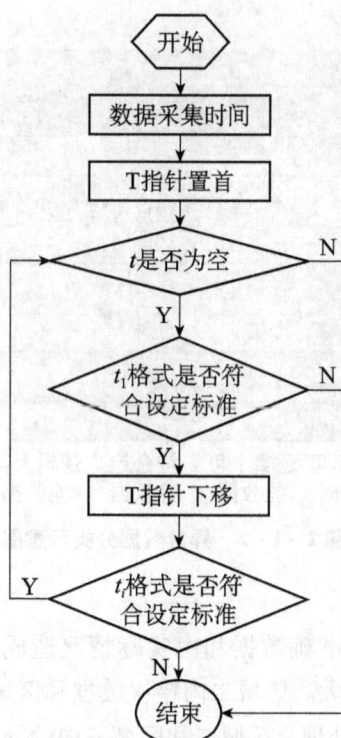

图 2 - 1 - 3 数据格式规范性检测流程图

据缺失，破坏了数据的完整性。因此，对缺失数据进行识别十分重要，可以根据具体的数据特征采用不同的识别方法。

交通检测器进行数据采集时，一般采用固定时间间隔的方式，国内外通常采用的时间间隔有 20 s、1 min、5 min 等，本书采用的交通流数据采集时间间隔为 5 min，因此，理论上 1 h 会采集 12 条数据，一天共 288 条数据，如果当天采集的数据少于 288 条，则认为数据缺失。

结合交通数据本身的特征，通过实际数据采集时刻与理论数据采集时刻的对比判断某一时刻数据是否缺失。若某一时刻数据没有记录情况，则判定数据质量标志位为 0，需要对这一时刻数据进行控制。

3. 错误数据和不准确数据的检测

错误数据是指由于检测系统软硬件故障，造成输出的检测数据明显不符合实际情况，可能有多种表现形式，如检测数据明显超出合理范围、连续输出同样的数据等。不准确数据是由于软件设置问题、自身检测误差等造成数据不准确，但仍处于可能的数据范围；成因在于检测系统，可能产生的误差范围较广，表现为长期的系统误差、随机误差和数据突变等。一般使用简单易用、检测速度较快的方法对采集到的数据进行识别分析，在尽量保留数据特征的情况下识别出不符合实际的数据及有较大偏离的不准确数据。

1）阈值识别

交通流参数阈值检验即对交通流参数中的流量、速度、占有率等分别确定合理的阈值区间，将采集到的实际交通流数据与上下阈值进行比较，若不在阈值范围内，则为异常数据。阈值识别方法简单，能够筛选明显不符合实际情况的记录。

(1) 交通量阈值。

实际情况中，由于受道路条件、交通条件、环境和气候等条件的影响，高速公路交通量不能超过某一限定值，即高速公路通行能力。高速公路路段分为交织区、基本路段和匝道三部分，其中基本路段指不受附件合流、分流及交织流影响的高速公路路段。本章的研究对象即为高速公路基本路段通行能力。通常道路通行能力是针对某一方向单车道而言的。

由于高速公路实行全部控制出入，因此对高速公路基本路段而言，横向干扰影响较小，道路条件（即道路几何条件，如车道宽、侧向净宽等）、交通条件（如大型车所占比例）和驾驶员条件（如驾驶员状况）对基本路段通行能力影响较大。高速公路基本路段的实际通行能力为

$$C = C_{\mathrm{B}} \times f_{\mathrm{SW}} \times f_{\mathrm{CW}} \times f_{\mathrm{HV}} \times f_{\mathrm{P}} \qquad (2-1-1)$$

式中：C 为实际通行能力（veh/h）；C_{B} 为基本通行能力（veh/h）；f_{SW} 为侧向净空修正系数；f_{CW} 为行车道宽度修正系数；f_{HV} 为交通组成修正系数；f_{P} 为驾驶员条件修正系数。

以京港澳高速公路杜家坎路段为例。京港澳高速公路的设计速度为 120 km/h，对应的道路基本通行能力 C_{B} 为 2 200 pcu/（h·ln），本书的数据采集时间间隔为 5 min，所以将道路通行能力折算为 5 min 通行能力，即 $C_{\mathrm{B}} = 184$ pcu/（h·ln）。行车道宽度修正系数 f_{CW} 的取值由高速公路设计速度和行车道宽度决定，京港澳高速公路车道宽 3.75 m，设计速度为 120 km/h，根据高速公路车道宽度对通行能力的修正系数的标准，f_{CW} 取 1.0。侧向净空修正系数 f_{SW} 受左侧路缘带宽度和右侧路肩宽度的影响，这里取 0.99。交通组成修正系数 f_{HV} 的取值由式（2-1-2）计算得到。驾驶员条件修正系数 f_{P}，通过调查通常取 0.95 ~ 1.00。

$$f_{\mathrm{HV}} = \frac{1}{1 + \sum P_i(E_i - 1)} \qquad (2-1-2)$$

式中：P_i 为特大型车、大型车、中型车（i）交通量占总交通量百分比（%）；E_i 为特大型车、大型车、中型车（i）车辆折算系数。

当处于交通拥堵状态时，道路交通量短时间内可能会超过道路通行能力，因此，本书采用修正系数 C' 对道路通行能力进行修正。交通量 q 的合理阈值范围为

$$0 \leqslant q \leqslant C' \qquad (2-1-3)$$

(2) 速度阈值。

在研究和实践过程中，速度阈值的选取有以下两种方法。

① 以不同道路等级的设计行车速度作为速度限制值。

高速公路中不同的地形设计速度也不同，主要分为 80 km/h、90 km/h、100 km/h 和 120 km/h 等。其合理取值范围为

$$0 \leqslant v_{\mathrm{d}} \leqslant f_{\mathrm{v}} \cdot v_1 \qquad (2-1-4)$$

式中：v_1 为道路限速值（km/h），不同道路等级规定的限速值不同；f_v 为修正系数，一般取 1.3 ~ 1.5。

② 基于道路实际使用过程中的历史最高速度作为速度限制值，表 2 - 1 - 2 为国内外投入使用的应用系统中速度阈值的取值情况。

表 2 - 1 - 2 国内外应用系统速度阈值表

管理部门	采集周期	速度/（km/h）	
		下限	上限
Virginia DOT	1 min	0	193
Caltrans	5 min	0	161
Maryland State Highway Administration	5 min	8	129
Florida DOT	30 s	0	161
Federal Highway Administration	20 s/30 s	8	161
	1 min/5 min/15 min	8	129
Kentucky Transportation Cabinet	15 min	8	129
Maricopa County DOT	20 s	0	225
	15 min	0	137
Oregon DOT	20 s	8	161

由表 2 - 1 - 2 可知，速度的阈值下限一般都采用 0 或者较小的值；同时采样周期越短，考虑到个体车辆对于周期平均速度的影响越大，速度阈值上限设置得也相对较大。采样周期为 5 min 的速度上限阈值通常设置为 130 ~ 160 km/h。

为了提高数据的准确性，采用第二种方法确定速度的取值范围。考虑到拥堵的可能性，速度的下限阈值可以直接设置为 0；上限阈值代表了检测周期内通过检测器的车辆可能达到的最大平均速度，采用实际数据统计分析结合国内外经验确定。

以杜家坎收费站附近 G4J002110111 检测器观测路段（"杜家坎路段"）为例，该检测器观测里程为 1 km，选取该路段第 3 车道历史一个月内所有工作日的速度数据，由于可能的速度最大值容易受到检测器附近实际路况、驾驶员特性、车辆性能等因素的影响，因此将选取的速度数据进行统一排序，取速度值最大的 5% 进行统计分析。速度 5% 最大值分布如图 2 - 1 - 4 所示。

速度数据样本共 6 336 个，取 5% 最大速度样本共 317 个，均值约为 75.12 km/h，标准差为 4.4，最小值为 70.9 km/h，最大值为 93.0 km/h。采用 85% 位累积频率法确定限速值，即将 5% 最大速度生成累积频率曲线，选用 85% 位累积频率对应的速度作为最大限速。由图 2 - 1 - 4 可知，在 5% 最大速度记录中，85% 位累积频率对应的速度约为 78.5 km/h。当夜间车辆很少时，道路交通流速度在短时间内可能会超过设定的限速值，所以用修正系数对限速值进行修正，修正公式为

$$v_{max} = f_v \cdot v_{85\%} \qquad (2 - 1 - 5)$$

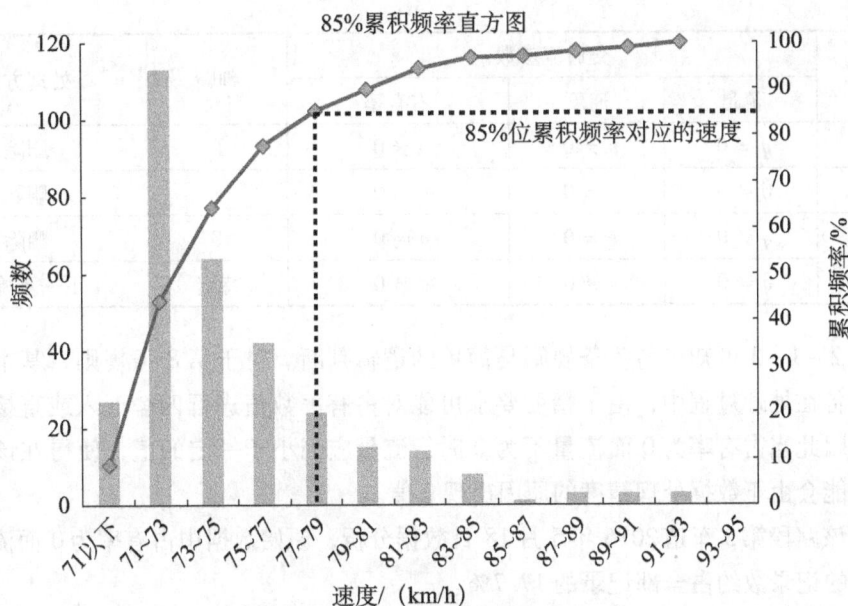

图 2-1-4 速度 5% 最大值分布图

式中：$v_{85\%}$ 为 85% 位最大道路限速值（km/h）；f_v 为修正系数，一般取 1.3~1.5。

（3）占有率阈值。

交通流检测器提供的占有率一般为时间占有率，即车流占据交通检测器的时间与检测器工作时间的比值，通常以百分比形式表示。占有率 o 的合理取值范围为

$$0 \leqslant o \leqslant 100\% \tag{2-1-6}$$

2）基于交通流规律的检验

基于交通流规律的检验又称为多参数阈值规则，即基于交通流等理论，利用交通多个参数间的相关性，设定相应的阈值区间检验以识别异常数据。

（1）0 值检验。

根据国外应用经验，在实时处理阶段通常采用较为保守的 0 值检验。0 值检验是基本的多参数检验，主要特征是在考虑交通流基本规律的同时，围绕流量、速度、占有率三参数的基本关系，联系在实际中设备对数据的处理方式设定一系列逻辑检验，其共同特点是对某一参数为 0 与否时的情况进行判断，具体见表 2-1-3。

表 2-1-3 交通流三参数关系

编号	交通流参数			判断	处理方式
	流量	速度	占有率		
1	$q = 0$	$v = 0$	$o = 0$	T	下一步检验
2	$q = 0$	$v = 0$	$0 < o < 1$	F	删除
3	$q = 0$	$v = 0$	$o = 1$	T	下一步检验
4	$q = 0$	$v \neq 0$	$o = 0$	F	删除

编号	交通流参数			判断	处理方式
	流量	速度	占有率		
5	$q = 0$	$v \neq 0$	$o \neq 0$	F	删除
6	$q \neq 0$	$v = 0$	$o = 0$	F	删除
7	$q \neq 0$	$v = 0$	$o \neq 0$	F	删除
8	$q \neq 0$	$v \neq 0$	$o = 0$	待定	下一步检验

由表 2-1-3 可知,前 7 条规则是简单的逻辑判断。对于第 8 条规则,基本的考虑是检测设备在处理过程中,由于精度要求可能对占有率数值进行四舍五入或直接截断小数部分。因此当占有率为 0 而流量不为 0 时,流量应当小于一定的值,使得在该流量下占有率可能会由于数据处理精度的原因出现 0 值。

根据该路段第 3 车道 2016 年 5 月 18 日数据分析,原始数据中占有率为 0 而流量、速度不为 0 的记录数约占全部记录的 17.7% 。

根据占有率和速度估算流量可采用公式

$$q = \frac{10 \cdot v \cdot o \cdot t}{60 \cdot l} \qquad (2-1-7)$$

式中:q 为固定周期内的流量值 (veh/min);v 为地点平均速度 (km/h);o 为占有率 (%);t 为统计时间 (min),取值为 5 min;l 为平均车辆长度 (m)。

由式 (2-1-7) 可知,当流量不为 0 而占有率为 0 时,允许的流量最大值与速度成正比。根据式 (2-1-7) 可计算流量的临界值,如果检测所得流量大于临界流量,则判定为错误数据。

(2) L_{ave} 检验。

仅采用 0 值检验可能会造成漏检部分不符合交通流规律的数据。为了对参数间相互关系进行进一步的检验,可以利用检测得到的流量、速度、占有率参数估算平均有效车辆长度,具体的计算公式为

$$L_{ave} = \frac{10 \cdot v \cdot o}{Q} \qquad (2-1-8)$$

式中:L_{ave} 为平均有效车辆长度 (m);v 为地点平均速度 (km/h);o 为占有率 (%);Q 为小时交通量 (veh/h)。

根据国内外研究,该方法存在两个前提条件。一是计算公式推导的前提假设是占有率和速度之间存在线性关系。有研究表明,如果车辆长度、速度和车头时距基本相同,且在一定范围内(如占有率介于 8% ~20%),可以近似得到线性关系。二是式 (2-1-8) 中速度为区间速度,实际中通常采用地点车速的调和平均值进行估算;而检测设备采集的平均速度通常是地点车速的算术平均值。由于算术平均值通常大于调和平均值,因而可能导致计算结果偏高。通常认为这两个限定条件对 L_{ave} 的计算不会有太大影响,但为了补偿上述条件不完全满足而对结果造成的影响,应当扩大 L_{ave} 的阈值区间。

根据数据分析，杜家坎路段第 3 车道的 L_{ave} 均值为 7.5 m，标准差为 2.6，其分布如图 2-1-5 所示。可以看出该位置检测器测得的车辆长度大多分布在 6.5~8.5 m，可能是因为该位置处客车较多，所以平均车辆长度较长。

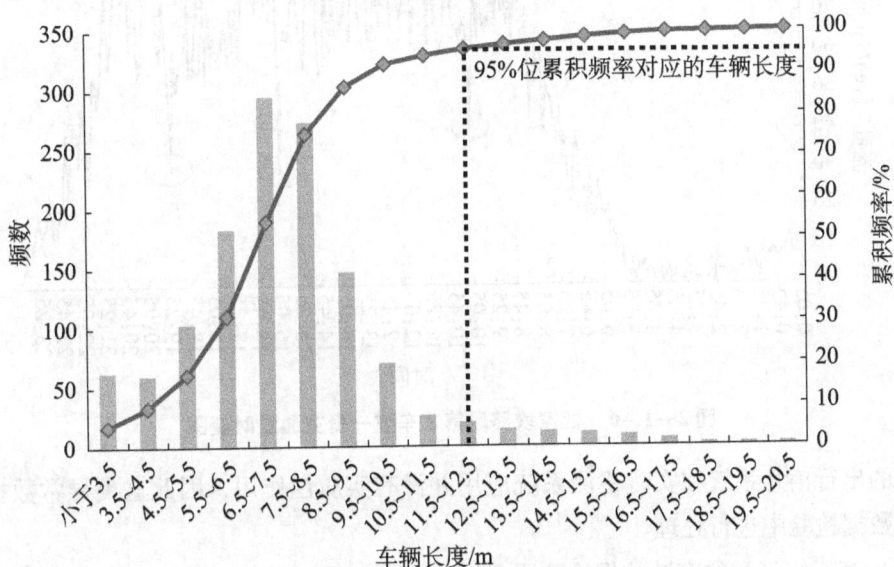

图 2-1-5　G4J002110111 检测器第 3 车道 L_{ave} 分布表

以数据检测器为微波检测器为例（视频等检测应相应调整阈值），L_{ave} 不应小于普通小汽车的长度（约 3.5 m），且不应大于大货车的长度（约 12 m），超过该范围则可以认为数据存在异常。由图 2-1-5 可知，95% 的车辆长度在 12 m 以下，和实际情况相符。由于式（2-1-8）的假设条件，同时考虑到检测器占有率为 0 的情况，通过修正系数（L_{ave} 检验的修正系数取 1.5）适当地扩大允许 L_{ave} 的取值范围。根据数据分析结果及历史数据实际情况，本书采用的 L_{ave} 取值范围为

$$0 \cup [2.3, 18]$$

3）基于统计学的离散数据检验

离散数据检验是将采集到的数据与基础历史数据进行比较，判断是否差异过大。基础的历史数据可以是前一年、前几个月同一天、前几个星期同一天等数据。这里为了突出动态检验的特点，出于尽量保留数据特征反映实时交通情况的考虑，采用前几个没有被判断为数据错误的数据采集周期的数据作为基础历史数据进行数据时间连续性的检验。由于实时异常数据识别需要实时查询，要求尽量反映变动的道路交通情况，为了能够较好地反映突发事件，宜采用较保守的处理策略，仅进行基本的处理。

杜家坎路段 2016 年 5 月 2 日第 3 车道一天的交通量时变如图 2-1-6 所示。

由图 2-1-6 可知，在 10:05、16:05、19:25 附近均存在一个采集周期的交通量显著地低于前后时段，相对整个流量趋势出现明显的偏差。这类孤立的突变点在国内外系统中也普遍存在，可能是由于检测系统问题造成的较大误差，同时考虑到这类突变信息

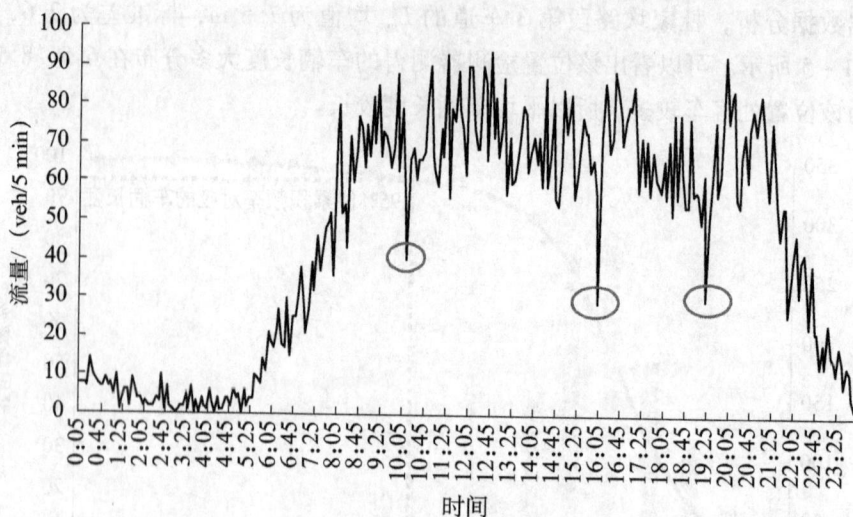

图 2 - 1 - 6　杜家坎路段第 3 车道一日交通量时变图

对最终的出行信息系统和实时检测系统应用并没有实质性作用，因此这类异常数据应当在实时数据检验中进行处理。

（1）基于统计学的离散数据检验原理。

离散数据检验的基本原理是基于小概率事件的判别准则实现对异常数据的识别，下面以样本服从正态分布为例进行简要介绍。

若样本服从一个数学期望为 μ，方差为 σ^2 的正态分布，记为 $X \sim N(\mu, \sigma^2)$，则 $Y = \dfrac{X - \mu}{\sigma} \sim N(0,1)$，由标准正态分布查表可知

$$P(\mu - \sigma < X \leq \mu + \sigma) = 0.683$$
$$P(\mu - 2\sigma < X \leq \mu + 2\sigma) = 0.954$$
$$P(\mu - 3\sigma < X \leq \mu + 3\sigma) = 0.997$$

可以看出，X 值在 $(\mu - 3\sigma, \mu + 3\sigma)$ 以外的取值概率不到 0.3%，几乎不可能发生，称为小概率事件，可以认为 X 的取值几乎全部集中于 $(\mu - 3\sigma, \mu + 3\sigma)$ 内，这在统计学中称为正态分布的 3σ 准则。因此，当 $|x_i - \mu| \leq 3\sigma (i = 1,2,3,\cdots,n)$ 时，认为数据正确，否则为错误数据。

（2）离散数据识别方法。

离散数据的具体识别方法是比较上一周期的数据与当前周期的数据，若上一周期的值与当前值的差异超过一定的阈值，则判断该数据出现异常。阈值的确定采用对历史数据进行分析，确定当前时段的数据波动情况的方法。为了较好地反映由于交通状况引起的数据异常，该方法主要针对单个异常数据，在实时处理中对连续出现的多个异常数据应谨慎处理。

具体的计算指标为同一检测点当前周期自然量减去前一周期自然量的差，公式为

$$x = q_k - q_{k-1} \tag{2-1-9}$$

式中：x 为连续周期自然量差值（veh），该数是时间连续性检验指标；q_k 为第 k 个周期的交通量（veh）。

以杜家坎路段 2016 年 5 月 2 日—6 日第 3 车道 5 天连续周期自然量差值和速度差值分布为例，结果分别如图 2 - 1 - 7 和图 2 - 1 - 8 所示。

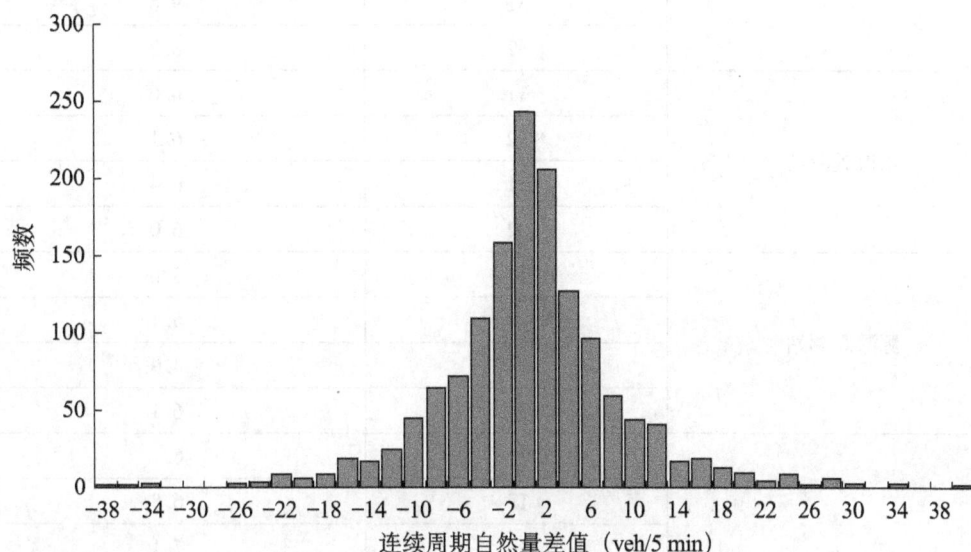

图 2 - 1 - 7　车道连续周期自然量差值分布图

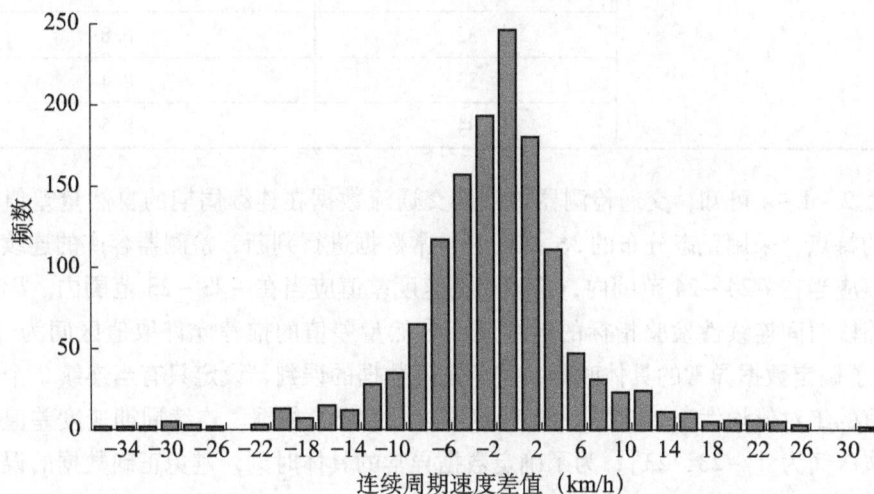

图 2 - 1 - 8　车道连续周期速度差值分布图

由图 2 - 1 - 7 和图 2 - 1 - 8 可知，杜家坎路段第 3 车道连续周期自然量差值及速度差值接近均值为 0 的正态分布。其中，连续周期自然量差值的标准差为 8.1，连续周期速度差值的标准差为 7.7，为了提高阈值准确性，本书分析选取了多个异常数据较少的观测站点的多条车道进行差值分析，包括惠州白云观测站、水口观测站、源潭观测站、金湾湖心路观测站 4 个站点。不同观测站点相邻周期自然量差值的标准差见表 2 - 1 - 4。

表2-1-4 相邻周期自然量差值的标准差表

观测站名称	车道编号	指标的标准差
惠州白云观测站	11	7.0
	12	8.4
	31	9.8
	32	8.2
水口观测站	11	6.6
	12	6.1
	31	6.4
	32	6.0
源潭观测站	11	5.6
	12	5.1
	31	4.9
	32	6.1
金湾湖心路观测站	11	6.1
	12	6.8
	13	7.1
	14	7.9
	31	4.2
	32	6.8
	33	8.4
	34	8.5

由表2-1-4可知，交通检测器检测的交通流数据在连续周期的自然量差值服从正态分布的特点，采用正态分布的3σ准则对异常数据进行判断，检测器容许的连续周期自然量差值应当在$-24 \sim 24$范围内，连续周期速度差值应当在$-23 \sim 23$范围内。因此，对杜家坎路段时间连续性检验指标的连续周期自然量差值的推荐允许取值区间为$[-24, 24]$，为了确定数据异常的具体时刻，避免正确数据的误判，设定只有当连续2个周期自然量差值的绝对值均大于24时，才可确定该时刻为异常数据。连续周期速度差值的推荐允许取值区间为$[-23, 23]$，为了确定数据异常的具体时刻，避免正确数据的误判，设定只有当连续2个周期速度差值的绝对值均大于23时，才可确定该时刻为异常数据。这里需注意，由于夜间交通量较少，可能出现前一周期速度很高，后一周期由于没有车辆通过而速度突降为0的情况，因此，在用该方法对速度进行识别时，应对速度为0的数据进行单独识别。

4）连续相同记录的检验

（1）流量为0的检验。

在低流量情况下，车辆可视为随机到达，到达的规律将近似服从泊松分布。对于单

个 0 流量检测值的记录，可以采用泊松分布计算在当前交通需求情况下单个记录流量为 0 的概率。泊松分布公式为

$$P(x) = \frac{m^x \cdot e^{-m}}{x!} \qquad (2-1-10)$$

式中：$P(x)$ 为采集周期内到达 x 辆车的概率；m 为采集周期内的平均流量，可取为前几个周期流量的均值（veh/h）；x 为参数，取为 0，实际的采集周期内平均流量可以取为前 3 个周期的流量平均值。

因此，式（2-1-10）可简化为

$$P_i(0) = e^{-\bar{q}_i} \qquad (2-1-11)$$

式中：$\bar{q}_i$ 为前 3 个周期的流量平均值（veh/h），其值等于 $\frac{q_i + q_{i+1} + q_{i+2}}{3}$（$i$ 为周期数，$i = 1,2,3$）；$P_i(0)$ 为第 i 周期流量为 0 的概率。

对于单个 0 流量记录的检测，可以首先取定一个显著水平，即 "当前周期流量为 0" 假设的拒绝域，当计算结果在该区域内则拒绝接受 "当前周期流量为 0" 的假设。利用式（2-1-11）计算在当前交通需求情况下单个记录周期流量为 0 的概率，比较计算结果和显著水平，若计算结果小于显著水平，则认为 0 流量记录存在数据异常。如取显著水平为 0.01，前 3 个周期的流量平均值 $\bar{q}_i$ 为 4.0，代入式（2-1-11）计算得到 $P_i(0) = 0.0183$，大于显著水平，则认为该记录通过检验不存在异常。

为提高计算效率，也可以将选定的显著水平代入公式，对于一定显著水平的流量域值计算公式为

$$q_t = -\ln P \qquad (2-1-12)$$

式中：P 为选定的显著水平，可以取 0.05、0.01、0.001 等；q_t 为对应于显著水平的流量阈值（veh/h）。

将计算的流量阈值 q_t 与前几个周期的平均值进行比较，当实际的平均值不超过计算得到的阈值时，可以认为当前检测到的 0 流量是合理的，否则认为当前数据存在异常。如当流量检测值为 0 时，取显著水平为 0.01，代入式（2-1-12）解得 q_t 值为 6.9。即只有当前几个周期的实际流量平均值小于 6.9 时，当前流量为 0 的记录通过检验。

对于连续 k 个检测周期的流量均为 0 的情况，假设检测系统正常工作，则认为道路交通流在连续多个采集周期没有车辆通过，其概率为多个 0 流量记录的概率连续相乘，计算公式为

$$P^k(0) = \prod_{i=1}^{k} P_i(0) \qquad (2-1-13)$$

具体的计算方法如下。

①对第一条流量为 0 记录的判断方法与单个流量为 0 记录的检验相同。取该记录之前 3 条记录的平均值为当前每个采集周期内的实际平均流量 $\bar{q}_i$，设定一个显著水平，如 0.01，利用泊松分布计算在实际平均流量 $\bar{q}_i$ 下当前周期的流量不为 0 的概率，计算公式为

$$P_i(0) = e^{-\bar{q}_i} \qquad (2-1-14)$$

若计算结果在显著水平范围内，则认为当前流量记录不应当为 0，判断当前流量记录为异常数据。

②若第一条流量为 0 的记录通过了检验，采用泊松分布计算第二条流量为 0 的记录的发生概率时，单个采集周期内实际的平均流量 $\overline{q}_{i+1}$ 采用前 4 条记录的平均值，即流量为 0 记录的前 3 条记录加上通过了检验的第一条流量为 0 的记录，计算公式为

$$\overline{q}_{i+1} = \frac{q_{i-3} + q_{i-2} + q_{i-1} + q_i}{4} = \frac{3}{4}\overline{q}_i \tag{2-1-15}$$

连续两条流量为 0 的记录的概率为两条记录的概率之积，计算公式为

$$P_{i+1}(0)P_i(0) = e^{-(1+\frac{3}{4})\overline{q}_i} \tag{2-1-16}$$

③以此类推，可以得到

$$P_k(0) = e^{-(1+\frac{3}{4}+\frac{3}{5}+\cdots+\frac{3}{2+k})\overline{q}_i} \tag{2-1-17}$$

式中：k 为流量连续为 0 的记录数量；$\overline{q}_i$ 为第一条流量为 0 记录之前的 3 条记录流量的平均值（veh/h）。

连续 0 流量记录数的最大值主要与第一条流量为 0 记录之前的 3 条记录流量的平均值 $\overline{q}_i$ 和取定的显著水平有关。取不同的显著水平，可以得到第一条 0 流量记录之前的 3 条记录流量均值与允许的最大连续 0 流量记录之间的关系，如图 2-1-9 所示。

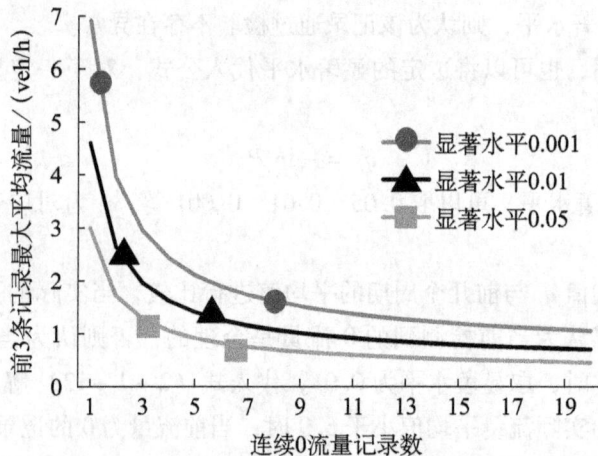

图 2-1-9　连续 0 流量记录数与前 3 条记录最大平均流量关系图

由图 2-1-9 可知，随着 0 流量记录之前的平均流量减小，连续 0 流量记录数的最大值迅速增大，当现状流量均值接近 0 时，连续 0 流量记录数趋近无穷大，图中没有标示。此外不同显著水平呈现出明显的区别，随着实际流量均值的减小，较小的显著水平（较小的拒绝域）允许的最大连续 0 流量记录数增加速度更快，当流量均值为 1 时，显著水平 0.001、0.01 和 0.05 的最大连续 0 流量记录数分别为 22、9 和 4，对应的流量均值的阈值（即流量均值若大于该值则不接受任何一个 0 流量记录的出现）分别为 6.9 veh/h、4.6 veh/h、2.9 veh/h。

为了便于应用，在不同显著水平下，不同连续 0 流量记录数对应的平均流量最大值

见表 2 - 1 - 5。

表 2 - 1 - 5　不同连续 0 流量记录数的最大平均流量　　　　单位: veh/h

连续 0 流量记录数	显著水平		
	0.001	0.01	0.05
1 次	6.9	4.6	2.9
2 次	3.9	2.6	1.7
3 次	2.9	1.9	1.2
4 次	2.4	1.6	1
5 次	2.1	1.4	0.9
6 次	1.8	1.2	0.8

（2）连续相同不为 0 记录的检验。

根据国内外经验，检测数据中可能出现连续记录的流量、速度和占有率完全相同的情况，因此应当设置连续相同记录数量的上限阈值，若连续相同记录超过该值，则认为存在数据异常。

国外部分应用系统对连续相同记录设定了上限阈值，见表 2 - 1 - 6。

表 2 - 1 - 6　国外应用系统设置连续相同记录上限阈值表

数据管理部门	采集周期	连续相同记录上限
Virginia DOT	1 min	8
Maryland State Highway Administration	5 min	8
Federal Highway Administration	20 s/30 s 1 min/5 min/15 min	8
Kentucky Transportation Cabinet	15 min	8
Maricopa County DOT	20 s 15 min	8

由表 2 - 1 - 6 可知，虽然采集周期不同，但国外应用系统对连续相同记录上限的阈值均设定为 8。参考国内外应用系统连续相同记录规则，选取该阈值为 8，即连续相同记录超过 8 条，即为异常数据。

2.1.4　实例分析

1. 实验数据

选取 G4 京港澳高速公路杜家坎观测站点所在路段（简称杜家坎路段）2016 年 5 月 18 日 0:00—24:00 的实际交通流数据作为研究对象。其中涉及路段长度即为观测站点观测里程长度。观测站点一般设在交通流状态较稳定且能够代表某个路段区间交通流特性的地点，这个路段区间称为观测里程。

杜家坎路段为双向 6 车道，长度为 1 km，路段采样时间间隔为 5 min。该路段上行第 3 车道（最外侧车道）实际交通流数据如图 2-1-10 所示。其中横坐标为时间序号，纵坐标分别为实时速度数据和实时流量数据。

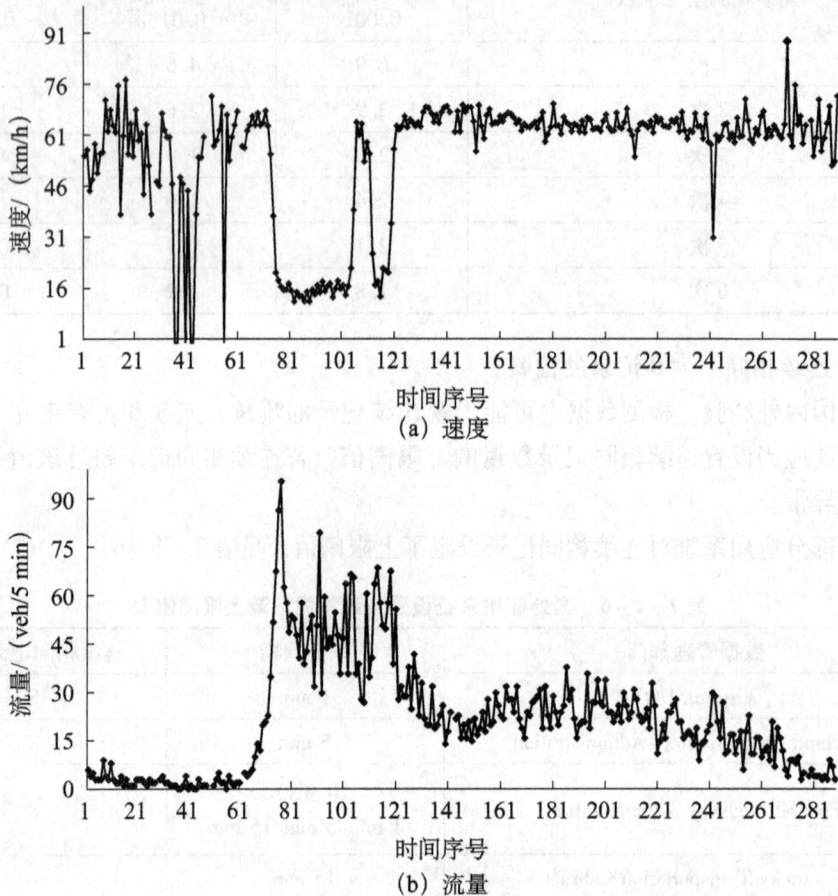

(a) 速度

(b) 流量

图 2-1-10　原始交通流数据

2. 异常数据的识别

1）规范性检测

因所有数据均按固定规则输出，故不对其规范性进行检测。

2）缺失数据的识别

基于交通数据本身的特征，通过实际数据采集时刻与理论数据采集时刻的对比判断某一时刻数据是否缺失。若某一时刻数据没有记录，则判定该时刻数据缺失。所采集的数据时间间隔为 5 min，理论上每天应有 288 个数据。通过 MATLAB 编程实现对缺失数据的识别，结果表明，采集到的交通流数据有 282 个，流量、速度数据均缺失 6 个，缺失数据的序号分别为 28、48、49、61、142、277。缺失数据如图 2-1-11 所示。

3）错误数据和不准确数据的识别

基于所提到的错误数据和不准确数据的识别方法对所选数据进行识别。基于杜家坎

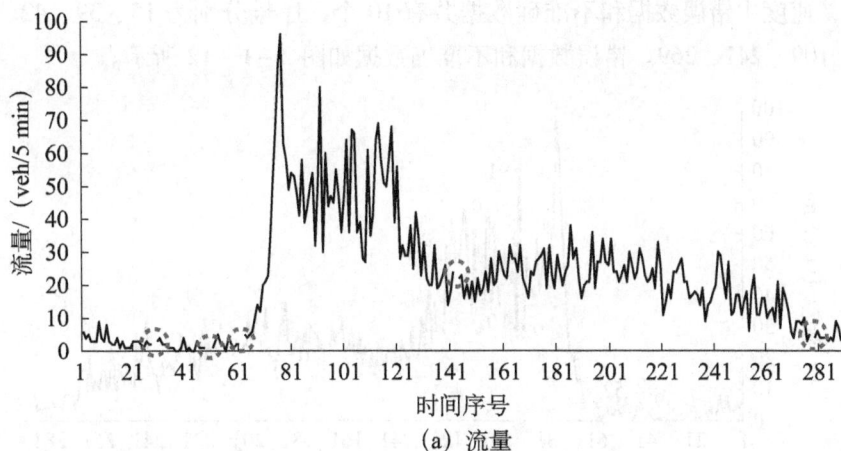

(a) 流量

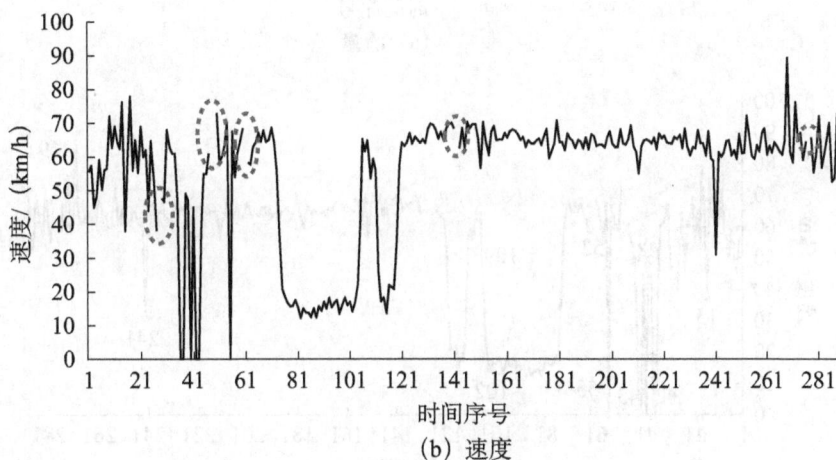

(b) 速度

图 2 - 1 - 11　缺失数据

路段的道路特征,确定以下范围值。

①道路流量阈值为:

$C = C_B \times f_{SW} \times f_{CW} \times f_{HV} \times f_P = 184 \times 0.99 \times 1 \times 0.77 \times 1 = 140(\text{veh/5 min})$。

②道路速度阈值为:$78.5 \times 1.3 = 102(\text{km/h})$。

③占有率阈值为:$1 \sim 100$。

④当占有率为 0,流量不为 0 时,流量最大值为 $q = \dfrac{10 \cdot v \cdot o \cdot t}{60 \cdot l} = \dfrac{10 \cdot v \cdot 0.2 \cdot 5}{60 \cdot 2} = \dfrac{v}{12}$。

⑤基于 L_{ave} 检验规则,确定 L_{ave} 值的范围为 $0 \cup [2.3, 18]$。

⑥基于统计学的离散数据检验规则,确定连续周期自然量差为 24 veh/5 min,确定连续周期速度差为 23 km/h。

⑦基于连续相同记录的检验规则,取显著水平为 0.05。

基于上述规则,通过 MATLAB 编程实现对错误数据和不准确数据的识别,结果表明,流量中错误数据和不准确数据共有 9 个,序号分别为 39、42、43、52、55、91、92、

102、109；速度中错误数据和不准确数据共有 10 个，序号分别为 15、39、42、43、52、55、102、109、241、269。错误数据和不准确数据如图 2 - 1 - 12 所示。

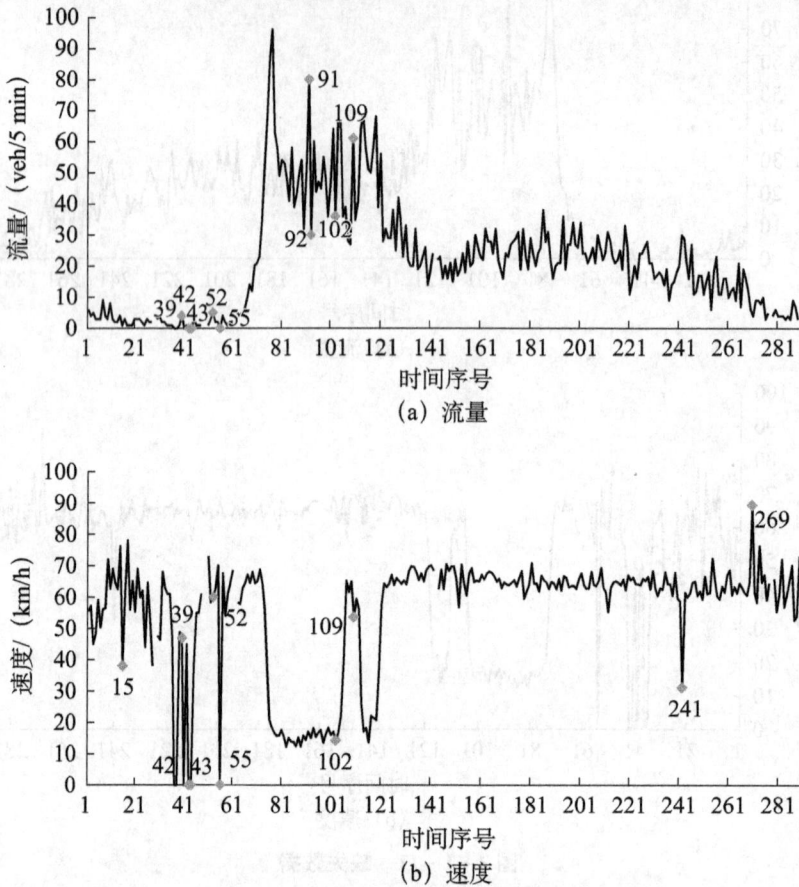

(a) 流量

(b) 速度

图 2 - 1 - 12　错误数据和不准确数据

　　针对京港澳高速公路杜家坎路段第 3 车道交通流数据，基于缺失数据的识别方法和基于阈值法、交通流机理法、统计学离散数据识别法和连续相同数据识别法对数据的异常进行识别，共识别流量缺失数据 6 个，错误数据/不准确数据 9 个；识别速度缺失数据 6 个，错误数据/不准确数据 10 个；识别占有率缺失数据 6 个，错误数据/不准确数据 12 个。即在原始的 288 个交通流数据中，流量数据共有 15 个异常数据点，速度数据共有 16 个异常数据点，占有率数据共有 18 个异常数据点。

　　基于以上识别方法，可得到第 1 车道和第 2 车道的异常数据见表 2 - 1 - 7。

表 2 - 1 - 7　第 1 车道和第 2 车道的异常数据

异常数据/个	第 1 车道			第 2 车道		
	流量	速度	占有率	流量	速度	占有率
缺失数据	0	0	0	0	0	0
错误数据和不准确数据	9	6	9	6	5	6

2.2　交通流数据质量评价体系设计

交通流数据质量评价既可以从整体上反映数据采集系统的运行状况，又可以从统计特性上进一步分析数据的异常情况，因此，本节在高速公路交通流数据质量分析基础上，制定基于微观、中观、宏观的数据质量评价指标，采用层次分析 – 模糊综合评价法对数据质量指标进行评价，从微观、中观、宏观三个方面提出路段、路线、路网三位一体的交通流数据质量评价体系。

2.2.1　基于微观、中观、宏观的数据质量评价体系框架

1. 建立数据质量评价体系

数据质量是一个相对的概念，对于不同的数据用户需求，数据质量有着不同的定义和标准。目前国内外对于交通流数据质量评价没有一个统一的规范或标准，为了建立一套较为完整的数据质量评价体系，本节从微观、中观和宏观三个方面，提出集路段、路线、路网三维一体的交通流数据质量评价体系，数据质量评价原理如图 2 – 2 – 1 所示。

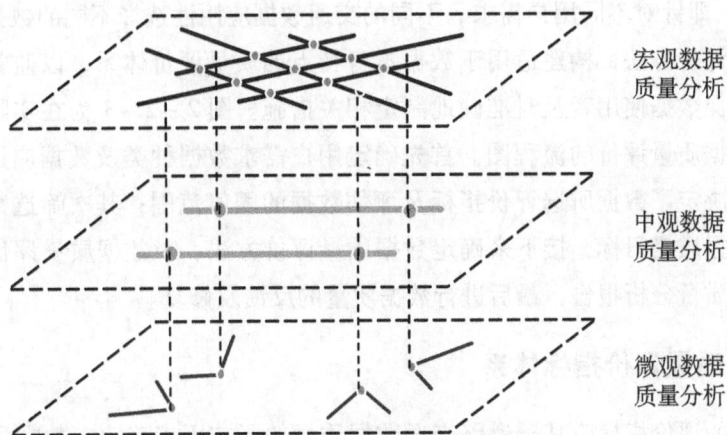

图 2 – 2 – 1　数据质量评价原理图

微观数据质量分析主要通过一些评价指标（如完整性、有效性、及时性等）实现对路段交通流相关数据的质量评估，能够及时有效地改善数据采集设备，提供更为真实准确的交通数据。

中观数据质量分析主要是对某一区域路段或路线上所有检测器采集的交通流相关数据进行综合评价。以路线上包含的所有检测器为基本单元，结合检测器的观测里程（观测站点一般设在交通流较稳定、流量和特性可代表某个路段区间交通量和特性的地点，这个路段区间称为观测里程），构建路线数据质量评价体系。

宏观数据质量分析是对路网或区域路网内交通相关数据的评价，以反映整个路网的数据质量情况。以路网中包括的路线或路段为基本作用单元，结合路线在路网中所占比例，构成宏观数据质量评价体系。图2-2-2为数据质量评价体系图。

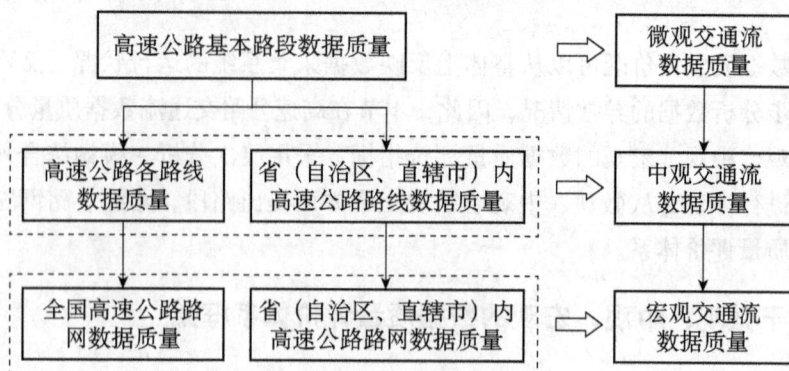

图2-2-2 数据质量评价体系图

2. 数据质量评价流程图

数据质量的好坏直接取决于数据使用者对数据的满意程度。评估数据质量对基于此数据所做的决策和规划有着重要指导意义。2003年美国联邦公路管理局赞助的交通数据质量（traffic data quality）研讨会上提出的最重要建议之一是"建立交通数据质量的指导方针和标准"，即针对不同用户需求、不同的交通数据应用性选择不同的数据质量评价指标和数据质量评价方法，构建适用于数据本身特点的质量评价体系，以监督和控制交通数据质量，确保数据使用者及时准确地制定相关措施。图2-2-3为在实际应用过程中进行交通流数据质量评价的流程图。首先确定用户需求数据种类及数据应用性，因为不同应用性数据决定了数据所选评价指标及评估数据的阈值范围；其次筛选数据质量评价指标、建立数据质量目标，接下来确定数据质量评价方法、对数据质量评价结果进行展示并得出数据质量分析报告，最后进行数据质量的反馈及修复。

2.2.2 数据质量评价指标体系

数据质量的评价指标应基于道路交通数据质量的影响因素确定。数据质量评价指标的选取应遵循以下几个原则。

（1）整体性原则：选取的数据质量评价指标应能反映待评价数据的整体特征和综合情况；指标体系需结构合理、层次清晰，没有明显的包含关系；各个指标彼此间既相互独立又相互关联，保证评价结果的可信性和全面性。

（2）科学性原则：选取的数据质量评价指标需通过实际测试、专家评议等方式筛选得出，有一定的理论指导和依据性，能够正确反映待评价数据整体的特性。

（3）实用性原则：选取的数据质量评价指标既要简洁明确、不过于烦琐，又要确保评价的全面性，避免评价指标信息的缺漏，同时还要考虑数据的易获取性和计算的简

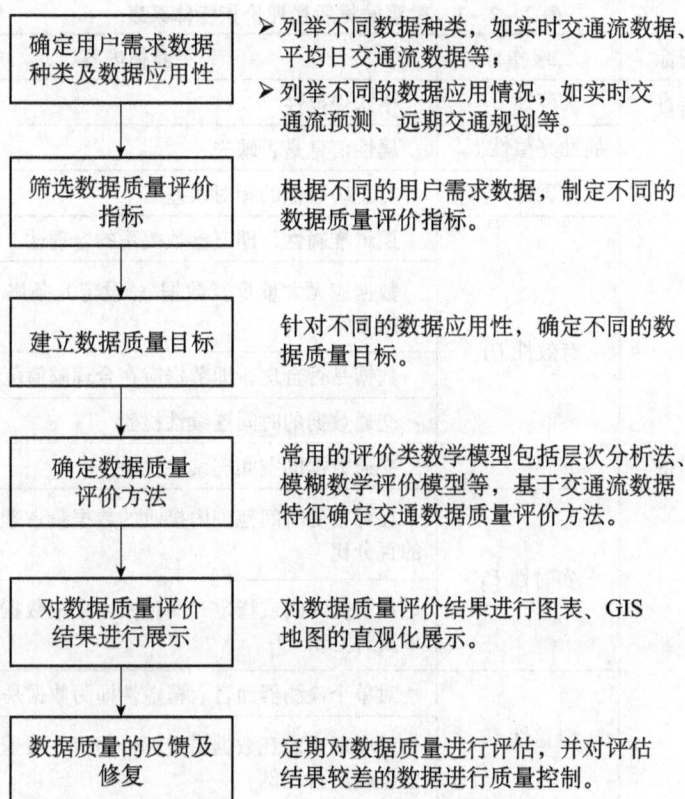

列举不同数据种类，如实时交通流数据、平均日交通流数据等；

列举不同的数据应用情况，如实时交通流预测、远期交通规划等。

确定用户需求数据种类及数据应用性

筛选数据质量评价指标 → 根据不同的用户需求数据，制定不同的数据质量评价指标。

建立数据质量目标 → 针对不同的数据应用性，确定不同的数据质量目标。

确定数据质量评价方法 → 常用的评价类数学模型包括层次分析法、模糊数学评价模型等，基于交通流数据特征确定交通数据质量评价方法。

对数据质量评价结果进行展示 → 对数据质量评价结果进行图表、GIS地图的直观化展示。

数据质量的反馈及修复 → 定期对数据质量进行评估，并对评估结果较差的数据进行质量控制。

图 2-2-3　数据质量评价流程图

便性。

1. 微观数据质量评价指标体系

不同的客户需求数据会有不同的数据评价指标。根据上述评价指标的选取原则，以路段数据作为微观数据建立如图 2-2-4 所示的微观数据质量评价指标体系。

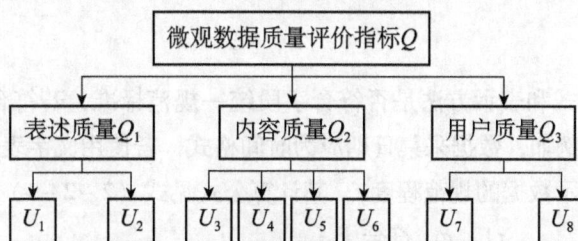

图 2-2-4　微观数据质量评价指标体系图

图 2-2-4 中，U_1，U_2，…，U_8 分别表示不同类型的指标集。其中：

$Q_1 = \{U_1, U_2\} = \{$规范性，属性完整性$\}$；

$Q_2 = \{U_3, U_4, U_5, U_6\} = \{$精确性，有效性，实时性，覆盖性$\}$；

$Q_3 = \{U_7, U_8\} = \{$可信性，实用性$\}$。

高速公路交通流微观数据质量评价指标具体内容见表 2-2-1。

表 2 - 2 - 1　微观数据质量评价指标体系表

目标	一级指标	二级指标	具体内容
微观数据质量评价	表述质量 Q_1	规范性 U_1	格式规范性
		属性完整性 U_2	属性信息是否缺失
	内容质量 Q_2	精确性 U_3	与正确数值的相对误差
		有效性 U_4	逻辑准确性,即三参数关系的合理性
			数据应无大量重复数据(设定 8 条以上一致数据默认数据异常)
			数据是否合理,即数据应在合理阈值范围内
			交通数据的时间连续性检验
			交通数据的空间连续性检验
		实时性 U_5	在可接受时间范围内接收的数据量占理论应获得数据量的百分比
			在所需时间或指定时间范围内采集数据是否能按特定频率及时更新
		覆盖性 U_6	对单个检测器而言,覆盖性即为数据是否存在
			对中观或宏观数据质量评价而言,覆盖性指检测器的覆盖里程所占比例
	用户质量 Q_3	可信性 U_7	数据源的可信性
			同以往经验相比的可信度
		实用性 U_8	是否能及时、准确地反映道路交通运行状况
			是否有助于交通管控
			是否有助于交通规划

1)表述质量

(1)规范性。

定义:数据的格式和表示方法是否符合字段统一规范标准,若符合统一规范标准,则合格,否则不合格。例如,数据采集日期应为时间格式,若使用文字表示,即为格式错误。

通常用百分比表示数据的规范程度 f,其计算公式见式(2-2-1)~式(2-2-3)。

$$f_{i,j} = \begin{cases} 1 & a_{i,j} \text{ 符合 } F_j \\ 0 & a_{i,j} \text{ 不符合 } F_j \end{cases} \quad (1 \leqslant i \leqslant m, 1 \leqslant j \leqslant n) \qquad (2-2-1)$$

$$f_i = \frac{\sum_{j=1}^{n} f_{i,j}}{n} \times 100\% \qquad (2-2-2)$$

$$f_{综合} = \frac{\sum_{i=1}^{m} f_i}{m} \qquad (2-2-3)$$

式中：$f_{i,j}$——第 i 行的第 j 个属性值的规范性指标值；

　　　f_i——第 i 行的数据规范程度；

　　　$f_{综合}$——所有数据的规范程度；

　　　$a_{i,j}$——第 i 行的第 j 个属性值；

　　　F_j——第 j 个数据表述属性的参考标准；

　　　m——数据的属性个数；

　　　n——每类数据样本量。

（2）属性完整性。

定义：描述对象的某个属性信息是否缺失。

$$c_{i,j} = \begin{cases} 1 & a_{i,j} \neq \text{null} \\ 0 & a_{i,j} = \text{null} \end{cases} (1 \leqslant i \leqslant m, 1 \leqslant j \leqslant n) \qquad (2-2-4)$$

$$c_i = \frac{\sum_{j=1}^{n} c_{i,j}}{n} \times 100\% \qquad (2-2-5)$$

$$c_{综合} = \frac{\sum_{i=1}^{m} c_i}{m} \qquad (2-2-6)$$

式中：$c_{i,j}$——第 i 行的第 j 个属性值的完整性指标值；

　　　c_i——第 i 行数据的完整率；

　　　$c_{综合}$——所有数据表述属性的完整率；

　　　$a_{i,j}$——第 i 行的第 j 个属性值；

　　　m——数据的属性个数；

　　　n——每类数据样本量。

2）内容质量

（1）精确性（accuracy）。

定义：数据值与假定为正确来源数据之间的一致性程度。

随着传感器技术、通信技术、3S 技术（遥感、地理信息系统、全球定位系统 3 种技术）和计算机技术的不断发展，交通信息的采集逐步趋向于多元化，对工作检测器进行精度测试则显得十分重要。

通常使用以下 3 个误差量表示数据的精确程度。

平均绝对百分比误差（mean absolute percent error，MAPE），其计算公式为

$$\text{MAPE} = \left(\frac{1}{n} \right) \times \left(\sum_{i=1}^{n} \left| \frac{x_i - x_{\text{real}}}{x_{\text{real}}} \right| \right) \times 100\% \qquad (2-2-7)$$

式中：x_i——实际监测数据值；

　　　x_{real}——参考的真实数据值；

　　　n——监测数据总量。

平均百分比误差（mean percent error，MPE），其计算公式为

$$MPE = \frac{1}{n} \times \left(\sum_{i=1}^{n} \frac{x_i - x_{real}}{x_{real}} \right) \times 100\% \qquad (2-2-8)$$

式中：x_i——实际监测数据值；

   x_{real}——参考的真实数据值；

   n——监测数据总量。

均方根误差（root mean squared error，RMSE），其计算公式为

$$RMSE = \sqrt{\frac{1}{n} \times \left(\sum_{i=1}^{n} (x_i - x_{real})^2 \right)} \qquad (2-2-9)$$

式中：x_i——实际监测数据值；

   x_{real}——参考的真实数据值；

   n——监测数据总量。

这里 RMSE 也可以用百分比表示为

$$RMSE = \frac{\sqrt{\frac{1}{n} \times \left(\sum_{i=1}^{n} (x_i - x_{real})^2 \right)}}{\frac{\sum_{i=1}^{n} x_{real}}{n}} \times 100\% \qquad (2-2-10)$$

绝对误差是观测数据与参考数据（即基准真实数据）之间的差异；相对误差是监测所造成的绝对误差与参考数据（即基准真实数据）之比乘以 100% 所得的数值，以百分数表示。一般来说，相对误差更能反映测量的可信程度。

在进行数据精确性评价时，可选择任一指标，也可选择 3 个指标同时评价。以上误差公式均能进行单一数据（如交通量）质量的精确性测量，同时也可以用来比较不同属性的相对精度（如交通量和速度的精确度比较）。其中，平均绝对百分比误差（MAPE）和平均百分比误差（MPE）均以百分数形式表示，百分比误差由于没有使用绝对误差值，从而可以表示测量数据中是否存在一致性偏差；均方根误差（RMSE）公式是许多统计软件应用中通常使用的误差公式。

精确度的计算需要有正确的数据源作为基准数据。对于交通数据元素，通常以视频数据为准确数据，其他来源数据为待检测数据。若是该位置没有视频数据，那么确定正确数据的另一个方法就是对某一种数据采集设备进行严格校准，然后假设校准设备数据为真实数据。例如，可以每周对环形线圈检测器进行校准，然后使用环形线圈检测数据作为基准数据评估其他检测设备。

该指标计算需要交通流准确数据作为基准数据，通常可采用以下两种方法确定基准数据：方法一，如果能够获取高速公路交通流视频数据，则将视频数据作为基准数据；方法二，如果无法获取高速公路交通流视频数据，则将通过国家认证机构检测的设备所采集的数据作为基准数据。

（2）有效性（valid）。

定义：同一类检测数据中符合验证标准、判别准则或落在可接受范围内的数据量占

实际数据样本量的百分比。

$$valid = \frac{n_{valid}}{n_{real}} \times 100\% \qquad (2-2-11)$$

式中：n_{valid}——符合验证标准、判别准则或落在可接受范围内的数据量；

　　　n_{real}——实际数据样本量。

有效性一般用来判断采集数据的异常程度，可以是某条记录的有效性，也可以是数据关键参数的有效性。一般而言，交通数据的有效性判别规则包括以下几个方面：

①判断交通数据是否在规定阈值范围以内；

②判断交通数据三参数（流量、速度、占有率）关系是否一致；

③交通数据的时间连续性检验，如不同周同一天交通数据的变化趋势或相邻时间点的变化趋势是否符合历史数据的变化趋势；

④交通数据的空间连续性检验，如上下游相邻检测器的数据变化情况对比。

有效性判别准则通常基于既定的理论标准（如道路通行能力）、科学事实（如流量为 0，速度也应为 0）或遵循历史趋势的变化。不同地区的有效性标准可能会因为道路实际情况而不同。

（3）实时性（timeliness）。

定义：在所需时间或指定时间范围内提供采集数据值到目的地的程度。

实际使用过程中，道路交通检测器将道路原始数据按照设定的统计时间间隔（如 5 min、1 min 或 20 s 等）由通信系统上传至相应的数据中心，期间会经由通信站进行转接处理，数据中心将接收到的原始数据进行预处理，最后存入数据库，实现用户的查询和使用。从原始数据的采集到存入数据库的整个过程需要花费一定的时间，称为通信时延。在应用系统正常运行过程中，该时间应该有一个设定的预期值（即通信时延的阈值）。如果超过该阈值，则为数据上传延迟。延迟的数据不能满足应用系统的实时数据需求，会对交通管理与控制带来一定的影响。

实时性可以用以下两个指标或其中之一进行衡量：

①在可接受时间范围内接收的数据量占理论应获得数据量的百分比（percent timely data，PTD）；

$$PTD = \frac{n_{on-time}}{n_{total}} \times 100\% \qquad (2-2-12)$$

式中：$n_{on-time}$ 为在可接受时间范围内接收的数据量；n_{total} 为理论应获得数据量。

②数据的平均延误（average delay，AD）。

$$AD = \frac{1}{n_{late}} \times \sum (t_{late} - t_{expected}) \qquad (2-2-13)$$

式中：n_{late} 为延迟数据总量；t_{late} 为延迟数据的传输时间；$t_{expected}$ 为通信时延的阈值。

采用实时性评价指标的前提是需要获取数据的实际采集时间和读入目的地数据库的时间。以"全国交调系统"每 5 min 采集一次数据为参照，确定对实时性的量化，见表 2-2-2。

表 2-2-2　实时性量化

时效性	通信延迟时间/min
优	$t < 5$
良	$5 \leqslant t < 10$
中	$10 \leqslant t < 20$
差	$\geqslant 20$

（4）覆盖性（coverage）。

定义：所评价路段的检测器是否能正常工作获取数据。检测器正常工作即覆盖度为100%，否则为 0。

3）用户质量

（1）可信性。

定义：使用者认为交调数据与道路实际情况的相符程度，分为完全相符、基本相符、略有差异和不太相符 4 种情况，通常用百分比表示。通过对数据使用者的调查反馈（调查问卷见附录 A）确定数据可信性。

（2）实用性。

定义：数据对数据使用者所开展业务的帮助程度，分为有很大帮助、较有帮助、帮助不大和没有帮助 4 种情况，通常用百分比表示。通过对数据使用者的调查反馈（调查问卷见附录 A）确定数据实用性。

2. 中观数据质量评价指标体系

中观数据质量分析主要是对某一区域路段或路线上所有检测器采集的交通流相关数据进行综合评价。以路线上包含的所有检测器为基本单元，结合检测器的观测里程，构建路线数据质量评价体系。

$$IQ = \sum_{i=1}^{n} (A_i D_{segment,i}) \qquad (2-2-14)$$

式中：IQ——某条线路数据质量评价；

A_i——该条道路路段 i 的权重；

$D_{segment,i}$——该条道路路段 i 的数据质量评价。

其中，取 A_i 的值为单个检测器的观测里程（一般为 20~30 km）占观测区域内总路网长度的百分比。

$$A_i = \frac{l_{coverage}}{l_{total}} \times 100\% \qquad (2-2-15)$$

式中：$l_{coverage}$——检测器观测里程；

l_{total}——观测区域内总路网长度。

3. 宏观数据质量评价指标体系

宏观数据质量分析是对路网或区域路网内交通相关数据的评价，以反映整个路网的数据质量情况。以路网中包括的路线或路段为基本作用单元，结合路线在路网中所占比例，构成宏观数据质量评价指标体系。

$$MQ_{network} = \frac{\alpha \sum_{i=1}^{m_1} IQ_i}{m_1} + \frac{\beta \sum_{j=1}^{m_2} IQ_j}{m_2} + \frac{\chi \sum_{k=1}^{m_3} IQ_k}{m_3} + \frac{\delta \sum_{l=1}^{m_4} IQ_l}{m_4} + \frac{\phi \sum_{h=1}^{m_5} IQ_h}{m_5} \quad (2-2-16)$$

式中：$MQ_{network}$——路网数据质量评价；

　　α、IQ_i、m_1——路网中高速公路权重、高速公路每条路线数据质量、高速公路总路线数；

　　β、IQ_j、m_2——路网中一级公路权重、一级公路每条路线数据质量、一级公路总路线数；

　　χ、IQ_k、m_3——路网中二级公路权重、二级公路每条路线数据质量、二级公路总路线数；

　　δ、IQ_l、m_4——路网中三级公路权重、三级公路每条路线数据质量、三级公路总路线数；

　　ϕ、IQ_h、m_5——路网中四级公路权重、四级公路每条路线数据质量、四级公路总路线数。

2.3　交通流数据质量控制方法

本节在高速公路交通流数据质量评价基础上进行数据质量控制，从交通流数据模型建立角度考虑，融合高速公路交通流时空特性，利用张量思想构建多维交通流数据模型，提出基于张量分解的交通流数据质量控制算法，并通过实际交通流数据验证算法的可行性。

2.3.1　张量基础理论

当前常用的交通流数据质量控制方法大致可分为两大类：一是基于向量的交通流数据质量控制方法，如基于卡尔曼滤波、ARIMA 模型等的数据控制方法；二是基于矩阵形式的交通流数据质量控制方法，如基于最小二乘支持向量机、主成分分析法等数据质量控制方法。上述两类数据质量控制方法均存在对交通信息利用不全的弊端，没有充分利用时间交通信息和空间交通信息，同时，当交通流异常数据较大时，数据质量控制效果较差。因此，为了充分挖掘交通流数据的内部相关性，采用张量模式即构造多维模式表征交通流数据，有利于保持交通流数据的内部结构和特征，提高异常数据修复精度。下面将重点介绍张量的基础理论，为交通流数据控制模型的提出奠定基础。

N 阶张量 $\chi \in \mathbf{R}^{n_1 \times n_2 \times \cdots \times n_N}$ 为 N 个向量空间元素的张量积，即 $\mathbf{R}^{n_1 \times n_2 \times \cdots \times n_N}$。一个高阶张量即为一个多维数组，其中的"阶"（order）表示张量的位数，一阶张量即为向量，二阶张量即为矩阵。高阶张量能够有效反映各元素之间的多维相关性。图 2-3-1 为三阶张量的结构图。

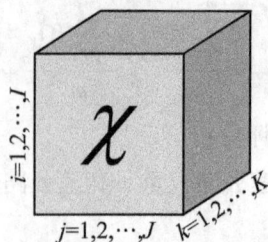

图 2-3-1　大小为 $I \times J \times K$ 的三阶张量 χ 示意图

采用 Euclid Math One 字体表示张量，例如 χ。三阶张量 χ 的第 (i,j,k) 个元素表示为 x_{ijk}，其中 $i = 1,2,\cdots,I$。

在固定变量某一维的索引值后可以得到相应的子集，如矩阵的行和列。冒号用来表示某个模（mode）的所有元素，例如，矩阵 A 的第 j 列可表示为 $a_{:j}$。纤（fibers）定义为某个维不被锁定，而其余全部被锁定的所有元素集合。例如，三阶张量行（mode-1）、列（mode-2）和管（mode-3）纤维分别为 $x_{:jk}$、$x_{i:k}$、$x_{ij:}$，如图 2-3-2 所示。

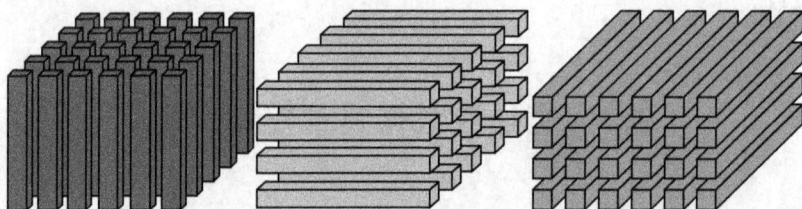

图 2-3-2　三阶张量的模纤示意图（mode-1、mode-2 和 mode-3）

张量切片（slics）是张量的二维截面，即除了某两个维不被锁定，其余全被锁定情况下所有元素的集合。图 2-3-3 为三阶张量的水平切片、侧切片和前切片，可分别表示为 $x_{i::}$、$x_{:j:}$、$x_{::k}$。

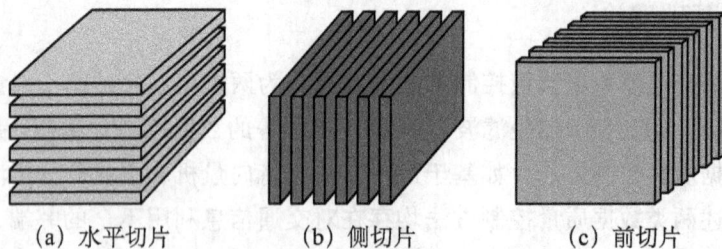

(a) 水平切片　　　　(b) 侧切片　　　　(c) 前切片

图 2-3-3　三阶张量切片示意图

在实际运算当中，有时需要对张量按照模展开矩阵，其目的是对高维张量进行降阶，转换为矩阵进行运算。在张量的矩阵展开过程中，是对组成张量的所有阶按交错次序采样，并非简单地先采取某一阶的特征值再采取另一阶的特征值，而是在整个采集过程中对不同阶的特征值进行混合交错采样，这样在采集过程中实现了张量不同阶特征值之间的传递和融合。三阶张量 χ 的 n 模对应元素与张量内元素的对应关系为

$$(\boldsymbol{\chi}_{(1)})_{i_1,(i_2-1)I_3+i_3} = (\boldsymbol{\chi}_{(2)})_{i_2,(i_3-1)I_1+i_1} = (\boldsymbol{\chi}_{(3)})_{i_3,(i_1-1)I_2+i_2} = x_{i_1i_2i_3} \qquad (2-3-1)$$

式中：$1 \leqslant i_1 \leqslant I_1$，$1 \leqslant i_2 \leqslant I_2$，$1 \leqslant i_3 \leqslant I_3$。

张量的模展开矩阵如图 2 - 3 - 4 所示。

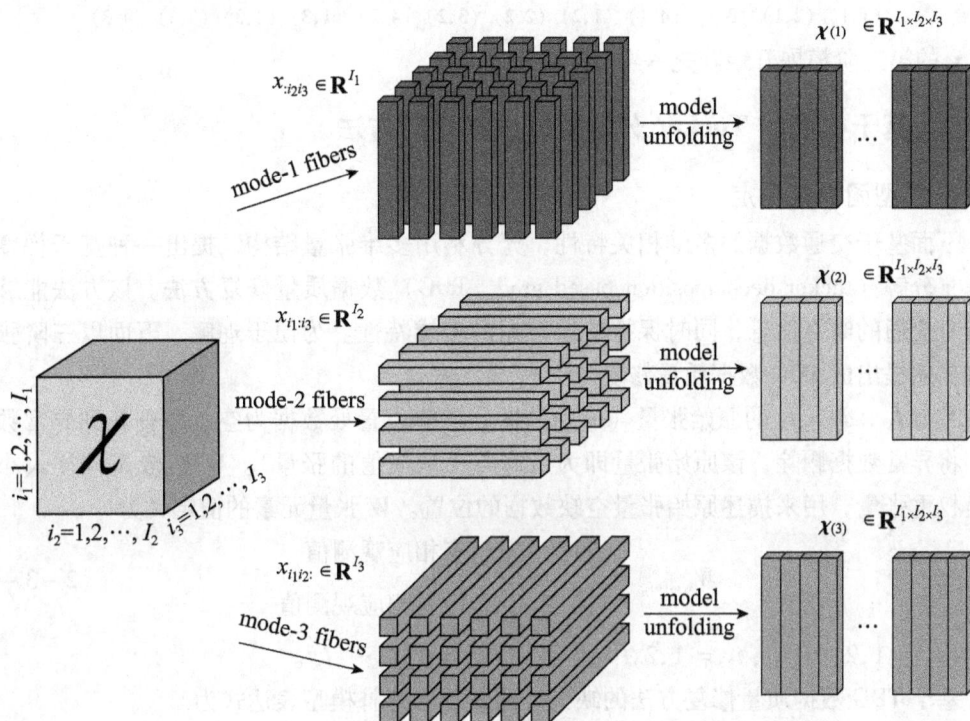

图 2 - 3 - 4　张量的模展开图

为了便于理解，下面以一个 $\boldsymbol{\chi}$（$4 \times 3 \times 2$）的三阶张量为例进行说明。

对三阶张量 $\boldsymbol{\chi}$ 的第一阶模进行展开，得到矩阵为

$$\begin{bmatrix} x_{111} & x_{121} & x_{131} & x_{112} & x_{122} & x_{132} \\ x_{211} & x_{221} & x_{231} & x_{212} & x_{222} & x_{232} \\ x_{311} & x_{321} & x_{331} & x_{312} & x_{322} & x_{332} \\ x_{411} & x_{421} & x_{431} & x_{412} & x_{422} & x_{432} \end{bmatrix}$$

$$(1,1) \quad (2,1) \quad (3,1) \quad (1,2) \quad (2,2) \quad (3,2)$$

$\boldsymbol{\chi}$ 的第一阶模展开矩阵是一个 4×6 的矩阵，矩阵中的 6 列是第二阶和第三阶特征值交错取值得到的。

对三阶张量 $\boldsymbol{\chi}$ 的第二阶模进行展开，得到矩阵为

$$\begin{bmatrix} x_{111} & x_{211} & x_{311} & x_{411} & x_{112} & x_{212} & x_{312} & x_{412} \\ x_{121} & x_{221} & x_{321} & x_{421} & x_{122} & x_{222} & x_{322} & x_{422} \\ x_{131} & x_{231} & x_{331} & x_{431} & x_{132} & x_{232} & x_{332} & x_{432} \end{bmatrix}$$

$$(1,1) \quad (2,1) \quad (3,1) \quad (4,1) \quad (1,2) \quad (2,2) \quad (3,2) \quad (4,2)$$

$\boldsymbol{\chi}$ 的第二阶模展开矩阵是一个 3×8 的矩阵。

对三阶张量 $\boldsymbol{\chi}$ 的第三阶模进行展开，得到矩阵为

$$\begin{bmatrix} x_{111} & x_{211} & x_{311} & x_{411} & x_{121} & x_{221} & x_{321} & x_{421} & x_{131} & x_{231} & x_{331} & x_{431} \\ x_{112} & x_{212} & x_{312} & x_{412} & x_{122} & x_{222} & x_{322} & x_{422} & x_{132} & x_{232} & x_{332} & x_{432} \end{bmatrix}$$
$$(1,1) \ (2,1) \ (3,1) \ (4,1) \ (1,2) \ (2,2) \ (3,2) \ (4,2) \ (1,3) \ (2,3) \ (3,3) \ (4,3)$$

$\boldsymbol{\chi}$ 的第三阶模展开矩阵是一个 2×12 的矩阵。

2.3.2 基于梯度的 Tucker 分解数据质量修复方法

1. 模型函数的确定

下面基于交通数据的多维相关特性，充分利用多维张量结构，提出一种基于梯度的 Tucker 分解（tucker decomposition based grad, TDG）数据质量修复方法。该方法能够包含所有交通的时空信息，同时保持交通数据的多维特性。为便于理解，下面以三阶张量为例描述提出的 TDG 数据质量修复方法。

$\boldsymbol{X}$ 为 $I_1 \times I_2 \times I_3$ 的原始张量（原始数据异常值位置处数据为空，即查找到异常数据后，将异常数据删除，该原始张量即为带有若干缺失值的张量）。$\boldsymbol{W}$ 是与 $\boldsymbol{X}$ 同样大小的非负权重张量，用来描述原始张量空缺数据的位置。$\boldsymbol{W}$ 张量元素的值定义为

$$W_{i_1 i_2 \cdots i_n} = \begin{cases} 1 & x_{i_1 i_2 \cdots i_n} \text{ 有相应观测值} \\ 0 & x_{i_1 i_2 \cdots i_n} \text{ 没有相应观测值} \end{cases} \tag{2-3-2}$$

式中：$i_1 = 1, 2, \cdots, I_1$; $i_2 = 1, 2, \cdots, I_2$; $\cdots$; $i_n = 1, 2, \cdots, I_n$。

基于 TDG 数据质量修复方法的缺失交通数据的修补模型表达式为

$$F(\boldsymbol{S}, \boldsymbol{X}, \boldsymbol{Y}, \boldsymbol{Z}) \equiv \operatorname{argmin}\left(\frac{1}{2} \| \boldsymbol{W} * (\boldsymbol{A} - \boldsymbol{S}_{\times 1} \boldsymbol{X}_{\times 2} \boldsymbol{Y}_{\times 3} \boldsymbol{Z}) \|_F^2 + \frac{\lambda}{2} (\| \boldsymbol{S} \|^2 + \| \boldsymbol{X} \|^2 + \right.$$
$$\left. \| \boldsymbol{Y} \|^2 + \| \boldsymbol{Z} \|^2) \right) \tag{2-3-3}$$

式中：$\boldsymbol{A}$ 为张量；λ 为奇异值收缩算子；$\boldsymbol{X} \in \mathbf{R}^{I_1 \times R_1}$, $\boldsymbol{Y} \in \mathbf{R}^{I_2 \times R_2}$, $\boldsymbol{Z} \in \mathbf{R}^{I_3 \times R_3}$, 为因子矩阵，可以看作是张量在每个 mode 上的基矩阵或主成分；$\boldsymbol{S} \in \mathbf{R}^{R_1 \times R_2 \times R_3}$ 为核张量，表示不同维之间的相关程度。$\frac{\lambda}{2} (\| \boldsymbol{S} \|^2 + \| \boldsymbol{X} \|^2 + \| \boldsymbol{Y} \|^2 + \| \boldsymbol{Z} \|^2)$ 为正则化项，防止函数过拟合。

TDG 数据质量修复方法的最终目的是求出式（2-3-3）中的核张量 $\boldsymbol{S}$ 和因子矩阵 $\boldsymbol{X}$、$\boldsymbol{Y}$、$\boldsymbol{Z}$，使得误差函数的值尽可能小。式（2-3-3）可以展开为

$$F(\boldsymbol{S}, \boldsymbol{X}, \boldsymbol{Y}, \boldsymbol{Z}) \equiv \frac{1}{2} \| \boldsymbol{W} * (\boldsymbol{A} - \boldsymbol{S} \times_1 \boldsymbol{X} \times_2 \boldsymbol{Y} \times_3 \boldsymbol{Z}) \|_F^2 + \frac{\lambda}{2} (\| \boldsymbol{S} \|^2 + \| \boldsymbol{X} \|^2 + \| \boldsymbol{Y} \|^2 + \| \boldsymbol{Z} \|^2)$$
$$= \frac{1}{2} \| \boldsymbol{W}_{(1)} * (\boldsymbol{A}_{(1)} - \boldsymbol{X}^T \boldsymbol{S}_{(1)} (\boldsymbol{Y} \otimes \boldsymbol{Z})) \|_F^2 + \frac{\lambda}{2} (\| \boldsymbol{S} \|^2 + \| \boldsymbol{X} \|^2 + \| \boldsymbol{Y} \|^2 + \| \boldsymbol{Z} \|^2)$$
$$= \frac{1}{2} \| \boldsymbol{W}_{(2)} * (\boldsymbol{A}_{(2)} - \boldsymbol{X}^T \boldsymbol{S}_{(2)} (\boldsymbol{Z} \otimes \boldsymbol{X})) \|_F^2 + \frac{\lambda}{2} (\| \boldsymbol{S} \|^2 + \| \boldsymbol{X} \|^2 +$$

$$\|\boldsymbol{Y}\|^2 + \|\boldsymbol{Z}\|^2)$$

$$= \frac{1}{2} \| \boldsymbol{W}_{(3)} * (\boldsymbol{A}_{(3)} - \boldsymbol{X}^{\mathrm{T}} \boldsymbol{S}_{(3)}(\boldsymbol{X} \otimes \boldsymbol{Y})) \|_F^2 + \frac{\lambda}{2} (\|\boldsymbol{S}\|^2 + \|\boldsymbol{X}\|^2 +$$

$$\|\boldsymbol{Y}\|^2 + \|\boldsymbol{Z}\|^2) \tag{2-3-4}$$

式中：$\otimes$ 为 Kronecker 积。

基于三阶张量可确定 N 阶张量 $\boldsymbol{X} \in \mathbf{R}^{I_1 \times I_2 \times \cdots \times I_N}$ 的模型表达式为

$$F(\boldsymbol{S},\boldsymbol{X},\boldsymbol{Y},\boldsymbol{Z}) \equiv \mathrm{argmin} \left(\begin{array}{l} \frac{1}{2} \| \boldsymbol{W} * (\boldsymbol{A} - \boldsymbol{S}_{\times 1}\boldsymbol{X}^{(1)}_{\times 2}\boldsymbol{X}^{(2)}\cdots\boldsymbol{X}^{(N)}_{\times N}) \|_F^2 + \\ \frac{\lambda}{2} (\|\boldsymbol{S}\|^2 + \|\boldsymbol{X}^{(1)}\|^2 + \|\boldsymbol{X}^{(2)}\|^2 + \cdots + \|\boldsymbol{X}^{(N)}\|^2) \end{array} \right) \tag{2-3-5}$$

2. 模型初始值的确定

TDG 数据质量修复方法的核心是张量 Tucker 分解，与 CP 分解不同，Tucker 的分解形式可以有多种。由于函数 $F(\boldsymbol{S}, \boldsymbol{X}, \boldsymbol{Y}, \boldsymbol{Z})$ 为非凸函数，故求其最小值较为困难，只能确保找到局部最优解。2000 年，Lathauwer 提出利用 $\boldsymbol{W} * \boldsymbol{A}$ 进行截断高阶奇异值分解（HOSVD），其结果可作为函数近似初始值。其次，可以基于梯度优化算法实现对式（2-3-6）的优化迭代；最后基于最小误差函数求得局部最优解。

应用高阶奇异值分解（HOSVD）确定初始值可采用下式

$$\boldsymbol{A}^W = \hat{\boldsymbol{S}}_{\times 1}\tilde{\boldsymbol{X}}_{\times 2}\hat{\boldsymbol{Y}}_{\times 3}\tilde{\boldsymbol{Z}} \tag{2-3-6}$$

式中：$\boldsymbol{A}^W = \boldsymbol{W} * \boldsymbol{A}$；$\hat{\boldsymbol{S}} \in \mathbf{R}^{I_1 \times I_2 \times I_3}$，为核张量；$\hat{\boldsymbol{X}} \in \mathbf{R}^{I_1 \times I_1}$，$\hat{\boldsymbol{Y}} \in \mathbf{R}^{I_2 \times I_2}$，$\tilde{\boldsymbol{Z}} \in \mathbf{R}^{I_3 \times I_3}$，为 3 个因子矩阵。对 3 个正交矩阵进行截断，即将正交矩阵特征值从大到小排列，取前 R_n 个特征值，得到初始的 R_1、R_2、R_3。最终，根据式（2-3-7）确定初始值 $\boldsymbol{X}_0$、$\boldsymbol{Y}_0$ 和 $\boldsymbol{Z}_0$。

$$\boldsymbol{X}_0 = [\tilde{x}_1, \cdots, \tilde{x}_{R_1}]$$

$$\boldsymbol{Y}_0 = [\tilde{y}_1, \cdots, \tilde{y}_{R_2}] \tag{2-3-7}$$

$$\boldsymbol{Z}_0 = [\tilde{z}_1, \cdots, \tilde{z}_{R_3}]$$

基于已知的 $(\boldsymbol{X}_0, \boldsymbol{Y}_0, \boldsymbol{Z}_0)$，初始核张量 $\boldsymbol{S}_0$ 可以通过最优化 $F(\boldsymbol{S}, \boldsymbol{X}_0, \boldsymbol{Y}_0, \boldsymbol{Z}_0)$ 的最小值确定。$F(\boldsymbol{S}, \boldsymbol{X}_0, \boldsymbol{Y}_0, \boldsymbol{Z}_0)$ 的梯度计算公式为

$$\dot{F} = -(\boldsymbol{W} * (\boldsymbol{A} - \boldsymbol{S}_{\times 1}\boldsymbol{X}_{0 \times 2}\boldsymbol{Y}_{0 \times 3}\boldsymbol{Z}_0))_{\times 1}\boldsymbol{X}_0^{\mathrm{T}}{}_{\times 2}\boldsymbol{Y}_0^{\mathrm{T}}{}_{\times 3}\boldsymbol{Z}_0^{\mathrm{T}} \tag{2-3-8}$$

当 $\dot{F} = 0$ 时，可求得初始核张量 $\boldsymbol{S}_0$。$(\boldsymbol{S}_0, \boldsymbol{X}_0, \boldsymbol{Y}_0, \boldsymbol{Z}_0)$ 即为后续模型迭代算法的初始值。

3. 梯度的确定

为了对式（2-3-4）进行简化表示，设 $\boldsymbol{B} = \boldsymbol{W} * \boldsymbol{A}$，$\boldsymbol{C} = \boldsymbol{W} * (\boldsymbol{S}_{\times 1}\boldsymbol{X}_{\times 2}\boldsymbol{Y}_{\times 3}\boldsymbol{Z})$，将其代入，可得

$$F(S,X,Y,Z) \equiv \mathrm{argmin}\left(\frac{1}{2}\parallel B - C \parallel_F^2 + \frac{\lambda}{2}(\parallel S \parallel^2 + \parallel X \parallel^2 + \parallel Y \parallel^2 + \parallel Z \parallel^2)\right)$$

$$(2-3-9)$$

张量 B 可以预先计算，因为迭代过程中张量 W 和 A 均不会改变。可得目标函数 F 的偏导为

$$\frac{\partial F}{\partial S} = (C - B)_{\times 1} X_{0\times 2}^{\mathrm{T}} Y_{0\times 3}^{\mathrm{T}} Z_0^{\mathrm{T}} + \lambda S$$

$$\frac{\partial F}{\partial X} = (C_{(1)} - B_{(1)})(Z \otimes Y) S_{(1)}^{\mathrm{T}} + \lambda X$$

$$\frac{\partial F}{\partial Y} = (C_{(2)} - B_{(2)})(Z \otimes X) S_{(2)}^{\mathrm{T}} + \lambda Y \qquad (2-3-10)$$

$$\frac{\partial F}{\partial Z} = (C_{(3)} - B_{(3)})(Y \otimes X) S_{(3)}^{\mathrm{T}} + \lambda Z$$

基于上述给出的 TDG 数据质量修复方法，可求得目标函数的最优解 S,X,Y,Z 的具体值。TDG 数据质量修复方法步骤如下。

TDG 数据质量修复方法

步骤1：输入数据

输入原始张量 A、缺失数据指标集 W、允许的误差值 $\varepsilon_{\mathrm{tol}}$、最大迭代次数 $k_{\max}$。

步骤2：初始化

计算初始张量 S_0,X_0,Y_0,Z_0，初始张量基于截断 HOSVD 算法获得。

步骤3：算法运行

1. For $k = 0,1,\cdots,k_{\max}$ do;

2. 计算 $B = W * A$；

3. 计算 $C = W * (S_{\times 1} X_{\times 2} Y_{\times 3} Z)$；

4. do；

5. 计算函数 $F(S,X,Y,Z) = \frac{1}{2} \parallel B - C \parallel_F^2 + \frac{\lambda}{2}(\parallel S \parallel^2 + \parallel X \parallel^2 + \parallel Y \parallel^2 + \parallel Z \parallel^2)$；

6. 计算函数梯度 $\mathrm{grad} F(x_k)$；

7. If $\dfrac{\parallel B - C \parallel_F}{\parallel B \parallel_F} < \varepsilon_{\mathrm{tol}}$，then break；

8. End for；

9. 计算预估张量 $\hat{A} = S_{K\times 1} X_{K\times 2} Y_{K\times 3} Z_K$。

2.3.3 实例分析

1. 张量模型的建立

为了充分利用交通数据多维特性，基于张量分解算法对高速公路交通异常数据进行修复。表 2-3-1 所示矩阵的相关系数为 0.887 0；表 2-3-2 所示矩阵的相关系数为 0.845 0；表 2-3-3 所示矩阵的相关系数为 0.878 7。与向量或矩阵只能体现两个模式的相关性相比，张量模型可以充分体现交通数据的多模式相关性。

表 2 - 3 - 1　不同周同一天的速度相关性矩阵

R	第 1 周	第 2 周	第 3 周	第 4 周
第 1 周	1.0	0.849 9	0.912 2	0.918 9
第 2 周	0.849 9	1.0	0.840 5	0.891 8
第 3 周	0.912 2	0.840 5	1.0	0.908 7
第 4 周	0.918 9	0.891 8	0.908 7	1.0

表 2 - 3 - 2　同一周不同天的速度相关性矩阵

R	周一	周二	周三	周四	周五
周一	1.0	0.803 9	0.920 2	0.939 0	0.822 4
周二	0.803 9	1.0	0.845 3	0.807 2	0.825 1
周三	0.920 2	0.845 3	1.0	0.879 4	0.763 9
周四	0.939 0	0.807 2	0.879 4	1.0	0.843 3
周五	0.822 4	0.825 1	0.763 9	0.843 3	1.0

表 2 - 3 - 3　高速公路基本路段相邻车道速度数据相关矩阵

R	第 1 车道	第 2 车道	第 3 车道
第 1 车道	1.0	0.984 3	0.815 3
第 2 车道	0.984 3	1.0	0.836 6
第 3 车道	0.815 3	0.836 6	1.0

张量修复的前提是将高速公路交通数据组合成张量形式，而同样一组交通数据，可以根据需求组合成不同的张量形式。下面以 G4 京港澳高速公路杜家坎路段速度数据为例构建张量模型。该观测站所在道路为第 3 车道，交通数据每 5 min 采集一次，一天共采集 288 个数据。选取 2016 年 5 月 9 日—13 日共计 5 天的交通数据。对该检测站的交通数据组合可构成 3 种张量形式，分别为 $A \in \mathbf{R}^{288 \times 5 \times 3}$、$B \in \mathbf{R}^{12 \times 24 \times 5 \times 3}$ 和 $C \in \mathbf{R}^{12 \times 24 \times 15}$，图 2 - 3 - 5 为 3 种张量的具体结构形式。

其中：Link 为车道数，该检测站所在路段共有 3 个车道；Week 为每周的天数，这里取工作日周一到周五共 5 天；Min 为每 5 min 采集一次数据，一天共 288 个数据；Hour 为 1 小时交通数据个数，这里共 12 个数据；Day 为 1 天的小时数，这里取 24 h；Link-Week 为车道数与一周天数的组合，这里取 15。

2. 交通异常数据修复实验

选取京港澳高速公路杜家坎路段第 2 车道 2016 年 5 月 9 日—13 日交通流速度数据进行异常数据修复，构建了如图 2 - 3 - 5 所示的 3 个张量模型，即 $A \in \mathbf{R}^{288 \times 5 \times 3}$、$B \in \mathbf{R}^{12 \times 24 \times 5 \times 3}$ 和 $C \in \mathbf{R}^{12 \times 24 \times 15}$。以 $A \in \mathbf{R}^{288 \times 5 \times 3}$ 模型为例，该模型大小为 $288 \times 5 \times 3$，共有 3 种模式（mode）。第一种模式代表一天的 288 个速度数据（每 5 min 采集一次），第二种模式代表一周内 5 天的速度数据，第三种模式代表该路段的 3 个 Link。从模型构建及交

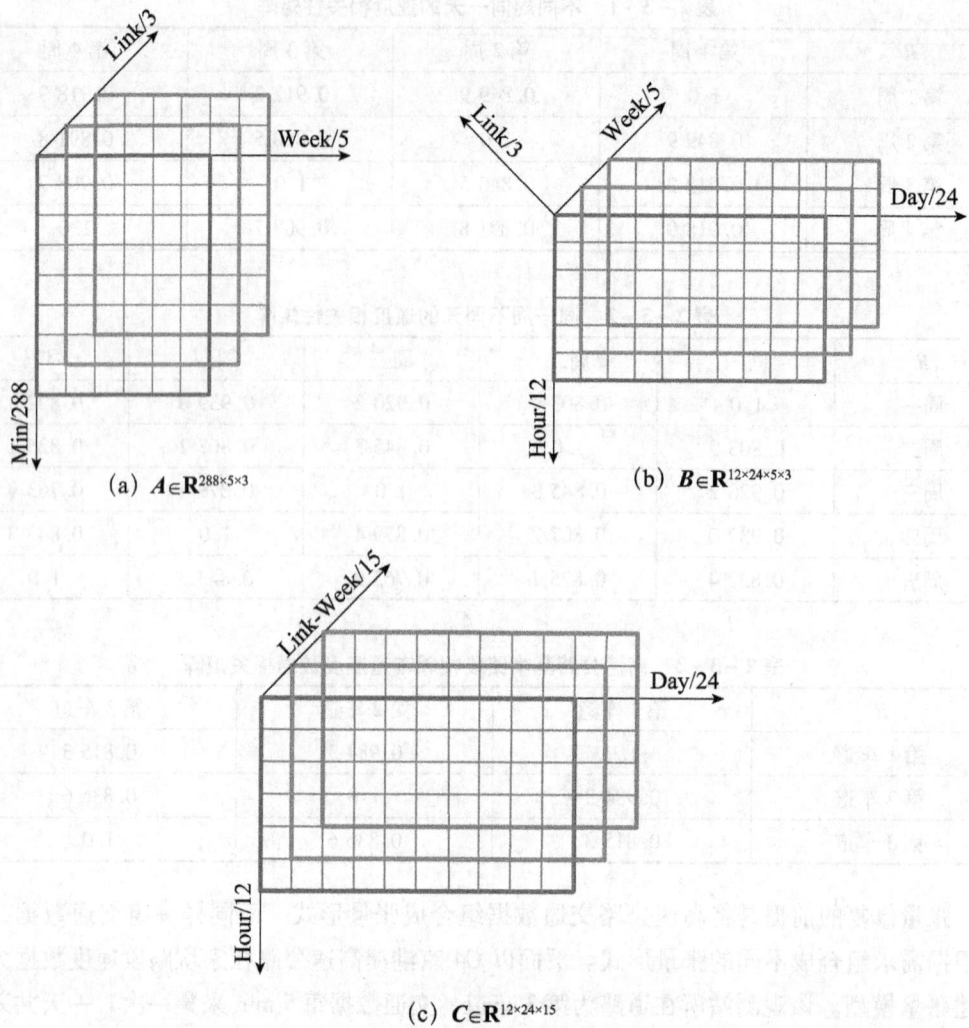

(a) $A \in \mathbf{R}^{288 \times 5 \times 3}$

(b) $B \in \mathbf{R}^{12 \times 24 \times 5 \times 3}$

(c) $C \in \mathbf{R}^{12 \times 24 \times 15}$

图 2-3-5   3 种张量组合形式

通数据特性可以看出，此次的异常数据修复是对一周内 5 天、3 个 Link 的全部异常数据的同时修复。

对于 TDG 数据质量修复方法的修复精度，采用相对错误率指标进行衡量。相对错误率定义式为

$$\mathrm{LRSE} = \frac{\| \boldsymbol{W} * (\hat{\boldsymbol{L}} - \boldsymbol{L}_0) \|_F}{\| \boldsymbol{W} * \boldsymbol{L}_0 \|_F} \qquad (2-3-11)$$

式中：$\hat{\boldsymbol{L}}$ 为采用 TDG 数据质量修复方法修复后的张量数据；$\boldsymbol{L}_0$ 为原始张量数据；$\boldsymbol{W}$ 为权重张量，即原始张量有数据位置为 1，无数据位置为 0。

以第一个模型 $A \in \mathbf{R}^{288 \times 5 \times 3}$ 为例，图 2-3-6 为 TDG 数据质量修复方法的交通流数据质量控制收敛曲线，从图中可以看出该算法在 700 次达到了收敛，整个张量的 LRSE 达到 5% 以内，具有较高的修复精度。图 2-3-7 直观地描述了 5 月 9 日—13 日内 5 天 3 个车

道所有实验数据中异常数据质量控制前后变化图，从中可以看出基于 TDG 的数据质量修复方法具有很高的准确性，修复后的数据与原始交通流数据变化曲线基本一致。当原始数据波动较小时，数据质量控制前后变化不大，当原始数据波动较大时，修复后的数据与原始数据差别较大。表 2 - 3 - 4 中速度数据质量控制前后相对误差最大值为 5.00%，相对误差最小值为 2.42%，平均相对误差为 4.14%，整个张量 A 的 LRSE 为 4.70%。

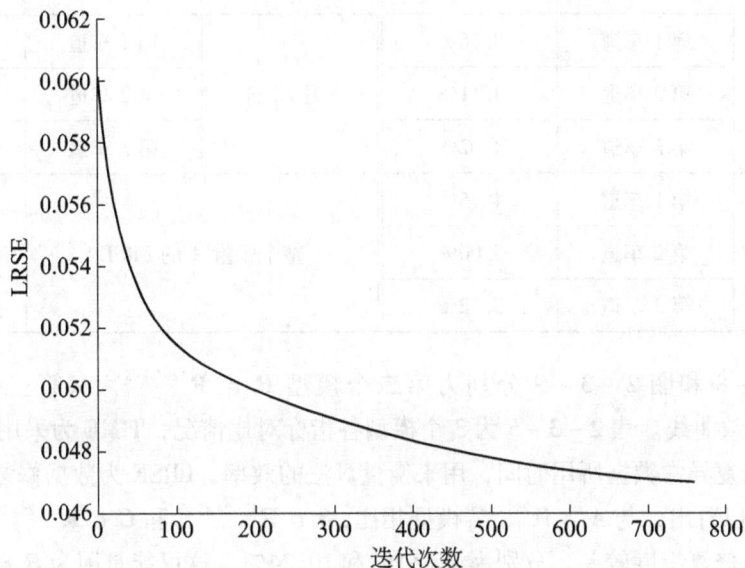

图 2 - 3 - 6　收敛曲线

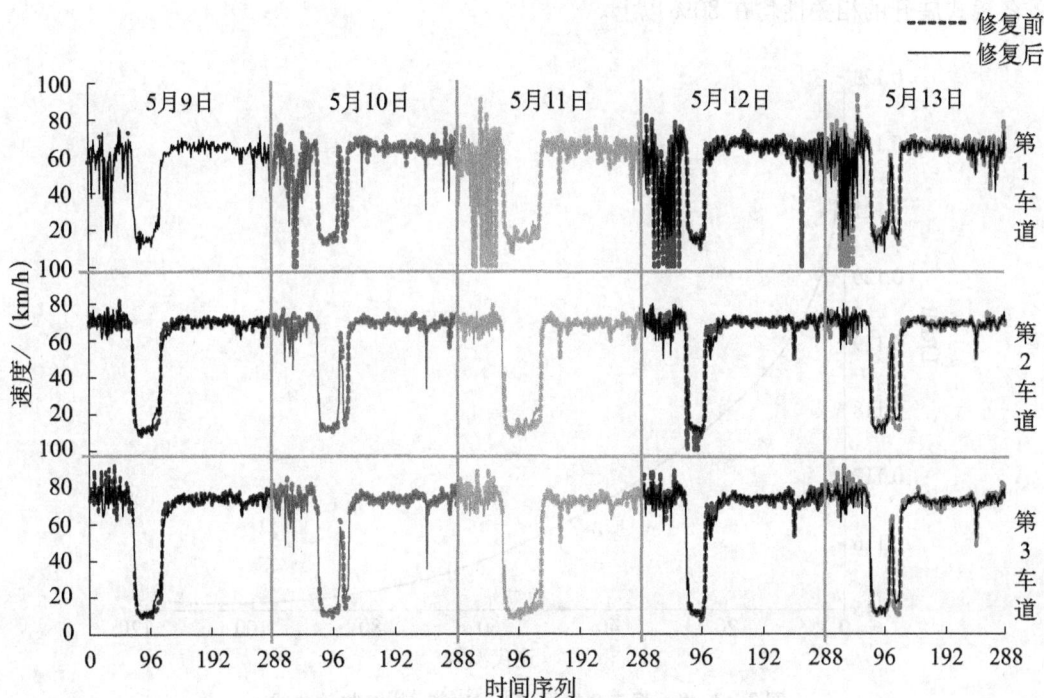

图 2 - 3 - 7　异常数据修复前后数据变化图

表2-3-4 误差表

时间	车道	相对误差	时间	车道	相对误差
5月9日	第1车道	4.72%	5月12日	第1车道	2.96%
	第2车道	4.93%		第2车道	3.57%
	第3车道	4.89%		第3车道	2.42%
5月10日	第1车道	3.76%	5月13日	第1车道	4.49%
	第2车道	4.11%		第2车道	4.58%
	第3车道	4.02%		第3车道	4.43%
5月11日	第1车道	4.75%	整个张量 A 的 LRSE		4.70%
	第2车道	5.00%			
	第3车道	3.52%			

图2-3-8和图2-3-9分别为第二个模型 $B \in \mathbf{R}^{12 \times 24 \times 5 \times 3}$ 和第三个模型 $C \in \mathbf{R}^{12 \times 24 \times 15}$ 的收敛曲线。表2-3-5为3个模型各指标对比情况，TIME为采用TDG数据质量修复方法修复异常数据所用时间，用来衡量算法的效率；LRSE为数据修复精度。从表2-3-5中可以看出，与 $A \in \mathbf{R}^{288 \times 5 \times 3}$ 模型相比，$B \in \mathbf{R}^{12 \times 24 \times 5 \times 3}$ 和 $C \in \mathbf{R}^{12 \times 24 \times 15}$ 能够很快达到收敛，但是修复精度较差，分别为11.51%和10.24%，这可能是因为 $B \in \mathbf{R}^{12 \times 24 \times 5 \times 3}$ 和 $C \in \mathbf{R}^{12 \times 24 \times 15}$ 模型均以"小时"模展开，其相关性较差，仅有30%；而 $A \in \mathbf{R}^{288 \times 5 \times 3}$ 模型的各模式展开的相关性均在80%以上。

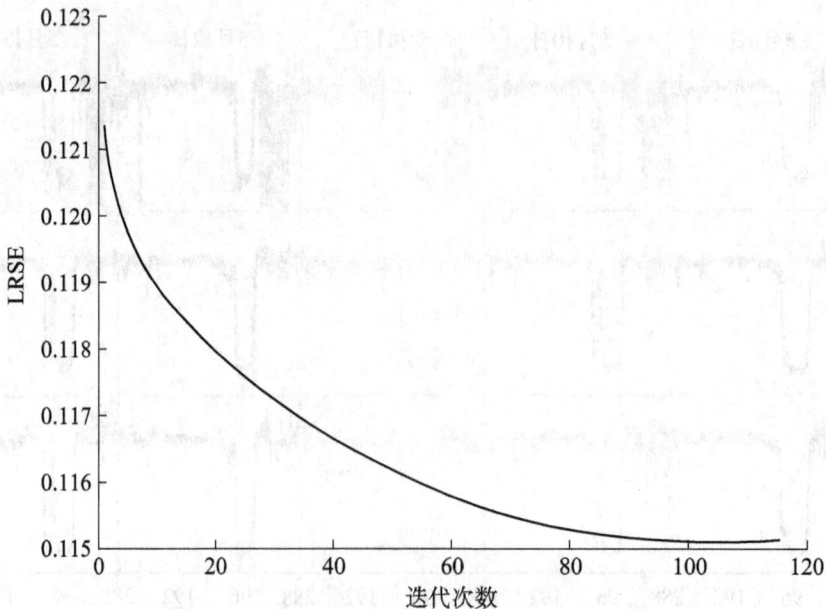

图2-3-8 第二个模型 $B \in \mathbf{R}^{12 \times 24 \times 5 \times 3}$ 的收敛曲线

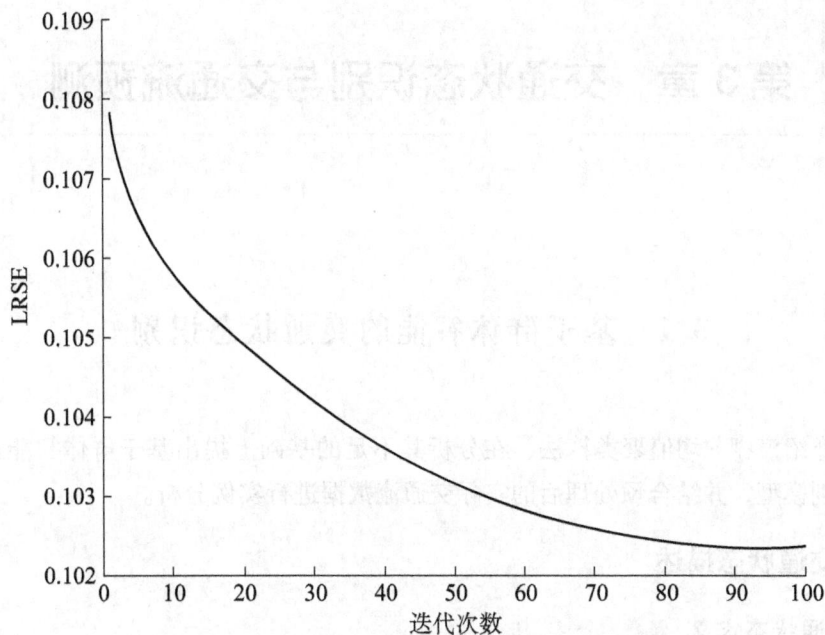

图 2 - 3 - 9　第三个模型 $C \in \mathbf{R}^{12 \times 24 \times 15}$ 的收敛曲线

表 2 - 3 - 5　三个模型对比表

模型	TIME/s	LRSE/%
$A \in \mathbf{R}^{288 \times 5 \times 3}$	7. 380 9	4. 70
$B \in \mathbf{R}^{12 \times 24 \times 5 \times 3}$	8. 239 9	11. 51
$C \in \mathbf{R}^{12 \times 24 \times 15}$	52. 46	10. 24

2.4　小结

　　本章从交通流数据模型建立角度考虑，融合高速公路交通流时空特性，利用张量思想构建了多维交通流数据模型，提出了基于梯度的 Tucker 分解数据质量修复方法（TDG）；同时，基于高速公路交通流数据的多维相关性，提出了 A、B 和 C 三种不同形式的张量模型；最后应用高速公路杜家坎路段的速度数据，对提出的方法进行了实例验证，同时对 A、B 和 C 三种不同张量形式的修复精度进行了对比分析。结果表明，A 形式修复效果最好，平均误差为 4.70%。

第3章　交通状态识别与交通流预测

3.1　基于群体智能的交通状态识别

本节介绍模糊 c 均值聚类算法，在分析其不足的基础上提出基于群体智能优化的交通状态识别模型，并结合预处理后的实际交通流数据进行实例分析。

3.1.1　交通状态描述

1. 交通状态定义

交通状态指的是道路网中某一个路段或者某一个区域交通流整体运行状况的一种客观表现，是一个较为模糊的概念。交通状态通常可以用顺畅、比较拥堵等定性类的词语进行描述，不同国家交通状态划分方式也不同。

美国《道路通行能力手册》在考虑了交通参与者（驾驶员和乘客）主观感受和车辆间运行条件的基础上，将高速公路交通状态分为 A ~ F 六个等级，见表 3 - 1 - 1。

表 3 - 1 - 1　美国高速公路交通状态分级情况

交通状态	等级	状态描述
自由流状态	A 级	车辆可以自由行驶
稳定流状态	B 级	交通处于稳定流状态较好的部分
	C 级	交通处于稳定流状态中间的部分
	D 级	交通处于稳定流状态较差的部分
不稳定流状态	E 级	车速较低，比较均匀，同时舒适程度和便利程度也较低
强制流状态	F 级	车辆经常排队，出现走走停停现象

德国根据密度差异将交通状态划分为 I ~ V 五个等级，见表 3 - 1 - 2。

表 3 - 1 - 2　德国高速公路交通状态分级情况

交通状态	等级	密度/（veh/km）
稳定流状态	I 级	0 ~ 10
	II 级	10 ~ 20
	III 级	20 ~ 30
不稳定流状态	IV 级	30 ~ 40
	V 级	40 ~ 50

日本根据交通量与道路基本通行能力的比值将道路服务水平分为三个等级,分别对应美国道路服务水平的 C、D、E 级。

我国《公路通行能力手册》将高速公路服务水平分为四个等级,一级对应美国高速公路服务水平的 A、B 级,二级对应美国高速公路服务水平的 C 级,三级对应美国高速公路服务水平的 D 级,四级对应美国高速公路服务水平的 E、F 级。

2. 指标选取

获取路网交通状态的目的是为交管部门及交通参与者提供实时有效的交通信息,方便交管部门进行交通调控及交通参与者制定出行计划,提高通行效率。交通状态识别指标选取应遵循以下原则。

1)科学性原则

选取的识别指标要建立在科学性基础之上,每个指标要有明确的概念,相应的计算公式要准确无误。

2)直观性原则

选取的识别指标应具有直观性,是可以真实地反映交通状态的参数,便于被交通参与者接受。

3)可测性原则

选取的识别指标应能够通过某种方式直接获取或者经过某些计算得到。

4)实时性原则

选取的识别指标应简洁明了,可以通过一些高效的手段获得,以便实时进行交通状态识别。

交通流参数中的交通量、速度、占有率是常用来进行交通状态识别的指标,本书选用的车辆检测器数据可以获得交通量、速度和时间占有率,因此选取交通量、速度和时间占有率作为交通状态识别指标。

3.1.2　模糊 c 均值聚类算法

模糊 c 均值聚类算法(fuzzy c – means algorithm,FCM)相较于其他模糊聚类算法应用频率最高,FCM 算法融合了模糊聚类理论的精髓,在大数据方面颇占优势。下面介绍 FCM 算法原理及改进的 FCM 算法。

1. FCM 算法原理

与 K 均值聚类算法相比,FCM 算法提供了更加灵活的聚类结果,在计算目标函数的过程中通过极小化数据点与各自聚类中心的欧氏距离及隶属度加权求和,更新新的聚类中心及隶属度,不断迭代达到最优解。

对于一组由 n 个样本数据组成的集合,假设将这些数据分成 c 个不同的类,则 FCM 算法的目标函数 J_m 为

$$J_m = \sum_{i=1}^{n} \sum_{j=1}^{c} (u_{ij}^m d_{ij}), m \geq 1 \tag{3-1-1}$$

式中：u_{ij} 表示样本 i 属于类别 j 的隶属度，$0 \leqslant u_{ij} \leqslant 1$ ；m 表示模糊指数；d_{ij} 表示样本 i 与类别 j 的欧氏距离，$d_{ij} = \| x_i - c_j \|^2$ 。样本数据满足对类别总数 c 的隶属度总和为 1，即

$$\sum_{j=1}^{c} u_{ij} = 1, 0 \leqslant u_{ij} \leqslant 1 \tag{3-1-2}$$

FCM 算法的目的是寻找最佳分类数使目标函数 J_m 值最小，利用拉格朗日乘子法对目标函数进行求解，得到使目标函数最小的必要条件，见式（3-1-3）及式（3-1-4）。

$$u_{ij} = \left(\sum_{k=1}^{c} \left(\frac{d_{ij}}{d_{ik}} \right)^{\frac{2}{m-1}} \right)^{-1} \tag{3-1-3}$$

$$c_j = \frac{\sum_{i=1}^{n} u_{ij}^m x_i}{\sum_{i=1}^{n} u_{ij}^m} \tag{3-1-4}$$

FCM 算法迭代结束条件式为

$$\| J^t - J^{t-1} \| < \varepsilon \tag{3-1-5}$$

式中：t 为迭代次数；ε 为误差阈值，一般取 0.000 1 ~ 0.01。

总结得到 FCM 算法具体计算步骤如下。

步骤 1：设置初始参数，包括模糊指数 m、聚类类别总数 c、误差阈值 ε、迭代次数 t、最大迭代次数 $t_{\max}$、初始化隶属度矩阵 U 及初始化聚类中心 C。

步骤 2：更新隶属度矩阵。

步骤 3：更新聚类中心。

步骤 4：计算目标函数值，若较上一次目标函数值的该变量小于设定的误差阈值，则迭代结束；反之，则重新执行步骤 2。若迭代次数超过设定的最大迭代次数，直接结束迭代，输出聚类结果。

FCM 算法流程图如图 3-1-1 所示。

2. FCM 算法参数值确定

聚类类别总数 c 和模糊指数 m 是 FCM 算法的两个重要参数，其取值直接影响聚类结果，下面具体讨论这两个参数的取值情况。

目前已经有许多学者针对 m 的取值情况进行了研究，见表 3-1-3。

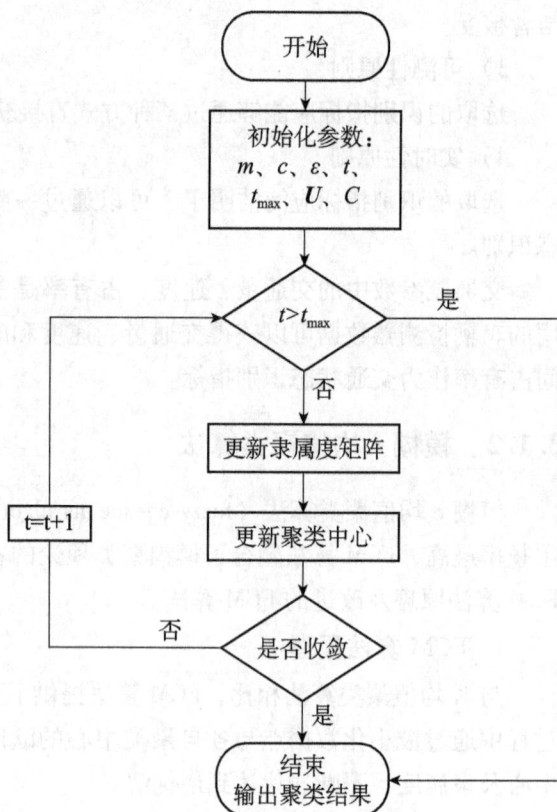

图 3-1-1 FCM 算法流程图

表 3 - 1 - 3　模糊指数 m 取值情况

研究者	m 取值情况
Bezdek	m 取 2 时 FCM 算法有明确的物理意义，针对不同情况，最优的 m 值应该在 [1.1, 5] 范围内寻找
Cheung、Chan	从汉字字符识别研究中得到经验，m 的最佳取值范围为 [1.25, 1.75]
Pal、Bezdek	从聚类有效性实验中得出 m 的合理取值区间为 [1.5, 2.5]，没有特殊要求情况下可取区间中值 2
Bezdek、Hathaway	从 FCM 算法收敛性考虑，m 的取值和样本数量有关

由表 3 - 1 - 3 可知，模糊指数在没特殊要求的情况下可以取 2，即选取 $m=2$。

一般聚类类别总数要远小于样本数，同时要确保聚类类别总数大于 1。根据我国高速公路服务水平分类，将交通状态分为四类，即聚类类别总数 $c=4$。

3. FCM 算法缺点

FCM 算法容易实现，局部搜索能力较强，但也有一定缺点，具体缺点如下。

1）容易陷入局部最优

FCM 算法本质上属于局部优化算法的一种，算法初始聚类中心由随机分配而成，使得 FCM 算法的稳定性受初始聚类中心选取的影响且影响较大，如果选取得不合适，FCM 算法容易收敛到局部最优。

2）计算量大时运算效率差

FCM 算法计算量大，当数据很多时，运算时间成本随迭代次数增加，造成运算效率差。

3.1.3　基于群体智能优化的 FCM 算法

为解决 FCM 算法局部收敛问题，需对算法进行改进。常见的群体智能优化算法包括遗传算法、粒子群算法、蚁群算法、人工鱼群算法等，不同的算法在不同的场景下具有良好的寻优效果，鲸优化算法（whale optimization algorithm，WOA）是受座头鲸捕猎方法启发而提出的一种全局优化算法，具有良好的应用前景。下面提出基于改进鲸优化算法的 FCM 算法。

1. WOA 算法

座头鲸体型庞大，在捕捉灵活的小鱼时较为吃亏，因此座头鲸进化出一种独特的捕鱼方式——气幕捕鱼，通过在鱼群下方以螺旋形式吐出气泡，形成气幕包围鱼群，进而跳起捕杀鱼群。基于此捕杀方式，将 WOA 算法分为包围猎物、气幕攻击和搜寻猎物三个阶段。

1）包围猎物阶段

当一群座头鲸处于包围猎物阶段时，它们会分头搜寻猎物。当其中一头座头鲸发现猎物时，它会向其他座头鲸发送信号，其他座头鲸在收到信号后会游向发射信号的座头

鲸,从而完成包围猎物。包围猎物阶段其他座头鲸更新自己位置的表达式为

$$X(t+1) = X^*(t) - A|C \cdot X^*(t) - X(t)| \tag{3-1-6}$$

式中:$X^*(t)$——距离猎物最近的鲸位置;

$\quad X(t)$——当前鲸位置;

$\quad t$——当前迭代次数;

$\quad A$、C——搜索系数。

搜索系数 A、C 的计算公式分别为

$$A = 2a \cdot r_a - a \tag{3-1-7}$$

$$C = 2r_c \tag{3-1-8}$$

式中:r_a 表示随机数,$0 \le r_a \le 1$;r_c 表示随机数,$0 \le r_c \le 1$。

可以看出搜索系数 A 在 $[-a, a]$ 范围内变化。a 在迭代过程中由 2 线性下降至 0,计算公式为

$$a = 2 - 2t/t_{\max} \tag{3-1-9}$$

式中:$t_{\max}$ 表示最大迭代次数。

2)气幕攻击阶段

在气幕攻击阶段,座头鲸有两种攻击方式,一种是座头鲸个体螺旋前进吐出气泡包围猎物,另一种是座头鲸根据气幕收缩形成猎物包围圈。假设座头鲸在两种方式间随机切换,切换概率 $p = 0.5$,则座头鲸更新位置表达式为

$$X(t+1) = \begin{cases} X^*(t) - A|C \cdot X^*(t) - X(t)| & p < 0.5 \\ X^*(t) + |X^*(t) - X(t)| \cdot e^{bl} \cdot \cos(2\pi l) & p \ge 0.5 \end{cases}$$
$$\tag{3-1-10}$$

式中:b 为与限定螺旋形状有关的常数;l 为随机数,$-1 \le l \le 1$。

3)搜寻猎物阶段

除了上述方法外,座头鲸也可以随机选择其余座头鲸的位置来搜寻猎物,座头鲸更新位置表达式为

$$X(t+1) = X(t) - A|C \cdot X_{\mathrm{rand}}(t) - X(t)| \tag{3-1-11}$$

式中:X_{rand} 表示随机座头鲸个体位置。

总结上述三个阶段,可得到以下结论:当 $p \ge 0.5$ 时,采用螺旋前进方式;当 $p < 0.5$ 时,采用包围猎物方式,包围猎物时根据 $|A|$ 判断更新位置方式。当 $|A| \ge 1$ 时,通过选择随机座头鲸更新座头鲸位置,即按式(3-1-11)更新座头鲸位置;当 $|A| < 1$ 时,通过选择距离猎物最近位置的座头鲸更新座头鲸位置,即按式(3-1-6)更新座头鲸位置。

2. 改进的 WOA 算法(OWOA 算法)

WOA 算法虽然在收敛精度及速度上有着良好的效果,但是仍然有可能陷入局部最优及存在全局搜索能力与局部开发能力无法维持平衡的问题,由此借鉴现有学者研究情况,

本书提出基于反向学习策略的改进 WOA 算法。

1）反向学习策略

2005 年，Tizhoosh 提出反向学习（opposition-based learning，OBL）概念，它是一种应用于智能领域的机器学习方法，后来 OBL 因具备良好的探索能力，被广泛用到提高启发式算法的搜索性能中。本节提出基于 OBL 的改进 WOA 算法，简称 OWOA 算法。为了更好地理解 OWOA 算法，下面先介绍反向学习策略。

定义 3.1（反向数）：若 x 为区间 $[a,b]$ 内的任意实数，则与 x 相对应的反向数 x^* 定义为

$$x^* = a + b - x \qquad (3-1-12)$$

定义 3.2（反向点）：若 $X = (x_1, x_2, \cdots, x_D)$ 为 D 维空间内的一点，且 x_j 为区间 $[a_j, b_j]$ 内的任意实数，则与之对应的反向点定义为

$$\begin{cases} X^* = (x_1^*, x_2^*, \cdots, x_D^*) \\ x_j^* = a_j + b_j - x_j, j = 1, 2, \cdots, D \end{cases} \qquad (3-1-13)$$

定义 3.3（反向优化）：当求解最小化问题时，若 $X = (x_1, x_2, \cdots, x_D)$ 为 D 维空间内的一点，函数 $f(x)$ 为适应度函数，若 X 的反向点 X^* 的适应度 $f(X^*) \leq f(X)$，则用 X^* 代替 X，此过程称为反向优化。

定义 3.4（精英个体）：定义 3.3 中，当 $f(X^*) > f(X)$ 时，称 X 为精英个体，反之称为普通个体。

定义 3.5（精英反向解）：若群体中的普通个体 $X_e = (x_{e1}, x_{e2}, \cdots, x_{eD})$ 为 D 维空间内的一点，且 x_{ej} 为区间 $[a_j, b_j]$ 内的任意实数，则普通个体的精英反向解定义为

$$x_{ej}^* = k(a_j + b_j) - x_{ej} \qquad (3-1-14)$$

式中：k 为区间 $[0,1]$ 内的随机数；a_j 和 b_j 分别为动态搜索的下界和上界。

定义 3.6（动态边界）：用动态边界代替固定边界提升搜索质量，将定义 3.5 中的 $[a_j, b_j]$ 称为固定边界，则相应的动态边界 $[a_{j,d}, b_{j,d}]$ 定义为

$$\begin{cases} a_{j,d} = \min(x_{ij}) \\ b_{j,d} = \max(x_{ij}) \end{cases} \qquad (3-1-15)$$

基于以上定义，分析总结得到利用反向学习策略定位目标群体的步骤如下。

步骤 1：设置初始参数，包括种群规模 N、搜索空间维度 D、适应度函数 $f(x)$、迭代次数 t、最大迭代次数 t_{max}、随机生成的初始种群 P。

步骤 2：生成精英个体。生成个体 $X(t) = (x_{1t}, x_{2t}, \cdots, x_{Dt})$ 及其反向点 $X^*(t) = (x_{1t}^*, x_{2t}^*, \cdots, x_{Dt}^*)$，分别计算二者适应度函数值，从而生成精英个体 $X_e^*(t) = (x_{e1t}^*, x_{e2t}^*, \cdots, x_{eDt}^*)$。

步骤 3：计算动态边界。计算精英个体的动态边界 $[a_{j,d}(t), b_{j,d}(t)]$。

步骤 4：求动态边界内的普通个体反向解。根据式（3-1-14）求动态边界内普通个体的精英反向解。

步骤 5：生成最终种群。将步骤 2 中生成的精英个体及步骤 4 中计算得到的精英反向

解汇总，得到最终种群。

2）OWOA 算法

OWOA 算法的具体实现步骤如下。

步骤 1：设置初始参数，包括种群规模 N、搜索空间维度 D、适应度函数 $f(x)$、迭代次数 t、最大迭代次数 t_{max}。

步骤 2：初始化鲸群。利用反向学习策略初始化鲸群位置，将利用反向学习策略得到的精英反向解作为初始鲸群。

步骤 3：计算鲸群最优个体。计算鲸群每个个体的适应度函数值，选择适应度函数值最小的个体作为鲸群中的最优个体。

步骤 4：计算更新每头鲸的个体参数，包括随机数 a、随机数 l、搜索系数 A、搜索系数 C、切换概率 p。

步骤 5：根据 $|A|$ 和切换概率 p 判断鲸更新位置的方式。

步骤 6：判断是否达到迭代结束条件，如果是，则结束迭代并输出最优参数；反之，则返回步骤 4 继续迭代。

OWOA 算法流程图如图 3-1-2 所示。

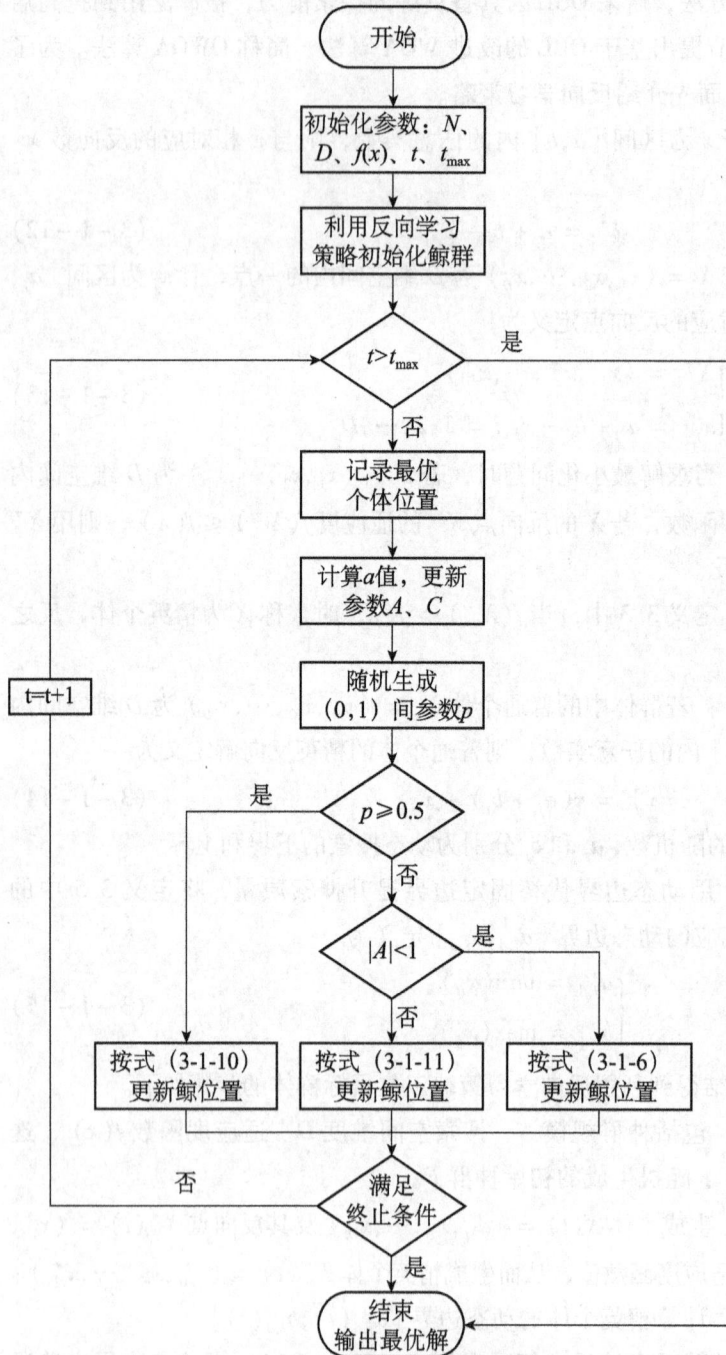

图 3-1-2　OWOA 算法流程图

3. 基于 OWOA 算法优化的 FCM 算法（OWF 算法）

针对 FCM 算法对初始值敏感并容易陷入局部最优等问题，本书研究总结了现有研究成果并提出采用 OWOA 算法来改进 FCM 算法，简称 OWF 算法，从而实现对交通状态的合理化划分，为后续交通状态判别算法奠定基础。

OWF 算法利用 OWOA 算法实现对 FCM 算法的聚类中心寻优操作，OWF 算法的具体实现步骤如下。

步骤 1：设置初始参数，包括模糊指数 m、聚类类别总数 c、误差阈值 ε、初始化隶属度矩阵 U、种群规模 N、搜索空间维度 D、适应度函数 $f(x)$、迭代次数 t、最大迭代次数 t_{max}。

步骤 2：利用 OWOA 算法计算初始聚类中心。初始化 N 条鲸位置，其中每头鲸位置代表一种聚类中心可行解，通过 OWOA 算法确定的全局最优解即为初始聚类中心。

步骤 3：更新隶属度矩阵和聚类中心。

步骤 4：判断是否迭代结束。计算 FCM 算法目标函数值，若较上一次目标函数值的该变量小于误差阈值，则迭代结束；反之，则重新执行步骤 3。

OWF 算法流程图如图 3 - 1 - 3 所示。

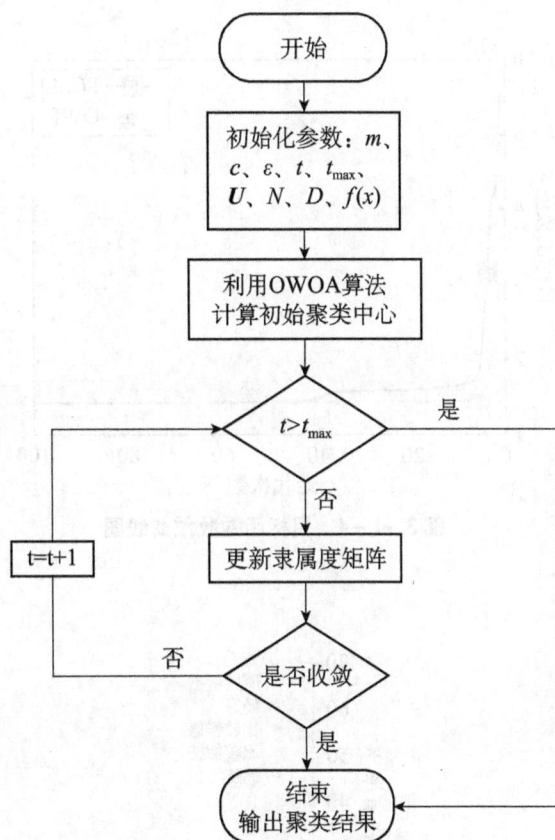

图 3 - 1 - 3　OWF 算法流程图

3.1.4　实例分析

下面对京港澳高速公路卢沟桥路段 6 月 13 日进京方向交通流数据进行聚类分析。采用 FCM 算法和 OWF 算法得到的最佳聚类中心情况分别见表 3 - 1 - 4、表 3 - 1 - 5。

表 3 - 1 - 4　采用 FCM 算法得到的聚类中心

聚类中心	交通量/（veh/5 min）	速度/（km/h）	时间占有率/%
c_1	34.904	63.049	1.371
c_2	125.908	67.418	6.857
c_3	195.898	67.100	9.347
c_4	168.172	13.887	47.137

表 3 - 1 - 5　采用 OWF 算法得到的聚类中心

聚类中心	交通量/（veh/5 min）	速度/（km/h）	时间占有率/%
c_1	34.904	63.050	1.371
c_2	125.915	67.419	6.857
c_3	195.902	67.099	9.347
c_4	168.148	13.886	47.139

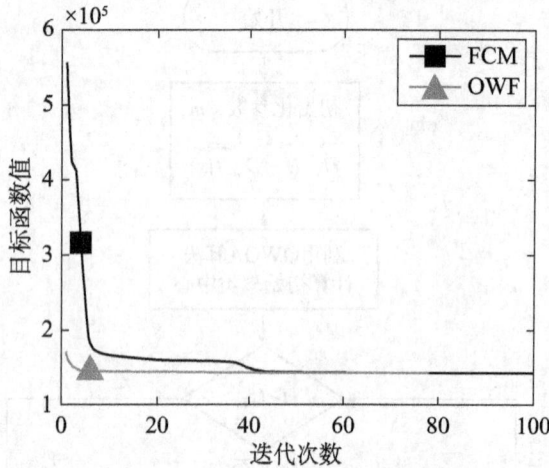

图 3 - 1 - 4　目标函数收敛曲线图

由表 3 - 1 - 4、表 3 - 1 - 5 可知，采用这两种方法得到的最佳聚类中心较为相近，为了进一步说明采用优化后的算法可以取得更好的聚类效果，绘制出两种算法的目标函数收敛曲线图，如图 3 - 1 - 4 所示。

由图 3 - 1 - 4 可知，采用 OWF 算法得到的目标函数值低于采用 FCM 算法得到的目标函数值，且 OWF 算法收敛速度更快，说明 OWF 算法性能更优。采用 OWF 算法得到的聚类效果如图 3 - 1 - 5 所示（见彩插），每个状态点的数据点数见表 3 - 1 - 6。

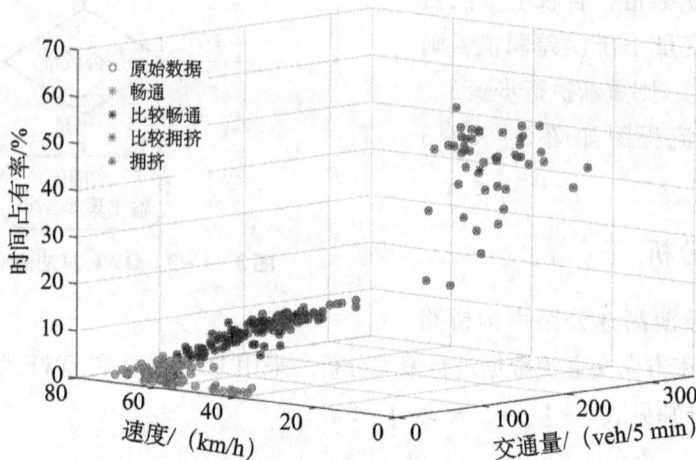

图 3 - 1 - 5　采用 OWF 算法得到的聚类效果图

表 3 - 1 - 6　交通状态类别数目

交通状态	数据点数/个
畅通	96
比较畅通	59

续表

交通状态	数据点数/个
比较拥挤	91
拥挤	42

　　为了进一步讨论样本量对状态分类效果的影响，接下来对 6 月 13 日—15 日交通流数据作聚类分析，对比 1 d 和 3 d 样本量数据对分类结果的影响。由 OWF 算法得到的不同样本量聚类中心、交通状态类别数目分别见表 3 - 1 - 7、表 3 - 1 - 8。3 d 样本量数据对应的聚类效果图如图 3 - 1 - 6 所示（见彩插）。

表 3 - 1 - 7　不同样本量聚类中心对比情况

聚类中心	1 d			3 d		
	交通量/ (veh/5 min)	速度/ (km/h)	占有率/ %	交通量/ (veh/5 min)	速度/ (km/h)	占有率/ %
c_1	34.904	63.050	1.371	31.900	61.733	1.221
c_2	125.915	67.419	6.857	133.064	68.039	6.832
c_3	195.902	67.099	9.347	207.694	66.228	10.581
c_4	168.148	13.886	47.139	165.868	13.165	48.756

表 3 - 1 - 8　不同样本量交通状态类别数目

交通状态	数据点数/个	
	1 d	3 d
畅通	96	260
比较畅通	59	201
比较拥挤	91	271
拥挤	42	132

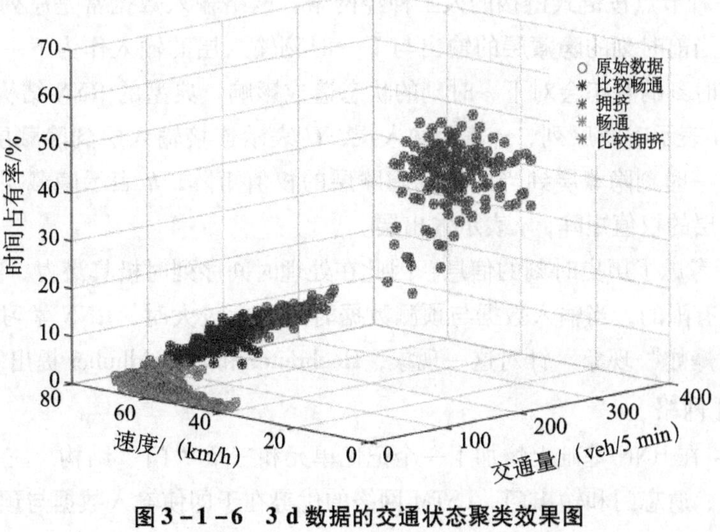

图 3 - 1 - 6　3 d 数据的交通状态聚类效果图

由图 3-1-6 可知，相对图 3-1-5 给出的根据 1 d 样本量数据得到的聚类效果，根据 3 d 样本量数据得到的聚类效果更明显一些，样本数据分布规律基本符合前面所述的交通流参数关系。

3.2 基于深度学习的交通状态预测

本节在介绍深度学习理论的基础上分别设计基于 GRU 网络的交通状态间接预测和交通状态直接预测模型。

3.2.1 深度学习理论

深度学习来源于人脑视觉理论，使用计算机来模拟人脑中神经元思考问题的方式，从而灵活地完成对数据特征的自主学习，极大程度地提高了特征学习的效率，因此，深度学习在研究领域逐渐被熟知，越来越多的学者投入深度学习的研究中。

2006 年，Geoffrey Hinton 等人发表了利用深度置信网络进行数据降维的文章，解决了神经网络梯度消失的问题，引发了深度学习的浪潮。2016 年，人工智能产品 AlphaGo 战胜世界围棋冠军，再次掀起深度学习浪潮。如今深度学习已在语音识别、图像处理、生物信息处理、医学诊断等方面表现出很大优势。下面主要对循环神经网络（recurrent neural network，RNN）及其改进后的变体长短时记忆（long short - term memory，LSTM）网络和门限循环单元（gate recurrent unit，GRU）网络进行介绍。

1. RNN

传统神经网络通常采用自上而下的数据传输结构，输入层、隐藏层与输出层之间采用全连接方式，但每层的节点之间不存在连接结构，因此传统神经网络无法感受和记忆序列数据的时间特性，RNN 的诞生解决了这一问题。

RNN 是一种节点按链式链接的人工神经网络，网络输入数据常是序列数据，在向前传输运算时，当前时刻的隐藏层的输出与下一时刻输入层的输入作为下一时刻隐藏层的输入，即当前时刻的状态会对下一时刻的状态造成影响。典型的 RNN 结构如图 3-2-1 所示，其中，t 表示时间序列，x 表示输入层，U 表示连接输入层到隐藏层的权值矩阵，W 表示连接上一时刻隐藏层到当前时刻隐藏层的权值矩阵，h 表示隐藏层，V 表示连接隐藏层到输出层的权值矩阵，y 表示输出层。

RNN 由于考虑了历史时刻的信息，因此在处理时间序列时极具潜力，但是 RNN 记忆的时间跨度是有限的，当输入数据与预测数据时间跨度较大时，RNN 学习能力衰减，容易出现"梯度爆炸"现象。针对这一现象，Hochreiter 和 Schmidhuber 提出了 LSTM 网络。

2. LSTM 网络

LSTM 网络在 RNN 基础上增加了一个记忆单元和三个"门"结构。三个"门"结构分别为输入门、遗忘门和输出门。LSTM 网络的优势在于即使输入数据与预测数据间的时

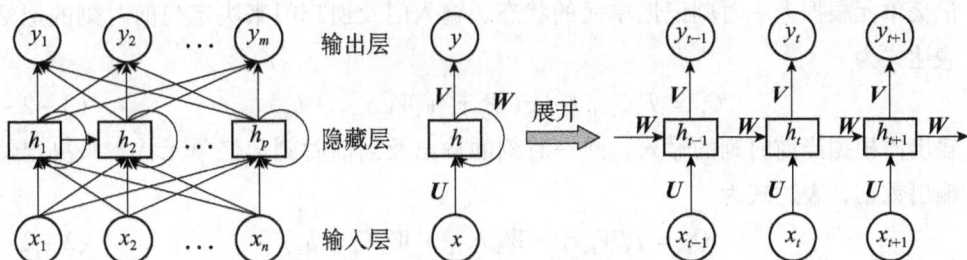

图 3 - 2 - 1　典型 RNN 结构示意图

间间隔很长，依然不影响预测效果，完美解决了 RNN 处理时间序列数据时存在的长期依赖问题，因而被广泛应用于文本识别、语音识别、情感分析、强化学习等多个领域。LSTM 网络记忆单元示意图如图 3 - 2 - 2 所示。其中，虚线表示上一时刻的记忆，x 表示当前时刻输入，t 表示时间序列，h 表示上一时刻输出，b 表示偏置，f 表示三个"门"的激活函数，cell 表示记忆单元，g 表示 cell 的输入激活函数，h 表示 cell 的输出激活函数，C 表示 cell 的记忆。

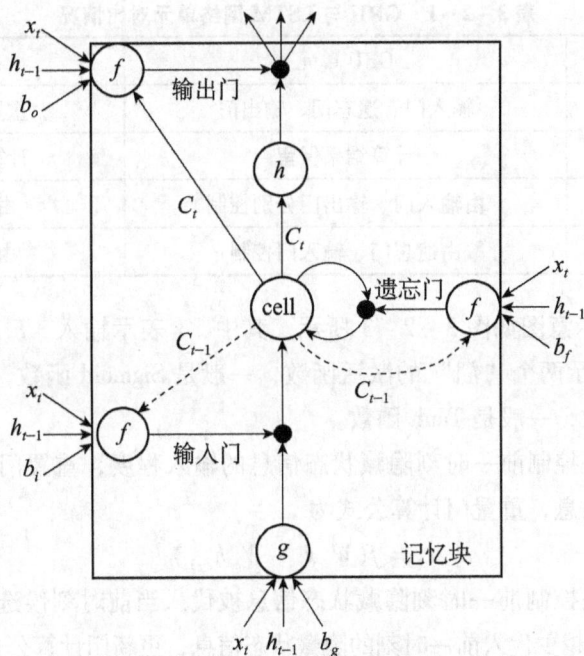

图 3 - 2 - 2　LSTM 网络记忆单元示意图

输入门根据当前时刻的输入、前一时刻的输出及前一时刻的记忆单元状态来决定进入神经元的信息，表达式为

$$I_t = f(W_{xi}x_t + W_{hi}h_{t-1} + W_{ci}C_{t-1} + b_i) \tag{3-2-1}$$

遗忘门根据当前时刻的输入、前一时刻的输出及前一时刻的记忆单元状态来决定该遗忘的信息，表达式为

$$F_t = f(W_{xf}x_t + W_{hf}h_{t-1} + W_{cf}C_{t-1} + b_f) \tag{3-2-2}$$

记忆单元根据上一时刻记忆单元的状态、输入门及遗忘门来决定当前时刻的记忆状态，表达式为

$$C_t = F_t C_{t-1} + I_t g(W_{xc} x_t + W_{hc} h_{t-1} + b_g) \qquad (3-2-3)$$

输出门根据当前时刻的输入、前一时刻的输出及当前时刻记忆单元状态来决定输出门的输出数据，表达式为

$$O_t = f(W_{xo} x_t + W_{ho} h_{t-1} + W_{co} C_t + b_o) \qquad (3-2-4)$$

整个记忆单元的输出式为

$$h_t = O_t h(C_t) \qquad (3-2-5)$$

3. GRU 网络

虽然 LSTM 网络在时间序列处理领域功能十分强大，但是实际运算比较复杂，2014年，Cho Kyunghyun 等人对 LSTM 网络进行改进，提出了 GRU 网络。GRU 网络在结构上进行了简化，只包含两个"门"结构，分别是重置门和更新门，更新门的作用类似于 LSTM 网络的输入门和遗忘门。GRU 与 LSTM 网络单元对比情况见表 3-2-1。

表 3-2-1　GRU 与 LSTM 网络单元对比情况

项目	GRU 单元	LSTM 单元
"门"结构	输入门、遗忘门、输出门	重置门、更新门
记忆单元	计算结果保留	计算结果不保留
输入与输出	由输入门、输出门分别控制	由更新门控制
隐藏状态信息	由遗忘门、输入门控制	由重置门控制

GRU 网络结构示意图如图 3-2-3 所示，其中，x 表示输入，h 表示隐藏层输出，t 表示时间序列，f 表示两个"门"的激活函数，一般是 Sigmoid 函数，g 表示连接输入和候选状态的激活函数，一般是 Tanh 函数。

重置门的作用是控制前一时刻隐藏状态信息的输入程度，重置门越小，则越忽略前一时刻的隐藏状态信息，重置门计算公式为

$$r_t = f(W_{xr} x_t + W_{hr} h_{t-1}) \qquad (3-2-6)$$

更新门的作用是控制前一时刻隐藏状态信息被代入当前时刻候选隐藏状态信息的程度，更新门越小，则越少代入前一时刻的隐藏状态信息，更新门计算公式见式（3-2-7），候选状态计算公式见式（3-2-8）。

$$z_t = f(W_{xz} x_t + W_{hz} h_{t-1}) \qquad (3-2-7)$$

$$\tilde{h}_t = g(W_{xh} x_t + W_{rh} r_t h_{t-1}) \qquad (3-2-8)$$

隐藏层当前时刻输出计算公式为

$$h_t = (1 - z_t) h_{t-1} + z_t \tilde{h}_t \qquad (3-2-9)$$

神经元输出计算公式为

$$y_t = f(W_{oh} h_t) \qquad (3-2-10)$$

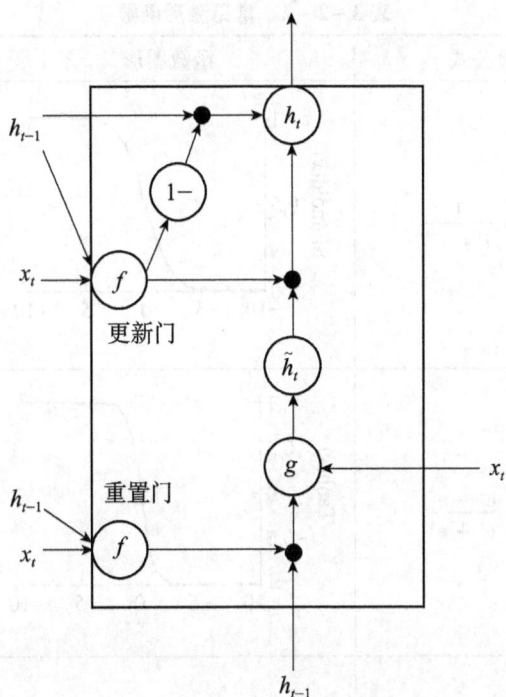

图 3 - 2 - 3　GRU 网络结构示意图

GRU 网络的学习包括正向传播和反向传播，正向传播即输入数据经过重置门和更新门等上述一系列运算得到输出数据的过程，反向传播即通过损失函数不断更新连接矩阵直到收敛的过程。GRU 网络相比于 LSTM 网络减少了网络参数，因此收敛更快，且两个网络预测效果相差不大，因此本书选择 GRU 网络进行交通状态预测模型设计。

3.2.2　交通状态预测模型设计

前面介绍了深度学习理论，下面将分别介绍基于 GRU 网络的交通状态间接和直接预测模型。

1. 交通状态间接预测模型设计

交通状态间接预测指的是将测得的交通流数据代入交通状态识别模型中得到交通状态预测结果。Keras 是目前深度学习领域常用的学习库之一，下面基于 Keras 对用于交通状态间接预测的 GRU 网络进行建模，主要从模型结构、激活函数选择、损失函数选择及输入数据形式方面进行介绍。

（1）模型结构。

参考 Github 中的部分 GRU 代码，选择输入层 5 个神经元、隐含层 10 个神经元、输出层 1 个神经元的网络结构。

（2）激活函数选择。

激活函数的作用是消除特征不够明显的区域，常见激活函数见表 3 - 2 - 2。

表 3-2-2　常见激活函数

激活函数	计算公式	函数图形	函数特点
Sigmoid 函数	$f(x) = \dfrac{1}{1 + e^{-x}}$		优点：便于求导；优化稳定 缺点：容易梯度饱和；计算复杂；值域均值不为 0，会对梯度造成影响
Tanh 函数	$f(x) = \dfrac{e^x - e^{-x}}{e^x + e^{-x}}$		优点：值域均值为 0 缺点：容易梯度饱和；计算复杂
ReLU 函数	$f(x) = \max(0, x)$		优点：收敛速度比 Sigmoid 和 Tanh 函数快；计算方便；在 $x > 0$ 区域不会出现梯度饱和及梯度消失现象 缺点：值域均值不为 0；在 $x < 0$ 区域会出现神经元坏死现象
Leaky ReLU 函数	$f(x) = \max(x, ax)$		优点：在 ReLU 函数基础上解决了神经元坏死问题 缺点：a 取值有限制，不能太大
Maxout 函数	$f(\boldsymbol{x}) = \max(\boldsymbol{W}_i^{\mathrm{T}} \boldsymbol{x} + b_i)$	—	优点：有极强的拟合能力 缺点：计算复杂

由表 3-2-2 可知，ReLU 函数常被用作激活函数，并且收敛速度较快，本书选择 ReLU 函数作为激活函数。

（3）损失函数选择。

常见损失函数见表 3-2-3。

表 3 - 2 - 3　常见损失函数

损失函数	计算公式	使用情况
平均绝对误差损失函数 （MAE 损失函数）	$L = \dfrac{1}{n} \sum_{i=1}^{n} \| \hat{y_i} - y_i \|$	常用的回归模型目标函数
均方误差损失函数 （MSE 损失函数）	$L = \dfrac{1}{n} \sum_{i=1}^{n} \| \hat{y_i} - y_i \|^2$	常用的回归模型目标函数
交叉熵损失函数 （Softmax 损失函数）	$L = \dfrac{1}{n} \sum_{i=1}^{n} - y_i \lg \hat{y}_i - (1 - y_i) \lg (1 - \hat{y}_i)$	常用的分类目标函数

由表 3 - 2 - 3 可知，MSE 损失函数常被用作损失函数，并且表达形式简洁，本书选择 MSE 损失函数作为损失函数。

（4）输入数据形式。

输入数据分别为交通量、速度及时间占有率的历史数据，交通状态间接预测具体流程如图 3 - 2 - 4 所示。

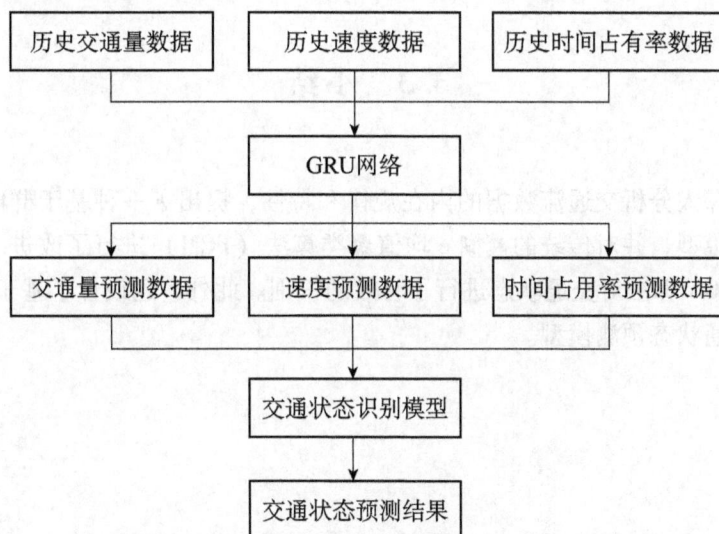

图 3 - 2 - 4　交通状态间接预测流程图

2. 交通状态直接预测模型设计

交通状态直接预测指的是将历史状态数据代入交通状态预测模型中，得到交通状态预测结果。交通状态直接预测模型构建流程与交通状态间接预测模型的构建流程相同，这里也主要针对模型结构、激活函数选择、损失函数选择及输入数据形式进行介绍。

（1）模型结构。

与交通状态间接预测模型一致，交通状态直接预测模型选择输入层 5 个神经元、隐含层 10 个神经元、输出层 1 个神经元的网络结构。

（2）激活函数选择。

与交通状态间接预测模型一致，交通状态直接预测模型选择 ReLU 函数作为激活函数。

（3）损失函数选择。

与交通状态间接预测模型一致，交通状态直接预测模型选择 MSE 损失函数作为损失函数。

交通状态直接预测流程如图 3－2－5 所示。

```
┌──────────────────┐
│  历史交通状态数据  │
└──────────────────┘
          │
          ↓
┌──────────────────┐
│     GRU网络       │
└──────────────────┘
          │
          ↓
┌──────────────────┐
│  交通状态预测结果  │
└──────────────────┘
```

图3－2－5　交通状态直接预测流程图

3.3　小结

本章通过深入分析交通流数据的内在规律和特性，提出了一种基于群体智能优化的交通状态识别模型，并对传统的模糊 c 均值聚类算法（FCM）进行了改进。利用改进的 FCM 算法和 WOA 算法对交通状态进行了有效的识别。此外，还设计了基于 GRU 网络的直接和间接交通状态预测模型。

第4章 高速公路路网交通态势推演

4.1 态势推演特征参数选取

定义基本变量无向图 $G = (V, E, A)$，研究对象是多交通节点路段，将事故影响的态势推演问题定义为：给定交通网络图 G 的所有交通节点前 H 个历史交通流数据，以及事故固有特征，推演算法得到 P 时刻后的路段交通态势。事故影响下的交通态势推演算法变量见表 4-1-1。

表 4-1-1 事故影响下的交通态势推演算法变量表

算法输入/输出	变量	具体说明
算法输入	历史交通流速度	各交通节点的历史速度 $X = (X_1, X_2, \cdots, X_H)$
	邻接矩阵	交通节点邻接矩阵 A
	历史步长	历史步长 H
	推演步长	推演步长 P
	事故固有特征	$a =$（事故等级，事故地点，天气，事故类型）
	事故发生时间	time（年-月-日-时-分-秒）
算法输出	未来交通态势	路段的未来交通态势

将事故发生时刻的相关静态特征作为事件信号，事故发生后的交通流预测模型的输入特征建模为常态交通流特性和事故影响的混合。建立基于时空特征融合的交通流预测模型，引入交通事故固有特征，提取造成事故后拥堵的隐含要素，经过全连接层得到 P 个未来时间步的交通网络图 G 中所有交通节点的平均速度数据 $\widehat{Y}$，最后通过各交通节点的速度推算估计出路段 P 个未来时间步的交通态势。

图 4-1-1 列举了事故后的交通态势影响因素。

选取表征事故的特征量，相应说明见表 4-1-2。

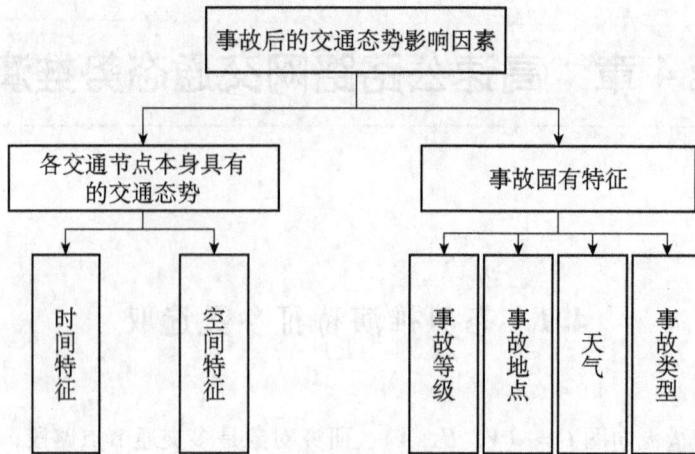

图 4 - 1 - 1 事故后的交通态势影响因素

表 4 - 1 - 2 表征事故的特征量

序号	特征量	特征说明	取值范围	变量类型
1	time	年 - 月 - 日 - 时 - 分 - 秒	—	离散变量
2	severity	事故等级	1 ~ 4	离散变量
3	milepost	事故地点	—	离散变量
4	weather	天气	1 ~ 10	离散变量
5	coltype	事故类型	1 ~ 5	离散变量

4.2 态势推演算法构建

为了解决事故影响下的交通态势推演问题，将所有交通节点的历史交通流速度和多个事故固有特征共同作为算法的输入，构建基于事故特征编码辅助的混合密集时空注意力模型（mixture dense spatial temporal multi - head attention，Mix-DSTMA），该模型输出各交通节点的交通流速度，设计空间插值方法得到各个子路段的交通流速度，根据阈值拥堵判定方法，输出整个路段的交通态势。事故影响下的交通态势推演算法流程如图 4 - 2 - 1 所示。

4.2.1 Mix-DSTMA 模型

Mix-DSTMA 是一种端到端的算法结构，其总体架构如图 4 - 2 - 2 所示。Mix-DSTMA 主要由两部分组成：一部分为密集时空注意力（dense spatial temporal multi-head attention，DSTMA）模型，负责捕获历史交通流序列的正常时空特征；另一部分为堆叠自编码（stacked auto-encoder，SAE）模型，负责对事故静态特征进行特征抽取。将 DSTMA、

SAE 的输出和事故时空特征一并经过特征融合模块，得到特征融合后的隐向量，最后通过全连接层得到最终的交通速度预测结果。

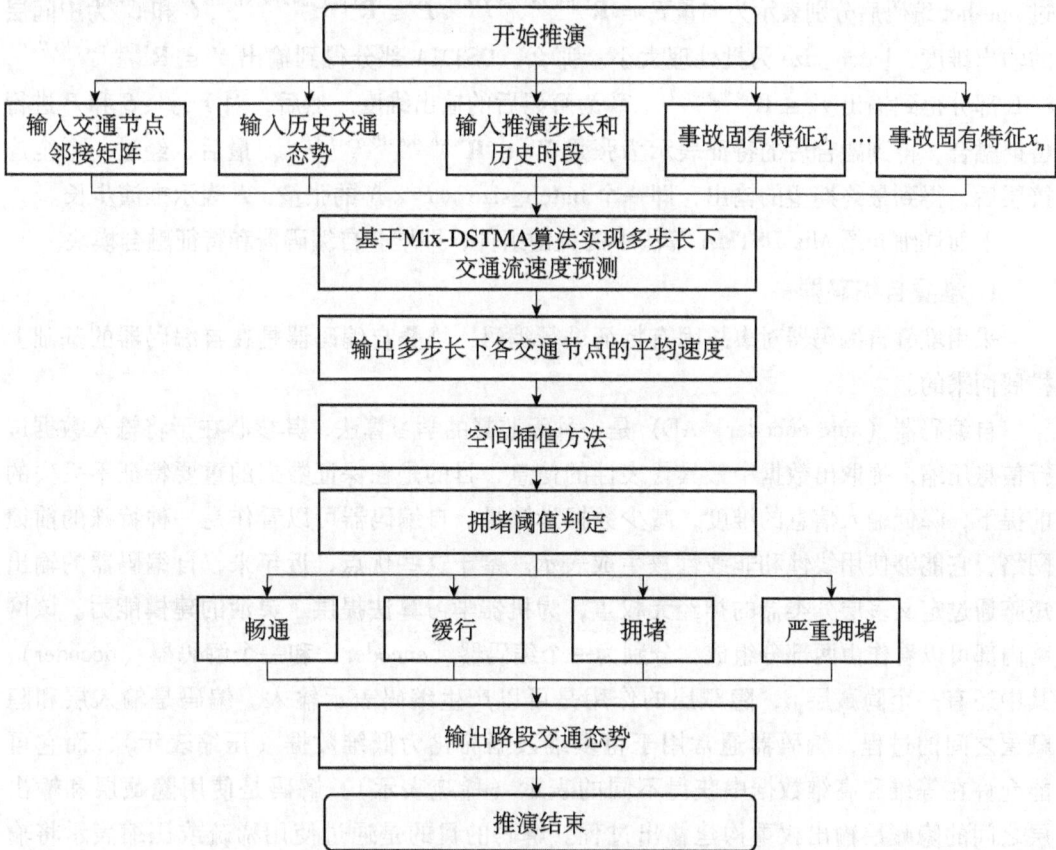

图 4 - 2 - 1　事故影响下的交通态势推演算法流程

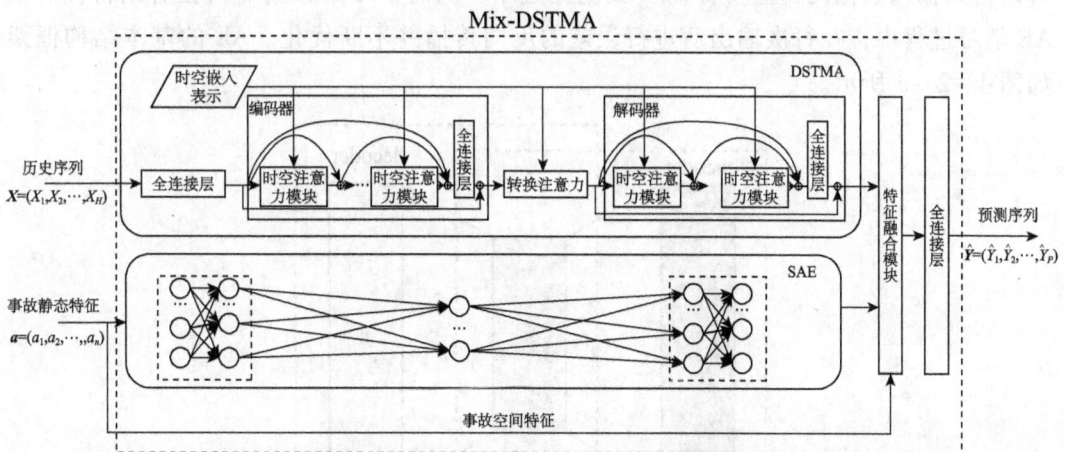

图 4 - 2 - 2　Mix-DSTMA 模型总体架构图

Mix-DSTMA 模型中的 DSTMA 部分的输入为 $X \in \mathbf{R}^{H \times N \times 1}$，$H$ 表示输入的历史步长，N

表示检测器的个数；Mix-DSTMA 模型中 SAE 部分的输入为向量 $a \in \mathbf{R}^{N\_acc \times T}$，$T$ 表示输入的静态特征个数，N_acc 表示事故总数量；此外，事故静态时间特征和事故空间特征经过 one-hot 编码后分别表示为向量 $S \in \mathbf{R}^{batch\_size \times 1 \times N \times C}$、$P \in \mathbf{R}^{batch\_size \times 1 \times 1 \times C'}$，$C$ 和 C' 为中间层的输出维度，batch_size 为批处理大小。那么，DSTMA 部分得到输出 $Y \in \mathbf{R}^{batch\_size \times H \times N \times C}$，SAE 部分得到输出 $y' \in \mathbf{R}^{batch\_size \times T'}$，$T'$ 为解码后的输出维度。然后，对 Y、y'、S 和 P 进行特征融合，得到融合后的特征表示为张量 $Y' \in \mathbf{R}^{batch\_size \times H \times N \times (C+T')}$。最后，经过一个全连接层后，得到最终期望的输出，即一个 $batch\_size \times P \times N$ 的张量，P 表示推演步长。

下面详细介绍 Mix-DSTMA 算法中的关键组件，即堆叠自编码器和特征融合模块。

1. 堆叠自编码器

采用堆叠自编码器对事故固有特征进行编码，堆叠自编码器是在自编码器的基础上扩展而来的。

自编码器（auto encoder，AE）是一种无监督的学习算法，其核心在于将输入数据进行信息压缩，提取出数据中最具代表性的信息，目的是在保证数据的重要特征不丢失的前提下，降低输入信息的维度，减少数据计算量。自编码器可以看作是一种特殊的前馈网络，它能够使用线性和非线性核生成表示。鉴于这些优点，近年来，自编码器的输出矩阵通过定义多层分类器的神经元权重，为机器学习算法提供了灵活的建模能力。该网络内部可以看作由两部分组成，分别为一个编码器（encoder）和一个解码器（decoder），其中还有一个隐藏层 h，隐藏层的作用是可以产生编码表示输入。编码是输入层和隐藏层之间的过程，编码器通常用于将多维数据简化为低维数据（压缩表示），而它可能允许在等维和高维数据中获得不同的表示（稀疏表示）。解码是使用隐藏层和输出层之间的隐藏层输出权重构建输出过程。解码的目的是通过使用稀疏或压缩表示将输入数据重构为首选维度。由于 AE 通常用于压缩，因此隐藏层被称为瓶颈。通过 AE，可以得到输入数据的哪些特征需要被优先选用，从而学习到数据的内在有用特性。在 AE 学习过程中，在每次输出后进行误差的反向传播并不断优化。AE 的基本结构框架如图 4-2-3 所示。

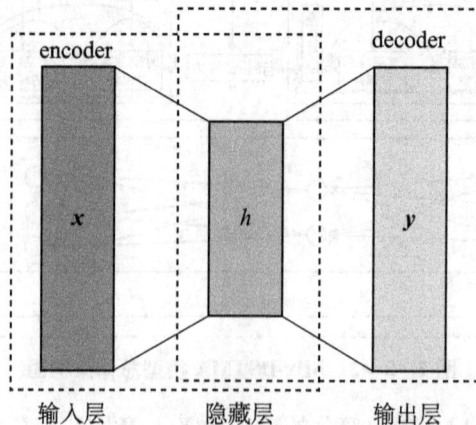

图 4-2-3 自编码器 AE 模型架构图

　　除了压缩和特征缩减功能外，自编码器模型还用于对输入数据进行去噪。每个自编码器都由优化的输出权重组成。当自编码器接受一个输入向量 x，并将其转换为一个隐藏的表示形式 h 时，这种转换被称为编码，它遵循公式

$$h = \sigma(Wx + b) \tag{4-2-1}$$

式中：σ 为激活函数；x 为输入矩阵；W 为权重矩阵；b 为偏置向量。

　　然后将得到的隐向量 h 映射回重构的特征空间 y，公式为

$$y = \sigma(W'h + b') \tag{4-2-2}$$

式中：σ 为激活函数；W' 为权重矩阵；b' 为偏置向量。这个过程称为解码，在训练时，可以通过最小化重构误差 $\|y - x\|$ 来训练自编码器，通过梯度下降进行梯度反向传播来优化权重，以最小化训练误差。最简单的自编码只包含一层隐藏层。如果自编码器在隐藏层使用比输入维度少的节点来降低特征维度并提取重要特征，则该模型被定义为欠完整或具有压缩表示；相反，如果隐藏层中的节点大小大于输入数据的大小，则该模型被定义为过完整或具有稀疏表示。考虑到输入数据分布的复杂性，必须选择合适的编码器和解码器的容量、节点数量和类型，以便在自编码器体系结构上进行成功的无监督训练。

　　另外，也可以通过将多个自编码器连接起来构造 SAE 来学习多层次的非线性特征。通过叠加自编码器创建模型，将下层自编码器的输出作为当前层的输入，形成深度神经网络。如果只有 1 层的 SAE 模型，第一层被训练为一个自编码器，训练集作为输入，获得第一个隐含层后，用第 n 个隐含层的输出作为第（$n+1$）个隐含层的输入。通过这种方式，多个自编码器可以分层堆叠，SAE 模型架构如图 4-2-4 所示。

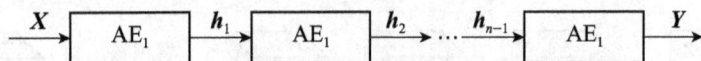

图 4-2-4　SAE 模型架构

　　通过堆叠用于编码的输入、多隐含层和用于解码的输出，可以获得堆叠自编码器。与单层自编码器相比，深层堆叠的自编码器可以生成鲁棒性更高和更有用的特征表示。构建的 Mix-DSTMA 模型中的 SAE 架构如图 4-2-5 所示，SAE 中隐藏层数量为超参数，后面通过实验确定最优值，以 5 层作为示例，SAE 由编码器层（第 1 层到第 4 层）和解码器层（第 4 层到第 7 层）组成，采用对称结构。从左到右的每两个相邻层都是一个 AE，神经元的加权连接存在于每两个相邻层之间。

2. 特征融合模块

　　下面讨论如何融合 DSTMA 部分的输出、SAE 部分的输出及事故的时空特征。为实现两层或多层特征的融合，在神经网络模型中，一般采用元素级相加（element-wise add，简称 Add 方式）和维度拼接（channel concatenation，简称 Concat 方式）两个方式。Add 方式常见于 ResNet 结构中的 Shortcut / Identity 操作，Concat 方式一般用于 DenseNet 结构中。两种方式都可用于整合特征信息，对于一个多维特征，两种方式的计算过程如图 4-2-6 所示。

　　假设两路输入通道分别为 X_1，X_2，$\cdots$，X_c 和 Y_1，Y_2，$\cdots$，Y_c，并且融合后特征再经

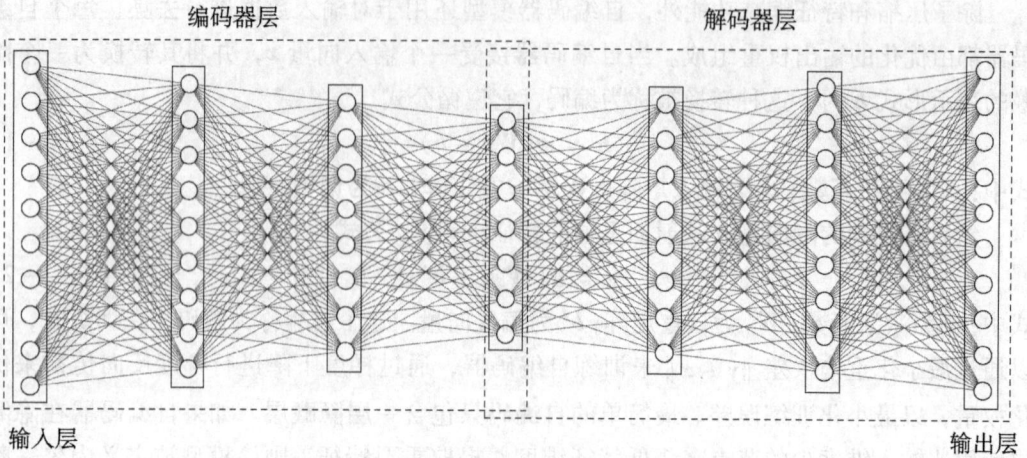

图 4 - 2 - 5　Mix-DSTMA 模型中的 SAE 架构

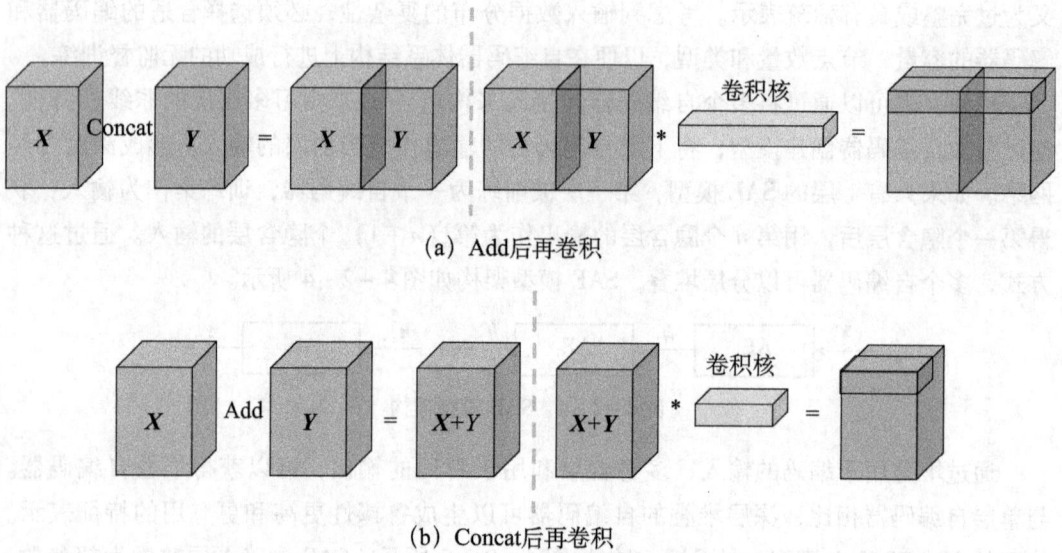

（a）Add后再卷积

（b）Concat后再卷积

图 4 - 2 - 6　特征融合的两种方式

过卷积运算，则采用 Add 方式得到的单个输出通道结果可以表示为

$$Z_{\text{Add}} = \sum_{i=1}^{c} \left[(X_i + Y_i) * K_i \right] = \sum_{i=1}^{c} (X_i * K_i) + \sum_{i=1}^{c} (Y_i * K_i) \qquad (4 - 2 - 3)$$

式中：K 为卷积核；$*$ 为卷积运算。

采用 Concat 方式得到的单个输出通道结果可以表示为

$$Z_{\text{Concat}} = \sum_{i=1}^{c} (X_i * K_i) + \sum_{i=1}^{c} (Y_i * K_{i+c}) \qquad (4 - 2 - 4)$$

两种特征融合的方式各自特点如下。

（1）Add方式：特征图相加，通道数不变，每一维的信息量得到了增加，相当于增加了一个先验，因此适用于两类输入具有相似的特征图语义的情况。直接相加不增加特征维度，从而节省后续计算的参数量和计算量。

（2）Concat 方式：特征图在某个维度上进行拼接，每一维的信息不变，但是拼接后的特征信息总量是显著增加的。该方式使得特征维度增加，从而导致了更多的计算量和内存占用。

综上可知，Add 等价于 Concat 之后对应通道共享同一个卷积核。本书结合两种融合方式各自的优点，设计了一种特征融合模块，其具体框架如图4-2-7所示。在该特征融合模块中，首先对事故静态时间特征和事故静态事件特征进行 Concat 拼接，然后再与事故空间特征进行 Add 相加，Add 后的结果再与 DSTMA 中的解码器输出进行相加，最后再经过全连接层得到最终的输出序列。

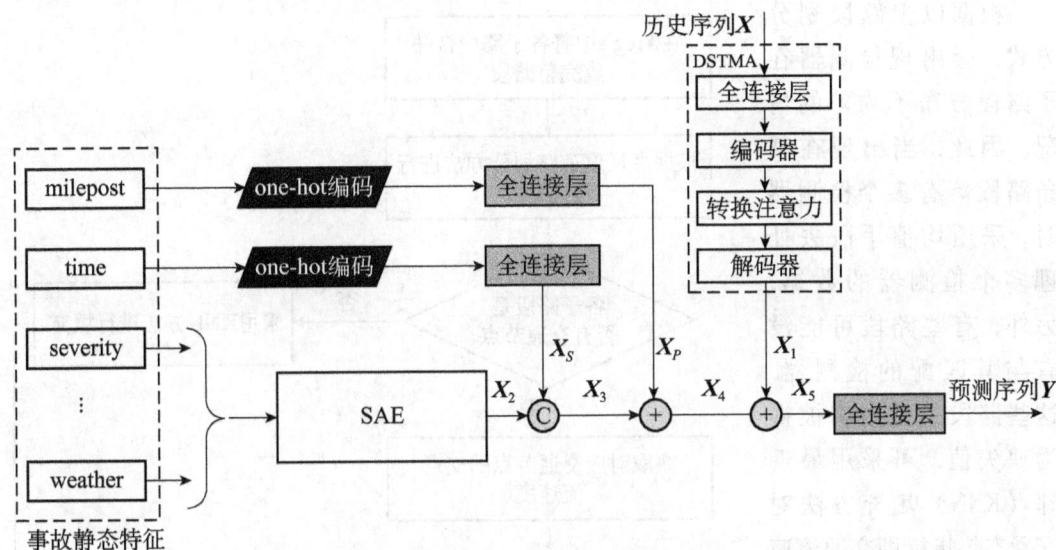

图4-2-7　特征融合模块框架图

假设 DSTMA 部分得到的中间特征输出维度为 $X_1 \in \mathbf{R}^{batch\_size \times P \times N \times C_1}$，$P$ 为推演步长，N 为检测器数量，batch_size 为网络训练时的批处理大小，SAE 部分的输出维度为 $X_2 \in \mathbf{R}^{batch\_size \times C_2}$，事故静态时间和空间特征分别表示为向量 $S \in \mathbf{R}^{batch\_size \times 1}$、$P \in \mathbf{R}^{batch\_size \times N}$。Mix-DSTMA 中的特征融合方法主要包括以下计算步骤。

步骤1：S 和 P 经过 one-hot 编码，随后再各自经过全连接层，并使用 torch.unsqueeze 方法扩充维度，得到各自输出为 $X_S \in \mathbf{R}^{batch\_size \times 1 \times 1 \times (C_1-C_2)}$、$X_P \in \mathbf{R}^{batch\_size \times 1 \times N \times C_1}$；

步骤2：对 X_2 扩充2个维度，使用 torch.unsqueeze 方法，得到 $X_2 \in \mathbf{R}^{batch\_size \times 1 \times 1 \times C_2}$；

步骤3：对 X_2 和 X_S 进行 Concat，得到 $X_3 \in \mathbf{R}^{batch\_size \times 1 \times 1 \times C_1}$；

步骤4：对 X_3 和 X_P 进行 Add，得到 $X_4 \in \mathbf{R}^{batch\_size \times 1 \times N \times C_1}$；

步骤5：对 X_4 和 X_1 进行 Add，得到 $X_5 \in \mathbf{R}^{batch\_size \times P \times N \times C_1}$；

步骤6：X_5 再经过一个全连接层，并进行维度缩减，得到最终的输出 $Y \in \mathbf{R}^{batch\_size \times P \times N}$，即预测得到 P 个时间步下 N 个检测器的交通流速度。

4.2.2　空间插值方法

通过 Mix-DSTMA 模型可得到各个交通节点在未来时刻的交通流速度，但还不能得到完整路段的交通态势，需采用将交通节点的速度值转化为路段的平均速度的空间插值方法。要想达到精准推演的效果，在进行态势推演时就必须将道路划分为较小的尺度，如何分割道路以满足态势推演的空间表达要求，也是地理信息系统中的一个常见问题。张正超等人在研究解决城市区域拥堵问题时，将 33 km 的道路等距划分为 163 条路段。张和生等人在研究高速公路交通状态时，提出了根据交通拥堵不同的阈值划分方式将路段状态划分为不同层次的交通状态时空分层模型。该模型主要采用多尺度划分方法，即分为两个层次：首先以进出口匝道为分割点进行粗粒度划分；在进行粗粒度划分后，对分段后的每段道路按照等距离（0.2 mile）划分的方式进行细粒度划分。

根据以上路段划分方式，会出现检测器在子路段分布不均匀的情况。因此，当出现在某条路段落有多个检测器时，采用均值手段去处理多个检测器的数据，另外，有些路段可能没有与其匹配的检测器，这些路段的数据将被视为缺失值，可采用最近邻（KNN）填充方法对交通态势指标即交通流速度进行填充，以获取交通事故对各个子路段产生的更为具体的时空影响。

综上所述，空间插值方法的具体流程如图 4-2-8 所示，其总体步骤如下。

步骤 1：构建整个道路环境，即在 Arcgis 软件中将零散路段合并成完整路段。

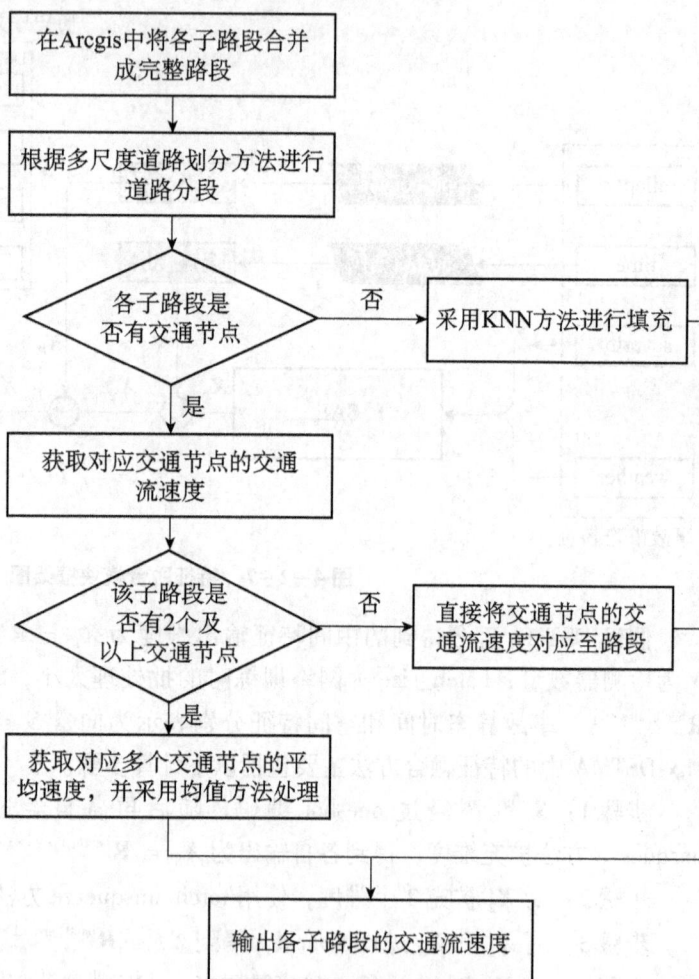

图 4-2-8　空间插值方法流程图

步骤 2：根据多尺度道路划分方法对研究对象进行划分。

步骤 3：判断各子路段是否有交通节点，没有交通节点的路段通过 KNN 方法进行填充，有交通节点的路段进入下一个步骤。

步骤 4：判断是否有多个交通节点，若无，则直接将交通节点的交通流速度对应至该路段，若有，则进入下一个步骤。

步骤5：对具有多个交通节点的路段进行均值处理。

步骤6：输出各子路段的交通流速度。

4.3 Mix-DSTMA 模型验证

以美国 I-5 高速公路数据和对应的交通事故数据为基础，验证 Mix-DSTMA 模型的性能，整个过程分为训练步骤、实验配置、模型参数确定和预测结果及对比分析等四个部分。

4.3.1 训练步骤

与 DSTMA 模型一样，Mix-DSTMA 采用最小化预测值与真实值之间的平均绝对误差 MAE 作为损失函数，通过误差反向传播机制进行端到端的训练。训练时采用 Adam 优化器，主要训练步骤如下。

Algorithm 2 Mix-DSTMA 训练算法

Init：DSTMA 网络、SAE 网络

Input：输入序列 $X = (X_1, X_2, X_3, \cdots, X_H)$

目标序列 $Y = (Y_1, Y_2, Y_3, \cdots, Y_P)$

事故特征序列 $S = (S_1, S_2, \cdots, S_n)$

邻接矩阵 A

输入历史步长 H、推演步长 P、SAE 的隐藏层数量、SAE 的输出维度、训练轮次 epochs、学习率等超参数

Output：最优模型 Mix-DSTMA *

1. while epoch ≤ epochs
2. $X_1 \leftarrow$ DSTMA (S, D, A, H, P)
3. $X_2 \leftarrow$ SAE $(S_{3:n})$
4. $X_3 \leftarrow$ Fuse (X_1, X_2, S_1, S_2)
5. $\widehat{Y} \leftarrow$ FC (X_3)
6. loss $\leftarrow$ Loss $(, \widehat{Y})$
7. $L_{\text{Mix-DSTMA}} \leftarrow$ Adam $(\text{loss}, L_{\text{Mix-DSTMA}})$
8. end
9. return Mix-DSTMA *

4.3.2 实验配置

1. 数据集

首先，根据美国 I-5 数据集和事故报告数据查找并生成与事故发生时刻相匹配的检测器数据，最终共得到 998 条事故数据。以事故发生时刻为基准点，筛选事故发生前后

各 3 h 数据作为实验数据。训练过程中，其中 699 条数据用于模型训练，100 条数据用于训练时的验证，剩余 199 条数据用于测试计算评价指标。

2. 超参数设置

使用 Adam 优化器训练 Mix-DSTMA 模型，训练开始前，模型中的 DSTMA 部分加载 4.2 节的训练结果作为初始训练权重，SAE 部分则采用权重随机初始化方法。初始学习率设置为 0.000 5，训练 100 个 epochs，批处理大小设为 4。同样，采用早停训练机制（early stopping）以提高训练效率，即在训练过程中，如果模型连续 10 个 epochs 的验证损失不明显下降，则提前终止训练。Mix-DSTMA 模型中总共有 3 个超参数，即 SAE 的隐藏层数量 N_SAE、SAE 的输出维度 C_2 及整个模型的推演步长 P，N_SAE 和 C_2 需要经过消融实验来确定，P 设置为 36，即预测 36 步（3 h）后的交通流速度。

3. 运行环境配置

Mix-DSTMA 模型运行环境见表 4 – 3 – 1，编程语言为 Python，使用 Pytorch 深度学习架构实现。

表 4 – 3 – 1　Mix-DSTMA 模型运行环境配置表

软硬件环境	类别	版本/型号
硬件环境	CPU	Intel Core i7 – 7820 CPU 3. 6 GHz
	GPU	NVIDIA TITAN XP
	内存大小	32 GB
	显存大小	12 GB
软件环境	操作系统	Ubuntu 18. 04
	编程语言	Python 3. 7
	深度学习框架	Pytorch 1. 4 /CUDA 10. 0

4.3.3　模型参数确定

为确定 Mix-DSTMA 模型中 SAE 的隐藏层数量 N_SAE 和输出维度 C_2 对模型性能的影响，设计针对超参数 N_SAE 和 C_2 的消融实验，根据实验指标对比结果确定各自的最优值。

1. 隐藏层数量 N_SAE

通过控制变量法，在相同的训练配置下，设置 N_SAE 分别为 2，4，6，8，得到一系列模型，分别表示为 A，B，C，D。对这些模型进行训练，得到其在 30 min、1 h 和 3 h 时的交通流速度预测结果，见表 4 – 3 – 2。

表 4 – 3 – 2　超参数 N_SAE 消融实验结果对比表

模型	30 min			1 h			3 h		
	MAE	RMSE	MAPE	MAE	RMSE	MAPE	MAE	RMSE	MAPE
A	5. 96	9. 67	17. 52%	6. 13	10. 19	17. 83%	9. 61	15. 59	33. 45%

续表

模型	30 min			1 h			3 h		
	MAE	RMSE	MAPE	MAE	RMSE	MAPE	MAE	RMSE	MAPE
B	**5.45**	**9.11**	**15.50%**	5.92	10.12	16.99%	**9.46**	15.36	**30.72%**
C	5.59	9.33	16.34%	**5.85**	**9.98**	**16.68%**	9.63	15.44	32.66%
D	5.70	9.45	16.61%	6.05	10.08	17.45%	9.75	**15.32**	31.53%

由表 4－3－2 对比结果可知，模型 B（$N\_SAE=4$）取得了多数指标的性能最优，尤其是在 30 min 和 3 h 预测情况下，各项指标均优于模型 C。模型 C 和 D 的短时预测结果均比模型 B 差，说明增加 SAE 隐藏层的深度，并不一定能提高网络的整体性能。增加深度虽然使提取特征的能力得到了提高，但是也会降低学习效率，同时影响整个模型其余部分的网络性能。

2. 输出维度 C_2

不考虑事故的时空特征量，事故固有特征的维度为 4，即 SAE 的输入为 4 维向量。通过控制变量法，在相同的训练配置下，设置 SAE 的输出维度 C_2 分别为 2，4，6，9，12，14，得到一系列模型，分别表示为 A，B，C，D，E，F。对这些模型进行训练，得到其在 30 min、1 h 和 3 h 时的交通流速度预测结果，见表 4－3－3。

表 4－3－3 超参数 C_2 消融实验结果对比表

模型	30 min			1 h			3 h		
	MAE	RMSE	MAPE	MAE	RMSE	MAPE	MAE	RMSE	MAPE
A	5.54	9.19	15.77%	5.98	10.26	17.22%	9.53	15.56	33.35%
B	5.62	9.41	16.49%	5.85	10.07	17.26%	9.47	15.32	31.96%
C	5.69	9.39	16.22%	6.07	10.21	17.32%	9.65	15.51	32.97%
D	**5.45**	**9.11**	**15.50%**	**5.92**	**10.12**	**16.99%**	**9.46**	**15.36**	**30.72%**
E	5.89	9.67	16.85%	6.30	10.56	17.92%	9.64	15.63	33.10%
F	5.90	9.64	17.00%	6.30	10.52	18.48%	9.64	15.76	34.75%

由表 4－3－3 可知，模型 D（$C_2=9$）在不同预测时长下取得了大部分指标的性能最优，说明当 SAE 的输出维度为 9 时，整个模型达到了最优结构。

4.3.4 预测结果及对比分析

仍以 MAE、RMSE 和 MAPE 作为模型的性能评价指标，基于上述实验配置，对模型进行训练。采用 GMAN、4.2 节中的 DSTMA 模型作为对比模型，这两个模型均是经典的 Seq2Seq 架构，区别在于是否引入事故固有特征，对比结果将说明引入事故固有特征的有效性。基于美国 I－5 数据各模型的指标对比结果见表 4－3－4。

表4-3-4 基于美国I-5数据各模型的指标对比结果表

模型	30 min			1 h			3 h		
	MAE	RMSE	MAPE	MAE	RMSE	MAPE	MAE	RMSE	MAPE
GMAN	6.51	10.82	17.44%	6.47	10.90	17.14%	9.88	15.78	31.30%
DSTMA	6.12	10.03	16.26%	6.14	10.16	**15.89%**	9.85	15.47	**29.43%**
Mix-DSTMA	**5.45**	**9.11**	**15.50%**	**5.92**	**10.12**	16.99%	**9.46**	**15.36**	30.72%

由表4-3-4对比结果可以看出,引入事故特征编码辅助后,Mix-DSTMA模型的预测性能得到了一定的提升,多数指标均下降了。DSTMA模型预测精度略优于GMAN模型,而Mix-DSTMA模型预测精度又优于DSTMA模型,说明引入了事故固有特征后,模型学习到了事故固有特征对事故后的交通流速度的影响,从而提升了预测结果。

为了更详细地分析不同事故固有特征对交通态势的影响,并验证模型在发生事故后的预测性能,在测试集中选取典型样本,分别分析在轻微事故、一般事故和重大事故情况下,离事故发生地最近的两个上游检测器和一个下游检测器的平均速度变化趋势。

1. 轻微事故影响分析

在测试集中选取典型轻微事故样本,绘制事故发生前后3 h的速度变化曲线,如图4-3-1所示(见彩插)。由事故发生后的速度变化曲线可知,第850号检测器和第785号检测器附近发生轻微事故,平均速度几乎没有变化,Mix-DSTMA模型可以较好地预测该趋势,而GMAN模型和DSTMA模型的预测误差较大,说明在没有事故固有特征情况下,模型无法判断事故对交通流的影响程度,而引入事故固有特征后的Mix-DSTMA模型预测结果更精确。

2. 一般事故影响分析

在测试集中选取一般事故典型样本,绘制事故发生前后3 h的速度变化曲线,如图4-3-2所示(见彩插)。由图4-3-2(b)可知,在发生一般事故后,附近第1 647号检测器速度在0.5 h内由85 km/h下降到70 km/h,下降了18%,1 h后速度又恢复到正常水平。而对于上游第1 607号检测器,由图4-3-2(a)可知,事故发生时平均速度并没有立刻下降,大约0.5 h后速度开始下降到60 km/h左右,仅仅下降了8%,说明一般事故对上游交通流影响小。对于下游第1 656号检测器,由图4-3-2(c)可知,该位置处的平均速度在1 h内都没有显著变化,说明一般事故对下游交通流几乎没有影响。此外,由图4-3-2中各个模型预测对比结果可知,Mix-DSTMA模型对于交通速度的预测性能更好,能较好地预测不同位置的交通节点的速度变化趋势。

3. 重大事故影响分析

在测试集中选取重大事故典型样本,绘制事故发生前后3 h的速度变化曲线,如图4-3-3所示(见彩插)。

由图4-3-3(b)可知,在发生严重事故后,事故发生地点上游第810号检测器

事故特征：
time：周五13：39
milepost：169
severity：轻微
coltype：追尾
weather：晴朗

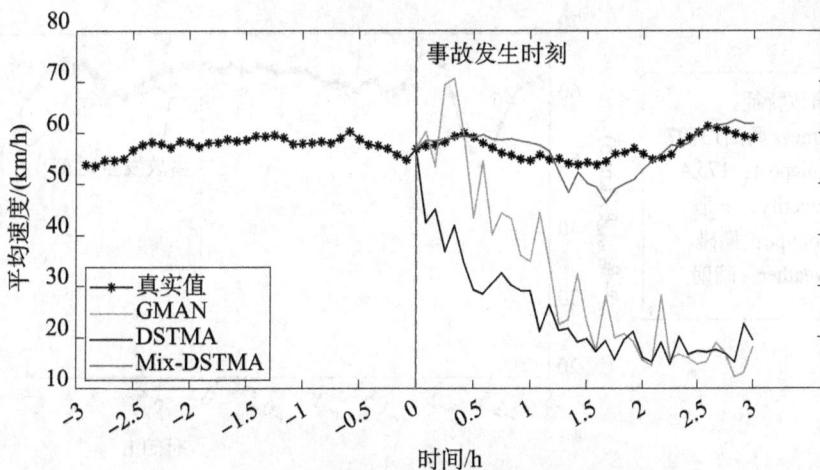

（a）事故发生地点附近第850号检测器

事故特征：
time：周四4：53
milepost：148
severity：轻微
coltype：侧碰
weather：晴朗

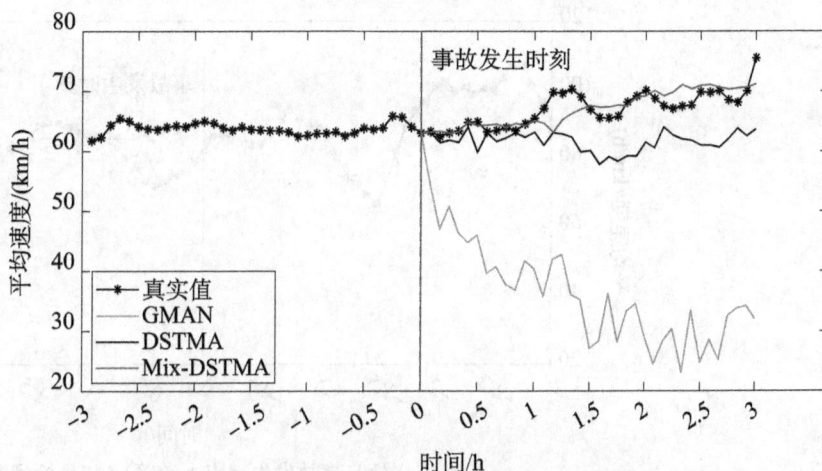

（b）事故发生地点附近第785号检测器

图 4 - 3 - 1　轻微事故影响下各模型的速度预测对比图

处，在 0.5 h 内，平均速度由 80 km/h 下降到 20 km/h，下降了 75%，说明事故造成了严重拥堵，并且 1 h 后才恢复到正常水平。对于事故发生地点上游第 805 号检测器，由图 4 - 3 - 3（a）可知，经过 1 h 后，平均速度开始迅速下降，此时的拥堵已经蔓延到该位置，结合图 4 - 3 - 3（a）、（b）可以推断，1 h 后事故现场可能还未清理完毕，只是留出了让车辆快速通过的通道，而拥堵则长时间在上游路段蔓延。对于事故发生地点下游第 830 号检测器，由图 4 - 3 - 3（c）可知，交通流没有受到事故影响，平均速度甚至还略有增加。此外，由各个模型的预测对比结果可知，Mix-DSTMA 模型仍具有最优预测性能。不同等级事故情况下的预测对比结果说明 Mix-DSTMA 模型较好地提取出了事故特征内在影响，同时也考虑了事故发生地对周围检测器的影响程度，根据不同的影响程度，精准预测了交通流速度的未来趋势。综上所述，Mix-DSTMA 模型能对 3 h 内的事故影响下的交通流速度进行准确预测。

事故特征：
time：周四13:07
milepost：175.4
severity：一般
coltype：侧碰
weather：晴朗

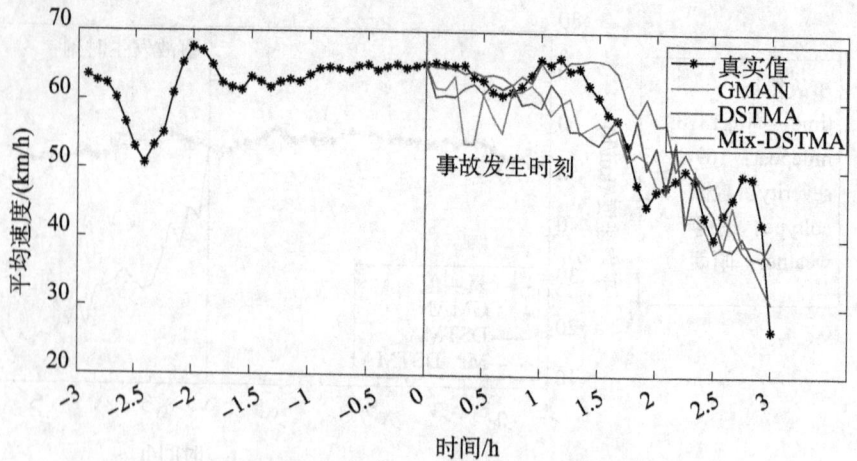

（a）事故发生地点上游第1 607号检测器

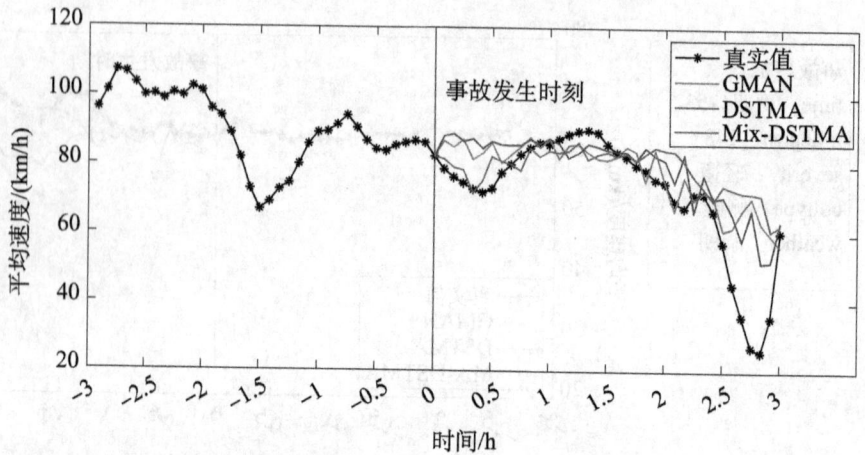

（b）事故发生地点上游第1 647号检测器

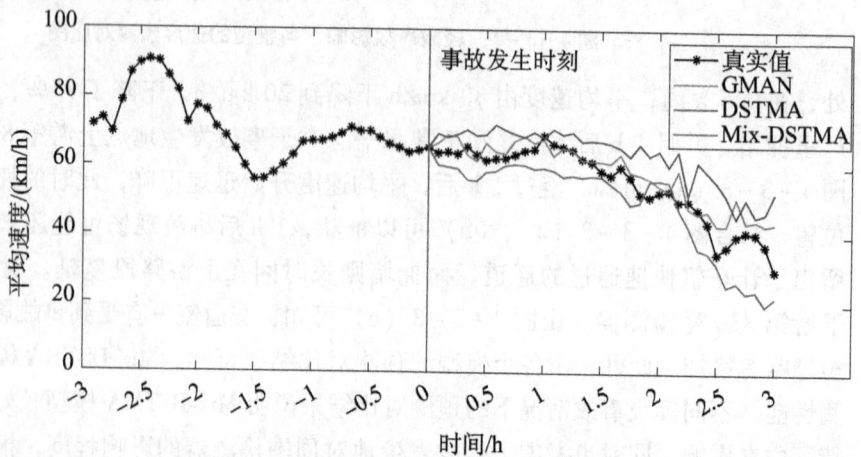

（c）事故发生地点下游第1 656号检测器

图4-3-2　一般事故影响下各模型的速度预测对比图

事故特征：
time：周四7：12
milepost：155
severity：重大
coltype：追尾
weather：晴朗

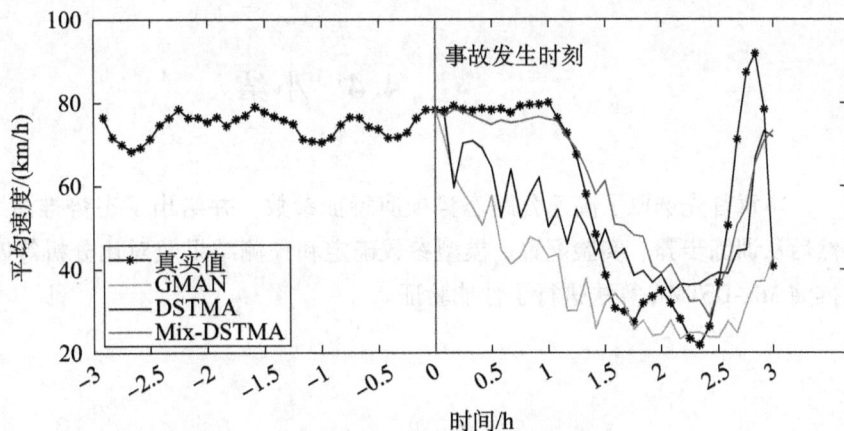

（a）事故发生地点上游第805号检测器

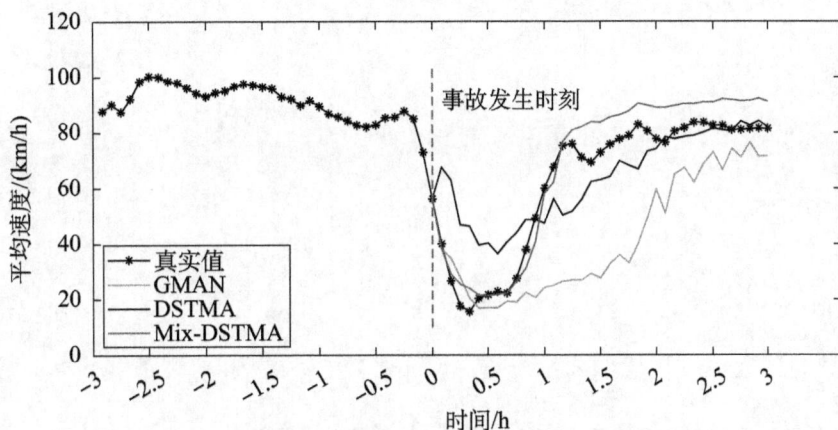

（b）事故发生地点上游第810号检测器

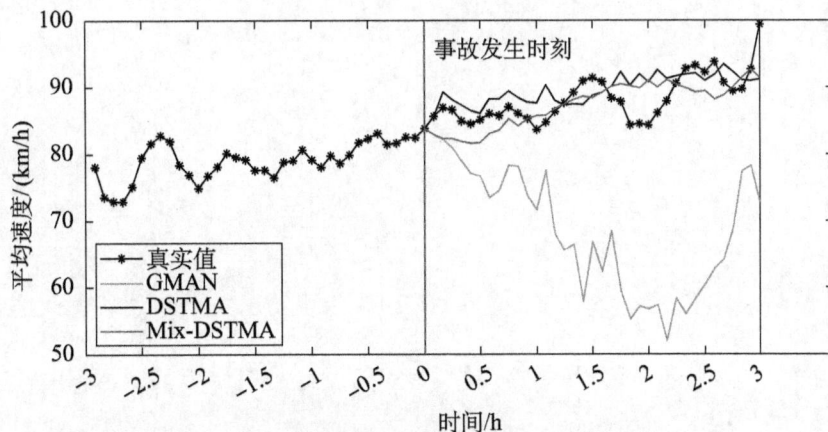

（c）事故发生地点下游第830号检测器

图 4 - 3 - 3　重大事故影响下各模型的速度预测对比图

4.4　小结

　　本章首先选取了高速公路态势推演特征参数，并给出了态势推演 Mix-DSTMA 算法；然后从训练步骤、实验配置、模型参数确定和预测结果及对比分析等四个方面，对态势推演 Mix-DSTMA 算法进行了性能验证。

第5章 高速公路主动交通管理方法

5.1 主动交通管理方法

5.1.1 概述

主动交通管理（active traffic management，ATM）是高速公路交通管理的重要方式，也是预防高速公路交通事故，提高交通安全水平的主要手段，在世界各国得到广泛应用。ATM 策略是指在交通事故发生之前，为避免事故发生、降低事故发生率而采取的交通安全管理措施，ATM 系统是一个由多种交通管理措施组成的交通控制系统，它可以对高峰和节假日交通拥堵及突发事件造成的交通混乱进行临时管理。ATM 系统的优点是通过对数据检测技术、大数据挖掘等高新技术的应用，实现交通管理策略制定和调整的自动化控制，大大提高了控制的精确度和高效性。

ATM 系统的工作原理如图 5 - 1 - 1 所示。

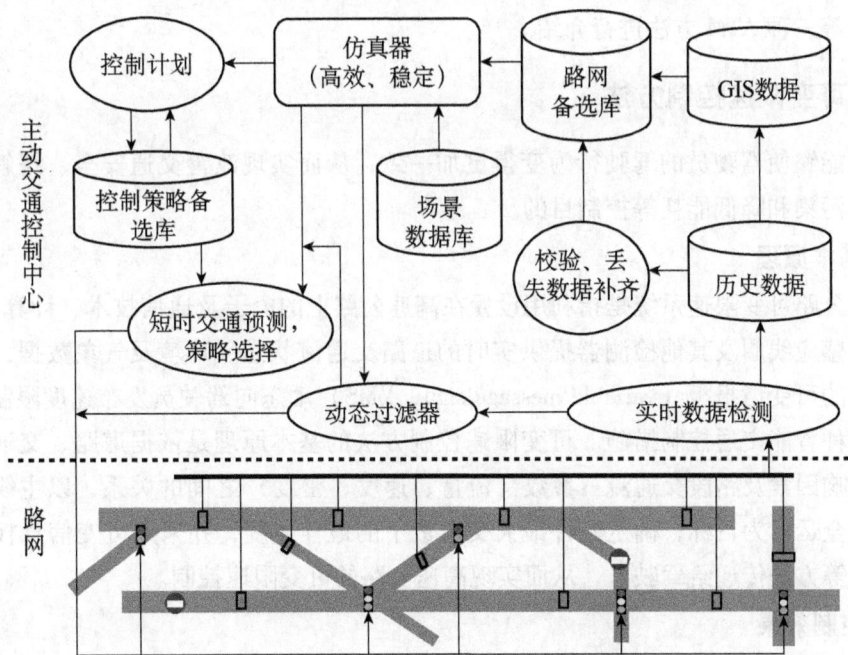

图 5 - 1 - 1　ATM 系统的工作原理图

由图 5 - 1 - 1 可知，ATM 系统的主要控制过程包括：①实时检测道路上的交通流状态，对观测数据进行分析；②管理规划，通过系统中的仿真器对检测到的路网交通变化状态进行仿真预测，匹配能够改善交通状态的控制策略，并对所选策略在路网中进行仿真实验，衡量策略实施的成本和效益；③在路网端，为了完成控制策略的实施，需要安装相应的信号灯等软硬件设施。

ATM 策略按控制范围可分为主线控制、匝道控制和通道控制三种。

（1）主线控制是在高速公路主路实施的控制策略，控制对象是主路交通流。通过对高速公路主线交通流进行调节、警告和诱导，达到优化交通流的目的。主线控制的主要控制方法有可变限速控制、临时路肩开放控制、车速协调控制、可逆车道控制、排队警示、定时卡车限行等。

（2）匝道控制（ramp metering，RM）包括入口匝道控制和出口匝道控制，其中，出口匝道控制很少应用。匝道控制的应用较为广泛，它以主路的交通流为优化对象，对匝道交通流进行控制。通过计算上游交通需求与下游道路通行能力的差额来计算最优的入口匝道流量输入策略，从而使高速公路主线的交通需求不超过它的通行能力，使高速公路主线交通流处于最佳状态。

（3）通道控制不仅将高速公路主线和匝道作为控制对象，同时将高速公路的侧道及平行方向干道纳入控制范围。在高速公路发生交通拥堵时，通过采取入口匝道关闭等措施，将车流分散到其他道路中。通道控制通过对区域内路网资源进行灵活的协调配合，达到区域交通高效运行的目的。

考虑到方法的实用性，本书选择最常用的可变限速控制、入口匝道控制和临时路肩开放控制等三种 ATM 方法进行介绍。

5.1.2 可变限速控制方法

限速能够使驾驶员的驾驶行为变得更加一致，从而实现改善交通安全、缓解交通拥挤、减少污染和降低能耗等控制目的。

1. 基本原理

高速公路可变限速系统是指利用设置在高速公路上的电子及通信技术、计算机技术，通过道路感应线圈及其他检测器提供实时的道路交通流状态、环境及气象数据，通过设置在路侧的可变情报板（variable message sign，VMS）动态向驾驶员发布速度限制和管理信息的一种智能交通控制措施。可变限速控制方法的基本原理是依据道路、交通、气候条件等影响因素及路段交通流三参数（流量、速度、密度）之间的关系，以主线交通流高效、安全运行为目标，确定允许最大交通量下的最佳速度，并采用可变信息板或可变限速标志等方法传递给驾驶员，从而实现高速公路的可变限速控制。

2. 控制效果

目前，在实施可变限速控制方法进行交通管理时，主要控制目标是提高路段的通行能力。许多研究和实践都证明，可变限速能够有效地增加道路通行能力。M. Cremer 利用

交通流三要素的关系公式定量地阐述了可变限速对路段交通流的控制效果，提出一个在可变限速条件下的交通量计算公式，即

$$q(\rho,b) = bv_{\mathrm{f}}\rho\left[1 - \left(\frac{\rho}{\rho_{\mathrm{m}}}\right)^{(3-2b)l}\right]^m \rho_{\mathrm{m}} \qquad (5-1-1)$$

式中：q 为交通量（veh/h）；ρ 为交通密度（veh/km）；b 为限速系数，$b=1$ 表示未限速；v_{f} 为高速公路最高限速；ρ_{m} 为具有最大交通量的交通流密度；b，l，m 均为限速系数。

图 5-1-2 为限速系数 b 取不同值时，路段交通量与交通流密度的关系曲线。由图 5-1-2 可知，在车流密度较高的情况下采用限速控制对提高通行能力有明显效果。

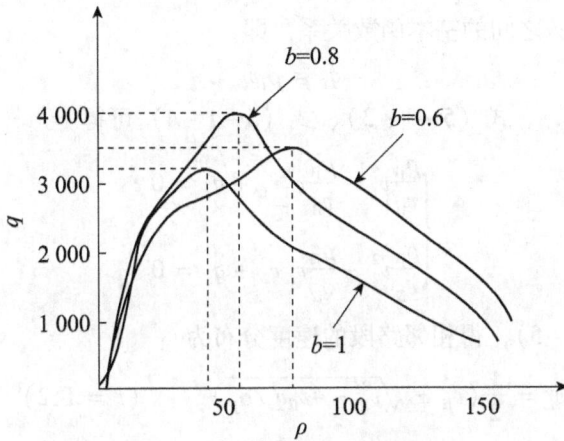

图 5-1-2　限速时交通量变化

除了提高高速公路的通行能力，可变限速控制方法的主要作用还表现在以下几个方面：①在交通需求大于通行能力时，可变限速控制可以延缓拥堵出现的时间；②当发生交通拥堵时，可变限速可以通过降低行车速度，增加车速的均匀性，减少追尾事故的发生；③在非高峰期间，可变限速可以作为一种提前预警系统来防止事故的发生。

3. 控制算法

制定可变限速控制方法的主要任务是确定限速值，限速值的确定通常有两种方法。

（1）经验统计法。根据高速公路交通流历史数据，从小到大预先设置一些固定限速值，然后根据不同的交通流状态（占有率、密度或流量等）最终确定路段所选用的限速值。经验统计法是目前高速公路上最常用的一种限速控制方法。

（2）数学模型法。不预先设定限速值，而是根据实时交通流状态，利用交通流动态数学模型计算限速值。数学模型法是基于交通流各要素之间的基本数量关系，结合历史数据标定道路几何特征、天气、照明灯等影响交通流的因素对交通流动态变化规律进行修正，从而建立动态可变限速交通流数学模型，确定路段限速值。下面以一简单路段为例，介绍利用数学模型法求解可变限速值的算法原理。

如图 5-1-3 所示，假设路段 1、2 是高速公路上两个相邻的路段，用 q_i、v_i 和 ρ_i 分别表示路段 i（$i=1$，2）上的交通量、交通流速度和交通流密度，路段 1 和路段 2 的自由流速度分别为 v_{f1} 和 v_{f2}，上游路段驶入路段 1 的交通量为 q_{s}。则连续稳态交通流状态下有

q_s	q_1	q_2	
$\longrightarrow$	路段1	路段2	

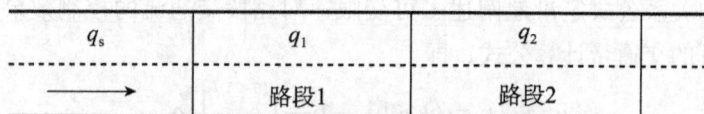

图 5 - 1 - 3　高速公路简单路段示意图

$$q_1 = q_2 = q_s \qquad (5-1-2)$$

根据格林希尔茨由交通调查所得的交通流速度-交通流密度线性关系经验模型有

$$\rho_i = \frac{\rho_{ji}}{v_{fi}}(v_{fi} - v_i) \qquad (5-1-3)$$

结合交通流三参数之间的基本函数关系，即

$$q_i = \rho_i v_i \qquad (5-1-4)$$

整理式（5 - 1 - 2）、式（5 - 1 - 3）、式（5 - 1 - 4）可得

$$\begin{cases} \dfrac{\rho_{j1}}{v_{f1}}v_1^2 - \dfrac{\rho_{j1}}{v_{f1}}v_{f1}v_1 + q_s = 0 \\[2ex] \dfrac{\rho_{j2}}{v_{f2}}v_2^2 - \dfrac{\rho_{j2}}{v_{f2}}v_{f2}v_2 + q_s = 0 \end{cases} \qquad (5-1-5)$$

解方程组（5 - 1 - 5），得相邻路段的速度分布为

$$v_i = \frac{1}{2}(v_{fi} \pm \sqrt{v_{fi}^2 - 4v_{fi}q_s/\rho_{ji}}) \qquad (i = 1,2) \qquad (5-1-6)$$

再由式（5 - 1 - 3）得交通流密度分布为

$$\rho_i = \frac{1}{2}(\rho_{ji} \mp \sqrt{\rho_{ji}^2 - 4\rho_{ji}q_s/v_{fi}}) \qquad (i = 1,2) \qquad (5-1-7)$$

根据式（5 - 1 - 6）和式（5 - 1 - 7），可以采用检测到的由上游路段驶入路段 1 的流量 q_s，确定出相应路段 i 的速度目标值和密度目标值。

同样，当高速公路的道路、交通构成、气候等条件发生变化时，为保证交通流的稳定、连续、均匀和交通安全，也可以相应地调整交通流模型中的参数 v_f 和 ρ_j 来确定相应条件下的最佳速度目标值。

5.1.3　入口匝道控制方法

匝道入口处主线交通需求突然增加，比较容易发生车辆冲突。入口匝道控制是最常用的一种高速公路交通控制策略，能够优化主线交通流状态，提高安全性。

1. 基本原理

该控制方法的基本原理是控制入口匝道处高速公路上下游的交通量。它的目的是控制高速公路干道交通量，通过计算匝道上游的交通需求与下游通行能力的差额确定最佳入口匝道流量控制，从而保证高速公路的交通需求不超过其交通容量，使高速公路主线交通流处于最佳状态。图 5 - 1 - 4 为入口匝道控制原理示意图。

当匝道上游的交通需求 q_u 大于下游的交通容量 c_d 时，利用信号灯、护栏等设施对匝道的输入流量进行调节控制，使由匝道进入主路的流量 $q_r < c_d - q_u$，保证主路流量保持

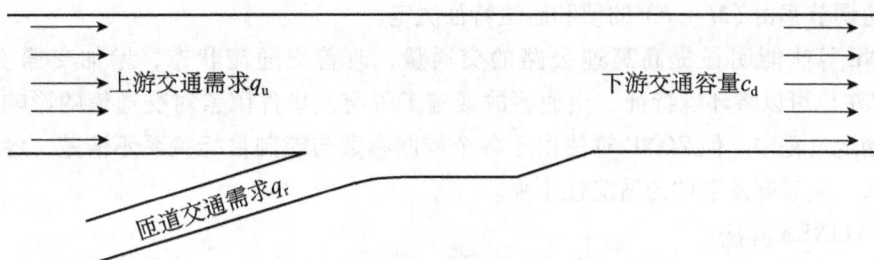

图 5-1-4 入口匝道控制原理示意图

在稳定状态。

2. 控制效果

入口匝道控制对高速公路交通流的改善作用主要表现在以下几个方面。①增加主线通行能力，在拥堵的交通流状态下，交通流密度高，车速低，通过流量降低。入口匝道控制通过减少主线的输入流量，降低匝道下游的交通流密度，主线车速提升，从而提升主线的通过交通量。②降低车辆行程时间，在匝道控制下，主线车速提升，通过效率提高，从而减少了车辆通过匝道区域的行程时间。③提高安全水平，减少事故发生，入口匝道控制在缓解拥堵的同时，还能够减少车辆会合区的车辆冲突，提高交通流安全性。④提高道路服务水平，从车辆乘客感受的角度，入口匝道控制减少了车辆冲突，缓和了交通流，增加了乘客的舒适度。

3. 控制算法

根据控制范围不同，入口匝道控制可以分为单独式入口匝道控制与协调式入口匝道控制，其中协调式入口匝道控制又分为协作式入口匝道控制、竞争式入口匝道控制和整体式入口匝道控制。单独式入口匝道控制算法的目的是解决单个匝道的交通问题，利用单个匝道及其上下游的交通流实时检测数据确定该匝道的调节率。协调式入口匝道控制是对一段道路上多个匝道进行下调控制。在计算单个匝道单点调节率的基础上，依据系统交通流的整体分布对单个匝道的调节率进行调节。整体式入口匝道控制不考虑单个匝道调节率，将路网看作整体，以系统最优为目标计算匝道调节率。

下面将详细介绍几种研究或应用较多的入口匝道控制算法。

1) ZONE 算法

该算法是将长为 3~6 m 的高速公路路段定义为一个 ZONE。ZONE 算法的控制目的是保持每一个 ZONE 的交通流密度分布均匀，因此需要依据各个 ZONE 实时的交通流状态和输入输出流量确定路段上每个匝道的调节率。ZONE 算法的公式为

$$A + U + M + F = X + B + S \qquad (5-1-8)$$

式中：A 为上游高速公路流量；U 为非控制匝道车流量；M 为控制匝道车流量；F 为从实施控制高速公路转移过来的车流量；X 为离开匝道的流量总和；B 为下游瓶颈路段的通行能力；S 为区段可利用空间。

当式（5-1-8）中的 $S=0$ 时，得到匝道最大流量的等式为

$$M + F = (X + B) - (A + U) \qquad (5-1-9)$$

匝道调节率由 $(M + F)$ 的值和匝道特征决定。

ZONE 算法能明显提高高速公路的交通量,改善交通流状态,增加交通安全性。ZONE 算法也可以将环境特征、交通事故或施工等突发事件因素对交通流的影响纳入调节率的制定过程中。但 ZONE 算法由于各个控制参数与控制目标关系不清楚,参数调整难度较大,应对突发事件的适应性不强。

2)ALINEA 算法

ALINEA 算法是一种单点反馈算法,用实时的匝道与主路交会处下游的交通流时间占有率作为算法的输入。每隔 k 时间间隔检测路段交通量,通过计算公式确定调节率,借助上一个时间间隔的空置率确定下一个时间间隔的匝道调节率。

匝道调节率的计算公式为

$$r(k) = r(k-1) + K_R \left[o_c - o_{\text{out}}(k-1) \right] \tag{5-1-10}$$

式中:$r(k)$ 为 k 时间间隔内匝道调节率;K_R 为调节器参数,一般取 70;o_c 为期望的目标占有率,由流量-占有率关系图确定,一般稍小于流量达到通行能力时对应的临界占有率;$o_{\text{out}}(k-1)$ 为上个调节周期测量的占有率。

ALINEA 算法是经典的匝道单点控制算法,许多新的控制方法都是在 ALINEA 算法控制逻辑基础上进行改进而得来的。研究表明,改进后的控制算法虽然能够考虑更多的调节因素,但是控制效果并没有比经典 ALINEA 算法更优。

3)神经网络算法

神经网络算法因其强大的非线性近似能力被引入到匝道控制中,其构成如图 5-1-5 所示。该算法的基本原理是将每个匝道处的主流交通视为一个非线性反馈控制问题,其基本流程如图 5-1-6 所示。

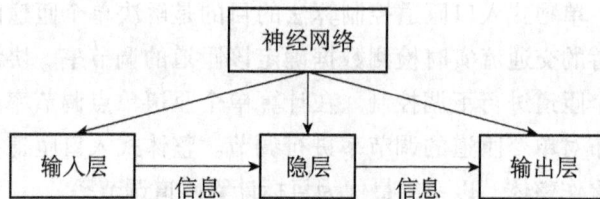

图 5-1-5 神经网络构成图

该算法能直接应用于非线性系统,无需进行线性化处理;但其迭代过程复杂,收敛速度较慢,难以满足匝道控制的实时性要求。

以上单独式控制算法具有一定的简单性、灵活性,与协调式控制算法相比复杂性和成本较低,但它们只针对单个匝道,没有与其他交叉口进行协调控制,因此不能达到系统最优。

4)LINKED-RAMP 控制算法

LINKED-RAMP 控制算法是基于需求-容量理论,用每个位置点所检测到的上游流量来确定匝道控制的调节率,算法公式为

$$r(k) = \begin{cases} C - Q(k-1) & C > Q(k) \\ r_{\text{min}} & C < Q(k) \end{cases} \tag{5-1-11}$$

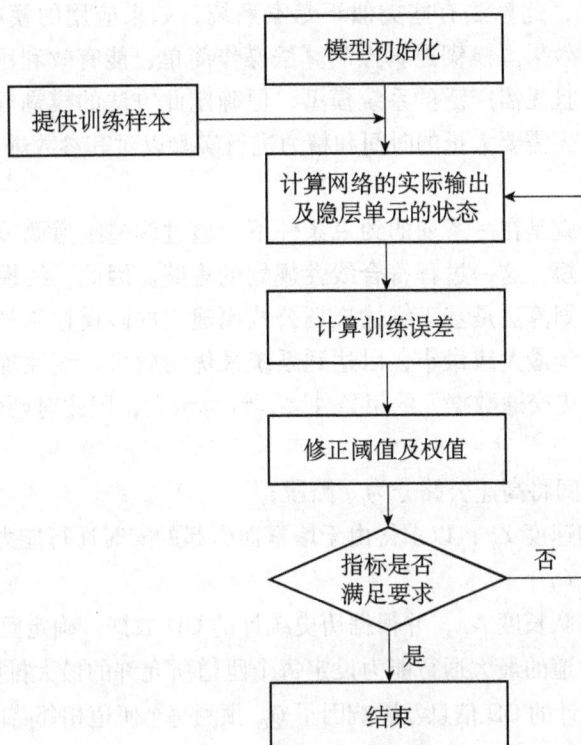

图 5 - 1 - 6　神经网络算法基本流程图

式中：$r(k)$ 为 k 时间间隔内匝道调节率；$Q(k-1)$ 为 $k-1$ 时段内匝道上游流率；C 为目标流率；r_{min} 为预设的最小调节率。

该算法模型简单，求解方便，一般只需检测上游的交通量，但此算法不适合交通拥挤的情况，因为若产生交通拥挤，上游流量较低，匝道调节率变大，与实际不符。且此算法由于没有最优控制目标，故一般达不到系统最优。

5）模糊逻辑算法

模糊逻辑算法是一种比较新型的智能化控制方法。它将交通流各变量转化为分类变量作为算法的输入，将匝道控制的简单规律转换为算法的模糊规则，通过不断优化确定匝道调节率。模糊逻辑算法流程如图 5 - 1 - 7 所示。

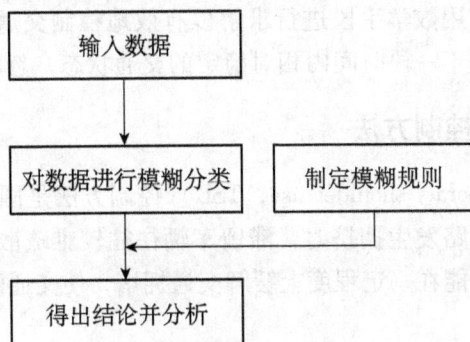

图 5 - 1 - 7　模糊逻辑算法流程图

从某种程度上说，此算法有些类似于专家系统，如果应用的模糊规则有效、准确，则能取得较好的控制效果。模糊逻辑控制算法操作简单，能有效利用残缺的数据，平衡相互冲突的目标值，且无需广泛的系统模型；但确定此方法的模糊规则有些困难，不仅需要依赖历史经验，还需要大量的时间和精力进行实验以对其参数进行标定。

6）线性规划算法

匝道控制的过程就是在一系列的约束条件下，通过调整匝道调节率使路段通过能力最大或者行程时间最短，这一过程符合线性规划的思路。因此，线性规划算法被应用到匝道控制中。线性规划算法是基于线性规划公式而建立的匝道控制算法，其控制目标是使系统中某项指标达到最大或最小，以达到系统最优的效果。线性规划算法的应用需要依据大量的实时和历史交通数据，约束条件多，计算量大，因此对硬件设备的要求较高。该算法步骤如下：

（1）在匝道 i 之间将高速公路分为 h 路段；

（2）检测每段的速度 Y_h，以求得由于堵塞而引起的实时通行能力的下降，进而求得每段的实时通行能力 C_h；

（3）检测匝道排队长度 N_i，并根据历史统计的 OD 数据，确定匝道流量 D_i；

（4）提前根据匝道的最大通行能力设定每个匝道所允许的最大排队长度 L_i；

（5）根据历史统计的 OD 信息及影响因子 Q_{ih} 预测每个匝道相邻路段下游的交通量；

（6）设定 A 为调整变量，表示因个人喜好而随机选择使用高速公路或不使用高速公路所带来的额外交通量；

（7）以每个匝道流量 U_i 最大为控制目标，有

目标函数为

$$Z = \sum_{i=1}^{n} (A_i U_i) \qquad (5-1-12)$$

约束条件为

$$\begin{cases} (Q_{\text{main}} U_i) + (Q_{1h} U_1) + (Q_{2h} U_2) + \cdots + (Q_{ih} U_i) \leqslant C_h \\ 0 \leqslant U_i \leqslant N_i + D_i \\ N_i + D_i - U_i \leqslant L_i \\ U_{\min} \leqslant U_i \leqslant U_{\max} \end{cases}$$

线性规划算法能够使用数学手段进行求解以有效地控制交通流，但此算法的复杂性较高。且此算法的实现基于一段时间内相对稳定的交通状态，忽略了交通流的动态因素。

5.1.4 临时路肩开放控制方法

临时路肩开放（temporary shoulder use，TSU）控制方法是国外应用较广的一种高速公路控制手段。当高速公路发生拥挤时，滞留车辆往往较难疏散，此时利用临时路肩作为拥堵时的临时通行车道能在一定程度上缓解交通拥堵，使交通流平稳运行。

1. 基本原理

高速公路交通拥堵的本质是上游的交通需求超过了下游路段的交通容量，临时路肩

开放策略为高速公路提供了额外的通行能力，能够较好地缓解拥挤，同时合理配合管理措施又能保证路肩行车的安全性。高速公路硬路肩宽度比普通车道宽度要窄，因此路肩开放存在一定的安全隐患，通常宽度在 2.5 m 以上的硬路肩才能开放使用，路肩开放的同时需要采取车辆限速、限制通行车辆类型等附加管理措施，以保证路肩行车的安全性。

2. 控制效果

临时路肩开放控制是简单而有效的主动交通管理策略之一。下面将从交通流理论的角度讨论临时路肩开放的控制效果。

图 5-1-8 所示的是一个典型的交通流车速-流量关系曲线。曲线的顶点对应着路段的流量为最大通行能力时的状态。路肩的使用相当于增加了路段的通行能力，因此曲线的顶点将向右方移动。同时，在实施临时路肩开放措施时，开放路段的限制车速需要相应降低，此时会使速度流曲线向下游传播。临时路肩开放对交通流曲线的影响如图 5-1-9 所示。可以看出，实施临时路肩开放策略时，当速度降低到 100 km/h 时，通行能力的增加量超过了 1 000 veh/h。

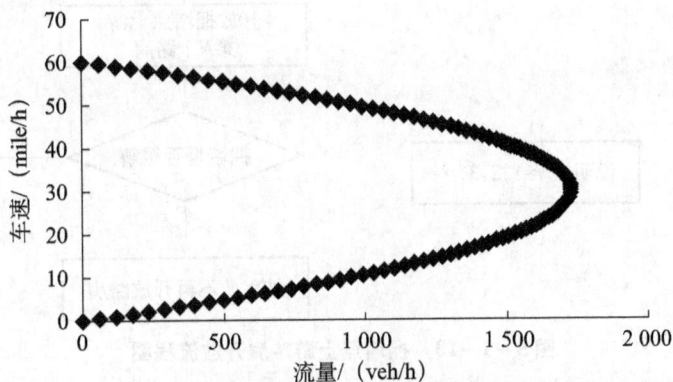

图 5-1-8 典型交通流车速-流量关系曲线图

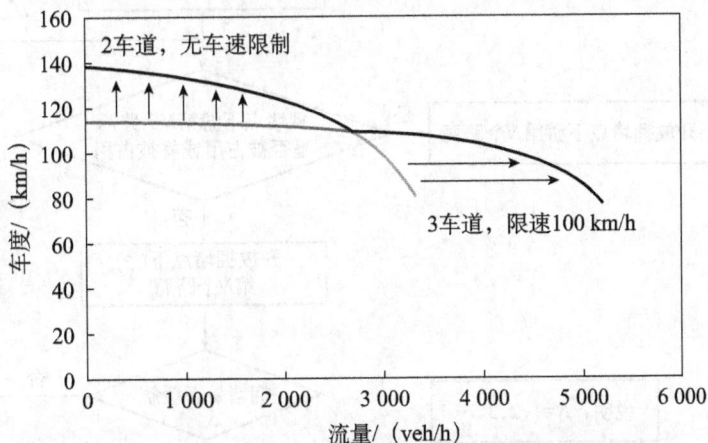

图 5-1-9 临时路肩开放对交通流车速-流量关系曲线的影响

3. 控制算法

利用路肩作为临时通行车道已成为国外高速公路交通管理控制的一种常用手段，国内的应用则较少。临时路肩开放是增加道路交通容量的有效手段，通常在发生交通拥堵的路段使用。依据路肩开放位置的不同，路肩开放能够起到不同的实施效果。拥堵路段上如果存在出口匝道，在拥堵点上游实施临时路肩开放策略能够使上游车辆尽快驶离高速公路，减少拥堵路段的输入流量。在拥堵点下游采取临时路肩开放策略能够提高下游路段的通行能力，加快交通拥堵的疏散。在必要的条件下，也可以同时开放上下游路肩。拥堵点上下游路肩开放流程图分别如图 5 – 1 – 10 和图 5 – 1 – 11 所示。

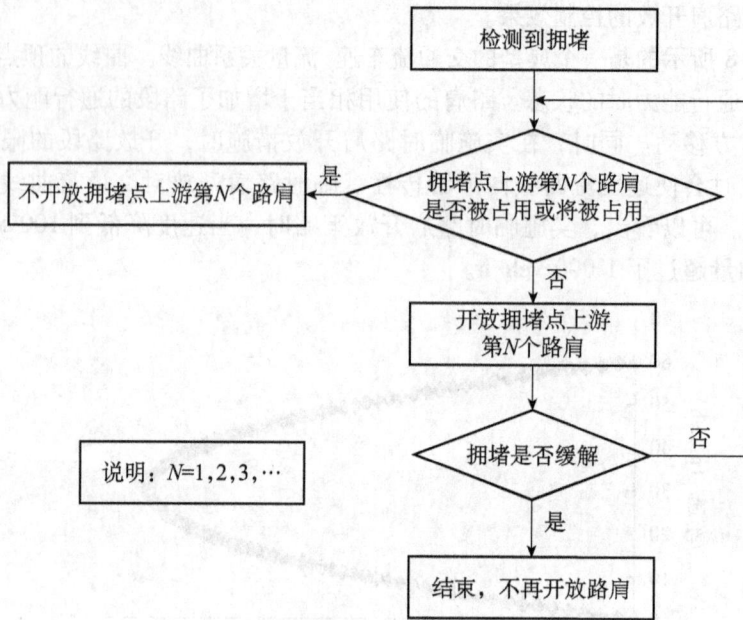

图 5 – 1 – 10 拥堵点上游路肩开放流程图

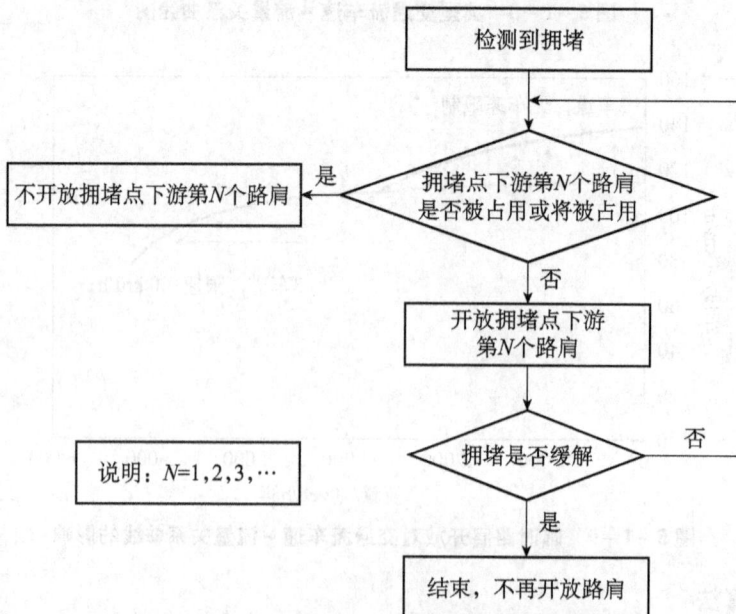

图 5 – 1 – 11 拥堵点下游路肩开放流程图

5.2　高速公路潜在事故发生率预测模型

为研究高速公路交通事故发生机理，国内外许多科研人员致力于探索各因素对交通事故发生的影响。潜在事故发生率（potential crash rate，PCR）模型表征路段事故发生概率与道路、交通、环境等影响因素之间的关系，常用于预测在特定道路、交通、环境等条件下某一路段发生事故的概率。本节在借鉴已有研究成果的基础上，基于 Logit 模型建立 PCR 预测模型，为主动交通管理策略的影响分析提供验证模型支持。

5.2.1　模型变量选择

在研究初期，大部分学者多以静态交通特征作为模型的输入变量。2000 年，Abdel-Aty 等人在进行高速公路事故发生影响因素研究时，选取的模型输入变量包括年平均日交通量（AADT）等交通流特征变量，道路坡度、车道数、车道宽度、路肩宽度等道路特征变量及年龄、性别等驾驶员特征变量。研究结果发现，所选取的三方面因素都对高速公路事故发生有着显著的影响。2000 年，Chris Lee 等人将高速公路实时线圈检测数据引入到事故预测的研究中，从实时检测数据中提取出事故发生前 5 min 的交通流密度、速度等变量来表征事故发生前交通流的状态，利用这些变量建立了对数线性事故预测模型。结果表明，事故发生前 5 min 的交通流密度和车速变异系数对事故发生有着显著的影响。2003 年，他们在另一项研究中提取了事故发生地点上下游交通流的对比特征，发现事故发生地点上下游检测器间的速度差是导致事故发生的最显著因素。2004 年，Abdel-Aty 等人将上下游检测数据变量及上下游综合指标变量作为模型的输入变量，研究发现，事故发生前 5 ~ 10 min 的下游检测器车速变异系数和上游检测器平均车道占有率是导致事故发生的最显著因素。

通过总结已有研究得出，高速公路事故发生的影响因素主要包括交通流状态、驾驶员生理心理、道路几何特征和环境等 4 个方面的因素。表 5 - 2 - 1 汇总了相关研究中对潜在事故发生率有显著影响的因素及相关变量。

表 5 - 2 - 1　事故发生率影响因素汇总表

影响因素	输入变量	文献出处
交通流因素	年平均日交通量	Abdel-Aty, 2000
	下游车速变异系数	Abdel-Aty, 2004
	上下游平均车道占有率	Abdel-Aty, 2005
	车速变异系数	Abdel-Aty, 2005
	上下游车速变异系数	Chris Lee, 2002
	相邻车道车速变异系数	Chris Lee, 2002
	上下游车速差	Chris Lee, 2003

影响因素	输入变量	文献出处
道路因素	路段长度	Abdel-Aty，2000
	水平曲率	Ahmed，2012
	道路宽度	Ahmed，2012
	平均车道宽度	Abdel-Aty，2000
	路肩宽度	Abdel-Aty，2000
	服务能力指数	Karlaftis，2002
	路面摩擦力	Karlaftis，2002
	路面类型	Karlaftis，2002
	限行措施	Karlaftis，2002
驾驶员因素	驾驶员性别	Abdel-Aty，2000
	驾驶员年龄	Abdel-Aty，2000
环境因素	天气	Chris Lee，2002
	时间（高、平峰）	Chris Lee，2002
	降水量	Ahmed，2012
	能见度	Ahmed，2012

借鉴表 5 - 2 - 1 中所采用的事故发生率影响因素，考虑模型影响因素的全面性和可获得性，本书从交通流、道路及环境等 3 个方面选取相应的影响因素作为 PCR 模型的输入变量。表 5 - 2 - 2 给出了 PCR 模型所采用变量的描述。

表 5 - 2 - 2   高速公路潜在事故发生率预测模型输入变量表

类别	变量编号	变量		变量解释
交通流	1	Vehcnt-u	上游平均流量	反映事故发生前上游交通流状态对事故发生率的影响
	2	Avgspd-u	上游平均车速	
	3	Avgocc-u	上游占有率均值	
	4	Occudev-u	上游占有率标准差	
	5	Spddev-u	上游车速标准差	
	6	Cvspd-u	上游车速协方差	
	7	Vehcnt-d	下游平均流量	反映事故发生前下游交通流状态对事故发生率的影响
	8	Avgspd-d	下游平均车速	
	9	Avgocc-d	下游占有率均值	
	10	Occudev-d	下游占有率标准差	
	11	Spddev-d	下游车速标准差	
	12	Cvspd-d	下游车速变异系数	

续表

类别	变量编号	变量		变量解释
交通流	13	Spddif-u	上游相邻车道车速平均绝对差	反映相邻车道间交通流的差异对事故发生率的影响
	14	Spddif-d	下游相邻车道车速平均绝对差	
	15	Voldif-u	上游相邻车道流量平均绝对差	
	16	Voldif-d	下游相邻车道流量平均绝对差	
	17	Avgspd-ud	上下游车速平均绝对差	反映上下游之间的交通流差异对事故发生率的影响
	18	Avgoccu-ud	上下游占有率平均绝对差	
	19	Avgvol-ud	上下游流量平均绝对差	
道路	20	Lanenum	车道数	反映道路的宽度、坡度、弯度等特征对事故发生率的影响
	21	Lanewide	车道宽度	
	22	Rdtrn	道路地形特征	
环境	23	Weather	天气情况	反映天气情况、照明条件对事故发生率的影响
	24	Light	照明条件	

　　输入变量的采样间隔也会对事故预测模型产生重要的影响,若采样间隔过短,不能体现出断面整体的交通状态,若采样间隔过长,则无法体现事故发生时交通流的特性。在 Abdel-Aty 等人的研究中,选取事故前 5～10 min 或 5～15 min 的数据作为输入变量计算的样本数据。2012 年,Ahmed 等人则采用事故前 6～12 min 的数据。目前,大部分研究采用 5 min 作为采样间隔,本节采用事故发生前 5～10 min 的线圈检测数据作为计算 PCR 模型输入变量的计算样本数据。

5.2.2　模型标定数据准备

1. 数据来源与结构分析

　　高速公路 PCR 模型的建立以美国 I－5 洲际高速公路为基础,交通数据的取样路段为 I－5 高速公路华盛顿州境内的 140～190 mile 路段。模型建立所需要的数据包括事故数据、交通流数据和道路信息数据,均由美国华盛顿大学智能交通应用和研究实验室(smart transportation application and research lab,STAR Lab)提供。

　　下面将对上述 3 类数据文件的结构和变量进行介绍。

　　1)事故数据

　　事故数据来源于取样路段 2011 年的事故记录,表 5－2－3 给出了事故数据文件的主要字段信息。I－5 高速公路上的每一起事故都有唯一的事故编号(Caseno),事故记录中还包含了事故发生的地点、时间、事故发生点的道路信息和发生时的环境信息等。Impact 表示事故发生的方向和车道,其中 A(Ascend)表示事故发生在里程增加方向,D(Descend)表示事故发生在里程减少方向,数字代表事故发生的车道编号。

表5-2-3 事故数据文件

Milepost	Caseno	Rte_nbr	Month	Day	Time	Impact	Rd_char1	Light	Weather
事故里程	事故编号	道路编号	月	日	时间	事故地点	道路特征	照明条件	天气情况
122.45	2011002163	005	01	08	1933	A1	2	4	02
136.81	2011005508	002	08	29	0930	D3	1	1	03
166.57	2011003685	920	03	08	1549	D2	1	1	01

2) 交通流数据

交通流数据来源于 I-5 高速公路实时线圈检测数据。I-5 高速公路在其主路和主要进出口匝道均匀布设有多个线圈检测站，每个检测站包括同一里程道路断面所有车道的线圈检测器。相邻检测站之间的平均距离大约为 0.47 mile。线圈检测器的检测周期为 20 s，即每 20 s 生成一条检测数据，交通流数据文件结构见表5-2-4。

表5-2-4 交通流数据文件结构

UnitName	UnitType	Milepost	Direction	Stamp	Volume	SCAN
线圈名称	路径类型	里程	方向	检测时间	车辆数	脉冲数
005es16302：_MN__S2	main	163.02	N	2011-01-01 10：59：00	8	227
005es16302：_MN___2	main	163.02	N	2011-01-01 10：59：00	8	227
005es16302：_MN___2	main	163.02	N	2011-01-01 10：59：20	9	336
005es16302：_MN___2	main	163.02	N	2011-01-01 10：59：40	9	247

表5-2-4 中所列的是线圈检测得到的交通流数据文件的主要字段，包括线圈名称、路径类型、里程、方向等信息。其中，UnitName 是检测线圈的名称，由 18 位字符串组成，包括一个方位名称（10 个字符）和一个线圈名称（7 个字符），中间用冒号隔开。方位名称的 10 位字符串中，前 3 位是道路编号，后 5 位代表线圈所在位置的里程；线圈名称的 7 位字符串由道路类型（前两位）、道路方向（第 3 位）、车道类型（第 4、5 位）、检测器类型（第 6 位）和车道号码（第 7 位）五部分信息组成。字段 Stamp 是检测时间段，Volume 是 20 s 内经过检测线圈的车辆数，SCAN 是 20 s 内线圈产生的脉冲信号中检测到有车辆覆盖的脉冲信号数。通过 Volume 和 SCAN 两个参数可以得到每个检测周期（20 s）内相应车道的时间占有率和平均车速。

以表5-2-4 中第一行数据为例，由 "005es16302：_MN__S2" 可知，事故发生在 005 高速公路 163.02 mile 处主路向北方向的第 2 车道上，该条数据由双线圈检测器检测获得。在检测时间 "2011-01-01 10：58：40" — "2011-01-01 10：59：00" 的 20 s 时间内，有 8 辆车驶过线圈检测器，共有 227 次脉冲信号检测到有车辆覆盖。

一个检测周期内的时间占有率的计算公式为

$$Occ_i = Scan_i/1\,200 \qquad (5-2-1)$$

式中：Occ 为一个检测周期内的时间占有率；Scan 为脉冲数。

一个检测周期内速度的计算采用的是单线圈的计算方法，计算公式为

$$S_i = \frac{V_i}{T \cdot Occ_i \cdot g} \qquad (5-2-2)$$

式中：S_i 为检测周期 i 内，经过检测线圈的车辆瞬时车速的平均值；V_i 为检测周期 i 内，经过检测线圈的车辆数；T 为检测周期，$T = 20\,s = (1/180)\,h$；g 为平均车身长度，在华盛顿通常取 2.2。

3）道路信息数据

表 5-2-5 为道路特征数据文件的主要字段信息，每一行数据中记录了开始里程（begmp）与结束里程（endmp）之间路段的道路类型、路面材料、车道数等道路几何特征。高速公路的上行方向一般指里程增加的方向，I-5 高速公路里程由南向北递增，因此由南向北为上行方向，由北向南为下行方向。

表 5-2-5　道路特征数据文件

路面材料	道路方向	道路类型	道路编号	开始里程	结束里程	车道数	上行方向车道数	单向道宽
A	N	12	005	0.14	0.16	4	2	68
A	S	12	005	0.16	0.17	4	2	28
A	N	12	005	0.17	0.19	4	2	28

对比 3 个数据文件可以发现，针对交通事故数据文件中一条特定的事故信息，可以通过事故发生的里程和事故方向对应到交通流数据文件中检测线圈的里程和检测方向，从而将事故信息与交通流数据信息相关联。同样，依据事故里程和方向可以相应地在道路特征数据文件中找到事故发生地点道路的相关特征信息。

2. 数据处理

为了从原始数据中提取出模型建立所需要的事故样本和非事故样本数据，本书基于 SQL 2005 建立了 I-5 高速公路交通信息数据库，利用该数据库可以进行样本数据的提取。高速公路事故样本数据处理逻辑图如图 5-2-1 所示，分为数据库建立、样本查询、数据处理和变量计算 4 个阶段。

1）数据库建立阶段

将交通事故数据文件、交通流数据文件和道路特征数据文件导入到 SQL server 中，建立 I-5 高速公路数据库，命名为 "Loop data. db"。数据库结构图如图 5-2-2 所示。

为了使 3 个数据文件中相关联信息保持格式一致，方便样本数据的查询，需要对数据库中的 3 个数据文件进行以下预处理：

（1）交通流数据文件中，将车道编号从 UnitName 中分离，单独成列；

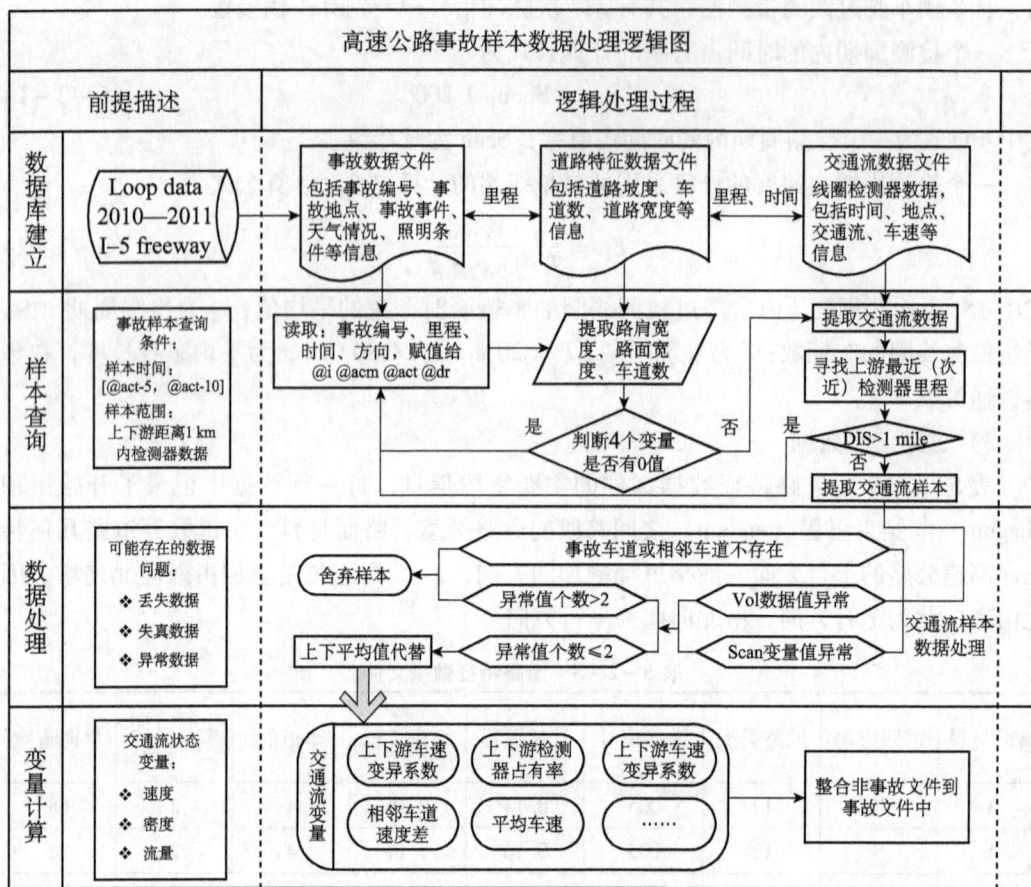

图 5-2-1 高速公路事故样本数据处理逻辑图

（2）事故数据文件中，将事故方向和事故车道信息从 Impact 中分离；

（3）事故数据文件中，将事故方向与交通流数据文件中的方向统一；

（4）事故数据文件中的年、月、日字段整合为事故时间字段，并与交通流数据文件中的时间格式统一。

2）样本查询阶段

以事故数据文件为读入文件，从事故数据文件中逐条获取事故的编号、里程、时间、方向和车道信息。依据这 5 项信息，从交通流数据文件寻找事故发生前 5~10 min 上下游邻近检测器相应车道及相邻车道的交通流数据。依据事故里程和方向，从道路特征数据文件中提取里程所在道路区间的路肩宽度、路面宽度、车道数等信息。将查询结果信息存入以事故编号命名的新表中。

3）数据处理阶段

在本阶段主要对经查询得到的交通流数据样本进行变量计算之前的预处理。经过样本查询阶段，每起事故对应输出一个以事故编号命名的交通流数据样本文件。由于样本文件中的交通流数据存在一些错误或异常数据，不能直接用于变量的计算，需要进一步

图 5 - 2 - 2 数据库结构图

对数据进行判别和修复处理。样本文件中需要进行预处理的是 Volume 和 SCAN 两个字段的数据。错误数据的界定与识别采用物理判别法,利用交通流参数的物理意义及参数之间的相互关系进行判别,主要的判别依据如下。

(1)正常情况下,车辆在道路上行驶应该属于以下 3 种情况之一:①车辆以一定速度通过检测器,此时 Volume > 0,SCAN > 0;②没有车辆通过检测器,此时 Volume = 0,SCAN = 0;③车辆停在检测器上,此时 Volume = 0,SCAN = 1 200。如果检测器的数据不满足以上任何一种情况,则判断该数据为异常数据。

(2)考虑到 PCR 模型建立的需要,在对事故样本进行提取时已经剔除了交通量可能长时间为 0 的时段,因此如果 "Volume = 0,SCAN = 0" 的数据点超过 3 个,则判断这些点是异常数据点。

(3)当线圈检测器产生故障无法进行检测或检测数据无法传输时,系统默认取值为 Volume = 0,SCAN = 1 200,这与车辆停在检测器上方不动的检测结果相同。依据现有的信息,无法判别这种情况是否属于检测器故障。为保证数据的准确性,当样本中同一检测器的数据出现 3 个以上 "Volume = 0,SCAN = 1 200" 时,判断这些数据是异常数据。

(4)针对每一个事故样本,样本文件中至少应该包含上游事故车道检测器、上游相邻车道检测器、下游事故车道检测器和下游相邻车道检测器 4 个线圈检测器的数据,缺少其中任何一个检测器都无法进行下一步的变量计算。因此,当样本中缺少以上 4 个检测器中的某一个时,则判断为样本数据缺失。

事故数据文件中,当某一个检测器缺失或者单个线圈检测器的数据中包含 3 个以上异常数据时,则舍弃该样本。当样本中存在 3 个以内异常数据时,需要对异常数据进行

修复。考虑到样本中交通流数据是时间序列数据，因此本书采用时间序列预测法对异常数据进行修复，计算公式为

$$\hat{x}_i = \frac{x_{i-1} + x_{i+1}}{2} \tag{5-2-3}$$

式中：$\hat{x}_i$ 为缺失数据估计值。

样本数据存在的问题及处理方法见表 5-2-6。

表 5-2-6　样本数据存在的问题及处理方法

数据问题	处理方法
单检测器异常值数量 <3	时间序列预测法
单检测器异常值数量 ≥3	舍弃该样本
检测器缺失	舍弃该样本

4）变量计算阶段

利用预处理过的事故样本数据进行 PCR 预测模型输入变量的计算。

完成事故样本的数据处理后，需要相应的非事故样本作为对照。非事故样本取样时间和地点的确定需遵照以下原则：

（1）非事故地点与事故地点之间的距离必须大于 2 mile；

（2）非事故时间与事故时间之间的间隔必须超过 90 min。

非事故样本的提取和处理过程与事故样本相同，经过数据的提取和处理，本书最终选取样本 1 000 个，其中包括事故样本 200 个，非事故样本 800 个。

5.2.3　高速公路 PCR 模型建立

1. Logit 回归模型原理

回归分析常被应用于探究被解释变量和解释变量之间的相关性，通过回归分析建立的回归模型揭示被解释变量和解释变量之间的数量变化规律。回归模型建立的基本要求是被解释变量和解释变量都是数值型变量。但是在现实生活中，许多被解释变量为分类变量，不能用连续的数值来表示。当二分类变量（0/1 变量）以被解释变量的角色出现在回归分析中时，无法借助一般线性回归模型进行研究，通常采用的方法是 Logistic 回归分析。Logistic 回归分析的基本原理如下。

第一，利用一般线性回归模型对被解释变量（y）取值为 1 的概率 P 进行建模，此时回归方程被解释变量的取值范围在 0～1 之间。回归方程的一般形式为

$$P_{y=1} = \beta_0 + \beta_1 x \tag{5-2-4}$$

第二，概率 P 的取值范围在 0～1 之间，而一般线性回归方程的被解释变量取值范围为（$-\infty$，$+\infty$），因此需要对概率 P 进行变换处理。考虑到实际情况下概率 P 和解释变量之间通常是一种非线性的相关关系，因此，采用以下两步非线性变换进行处理。

$$\Omega = \frac{P}{1-P} \tag{5-2-5}$$

$$\ln \Omega = \ln\left(\frac{P}{1-P}\right) \tag{5-2-6}$$

$\ln \Omega$ 称为 Logit P，以上两步变换叫作 Logit 变换。Ω 和 $\ln \Omega$ 均与 P 保持增长（或下降）的一致性，且取值范围为（$-\infty$，$+\infty$），与一般的线性回归方程的解释变量和被解释变量的取值范围相吻合。

$$\text{Logit } P = \beta_0 + \sum_{i=1}^{k}(\beta_i x_i) \tag{5-2-7}$$

高速公路交通事故发生变量（Acc）为二分类变量，事故发生则取值为 1，不发生则取值为 0。所要建立的预测模型是用来预测交通事故发生的概率，即 Acc = 1 的概率 P。本书研究内容与 Logistic 回归的原理相符，因此，本书选用二项 Logit 回归模型建立高速公路 PCR 模型，用于预测一定条件下高速公路发生交通事故的概率。

2. 模型建立

1）共线性分析

回归模型建立的解释变量之间如果存在高度的线性相关性，会给回归方程造成多种不良影响。为了避免共线性问题的存在，首先对模型各输入变量进行线性相关性分析。

分析结果表明：道路特征变量和环境变量与其他变量之间线性相关性非常弱，可以纳入模型的建立。交通流状态变量 Avgocc-u、Avgspd-u、Avgocc-d、Occdev-d、Occdev-u、cvspd-d 之间的线性相关系数较大，表明事故车道上下游的交通流速度和检测线圈的时间占有率之间存在较强的线性相关性。从实际交通流运行角度分析，当交通量固定时，车速越高，检测线圈的时间占有率越低，两者之间存在负相关关系。因此，为了保证模型的准确性，首先对这 6 个变量予以剔除。另外，上下游的流量（Vehcnt-u 和 Vehcnt-d）之间也存在较强的线性相关关系，这说明事故上下游之间交通量没有明显的差异。因此，将 Vehcnt-u 剔除，保留 Vehcnt-d 进行模型的拟合，以探究道路上交通量对交通事故发生的影响。

借助线性相关性分析对变量进行筛选后，能够进入模型建立的输入变量及其线性相关矩阵见表 5-2-7。

由表 5-2-7 可知，除了 Spddif-u 和 Spddev-u 之间的线性相关性较强之外，其他变量间的线性相关性较弱。Spddif-u 和 Spddev-u 两个变量分别代表事故发生车道上游的速度标准差和上游相邻车道间的车速差异。虽然这两者之间相关性较强，但是无法分辨是车道自身速度波动还是相邻车道间的速度波动对事故发生产生的影响更大，因此将这两个变量同时参与模型建立，通过模型建立过程中的变量筛选过程对两个变量进行取舍。

2）变量统计分析

天气情况、地形特征和照明条件三个解释变量均为分类变量。分类变量的各个分类之间是非等距的，因此不能像数值型变量一样直接用于模型的建立。需要引入虚拟自变量，对分类变量的各个分类分别以 0/1 二值变量的形式重新编码，用 1 表示属于该类，用 0 表示不属于该类。对于具有 n 个类别的分类变量，当确定参照类别后，需要设置 $n-1$ 个虚拟变量。在进行回归分析时，原始的分类变量自身并不参与回归分析，取而代之的

表5-2-7 变量相关性矩阵

	Spddev-u	Cvspd-u	Spddif-u	Voldif-u	Vehcnt-d	Avgspd-d	Spddev-d	Spddif-d	Voldif-d	Avgspd-ud	Avgvol-ud	Avgoccu-ud
Spddev-u	1.000	—	—	—	—	—	—	—	—	—	—	—
Cvspd-u	.431	1.000	—	—	—	—	—	—	—	—	—	—
Spddif-u	.541	.039	1.000	—	—	—	—	—	—	—	—	—
Voldif-u	.320	-.008	.317	1.000	—	—	—	—	—	—	—	—
Vehcnt-d	.027	-.096	.007	.091	1.000	—	—	—	—	—	—	—
Avgspd-d	.300	-.327	.267	.179	.001	1.000	—	—	—	—	—	—
Spddev-d	.457	.288	.243	.105	-.210	.365	1.000	—	—	—	—	—
Spddif-d	.230	.099	.147	.032	-.103	.346	.408	1.000	—	—	—	—
Voldif-d	.050	-.086	.083	.220	-.018	.188	.147	.204	1.000	—	—	—
Avgspd-ud	.363	.149	.479	.086	.034	.269	.364	.393	.082	1.000	—	—
Avgvol-ud	.091	-.024	.061	.262	.059	.138	.128	.064	.325	.080	1.000	—
Avgoccu-ud	.031	.326	.175	-.043	-.063	-.282	.004	.024	-.072	.391	-.068	1.000

是 $n-1$ 个虚拟自变量。得到的回归方程中各虚拟变量系数的含义是：相对于参照类别，各类别对被解释变量平均贡献的差。

天气情况、地形特征和照明条件三个变量的分类见表 5-2-8。在建模时，均以 1（01）代表的分类作为参照类别。

表 5-2-8　各分类变量的类别及含义

变量取值	天气情况		地形特征		照明条件	
	类别	样本量	类别	样本量	类别	样本量
1（01）	晴朗或多云	210	平直路段	400	日光	370
2（02）	阴天	145	上坡直路段	0	黎明	14
3（03）	雨天	45	山顶直路段	0	黄昏	2
4（04）	雪天	0	下坡直路段	0	晚上路灯打开	8
5（05）	雾/烟	0	水平弯道	0	晚上路灯关闭	0
6（06）	雨夹雪/冰雹/冻雨	0	上坡弯道	0	晚上无路灯	5
7（07）	强侧风	0	山顶弯道	0	其他	1
8（08）	风沙/扬尘/积雪	0	下坡弯道	0	—	—
09	其他	0	—	—	—	—
10	浓雾	0	—	—	—	—

经过相关性检验和筛选之后，共有 16 个变量进入 PCR 模型建立过程。各输入变量的统计特征见表 5-2-9。

表 5-2-9　PCR 模型输入变量的统计特征

变量名称	变量代码	最小值	最大值	均值	标准差
上游车速标准差	Spddev-u	1.73	41.740	11.39	6.531
上游车速协方差	Cvspd-u	0.05	1.530	0.24	0.157
上游相邻车道速度平均绝对差	Spddif-u	2.21	91.729	13.81	10.105
上游相邻车道流量平均绝对差	Voldif-u	0.25	6.688	2.39	0.861
下游平均流量	Vehcnt-d	36.00	198.000	117.55	36.130
下游平均车速	Avgspd-d	2.19	137.976	56.38	23.650
下游速度标准差	Spddev-d	1.46	79.930	11.09	7.723
下游相邻车道车速平均绝对差	Spddif-d	2.67	131.363	14.45	11.663
下游相邻车道流量平均绝对差	Voldif-d	0.63	7.813	2.44	0.905
上下游车速平均绝对差	Avgspd-ud	3.26	129.975	18.52	13.829
上下游流量平均绝对差	Avgvol-ud	0.06	6.875	2.56	0.921
上下游占有率平均绝对差	Avgoccu-ud	0.01	2.188	0.09	0.128

从各变量的统计特征可以看出，各变量之间的取值范围差异较大，为了避免所建立

的预测模型中各变量系数的数量级差异过大，造成使用上的不方便，将上游车速协方差和上下游占有率平均绝对差两个变量取值分别扩大 10 倍、100 倍，形成新变量 Cvspd-u (1) 和 Avgoccu-ud (1) 参与模型的建立。

3）模型的回归

Logit 回归利用 SPSS 中二项 Logit 回归的功能实现，模型建立过程中的变量筛选策略采用向后（LR）变量筛选策略，变量剔除出方程的依据是极大似然估计原则下的似然比卡方。

对于一个二分类的预测模型，预测结果为发生或者不发生，主要依据所设定的发生率阈值 r。发生率阈值 r 取值在 0~1 之间，它表示预测者对事故风险的容忍程度。r 值越接近于 1，代表可容忍的风险程度越高；反之，r 值越接近于 0，代表可容忍的风险程度越低。本书中将模型的发生率阈值 r 设置为 0.5，即当 PCR > 0.5 时，预测结果为 1，该状态下会发生事故；反之则为 0，该状态下不会发生事故。

在进行预测模型建立时，事故样本与非事故样本比例的选取会对所建立模型的预测精度产生重要影响。本书分别按照不同的事故/非事故样本比例建立了 Logit 模型，模型建立的结果及事故预测精度见表 5-2-10。

表 5-2-10　不同事故/非事故样本比例预测模型精度对比

样本比例	观察值		预测值		
			Acc		正确百分比/%
			0	1	
1:4	Acc	0	762	38	95.3
		1	132	68	34.0
	整体百分比				83.0
1:3	Acc	0	561	39	93.5
		1	107	93	46.5
	整体百分比				81.8
1:2	Acc	0	370	30	92.5
		1	80	120	60.0
	整体百分比				81.6
1:1	Acc	0	177	23	88.5
		1	53	147	73.5
	整体百分比				81

由表 5-2-10 可知，样本比例对模型的预测准确度有重要的影响。当事故样本与非事故样本比例为 1:4 时，模型整体的预测准确度最高，为 83.0%，但是事故样本预测的准确度只有 34.0%。当事故样本与非事故样本的比例为 1:1 时，整体的预测准确度下降为 81%，但是事故案例的预测准确度提高到 73.5%。模型的建立是为了预测事故的

发生，因此综合考量各项预测准确度，选择样本比例为 1:1 时的事故预测模型，模型建立结果见表 5 - 2 - 11。

表 5 - 2 - 11　模型中的变量和参数

变量	B	S. E	Wals	DF	Sig.	Exp（B）
Spddev-u	0.04	0.022	3.359	1	0.067	1.041
Avgspd-d	-0.028	0.007	15.204	1	0.000	0.972
Spddev-d	0.062	0.021	8.696	1	0.003	1.064
Voldif-d	-0.221	0.128	2.967	1	0.085	0.802
Avgvol-ud	-0.29	0.137	4.495	1	0.034	0.749
Avgoccu-ud（1）	0.119	0.29	16.497	1	0.000	1.126
lannum	-0.770	0.252	9.334	1	0.002	0.463
常数	3.831	1.18	10.541	1	0.001	46.117

PCR 模型方程为

$$\text{Logit } P = 3.831 + 0.04x_1 - 0.028x_2 + 0.062x_3 - 0.221x_4 - 0.29x_5 + 0.119x_6 - 0.77x_7$$

$$(5 - 2 - 8)$$

式中：

x_1——Spddev-u，上游车速标准差；

x_2——Avgspd-d，下游平均车速；

x_3——Spddev-d，下游车速标准差；

x_4——Voldif-d，下游相邻车道流量平均绝对差；

x_5——Avgvol-ud，上下游车道流量平均绝对差；

x_6——Avgoccu-ud（1），上下游占有率平均绝对差；

x_7——lannum，路段车道数量。

从所建立的模型中可以看出，高速公路潜在事故率与上下游的车速标准差成正相关，与下游平均车速成负相关。这说明，高速公路上交通流速度越低，速度波动越大，越容易发生交通事故。事故发生概率与上下游占有率平均绝对差成正相关，说明上下游之间交通流的差异也会增大事故发生的概率。另外，建模结果表明，下游相邻车道间流量的差异及上下游流量的差异均与事故发生概率成负相关，即流量差异越大，事故发生的概率越小。这一结果与事前的设想有所不同，有待做进一步的研究。在道路要素中，单向车道数量也是影响事故发生的重要因素，车道数量越少，发生事故的概率越大。

4）模型评价

模型预测的准确度是评价一个模型的重要标准，可以由两方面的指标来体现：灵敏度 x 和特异度 y。灵敏度 x 代表的是实际发生了事故，模型预测值为发生事故的样本比例。特异度 y 是指实际没有发生事故，模型预测为不发生事故的样本比例。一个二分类的预测模型，其预测的准确度可以用受试者工作特征曲线（receiver operating characteristic curve，ROC 曲线）来评价。ROC 曲线是对所建立模型灵敏度和特异度的综合评估，用几何构图法揭示两个指标的相互关系。

ROC 曲线评价法的基本原理是：通过改变预测模型的二分阈值 r，获得多对灵敏度 x 和误判率（$1-$特异度 y），以灵敏度为纵轴，以误判率为横轴，连接各点绘制曲线，然后计算曲线下的面积，面积越大，表明模型的预测准确度越高。其中，阈值 r 介于 $0 \sim 1$ 之间，是判断模型预测结果为 0 或 1 的临界值，当预测概率大于 r 时，则预测结果为 1，否则预测结果为 0。

ROC 曲线下的面积值（area under the curve，AUC）在 $0.5 \sim 1.0$ 之间。在 AUC >0.5 的情况下，AUC 越接近于 1，说明模型预测效果越好。当 AUC 处于 $0.5 \sim 0.7$ 时，模型有较低的准确度。当 AUC 处于 $0.7 \sim 0.9$ 时，模型有一定的准确度。当 AUC 在 0.9 以上时，模型有较高的准确度。当 AUC $= 0.5$ 时，说明预测模型完全不起作用，无预测价值。AUC <0.5 不符合真实情况，在实际中极少出现。

图 5 - 2 - 3 为 PCR 模型 ROC 曲线示意图。图 5 - 2 - 3 中 ROC 曲线下面积 AUC $= 0.809$，介于 $0.7 \sim 0.9$ 之间，说明预测模型具有一定的准确度。由检验可知，本节所建立的 PCR 模型具有一定的预测准确度，能够应用于高速公路 PCR 的预测。

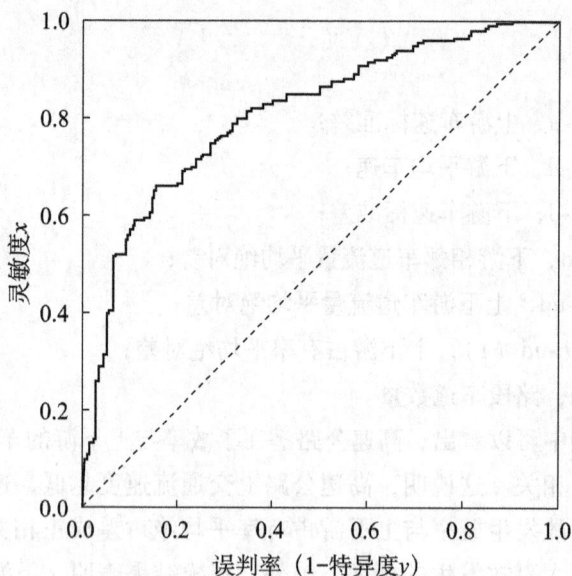

图 5 - 2 - 3　PCR 模型 ROC 曲线图

5.3　不同主动交通管理策略对潜在事故发生率的影响

本节针对仿真场景中的控制路段，利用 VisVAP 模块制定可变限速控制策略、匝道控制策略和临时路肩开放控制策略的实施方案并进行仿真实验。依据仿真结果，建立高速公路 PCR 模型，分析不同 ATM 策略对控制路段 PCR 的影响及其时间敏感度。

5.3.1　概述

随着高速公路主动交通管理措施的不断发展和成熟，ATM 策略在世界各国得到了广泛的应用。

2010 年 8 月 10 日，美国华盛顿州交通部启动 I－5 高速公路可变限速和车道控制管理项目。策略实施路段位于 I－5 高速公路 158～165 mile 路段向北方向。在 7 mile 长的路段上平均每间隔 0.5 mile 设有一组龙门架式限速标志，共设 15 组，如图 5－3－1 所示。显示标志可用于车道限速、车道关闭的指示，同时还可以提示前方交通状态。可变限速管理措施采用自动调整的方式，限速值的确定由路段上的嵌入式感应器自动检测器控制。车道关闭策略由人工制定，软件实现信息的显示与更替。

图 5－3－1　I－5 高速公路可变限速标志图

该项目实施以后，华盛顿交通部对项目的实施效果进行了跟踪评价。图 5－3－2 是华盛顿交通部统计的 2004—2012 年发生的碰撞事故数据，由图可知，自 2010 年 8 月主动交通管理项目实施以来，该路段的碰撞事故数量呈现不断下降趋势。据统计，该项目的实施不仅提高了道路的通行能力，缩短了该路段的行程时间，同时还提高了交通安全水平，减少了伤亡事故的发生。

德国的联邦高速公路承担了德国三分之一的交通量，主动交通管理措施遍布整个高

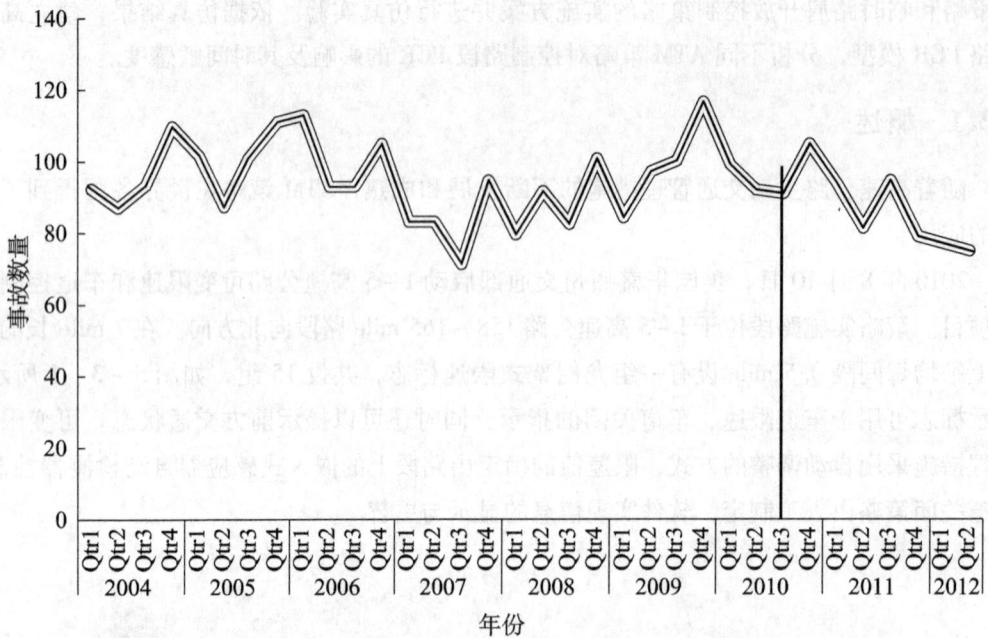

图 5 - 3 - 2　2004—2012 年 I - 5 高速公路发生的碰撞事故统计

速公路系统。20 世纪 70 年代，德国开始实施干线控制，主要控制手段是可变限速。20 世纪 90 年代，德国开始应用临时路肩开放策略，并与可变限速策略相结合。在流量比较大的路段，实时观测道路使用情况和天气情况，如果发生紧急事件，则降低相应路段的限速值。同时，当路段限速降到一定程度，路肩便可以开放作为临时车道使用。可变限速和临时路肩开放策略的实施，不仅降低了道路上交通流的车速，同时还提高了路段的通行能力。A5 高速某一段在实施该项管理策略后，重大主干道事故发生率降低了 27%，人员伤亡的事故发生率降低了 30%。

英国主动交通管理策略主要包括可变限速、高速公路协调控制和硬路肩使用控制。通过可变信息标志向驾驶员显示控制信息。当拥堵形成或事故发生时，地面的检测器会检测出较慢的车流，通过相应算法计算得到合理的限速值并显示在电子板上。如果可变限速实施后拥堵无法缓解，则由控制中心人员执行临时路肩开放策略，路肩开放的时间和开放路段由操作人员依据实际交通流情况确定。当路肩开放作为车道使用后，限速值在包含路肩在内的各车道上要保持一致，防止车辆因为限速的不同而变更车道，产生安全隐患。可变限速和临时路肩开放策略的实施，使英国高速公路的交通流更加顺畅。

主动交通管理策略在各国的实施效果充分说明主动安全管理策略能够改善高速公路的交通状态，有效地提高高速公路的安全水平，降低高速公路的潜在事故发生率。

5.3.2　主动交通管理策略制定

下面选择美国 I - 5 高速公路路段 165.12 ~ 165.51 mile，制定可变限速控制、入口匝道控制和临时路肩开放 3 种主动交通管理策略进行分析。主动交通管理策略控制路段位于 165.12 ~ 165.51 mile 之间，PCR 检测区间上游检测器位于 163.02 mile 断面的第 2 车道和第 3 车道，下游检测器位于 165.51mile 断面的第 2 车道和第 3 车道。

1. 可变限速控制策略制定

如前所述，可变限速（VSL）控制策略旨在缓和道路交通流，减小车速离散性，在缓解交通拥挤的同时，还可以稳定交通流状态，提高道路交通安全性。因此，一般采用限速逐级递减的方式，同时考虑限速区间长度和相邻限速区间限速差值两个因素制定可变限速控制策略，依据早高峰时期控制路段实际运行车速确定最低限速值。

由实际测量数据可知，控制路段在早高峰时期拥堵交通流状态下的平均车速在 20 ~ 30 km/h 区间分布，因此将控制路段限速设置为 30 km/h。在控制路段上游划分不同的限速区间，按照阶梯式限速方式进行主线可变限速的控制。图 5 - 3 - 3 为可变限速控制策略示意图。

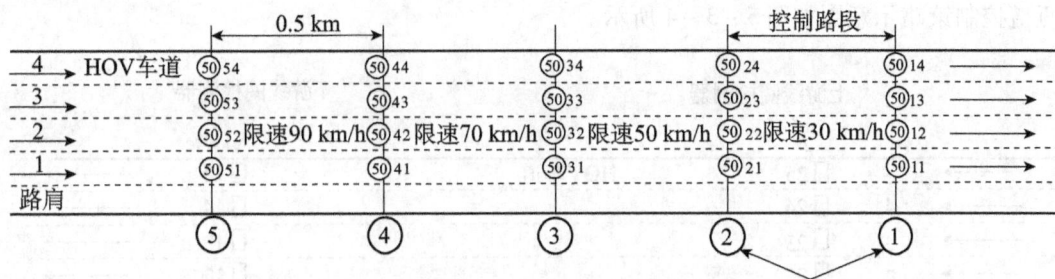

图 5 - 3 - 3　可变限速控制策略示意图

I - 5 高速公路最外侧有路肩，最内侧车道为高乘坐率车辆（high occupancy vehicle, HOV）专用车道。控制路段限速设置为 30 km/h，高速公路自由流路段限速为 100 km/h，任意断面的 HOV 车道限速值比常规车道限速值高 10 km/h。为了防止交通流速度的突然变化，限速路段上游道路以相同间隔划分成若干限速区间，限速区间的开始和结束位置设置有期望车速决策点，每个断面期望车速决策点的限速值由控制路段向上游方向逐级增加，直至到达 100 km/h 的最高限速。

本书设置了不同的限速差值 ΔS 和限速区间长度 L 组合策略进行仿真，研究不同策略对匝道下游交通流安全状态的影响机理。具体限速值差 ΔS 和限速区间长度 L 取值范围设置为

$$\Delta S \in \{25, 20, 15\}$$
$$L \in \{600, 500, 400\}$$

限速值差 ΔS 有 3 种设置方案，限速区间长度也有 3 种设置方案，二者的不同设置组合构成可变限速控制策略的 9 种实施方案。可变限速控制策略在 VISSIM 仿真场景中的实现由期望车速决策点功能实现。在每一个限速区间的起终点设置有一组期望车速决策点，共 7 组。针对不同的限速差值，各限速区间限速值实施方案见表 5 - 3 - 1。

表 5 - 3 - 1　可变限速控制策略实施方案

差值 ΔS	决策点						
	7	6	5	4	3	2	1
25	100 km/h	100 km/h	100 km/h	80 km/h	55 km/h	30 km/h	100 km/h
20	100 km/h	100 km/h	90 km/h	70 km/h	50 km/h	30 km/h	100 km/h
15	100 km/h	90 km/h	75 km/h	60 km/h	45 km/h	30 km/h	100 km/h

2. 入口匝道控制策略制定

在控制路段上游 163.02 mile 处，有一个 2 车道入口匝道。在早高峰 7∶00—9∶30 时间段内，由入口匝道汇入主路的交通量约占下游主路流量的 20%。该入口匝道流量的汇入，导致主路交通量突然增加，特别是在早高峰时期，交通需求量的增加进一步加剧了下游瓶颈路段的交通压力。因此考虑在早高峰时期对入口匝道实行流量调节控制，入口匝道控制策略示意图如图 5 - 3 - 4 所示。

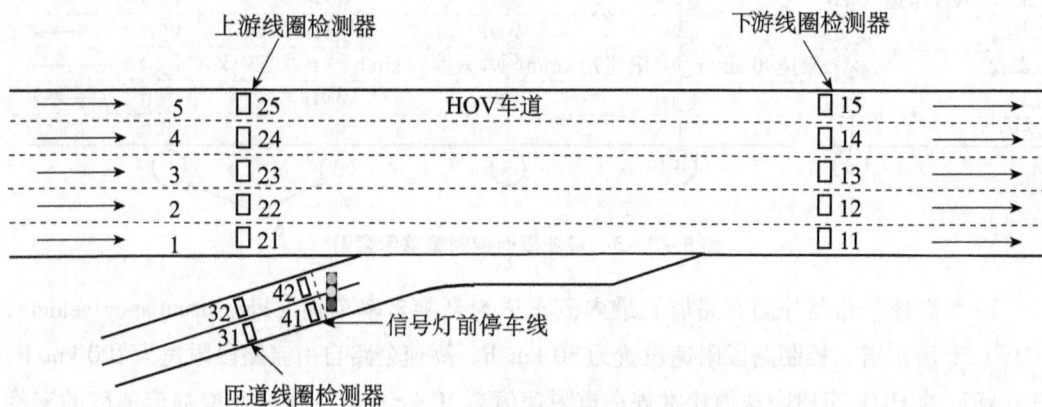

图 5 - 3 - 4　入口匝道控制策略示意图

在匝道入口上下游的主路上分别设置一组检测器，用于检测主路的交通需求。入口匝道上设置两组检测器，其中检测器 31 和 32 用于检测匝道上的交通需求，检测器 41 和 42 设置于信号灯停车线前，用于检测信号灯前是否有车辆等待。

入口匝道控制策略借助 VISSIM 中的 VAP 模块实现，相应代码见附录 D。入口匝道控制策略逻辑结构如图 5 - 3 - 5 所示。

入口匝道控制策略的主要参数及其设置见表 5 - 3 - 2。入口匝道控制策略检测周期 DT 是依据交通流状态改变入口匝道调节率的时间间隔，如果 DT 过长，主线交通流状态变化过大，检测的结果不能反映主线交通流的实时状态，如果 DT 过短，检测时间间隔内能够设置的信号灯周期数量过少，影响信号控制的实现。本书将 DT 设为 60 s，即每隔 60 s 检测一次交通流运行状况，决定下一个 60 s 内入口匝道的调节率。

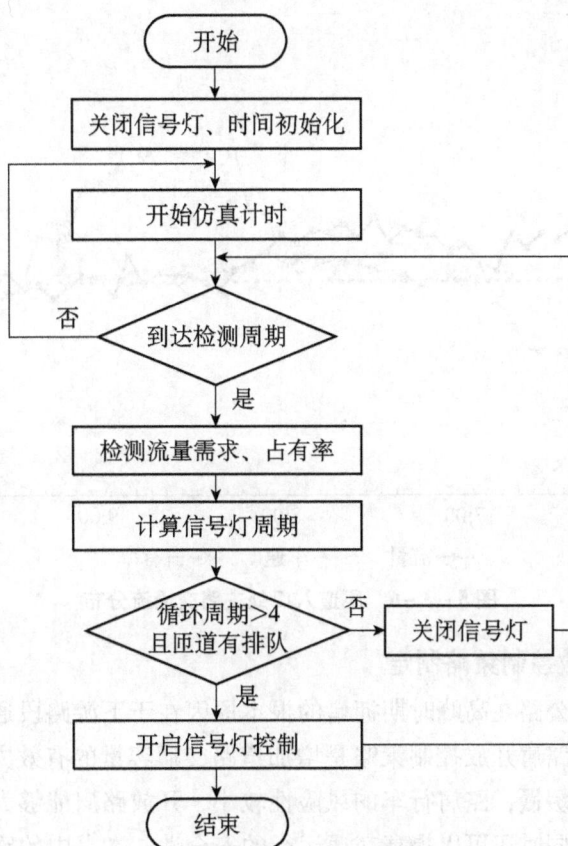

图 5 - 3 - 5　入口匝道控制策略逻辑结构

表 5 - 3 - 2　匝道控制策略参数设置

初始参数	初始值设置
检测周期 DT	60 s
调节器参数 KR	70
目标占有率 OCC_OPT	0.40

目标占有率 OCC_OPT 的确定主要依据匝道所在位置主路交通流的流量与占有率之间的关系。图 5 - 3 - 6 为早高峰时期 6:00—10:00，匝道入口处主路交通流断面流量、速度和占有率随时间的变化情况。数据来源于 I - 5 高速公路 163.02 mile 处线圈检测站的检测数据，为了更清晰地反映交通流参数之间的相互关系，作图过程中对速度进行了等比例转换。由图 5 - 3 - 6 可知，在 6:00 时，早高峰尚未形成，交通流处于自由流状态，随着流量的不断增加，车速逐渐降低，占有率不断增长。7:00 左右，流量增长到一定程度后达到最大值并保持稳定的状态不变，车速和占有率也维持在相对平衡的状态。此时路段上流量最大且车速维持在较高的水平，路段通行能力达到最高状态。通过观察可知，这一状态下占有率大约为 0.4，因此在入口匝道控制策略中，将目标占有率 OCC_OPT 的值

设置为 0.4。

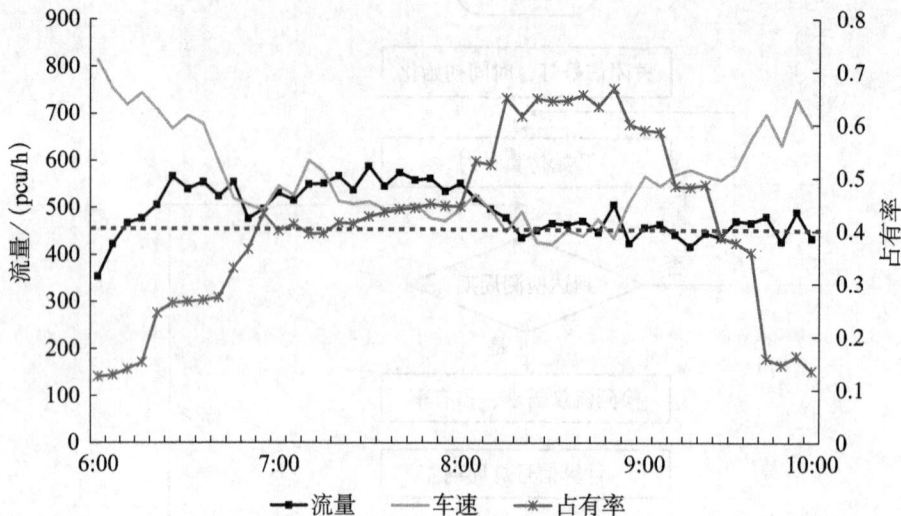

图 5 - 3 - 6　匝道入口处主路交通流分布

3. 临时路肩开放控制策略制定

如前所述，高速公路在高峰时期拥堵的根本原因在于下游路段通行能力不能满足上游交通流需求。临时路肩开放控制策略是增加道路交通容量的有效方法。特别是在高峰时期，车辆行驶速度缓慢，路肩行车的风险性较小，开放路肩能够大大增加路段通行能力，缓解交通拥堵的同时还可以提高交通运行的安全性。本书中的路段设置有 3 m 宽的硬路肩，能够满足行车的要求。

临时路肩开放控制策略实施路段为 163.25 ~ 163.48 mile 之间路段，该路段位于控制路段上游、入口匝道下游，紧邻入口匝道，且与控制路段之间有一定距离。这样的布置一方面能够提升入口匝道下游路段交通容量，缓和匝道流量汇入给主路带来的冲击。另一方面，能够对控制路段到达交通流起到缓冲作用，减小车流到达控制路段的速度，减少对瓶颈区的冲击。

临时路肩开放控制策略的实现，同样也利用 VISSIM 软件中的 VAP 模块，其逻辑结构如图 5 - 3 - 7 所示。

临时路肩开放控制策略原理：以实时路段的上游交通量作为控制目标，每间隔一定时间，检测上游交通量，如果超过了预设的路肩开放阈值，则在下一时间间隔开放路肩。如果上游交通量降低到小于预设的路肩关闭阈值，则在下一时间间隔关闭路肩。即借助上一个时间间隔内的流量确定下一个时间间隔的匝道开放状态。为了提高路段行车的安全性，避免碰撞事故的发生，在路肩开放的状态下，同时将降低开放区域内的限速值。

图 5 - 3 - 8 为临时路肩开放控制策略示意图。临时路肩开放控制策略实施路段上游设置有一组线圈检测站，用于检测上游交通量。在路肩开放路段的上下游分别设置有一组期望车速决策点，在路肩开放时，通过期望车速决策点同时对路肩开放路段进行限速

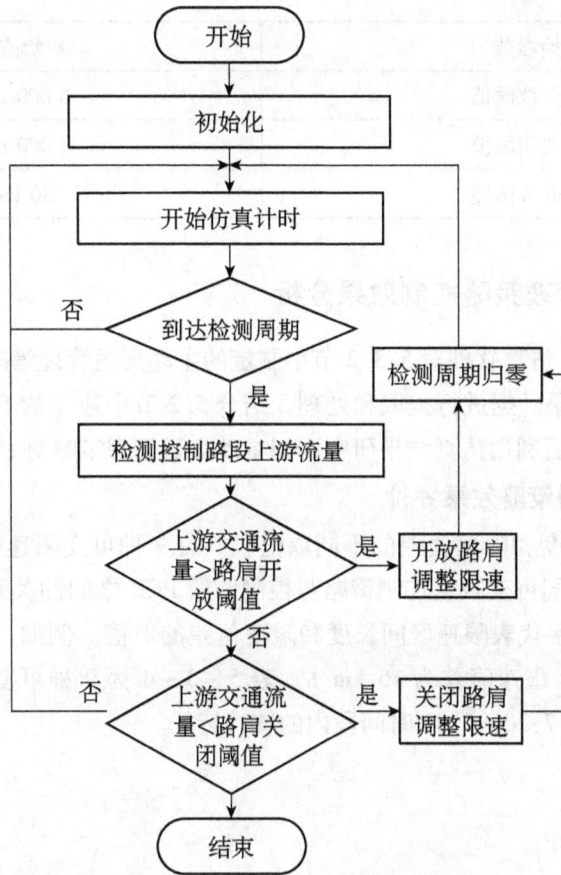

图 5 - 3 - 7　临时路肩开放控制策略逻辑结构

控制，保证路肩行车安全。路肩开放和关闭状态之间的转换借助 VISSIM 中局部路径决策功能来实现。临时路肩开放控制策略实施方案中各参数初始值设置见表 5 - 3 - 3。

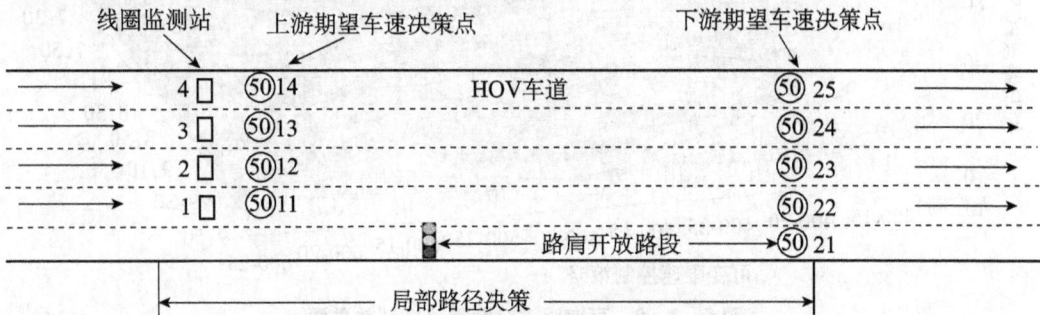

图 5 - 3 - 8　临时路肩开放控制策略示意图

表 5 - 3 - 3　临时路肩开放控制策略的初始参数设置

初始参数	初始值设置
检测周期 DT	60 s

初始参数	初始值设置
路肩开放阈值	6 000 pcu/h
路肩关闭阈值	3 000 pcu/h
路肩开放限速	80 km/h

5.3.3 主动交通管理策略控制效果分析

本节利用 VISSIM 仿真软件对 5.3.2 节中制定的主动交通管理策略实施方案进行仿真实验，同时对仿真结果数据进行提取和处理，结合 5.2 节中建立的 PCR 模型，计算得到控制路段的 PCR，最后利用仿真结果研究不同主动交通管理策略对 PCR 的影响规律。

1. 可变限速控制策略效果评价

依据限速区间长度和限速值差的不同取值，共有 9 种可变限速控制策略实施方案。图 5-3-9 给出了不同可变限速控制策略与控制路段 PCR 之间的关系。其中，可变限速控制策略维度的各数字代表限速区间长度和限速值差的取值。例如："400-15"表示限速区间长度为 400 m，限速值差为 15 km/h。表 5-3-4 为 9 种可变限速控制方案实施后，控制路段 PCR 在 7:30—9:30 时间段内的统计特征。

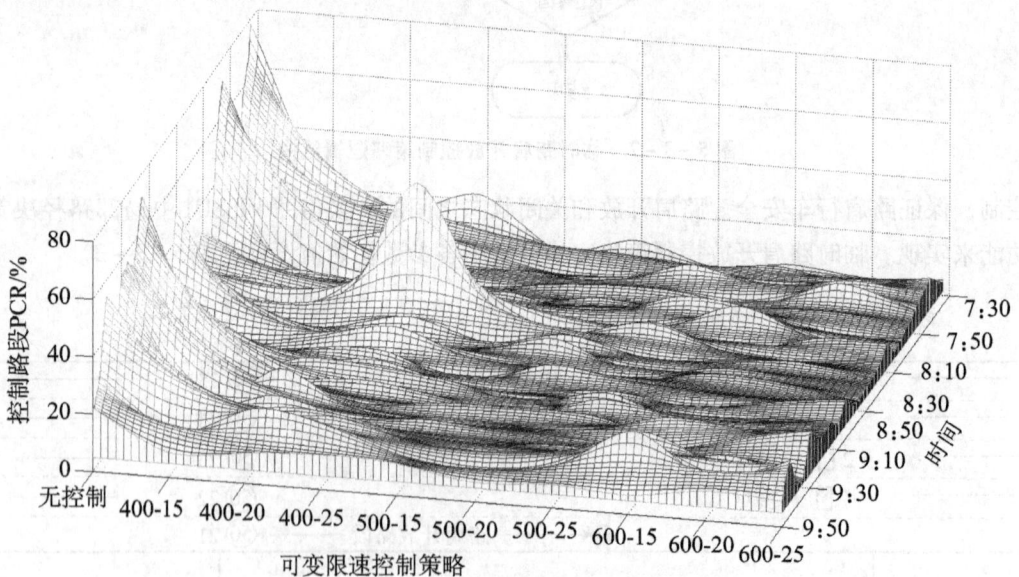

图 5-3-9　可变限速控制策略控制效果图

表 5-3-4　可变限速控制策略下 PCR 统计特征对比

方案	400-15	400-20	400-25	500-15	500-20	500-25	600-15	600-20	600-25
最大值/%	24.20	23.26	59.46	15.91	16.19	17.53	25.44	18.54	19.71
最小值/%	8.23	7.04	7.02	5.22	6.06	5.73	4.93	7.14	6.76

方案	400-15	400-20	400-25	500-15	500-20	500-25	600-15	600-20	600-25
均值/%	13.21	14.74	16.25	10.30	10.09	11.14	11.25	11.07	11.16
标准差	0.043	0.045	0.099	0.024	0.026	0.031	0.049	0.028	0.036

与无控制策略状态相比，可变限速控制策略的实施大幅度降低了控制路段的 PCR，并且 9 种可变限速控制策略实施方案均对 PCR 有较好的改善作用。实施可变限速控制策略后，早高峰时期控制路段的 PCR 基本保持在 20% 以下，处于非常安全的交通状态。

从不同限速区间长度对控制路段 PCR 的影响角度分析，限速区间长度为 400 m 时的 3 个控制方案效果稍差，有部分时间点的 PCR 较高，甚至超过了 50%。当限速区间长度为 500 m 时，可变限速控制策略的控制效果都最优，PCR 取值全部在 20% 以内，且曲线波动性小，说明控制路段的交通流状态更加稳定。

从相邻区间限速值对控制路段 PCR 的影响角度分析，当限速区间长度为 400 m 时，相邻区间限速值差的不同取值对可变限速控制策略的控制效果影响较大。相邻区间限速值取 25 km/h 的控制方案相对于另外两个控制方案的控制效果要差，PCR 波动性大、峰值高。由表 5-3-4 可以看到，"400-25" 方案下控制路段的 PCR 最大值达到 59.46%，标准差为 0.099，在各控制方案中为最高。在限速区间长度取 500 m 和 600 m 时，不同限速值差的实施效果略有波动，但是没有显著的差异。这主要是由于在仿真软件中，车辆完全服从期望车速决策，3 个限速区间的长度均能够满足各类型车辆减速过程的要求，因此，不同限速值差不是决定可变限速控制策略控制效果的主要因素。

综合考虑控制路段 PCR 的平均水平和随时间的波动性，所设置的 9 个可变限速控制策略实施方案中，"500-15" 和 "500-20" 两个方案的控制效果较好。

2. 入口匝道控制策略效果评价

图 5-3-10 为有无入口匝道控制策略下控制路段 PCR 随时间变化的对比图，由图可知，在无入口匝道控制策略的条件下，控制路段的 PCR 波动性较大，有相当一部分时间点的 PCR 超过了 50%，最高甚至达到了 78%。这说明在无入口匝道控制状态下，道路上的安全水平非常低，发生事故的可能性较高。实施入口匝道控制策略后，控制路段的 PCR 整体上有了明显的下降，基本控制在 50% 以下。虽然最低值有所升高，但是早高峰期间 PCR 的平均值由 39% 下降为 34%，标准差由 0.2 下降到 0.085。这说明入口匝道控制策略的实施能够有效地平稳控制路段的交通流，降低事故风险。

3. 临时路肩开放控制策略效果评价

图 5-3-11 为有无临时路肩开放控制策略下控制路段的 PCR 随时间变化的对比图。

由图 5-3-11 可知，实施临时路肩开放控制策略后，一方面，控制路段的 PCR 随时间的变化趋势更加稳定，说明该路段的交通流运行更加平稳，路段上下游之间的交通流差异减小。另一方面，开放路肩状态下控制路段的 PCR 有明显下降，基本控制在 40% 以内，控制路段的交通流状态相对比较安全。

但是在 9:00 以后，临时路肩开放控制策略控制下的 PCR 曲线发生了突变，控制路段

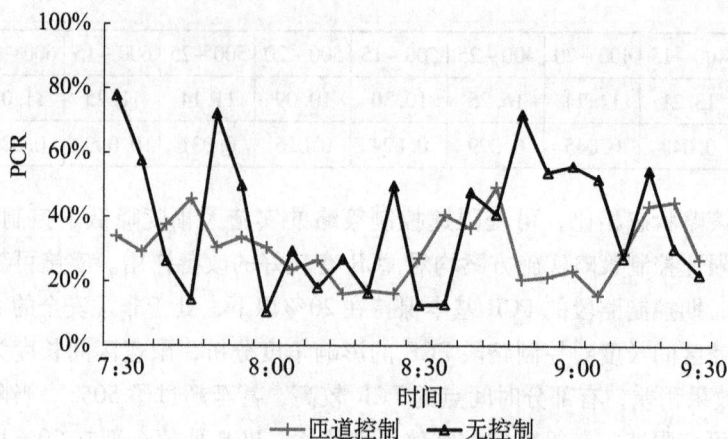

图 5 - 3 - 10　有无入口匝道控制策略效果对比图

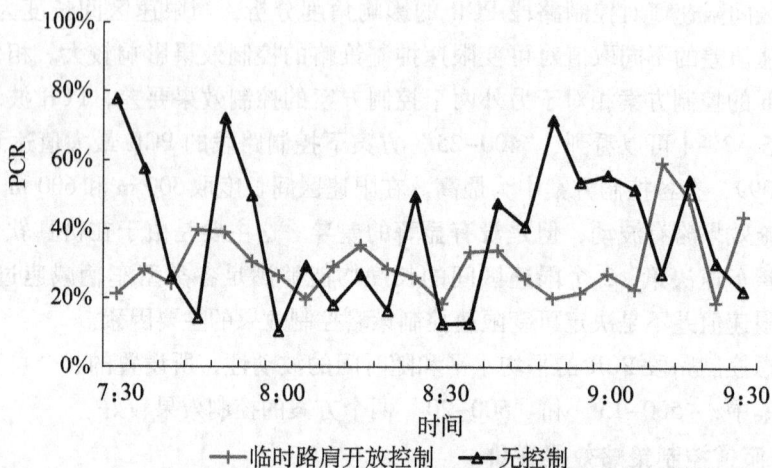

图 5 - 3 - 11　有无临时路肩开放策略效果对比图

的 PCR 迅速升高并且波动性变大,与无临时路肩开放控制策略状态下的变化特点相似。临时路肩开放控制策略在该时间段内对路段的 PCR 没有起到改善作用。图 5 - 3 - 12 为 9:00 前后开放路肩路段 163.19 mile 断面交通流分布情况,由图可知,在 9:00 之前,该路段的车速和流量相对较低,占有率较高,说明路段处于早高峰拥挤状态。而在 9:00 之后,交通流 3 个参数发生较大的波动,速度和流量迅速上升,占有率下降。这说明,在 9:00 过后,该路段的交通流已经消除拥挤状态,而此时路段上的交通量增加,仍然符合临时路肩开放的条件,路肩依然处于开放状态。此时实施路肩开放不仅不能缓和交通流,反而由于路段容量的突然增加,导致上游交通流在此处状态发生突变,增加了事故发生的风险。

通过以上分析可知,在早高峰时期,临时路肩开放控制策略能够有效地缓和高速公路交通流,降低控制路段的 PCR。但是在非早高峰时期,临时路肩开放控制策略不能对控制路段的 PCR 起改善作用。

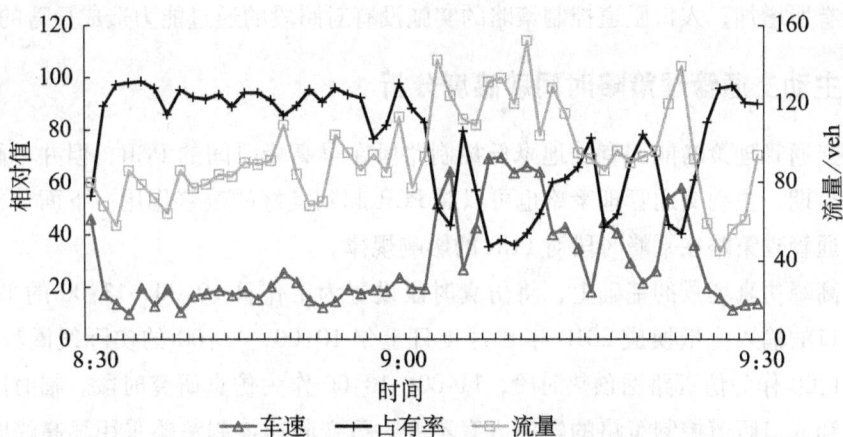

图 5 - 3 - 12 163. 19 mile 断面交通流分布

4. 不同管理策略效果对比分析

表 5 - 3 - 5 是不同主动交通管理控制策略对控制路段 PCR 改善效果指标汇总。由表 5 - 3 - 5 可知,可变限速控制策略对控制路段 PCR 的改善效果最好,路段 PCR 均值由 39% 下降到 10% ,其优化效果是入口匝道控制策略的 6 倍,是临时路肩开放控制策略的 3 倍。同时,可变限速控制策略下控制路段早高峰时期的 PCR 标准差最小,仅为 0. 026 ,说明控制路段交通流状态比较稳定。入口匝道控制策略和临时路肩开放控制策略的控制效果相对于可变限速控制策略较差,控制路段的 PCR 均值分别为 34% 和 30% 。二者相比较,临时路肩开放控制策略下的安全水平更高一些,但是其标准差相对较大,说明 PCR 波动性大,存在一些比较危险的时间点。以控制路段整体的安全性来评价,三种主动交通管理策略都能够有效降低控制路段的 PCR ,其中可变限速控制策略的控制效果最好,入口匝道控制策略次之,临时路肩开放控制策略最弱。

表 5 - 3 - 5 3 种主动交通管理策略实施效果对比表

管理策略	PCR				断面小时流量/ (pcu/h)
	最大值/%	最小值/%	均值/%	标准差	
无控制	79	10	39	0. 203	3 183
可变限速控制	16	6	10	0. 026	2 759
入口匝道控制	49	17	34	0. 085	3 184
临时路肩开放控制	59	19	30	0. 100	3 213

虽然在实施主动交通管理策略之后,控制路段的安全性整体得到提升,但是控制策略的实施也对路段的通行能力造成了一定的影响。从表 5 - 3 - 5 中控制路段断面小时流量可以看出,虽然可变限速控制策略能够在很大程度上降低控制路段的 PCR ,但是控制路段的断面小时流量由无控制时的 3 183 pcu/h 下降到 2 759 pcu/h ,通行能力降低了 13. 3% 。相反,临时路肩开放控制策略在实施改善路段安全水平的同时,控制路段的通

行能力也有所增加。入口匝道控制策略的实施没有对路段的通过能力造成显著的影响。

5.3.4 主动交通管理策略时间敏感度分析

主动交通管理策略能够有效地降低控制路段在早高峰时间的 PCR，但并不能说明在非早高峰时期，主动交通管理策略也可以对 PCR 起到良好的改善作用。下面分析高速公路主动交通管理策略在平峰时段对 PCR 的影响规律。

在早高峰仿真场景的基础上，将仿真时段设置为工作日 10:00—13:00 的平峰时段，各路段入口的输入流量换成 2010 年 8 月 4 日上午 10:00—13:00 的实际线圈检测流量。10:00—11:00 作为仿真路网预热时段，11:00—13:00 作为仿真研究时段。临时路肩开放控制策略和入口匝道控制策略的实施方案不变，可变限速控制策略采用早高峰时实施效果最好的 "500-20" 控制方案。由于是平峰时段，控制路段最低限速设置为 60 km/h，对 3 种主动交通管理策略及无控制策略下的路网进行仿真实验。

控制路段 PCR 仿真结果如图 5-3-13、图 5-3-14、图 5-3-15 所示，由图可知，在平峰 11:00—13:00 时间内无控制情况下的 PCR 比高峰时期的 PCR 要低很多，全部时间点的 PCR 都在 0.3 以下，说明在非高峰时期，控制路段的安全水平比较高。

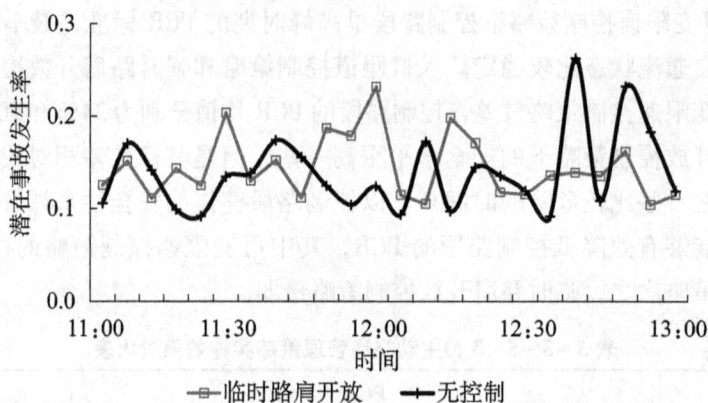

图 5-3-13 平峰时段临时路肩开放控制策略控制效果

三种主动交通管理策略中，临时路肩开放控制策略的实施并没有对控制路段的 PCR 起到改善作用。这主要是由于在平锋时段，高速公路的既有通行能力能够满足路段的交通需求，开放路肩对路段通过的交通量及车辆的行驶速度没有明显的影响，对下游控制路段的交通状态无影响。入口匝道控制策略和可变限速控制策略对控制路段的 PCR 仍然具有改善作用。但是由于该路段的 PCR 本身很低，因此相比于高峰时期，两种策略对 PCR 的改善程度不高。可变限速控制策略依然是 3 种主动交通管理策略中控制效果最好的。在 11:30—12:30 时间段内，可变限速控制策略将控制路段的 PCR 控制在了 10% 以内，比无控制状态下降低了约 5 个百分点。

表 5-3-6 是高峰时段和非高峰时段，3 种主动交通管理策略对控制路段的 PCR 的改善程度对比表。

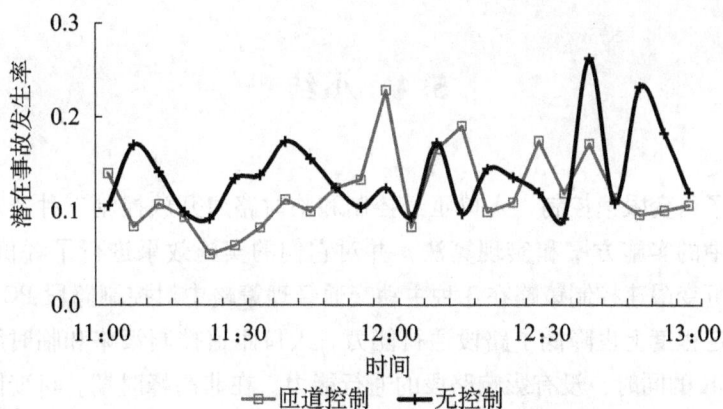

图 5 - 3 - 14　平峰时段入口匝道控制策略效果

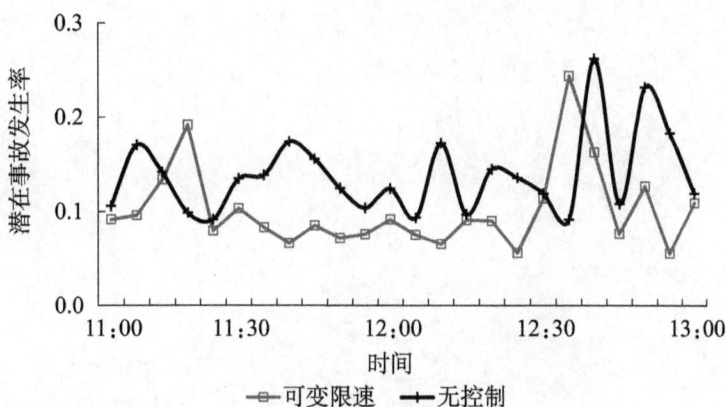

图 5 - 3 - 15　平峰时段可变限速控制策略效果

表 5 - 3 - 6　控制路段高峰和非高峰时段 PCR 对比

主动交通管理策略		可变限速控制策略	入口匝道控制策略	临时路肩开放控制策略
PCR 下降比例	高峰	74.4%	12.8%	23.1%
	非高峰	27.5%	13.8%	- 4.3%

　　由表 5 - 3 - 6 可知,可变限速控制策略在高峰时期和非高峰时期都能够降低控制路段的 PCR,在高峰时期,可变限速控制策略使控制路段的 PCR 降低了 74.4%,控制效果尤为突出。入口匝道控制策略同样能够降低控制路段的 PCR,但是相对于可变限速控制策略,其改善程度较低。入口匝道控制策略在非高峰时段和高峰时段对 PCR 的改善效果基本一致,无明显的差异。临时路肩开放控制策略在高峰时期能够有效地降低控制路段的 PCR,降低幅度达到 23.1%,但是在非高峰时期,开放路肩不仅没有对 PCR 起到改善作用,反而使控制路段的 PCR 升高 4.3%。虽然不能因此认为临时路肩开放控制策略会恶化控制路段的安全水平,但是能够说明在非高峰时段,不适宜采取临时路肩开放控制策略。

5.4　小结

　　本章制定了可变限速控制、入口匝道控制和临时路肩开放控制三种主动交通管理策略在仿真场景中的实施方案和实现算法，并对它们的实施效果进行了评价。结果表明：在高峰时期，可变限速控制策略在 3 种主动交通管理策略中对控制路段 PCR 的改善效果最优，但在一定程度上也降低了路段通行能力。入口匝道控制策略和临时路肩开放控制策略在降低 PCR 的同时，没有影响路段的通行能力。在非高峰时期，可变限速控制策略和入口匝道控制策略仍然能够降低控制路段的 PCR，但改善程度减弱。临时路肩开放控制策略不仅没有起到改善作用，反而使控制路段的 PCR 有 4.3% 的增长。

第6章 高速公路施工区路段换道风险与管控

6.1 施工区路段驾驶模拟实验数据采集

驾驶模拟器是一种能够对"人-车-路-环境"进行综合分析的工具,与实地数据采集相比,驾驶模拟实验具有安全、高效、经济、可重复实验等优点,常用于研究微观驾驶行为与交通环境因素之间的关联影响。

本书依托北京交通大学驾驶模拟器开展换道行为实验,如图6-1-1所示。该驾驶模拟器还装备一套Tobii pro glasses 2眼动仪,用于采集驾驶人的眼动数据,如图6-1-2所示。

图6-1-1 北京交通大学驾驶模拟器

实验选取双向四车道的高速公路作为施工区的基础场景,施工区设置在道路左侧。根据《公路养护安全作业规程》(JTG H30—2015)和《道路交通标志和标线 第4部分:作业区》(GB 5768.4—2017)中的规定,一个完整的施工区路段包含警示区、上游过渡区、缓冲区、工作区、下游过渡区和终止区5个部分,在设计速度为120 km/h、施工区路段限速为80 km/h的条件下,各区域长度设置如图6-1-3所示。施工区路段通过设置一系列的标志标线来引导车辆通行,当车辆驶离终止区后,解除速度限制,如图6-1-4所示。

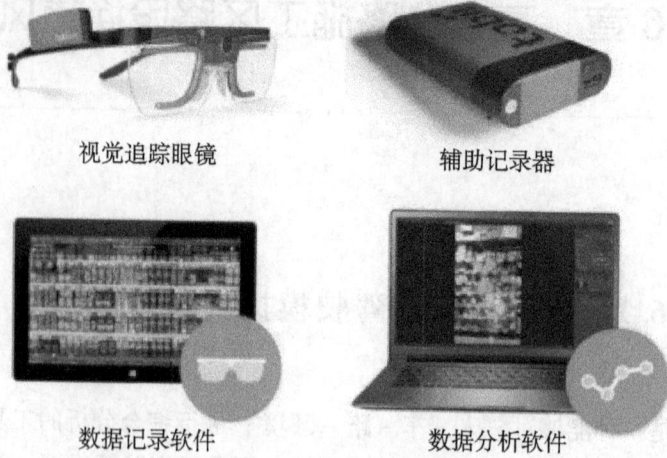

视觉追踪眼镜　　　　　　　　　辅助记录器

数据记录软件　　　　　　　　　数据分析软件

图 6-1-2　Tobii pro glasses 2 眼动仪

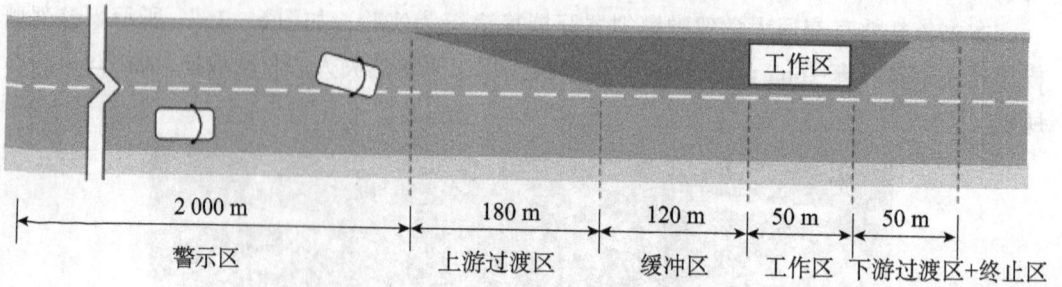

工作区

| 2 000 m | 180 m | 120 m | 50 m | 50 m |

警示区　　　　　　　上游过渡区　缓冲区　工作区　下游过渡区+终止区

图 6-1-3　施工区路段各区域长度

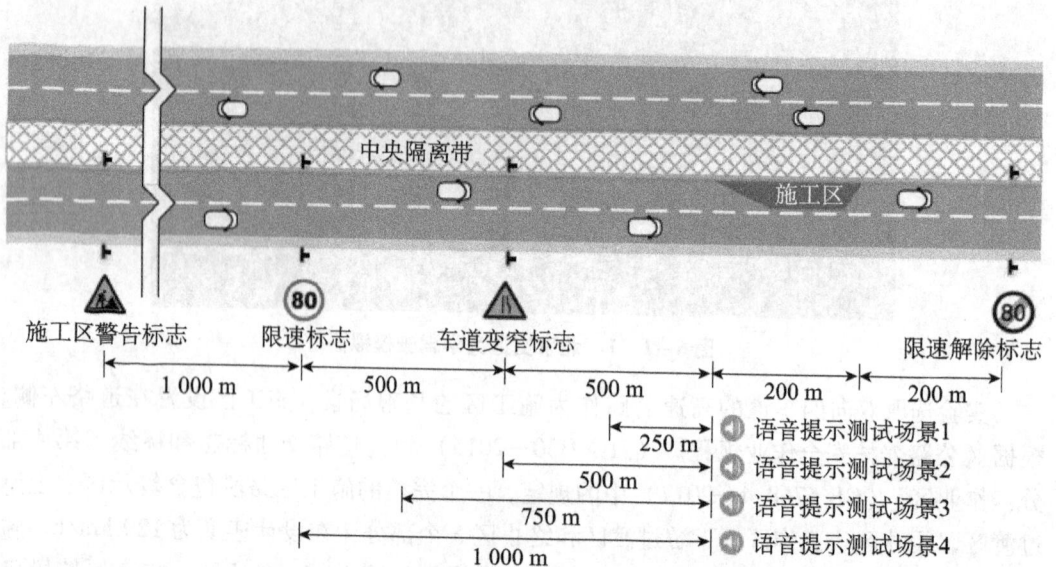

中央隔离带

施工区

施工区警告标志　　限速标志　　车道变窄标志　　　　　　　　　　　限速解除标志

| 1 000 m | 500 m | 500 m | 200 m | 200 m |

250 m ◀ 语音提示测试场景1

500 m ◀ 语音提示测试场景2

750 m ◀ 语音提示测试场景3

1 000 m ◀ 语音提示测试场景4

图 6-1-4　施工区路段驾驶模拟场景示意图

在距离施工区上游 250 m、500 m、750 m 和 1 000 m 4 种不同位置分别设置了换道会合语音提示，同时设置了无语音提示作为对照组。当车辆经过语音提示位置时，会触发"前方道路即将封闭，请注意及时换道"的语音提示。除语音提示外，实验还设置了20 pcu/km、30 pcu/km、40 pcu/km、50 pcu/km 和 60 pcu/km 等 5 种不同的交通密度，用来模拟道路不同交通流运行状态。根据《公路工程技术标准》（JTB B01—2014）中有关高速公路路段服务水平的分级描述可知：20 pcu/km 对应三级服务水平，30 pcu/km 和 40 pcu/km 对应四级服务水平，50 pcu/km 和 60 pcu/km 对应五级服务水平。

6.2　施工区路段驾驶人换道会合行为分析

6.2.1　换道会合行为阶段划分

车辆换道过程可划分为感知、准备和执行 3 个阶段，不同阶段下驾驶人的行为表现及驾驶任务也有所区别。

1. 感知阶段

感知阶段内驾驶人的主要任务是通过视觉搜索不断获取施工区环境下的道路信息，并判断是否需要采取换道会合行为。实验中驾驶人主要通过两种途径获取车道封闭信息，分别是车道变窄标志和换道会合语音提示。感知阶段结束的标志是换道意图的产生，换道意图产生后换道会合行为随即进入准备阶段。

2. 准备阶段

准备阶段内驾驶人将开始调整自身与周围车辆之间的速度位置关系。此阶段内驾驶行为的一个显著变化特征是驾驶人开始密切关注开放车道，特别是对于换道同方向的后视镜的观察频率明显提升。准备阶段结束的瞬时，驾驶人将做出是否采取换道会合行为的决策，当驾驶人决定换道时，将立即进入执行阶段；否则驾驶人将放弃此次换道并等待下一次意图产生。

3. 执行阶段

执行阶段内驾驶人将转动转向盘向开放车道逐渐靠近，驶入开放车道后再通过反方向转动转向盘直至车身回正，至此，整个换道会合过程结束。执行阶段内换道车辆在横向上的轨迹变化最为明显，且此过程中换道车辆将与周围其他车辆发生交互行为。

如何确定各个阶段的分界点是准确划分换道会合行为阶段的关键，基于驾驶人在换道会合过程中眼动和行为变化规律，本书定义了感知阶段起点（点 A）、准备阶段起点（点 B）和执行阶段起点（点 C）。执行阶段又被划分为两个子阶段，分别为驾驶人转动转向盘至车辆跨过道路中心线（CD 段），以及驾驶人驶入开放车道后逐渐调整车身位置（DE 段）。整个换道会合过程如图 6-2-1 所示。

由于驾驶人在准备阶段和执行阶段的行为变化更加明显，采取逆推的方式来确定各点的位置。

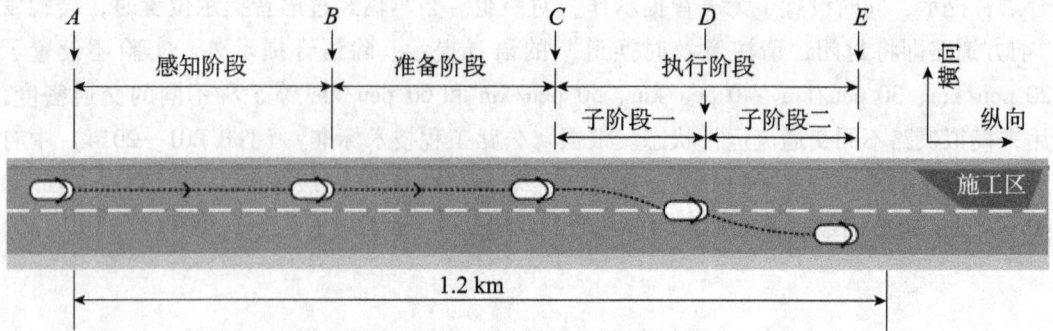

图 6-2-1 整个换道会合过程示意图

1）执行阶段起点位置

车辆在执行阶段的横向位置变化最为明显，定义执行阶段开始的起点 C 为车辆在下一个连续 3 s 内均朝开放车道发生偏移的位置点。

2）准备阶段起点位置

驾驶人进入准备阶段的一个重要标志是其对后视镜的观察频率显著提升，因此，本书基于眼动数据来定义准备阶段起点，具体方法如下。

步骤 1：将执行阶段前驾驶人对后视镜的访问数据按照时间序列进行排序，提取驾驶人与换道同方向后视镜及车内后视镜两个兴趣区域的访问数据。

步骤 2：给定一个时间窗阈值 t_v，当两次访问之间的间隔不超过阈值 t_v 时，认为是驾驶人的一次连续访问，依照此方法对访问数据进行简单聚类，可以获得如图 6-2-2 所示的连续访问过程，其中虚线为一次连续访问。

步骤 3：可以看出，虽然驾驶人在进入执行换道前往往会对后视镜产生一次或多次的连续访问，但最后一次连续访问一定与换道会合行为直接相关，因此本书将最后一次连续访问的起点定义为换道准备阶段的起点 B。

在提取数据过程中，选取时间窗 $t_v = 5$ s，当两次访问的时间间隔超过 5 s 时，认为本次的换道意图消失。

3）感知阶段起点位置

感知阶段起点是换道会合过程中难以界定的一个位置点，因为驾驶人在道路上行驶时无时无刻不在感知周围道路信息。考虑到实验中最远距离的语音提示设置在施工区上游 1 km 处，为了便于分析，选取了施工区上游 1.2 km 处作为所有驾驶人感知阶段的统一起点。由此，当驾驶人受语音提示影响而采取换道会合行为时，便可通过记录驾驶人在感知阶段内的行驶距离来对比不同位置下语音提示的功效。

6.2.2 换道会合行为特性分析

基于车辆换道会合过程的阶段划分，提取驾驶行为指标用于分析驾驶人换道会合行为特性，如图 6-2-3 所示。

在分析驾驶行为前，需对实验数据进行必要的预处理以保证结果的准确性。首先，

（a）多次连续访问

（b）单次连续访问

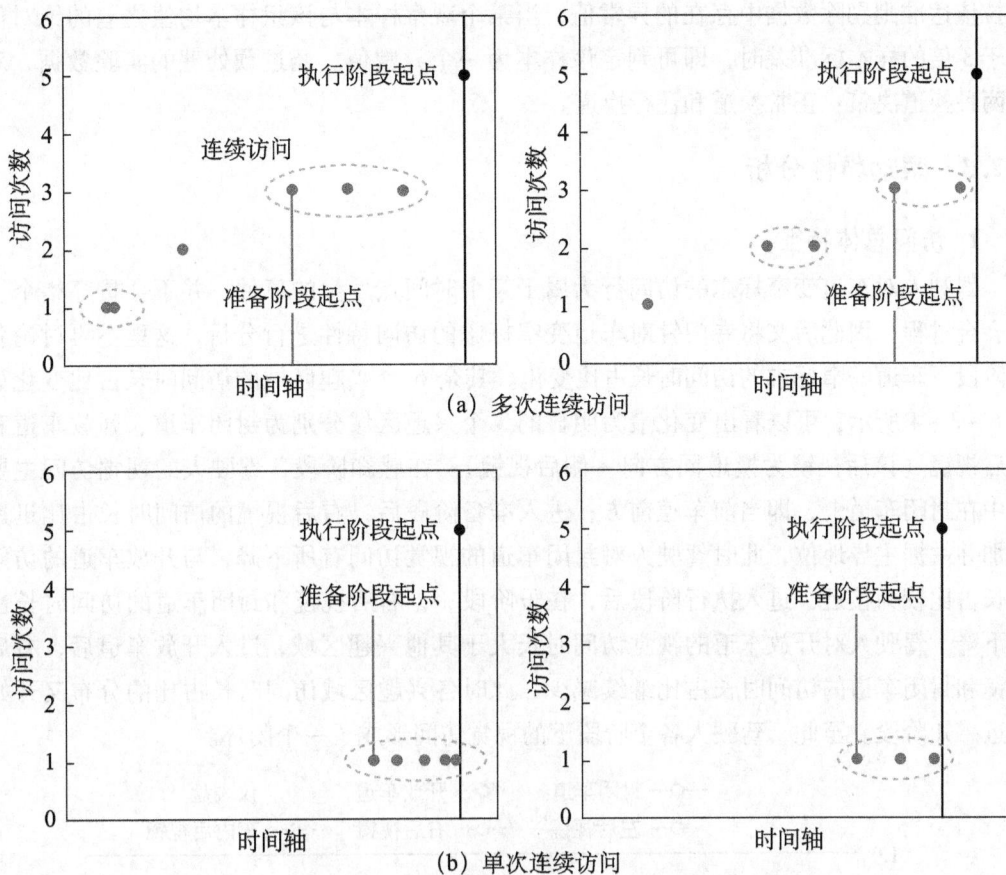

图6-2-2　准备阶段起点确定示意图

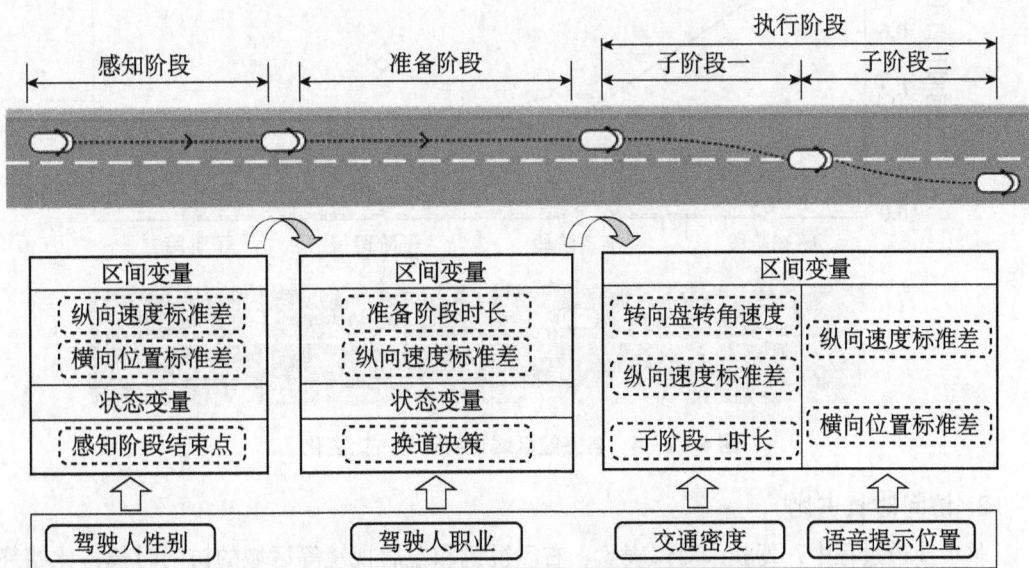

图6-2-3　换道会合各阶段行为指标

基于驾驶人的眼动数据和感知阶段结束点位置数据剔除一部分自由换道数据；其次，通过拉依达准则剔除数据中存在的异常值，当某个观察样本与该组样本均值之差的绝对值大于3倍的样本标准差时，即可判定该样本为一个异常值。经过预处理的实验数据，对应两种换道决策：正常换道和让行换道。

6.2.3 眼动特性分析

1. 访问总体特征

驾驶人对车道变窄标志的访问行为属于某个时间点发生的事件，并不会贯穿整个换道会合过程，因此后文将专门针对车道变窄标志的访问特性进行分析，这里不再讨论各个阶段下车道变窄标志的访问时长占比变化。其余6个兴趣区域的访问时长占比变化如图6-2-4所示，可以看出变化最为明显的3个兴趣区域分别为封闭车道、开放车道和右后视镜（该后视镜为换道同方向一侧后视镜）。在感知阶段，驾驶人的视觉访问主要集中在封闭车道上，即当前车道前方；进入准备阶段后，右后视镜的访问时长占比迅速增加并占据主导地位，此时驾驶人对封闭车道的视觉访问有所下降，与开放车道的访问时长占比较为接近；进入执行阶段后，在子阶段一，右后视镜和封闭车道的访问时长占比下降，驾驶人对开放车道的视觉访问时长大于其他兴趣区域，进入开放车道后，右后视镜和封闭车道的访问时长占比继续减少，此时各兴趣区域访问时长占比的分布又开始接近感知阶段。至此，驾驶人各个阶段下的视觉访问形成了一个闭环。

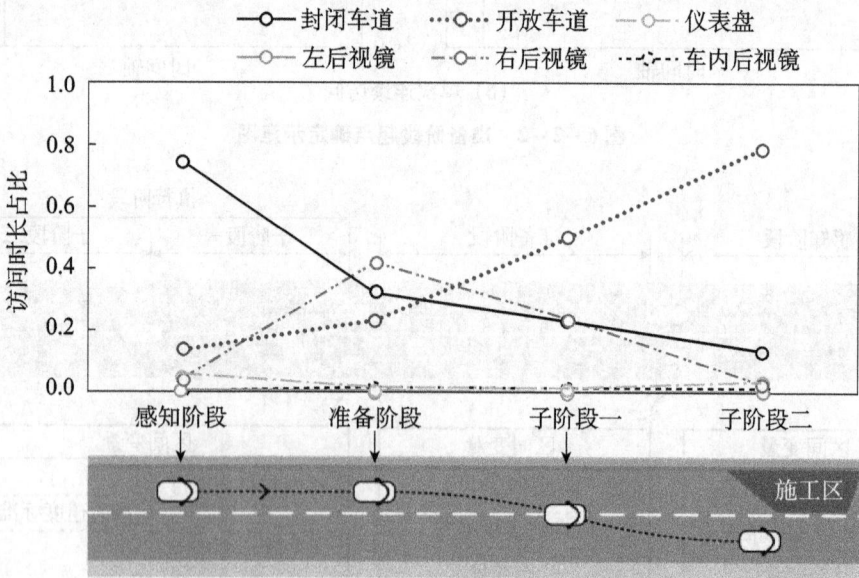

图6-2-4 各兴趣区域访问时长占比变化

2. 访问时长占比

整个换道过程中，驾驶人对仪表盘、右后视镜和左后视镜等区域的访问时长占比始终较低，为了便于后续统计分析，本书基于驾驶人在各个阶段内的主要驾驶任务对现有的兴趣区域进行合并。对于感知阶段，合并封闭车道与开放车道两个区域，定义为"道路前

方"，将左、右后视镜和车内后视镜等区域进行合并，统称为"后视镜"，得到图 6-2-5
(a)。对于准备阶段和执行阶段，仅对 3 个后视镜的访问数据进行合并，得到各兴趣区域
的访问时长占比，如图 6-2-5（b）～（d）所示。

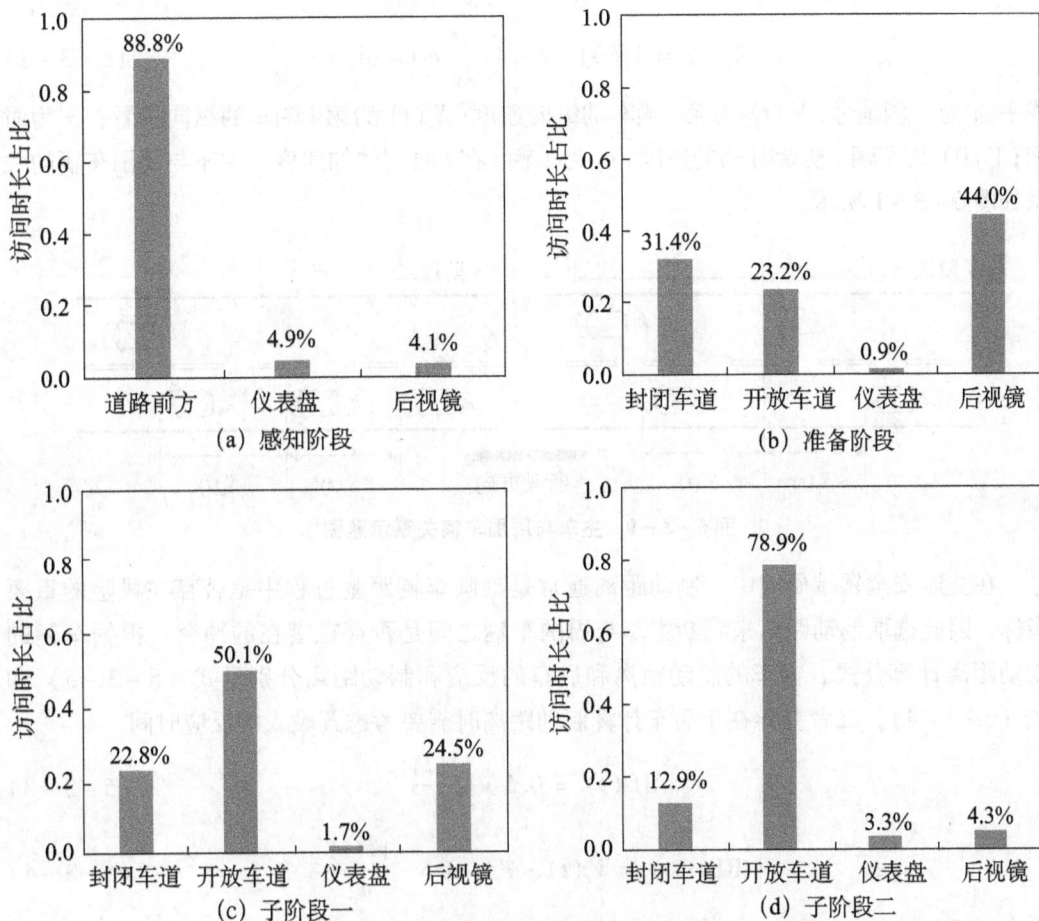

图 6-2-5　合并后各阶段兴趣区域访问时长占比

6.3　施工区路段驾驶人换道会合风险分析

6.3.1　换道会合风险指标提取

1. 换道冲突关系描述

对于换道过程，主车（换道车）与封闭车道前车、开放车道前车和开放车道后车之
间的风险计算如下。在执行阶段的子阶段一，主要分析主车与以上 3 辆车之间的交互关
系；进入子阶段二后，驾驶人的行为将不再对封闭车道前车造成影响，此时仅考虑主车
与开放车道前车和开放车道后车之间的交互关系。在提取换道会合风险指标前，先将车

辆在换道时与周围车辆之间的冲突关系进行数学化的表达，对于换道过程中的任意一辆车，在 t 时刻，它们的纵向速度和纵向位置可用公式分别表示为

$$V_i(t) = V_i(0) + \int_0^t a_i(\varepsilon)\mathrm{d}\varepsilon \qquad (6-3-1)$$

$$X_i(t) = V_i(0) \cdot t + \int_0^t \int_0^\sigma a_i(\varepsilon)\mathrm{d}\varepsilon\mathrm{d}\sigma \qquad (6-3-2)$$

式中：i 为车辆编号；$V_i(t)$ 为第 i 辆车的纵向速度；$X_i(t)$ 为第 i 辆车的纵向位置；σ 为时间；$V_i(0)$ 为车辆 i 初始时刻的速度；a_i 为车辆 i 在 t 时刻的加速度。主车与周围车辆的关系如图 6-3-1 所示。

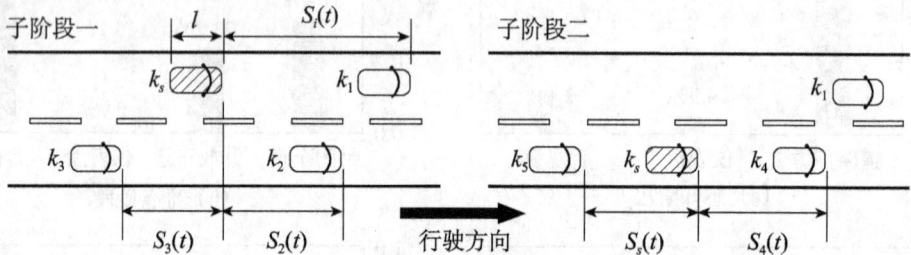

图 6-3-1　主车与周围车辆关系示意图

在交通安全领域研究中，制动距离通常是刻画车辆跟驰过程中是否存在风险的重要指标，因此选取制动距离来判断主车与周围车辆之间是否存在潜在的冲突。根据车辆的制动距离计算公式，前车的制动距离和后车的反应和制动距离分别见式（6-3-3）和式（6-3-4），二者差异在于后车计算制动距离时需要考虑驾驶人的反应时间。

$$\mathrm{RD}(t) = 0.5 \cdot \frac{V_i^2(t)}{a_a} \qquad (6-3-3)$$

$$\mathrm{RRD}(t) = V_i(t) \cdot T_r + 0.5 \cdot \frac{V_i^2(t)}{a_\sigma} \qquad (6-3-4)$$

式中：$\mathrm{RD}(t)$ 表示前车在 t 时刻的制动距离；$\mathrm{RRD}(t)$ 为后车在 t 时刻的反应和制动距离；T_r 为驾驶人的反应时间；a_σ 为制动加速度。需要注意的是，这里所说的前、后车是一个相对概念。比如，在图 6-3-1 中，对于车辆 k_s 和 k_1 而言，k_1 为前车，k_s 为后车；然而，在分析车辆 k_s 和 k_3 的关系时，k_s 为前车，k_3 则为后车。

为了确保换道安全，驾驶人必须时刻与周围的车辆保持合理的车头间距来避免发生碰撞。假设前车突然刹车，后车经过一个反应时间后以同样的加速度开始制动，则任意时刻 t 下两车完全减速到零时的车辆间距 $\mathrm{RDI}_i(t)$ 可由以下公式进行计算。

$$\mathrm{RDI}_i(t) = S_i(t) - \mathrm{RD}(t) - \mathrm{RRD}(t) - l \qquad (6-3-5)$$
$$S_i(t) = S_i(0) + X_L(t) - X_F(t) \qquad (6-3-6)$$

式中：$S_i(t)$ 为主车 k_s 与周围车辆 i 在 t 时刻的车头间距；$S_i(0)$ 为主车 k_s 与周围车辆 i 的初始车头间距；$X_L(t)$ 为前车在 t 时刻的纵向位置；$X_F(t)$ 为后车在 t 时刻的纵向位置；l 为主车车辆长度。

将 $\mathrm{RDI}_i(t)$ 计算结果转换为二元分类变量，则主车在 t 时刻是否与周围车辆存在冲突

可以用 $RI_i(t)$ 表示为

$$RI_i(t) = \begin{cases} 0(无冲突) & 其他 \\ 1(存在冲突) & RDI_i(t) < 0 \end{cases} \tag{6-3-7}$$

至此，主车换道过程中与周围车辆之间的冲突关系已描述完毕，基于此，本节提出两个指标来对驾驶人换道会合过程中的风险进行评估：碰撞发生率和碰撞严重程度。下面将分别对这两个指标进行详细介绍。

2. 碰撞发生率

碰撞发生率是衡量主车在换道过程中发生碰撞事故可能性的指标，过去许多学者经常使用驾驶人处于冲突状态下的时长与交通事故总时长之比 REL 来定义碰撞发生率，计算公式为

$$REL = \frac{\sum_0^{DT} RISKT}{DT} \tag{6-3-8}$$

式中：RISKT 为车辆处于风险状态下的时刻；DT 为交通事故的持续时间。

实质上，变量 REL 的计算就是一个标准的古典概率模型，它能够在一定程度上反映出在一次换道过程中，驾驶人暴露在危险状态下的时长。然而，该变量有一个明显的缺点，即 REL 只能表达时间范围的长短，不能反映冲突发生频次对碰撞发生率的影响。这里引入一个新的概念——风险区间，它指一次冲突发生时的持续时长。研究发现，在计算 $RDI_i(t)$ 时，驾驶人与周围车辆之间的冲突呈现两种类型：第一种，冲突表现为一整个连续的风险区间；第二种，冲突由多个离散的风险区间组成，如图 6-3-2 所示，其中，t_m^s 为第 m 个风险区间的起始时刻，t_m^e 为第 m 个风险区间的终止时刻。

可以看出，第一种冲突类型中，驾驶人在全部换道过程中与车辆 i 仅产生一次风险交互；对于第二种类型，出现多个离散风险区间的原因在于驾驶人在意识到风险时通过调整与周围车辆速度位置关系暂时脱离了危险状态，然而后续的不当操作使其再次陷入风险状态中。当两种类型下 REL 计算结果相同时，采用传统计算方法会得出一次风险交互行为与多次风险交互行为碰撞概率相同的结论，这显然是不太合理的。换而言之，风险区间出现的频次作为一个重要指标，也需要将其整合到碰撞发生率中。

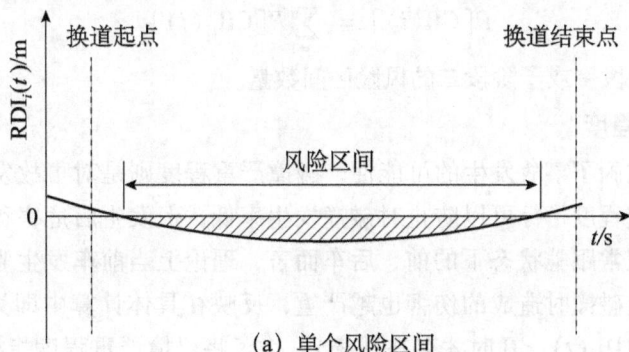

(a) 单个风险区间

图 6-3-2　两种类型风险区间示意图

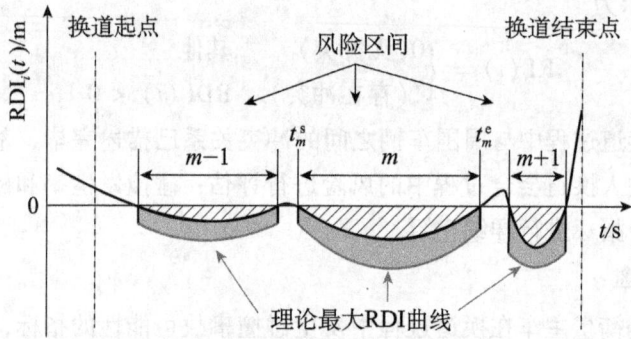

（b）多个风险区间

图 6-3-2　两种类型风险区间示意图（续）

为此，下面提出改进的碰撞发生率计算方法。首先，计算换道过程中每个风险区间的冲突状态时长占比，计算公式为

$$P[\text{REL}_m(i)] = \frac{\sum_{t_m^s}^{t_m^e}[\text{RI}_i(t)]}{\text{TD}} \qquad (6-3-9)$$

式中：$\text{REL}_m(i)$ 表示主车 k_s 与车辆 k_i 在第 m 个风险区间的时长占比；TD 表示子阶段一或子阶段二的持续时长。

针对每个风险区间，$\text{RDI}_i(t)$ 曲线与时间轴合围成阴影区域，利用阴影区域的面积来表征风险区间频次的影响，计算公式为

$$P[\text{CR}_m(i)] = \frac{\sum_{t_m^s}^{t_m^e}[\text{RI}_i(t)]}{\text{TD}} \cdot \frac{\int_{t_m^s}^{t_m^e}\text{RDI}_i(\tau)\,d\tau}{\int_{t_m^s}^{t_m^e}\text{RDI}_{\text{th}}(\lambda)\,d\lambda} \qquad (6-3-10)$$

式中：$\text{CR}_m(i)$ 为第 m 个风险区间内主车 k_s 与车辆 k_i 的碰撞发生率；RDI_{th} 为第 m 个风险区间内的理论最大 RDI 值，其计算公式表示为

$$\text{RDI}_{\text{th}}(t) = -\text{RRD}(t) - l \qquad (6-3-11)$$

最终，两个子阶段内，主车与周围车辆 k_i 之间的碰撞发生率为

$$P[\text{CR}(i)] = \sum_{m=1}^{N} P[\text{CR}_m(i)] \qquad (6-3-12)$$

式中：N 表示子阶段一或子阶段二的风险区间数量。

3. 碰撞严重程度

碰撞发生率刻画了事故发生的可能性，碰撞严重程度则是对事故发生的后果进行评估。引入碰撞严重程度指标可以防止对碰撞发生率低，但发生后危害程度较大的事故出现风险误判。对正常跟驰状态下的前、后车而言，理论上当前车发生紧急制动时，后车的速度越大，发生碰撞时造成的伤害也越严重，反映在具体计算中即为 $\text{RDI}_i(t)$ 的绝对值越大（只有当 $\text{RDI}_i(t) < 0$ 时才存在冲突）。为了将碰撞严重程度指标转化为 $0 \sim 1$ 之间的概率值，本书用换道过程中主车与周围车辆 k_i 的实际 $\text{RDI}_i(t)$ 值与理论最大值 RDI_{th}

之比的最大值来表示碰撞严重程度。由于碰撞严重程度的讨论前提是存在冲突，因此碰撞严重程度（RSL）的条件概率计算式为

$$P\big[\,\mathrm{RSL}(i) \mid \mathrm{CR}(i)\,\big] = \max\Big[\frac{\mathrm{RDI}_i(t)}{\mathrm{RDI}_{\mathrm{th}}}\Big], t \in \big[\,t_m^s, t_m^e\,\big], m = 1, 2, \cdots, N$$

$$(6 - 3 - 13)$$

6.3.2　换道会合风险分析

基于建立的换道会合风险模型，分析驾驶人在施工区道路环境下换道会合过程中的具体风险，除了对实验设置的驾驶人性别、职业、交通密度及语音提示位置等自变量进行显著性检验外，本节还考虑了两个子阶段内的行为指标如换道起点位置（换道起点与施工区之间的距离）、转向盘转角速度、子阶段一和子阶段二的速度标准差等对会合风险的影响。本书将实验设置的影响因素定义为实验自变量，将两个子阶段的行为指标定义为行为自变量，前者依旧采用混合线性模型进行统计检验，后者则使用皮尔森相关性分析（Pearson correlation analysis）检验变量影响是否显著。

1. 风险区间频次分析

下面对建模过程中新引入的参数——风险区间频次进行分析：一方面分析风险区间在不同阶段和不同周围车辆的分布特征；另一方面，探究各影响因素与风险区间频次之间的关联。

驾驶人在换道子阶段一和子阶段二内，风险区间频次的描述统计和检验结果见表 6 - 3 - 1，t 检验的结果表明两个阶段内的风险区间频次存在显著差异，可以看出子阶段二中更容易发生多个风险区间的情况（见图 6 - 3 - 3）。

表 6 - 3 - 1　各子阶段风险区间频次描述统计与 t 检验结果

阶段名称	风险区间频次统计指标			
	平均值	标准差	t	Sig.
子阶段一	0.896	0.794	-17.644	<0.001
子阶段二	2.307	2.416		

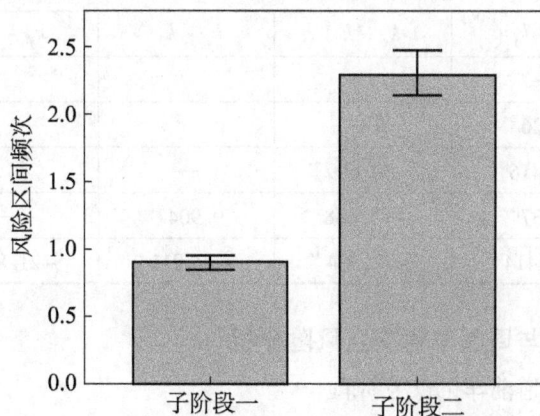

图 6 - 3 - 3　换道执行阶段各子阶段风险区间频次

随后，比较主车与周围不同车辆之间的风险区间频数（见图6-3-4），相关统计和检验结果见表6-3-2和表6-3-3。可以看出，驾驶人与开放车道后车之间存在的风险区间频次总是大于其他车辆，并且从整体来看，存在多个风险区间的情形主要集中在子阶段二内主车与开放车道后车的交互过程，说明换道会合行为对开放车道后车的影响始终是最大的。所有结果中未表现出显著差异的是子阶段一和子阶段二内主车与开放车道前车之间的风险区间，这是因为驾驶人在执行换道时对目标车道前车的观察相对容易，因此两个子阶段内的风险区间频次总是最低的。

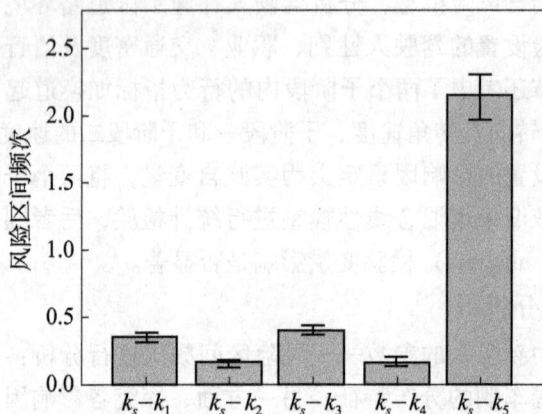

图6-3-4　主车与不同车辆之间的风险区间频次

表6-3-2　主车与不同车辆之间的风险区间频次描述统计

统计指标	子阶段一			子阶段二	
	$k_s - k_1$	$k_s - k_2$	$k_s - k_3$	$k_s - k_4$	$k_s - k_5$
平均值	0.344	0.151	0.402	0.166	2.141
标准差	0.475	0.358	0.521	0.386	2.440

表6-3-3　主车与不同车辆之间的风险区间频次 t 检验结果

交互车辆	$k_s - k_1$	$k_s - k_2$	$k_s - k_3$	$k_s - k_4$	$k_s - k_5$
$k_s - k_1$	—				
$k_s - k_2$	8.926**				
$k_s - k_3$	−2.416*	−10.609**	—		
$k_s - k_4$	7.937**	−1.188	9.904**	—	
$k_s - k_5$	−20.414**	−22.384**	−22.011**	−21.888**	

2. 子阶段一主车与周围车辆交互风险分析

1）主车与开放车道前车的交互风险

主车与开放车道前车之间的交互风险 RL1 主要与驾驶人性别和交通密度显著相关，

见表 6-3-4 和表 6-3-5。其中，男性驾驶人与开放车道前车之间的交互风险高于女性驾驶人 [见图 6-3-5 (a)]。随着交通密度的增加，图 6-3-5 (b) 显示碰撞发生率和碰撞严重程度均呈现出先上升后下降的变化趋势，其中，当密度为 40 pcu/km 时交互风险 RL1 值最大，推测造成这一现象的原因在于 40 pcu/km 为中等密度条件，虽然开放车道上的换道间隙有所降低，但驾驶人依然能够保持较快的速度换道，由此提高了与开放车道前车的交互风险。

表 6-3-4 主车与开放车道前车的交互风险描述统计

变量	类别		CR/%		RSL/%		RC/%	
			平均值	标准差	平均值	标准差	平均值	标准差
驾驶人性别	女		0.181	0.903	0.310	1.353	0.012	0.074
	男		0.415	1.300	0.694	1.951	0.026	0.107
驾驶人职业	非专职		0.256	1.021	0.483	1.642	0.016	0.084
	专职		0.382	1.288	0.576	1.820	0.024	0.105
交通密度/(pcu/km)	20		0.112	0.696	0.193	1.072	0.007	0.061
	30		0.201	0.876	0.340	1.426	0.012	0.064
	40		0.547	1.662	0.882	2.473	0.044	0.151
	50		0.363	1.006	0.667	1.642	0.017	0.058
	60		0.372	1.267	0.597	1.677	0.020	0.101
语音提示	不设置		0.262	0.940	0.500	1.580	0.014	0.062
	设置位置/m	250	0.308	1.237	0.459	1.706	0.022	0.107
		500	0.281	1.058	0.453	1.568	0.016	0.083
		750	0.303	1.197	0.517	1.802	0.021	0.109
		1 000	0.397	1.285	0.665	1.916	0.025	0.101

表 6-3-5 主车与开放车道前车的交互风险混合线性模型检验

变量	DF	CR/%		RSL/%		RC/%	
		F	p-value	F	p-value	F	p-value
性别	1	5.632	0.021	6.062	0.017	4.306	0.038
职业	1	0.694	0.408	0.222	0.639	0.987	0.328
交通密度	4	4.590	0.002	5.692	<0.001	4.540	0.002
语音提示	4	1.405	0.234	1.903	0.111	1.696	0.155

行为自变量中对交互风险 RL1 存在显著影响的只有速度标准差 (见表 6-3-6)，速度标准差的增加会导致主车与开放车道前车之间的交互风险上升，特别是对碰撞严重程度的影响尤为明显 (见图 6-3-6)。

(a) 驾驶人性别

(b) 交通密度/(pcu/km)

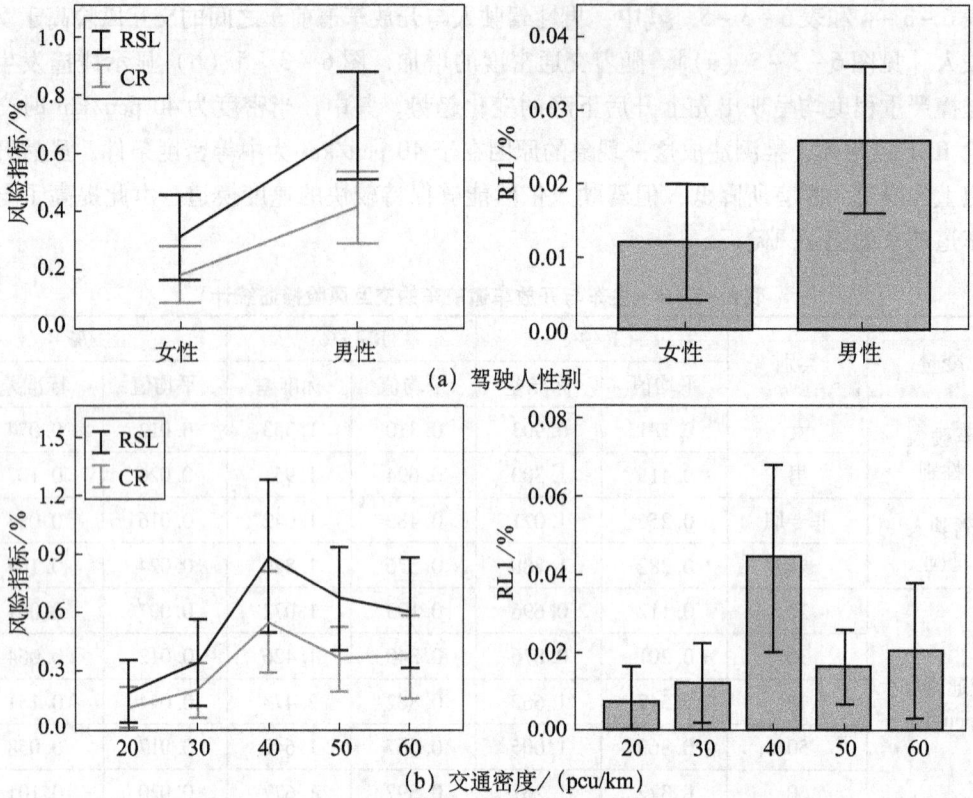

图 6-3-5　各实验自变量下主车与开放车道前车交互风险

表 6-3-6　主车与开放车道前车的交互风险皮尔森相关性检验

变量名称	CR/%		RSL/%		RC/%	
	Pearson	Sig.	Pearson	Sig.	Pearson	Sig.
换道起点位置/m	0.029	0.417	0.033	0.357	0.009	0.796
转向盘转角速度/[(°)/s]	−0.039	0.281	−0.045	0.208	−0.032	0.378
子阶段一速度标准差/(m/s)	0.199	<0.001	0.338	<0.001	0.222	<0.001

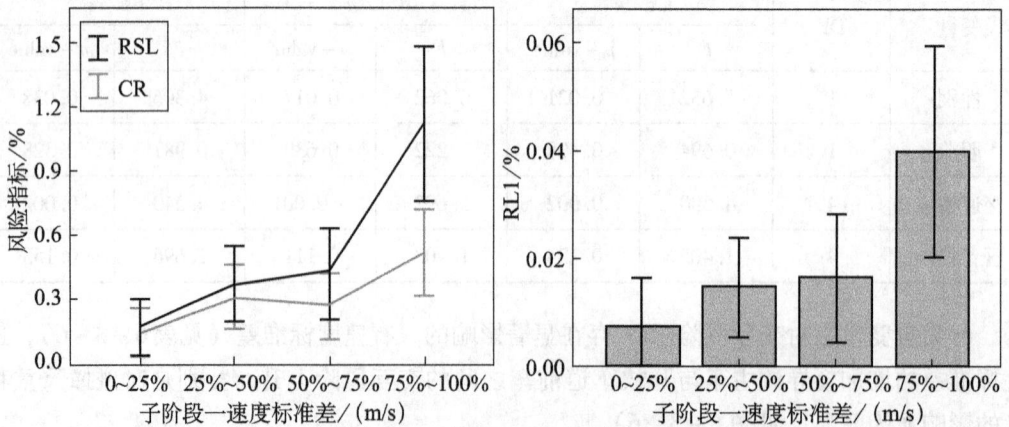

图 6-3-6　速度标准差对主车与开放车道前车交互风险的影响

2) 主车与开放车道后车的交互风险

实验自变量中，对主车与开放车道后车之间交互风险 RF1 有显著影响的是交通密度和语音提示，见表 6 - 3 - 7 和表 6 - 3 - 8。图 6 - 3 - 7 (a) 显示随着交通密度的增加，RF1 呈逐渐上升的趋势，说明换道间隙的减小会加重驾驶人与开放车道后车之间的交通冲突。图 6 - 3 - 7 (b) 表明语音提示对降低主车与开放车道后车之间的交互风险有显著功效，但 250 m 处的语音提示与无语音提示之间的各项风险指标的差异性依然较小。

表 6 - 3 - 7　主车与开放车道后车的交互风险描述统计

变量	类别	CR/%		RSL/%		RC/%	
		平均值	标准差	平均值	标准差	平均值	标准差
驾驶人性别	女	2.701	5.175	3.182	5.372	0.352	1.126
	男	1.781	4.168	2.204	4.466	0.216	0.721
驾驶人职业	非专职	2.687	5.042	3.197	5.271	0.339	1.003
	专职	1.556	4.045	1.928	4.310	0.196	0.806
交通密度/(pcu/km)	20	0.819	3.202	1.034	3.845	0.130	0.699
	30	1.492	4.441	1.996	5.366	0.261	1.071
	40	2.194	4.615	2.917	5.430	0.307	0.954
	50	3.452	5.120	3.981	4.630	0.358	0.921
	60	3.348	5.363	3.630	4.592	0.354	0.949
语音提示	不设置	2.927	5.822	3.440	6.019	0.434	1.306
	设置位置/m　250	2.891	5.320	3.506	5.650	0.386	1.040
	500	1.706	4.042	2.116	4.554	0.213	0.833
	750	1.974	4.275	2.224	4.099	0.212	0.765
	1 000	1.655	3.630	2.164	4.052	0.172	0.532

表 6 - 3 - 8　主车与开放车道后车的交互风险混合线性模型检验

变量	DF	CR/%		RSL/%		RC/%	
		F	p-value	F	p-value	F	p-value
性别	1	0.987	0.321	0.006	0.938	1.019	0.320
职业	1	1.146	0.284	3.393	0.073	1.110	0.299
交通密度	4	17.805	<0.001	22.182	<0.001	7.059	<0.001
语音提示	4	4.527	0.002	4.317	0.002	4.004	0.004

表 6 - 3 - 9 表明子阶段一的行为自变量都与 RF1 显著相关。换道起点位置与 RF1 成负相关关系，图 6 - 3 - 8 (a) 显示当换道起点位置接近施工区时，驾驶人换道过程中与开放车道后车之间的碰撞发生率和碰撞严重程度将会迅速增加。转向盘转角速度是描述车辆换道过程中横向位置变化快慢的重要指标，对开放车道后车有直接影响，图 6 - 3 - 8 (b) 显示转向盘转角速度的增加将导致主车与开放车道后车之间的风险上升，说明急打

转向盘这一冒进驾驶行为会加剧主车与后车之间的冲突严重程度。最后，子阶段一速度标准差的增加也会导致主车与开放车道后车之间的交互风险上升［见图 6-3-8（c）］。

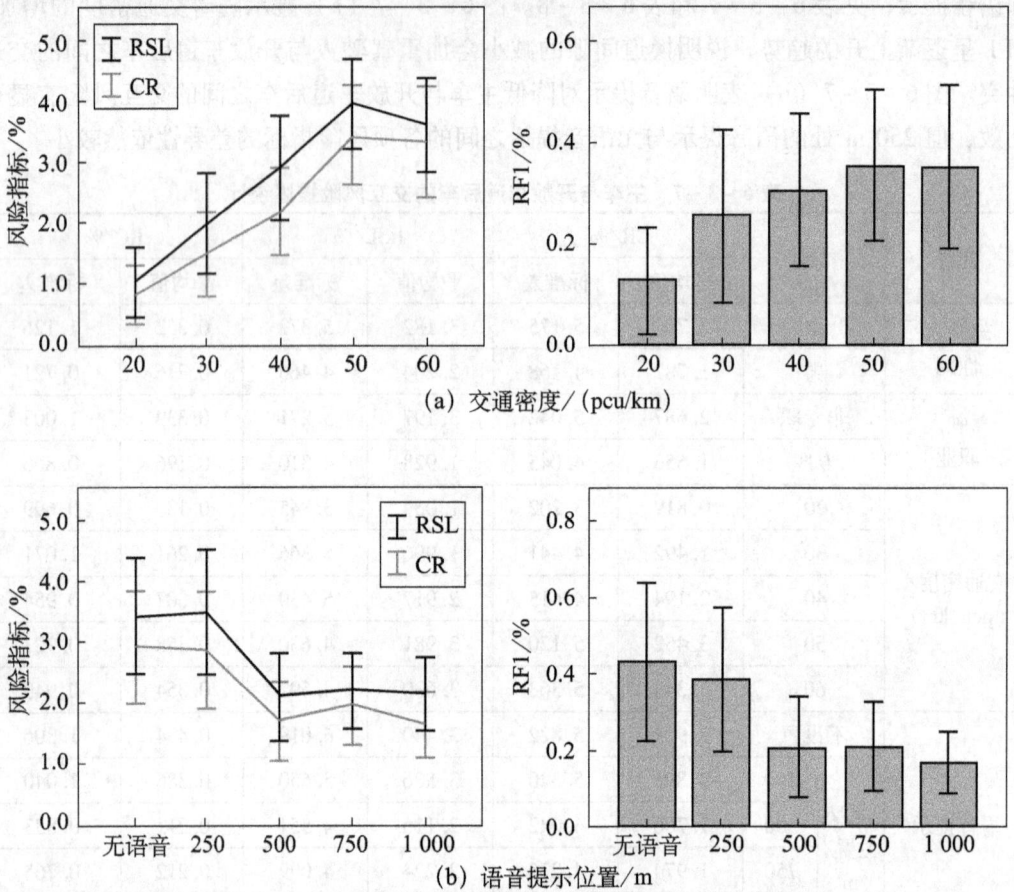

(a) 交通密度/（pcu/km）

(b) 语音提示位置/m

图 6-3-7　各实验自变量下主车与开放车道后车交互风险

表 6-3-9　主车与开放车道后车的交互风险皮尔森相关性检验

变量名称	CR/%		RSL/%		RC/%	
	Pearson	Sig.	Pearson	Sig.	Pearson	Sig.
换道起点位置/m	-0.207	<0.001	-0.201	<0.001	-0.195	<0.001
转向盘转角速度/［（°）/s］	0.328	<0.001	0.324	<0.001	0.279	<0.001
子阶段一速度标准差/（m/s）	0.309	<0.001	0.436	<0.001	0.274	<0.001

3. 子阶段二主车与周围车辆交互风险分析

1）主车与开放车道前车交互风险分析

子阶段二主车与开放车道前车之间的交互风险见表 6-3-10 和表 6-3-11，主车与开放车道前车的交互风险 RL2 只与交通密度有关，风险值在不同交通密度条件及不同行为模式下的变化与子阶段一基本一致（见图 6-3-9），但相较于子阶段一整体有所下降。

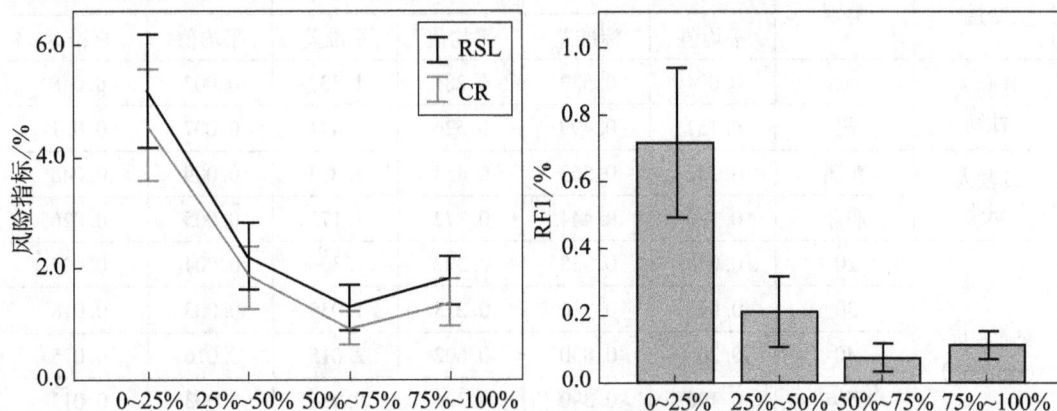

(a) 换道起点位置/m

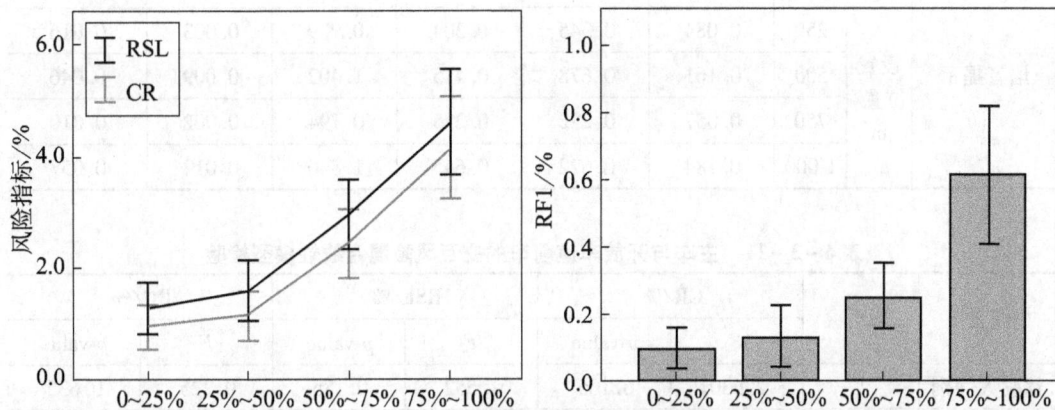

(b) 转向盘转角速度/[(°)/s]

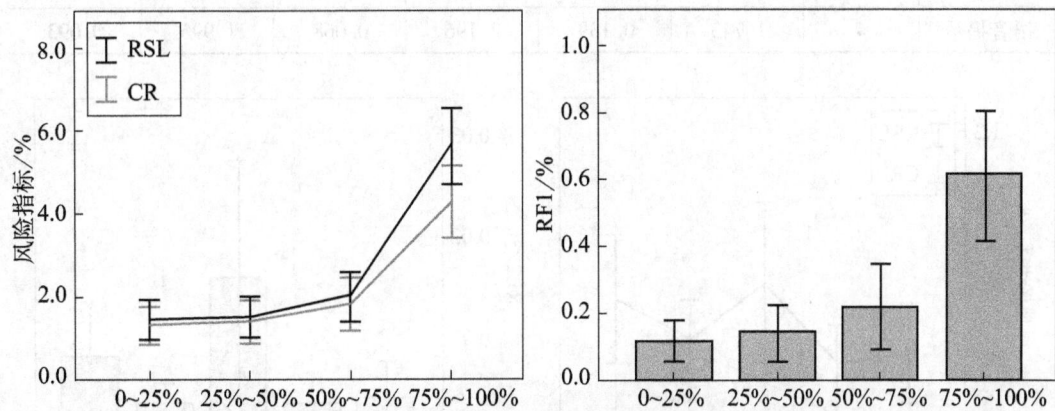

(c) 子阶段一速度标准差/(m/s)

图6-3-8 各行为自变量下主车与开放车道后车交互风险

表 6 – 3 – 10　主车与开放车道前车的交互风险描述统计

变量	类别		CR/%		RSL/%		RC/%	
			平均值	标准差	平均值	标准差	平均值	标准差
驾驶人性别	女		0.094	0.532	0.281	1.332	0.007	0.048
	男		0.151	0.499	0.526	1.471	0.007	0.031
驾驶人职业	普通		0.142	0.563	0.454	1.583	0.009	0.048
	职业		0.106	0.444	0.372	1.172	0.005	0.026
交通密度/（pcu/km）	20		0.073	0.338	0.322	1.306	0.004	0.024
	30		0.075	0.366	0.278	1.035	0.003	0.018
	40		0.208	0.830	0.602	2.015	0.016	0.075
	50		0.126	0.390	0.376	0.954	0.003	0.013
	60		0.160	0.486	0.538	1.512	0.008	0.033
语音提示	不设置		0.136	0.526	0.469	1.690	0.008	0.042
	设置位置/m	250	0.084	0.345	0.304	0.909	0.003	0.016
		500	0.161	0.678	0.415	1.402	0.009	0.046
		750	0.057	0.222	0.225	0.794	0.002	0.010
		1 000	0.184	0.622	0.645	1.840	0.012	0.057

表 6 – 3 – 11　主车与开放车道前车的交互风险混合线性模型检验

变量	DF	CR/%		RSL/%		RC/%	
		F	p-value	F	p-value	F	p-value
驾驶人性别	1	2.630	0.105	1.552	0.185	0.225	0.635
驾驶人职业	1	1.324	0.250	1.226	0.269	2.761	0.097
交通密度	4	2.002	0.092	6.347	0.012	2.504	0.041
语音提示	4	1.743	0.139	2.196	0.068	1.995	0.093

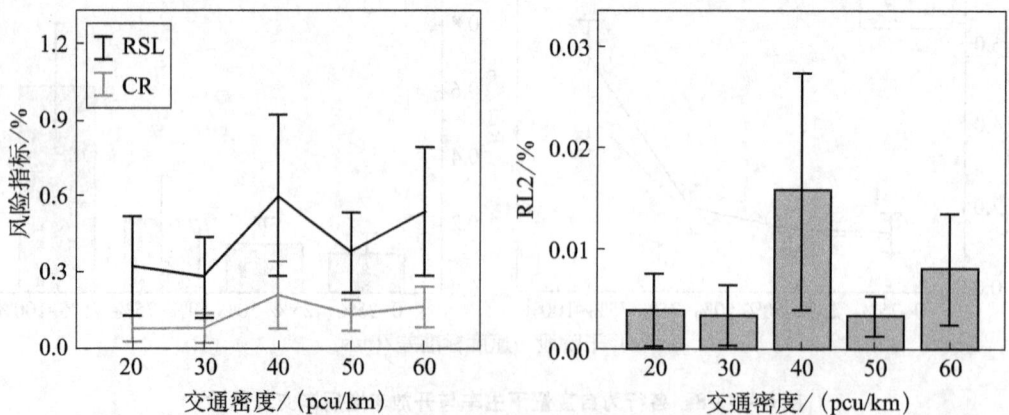

图 6 – 3 – 9　交通密度对主车与开放车道前车交互风险的影响

(a) 换道起点位置/m

(b) 子阶段二速度标准差/ (m/s)

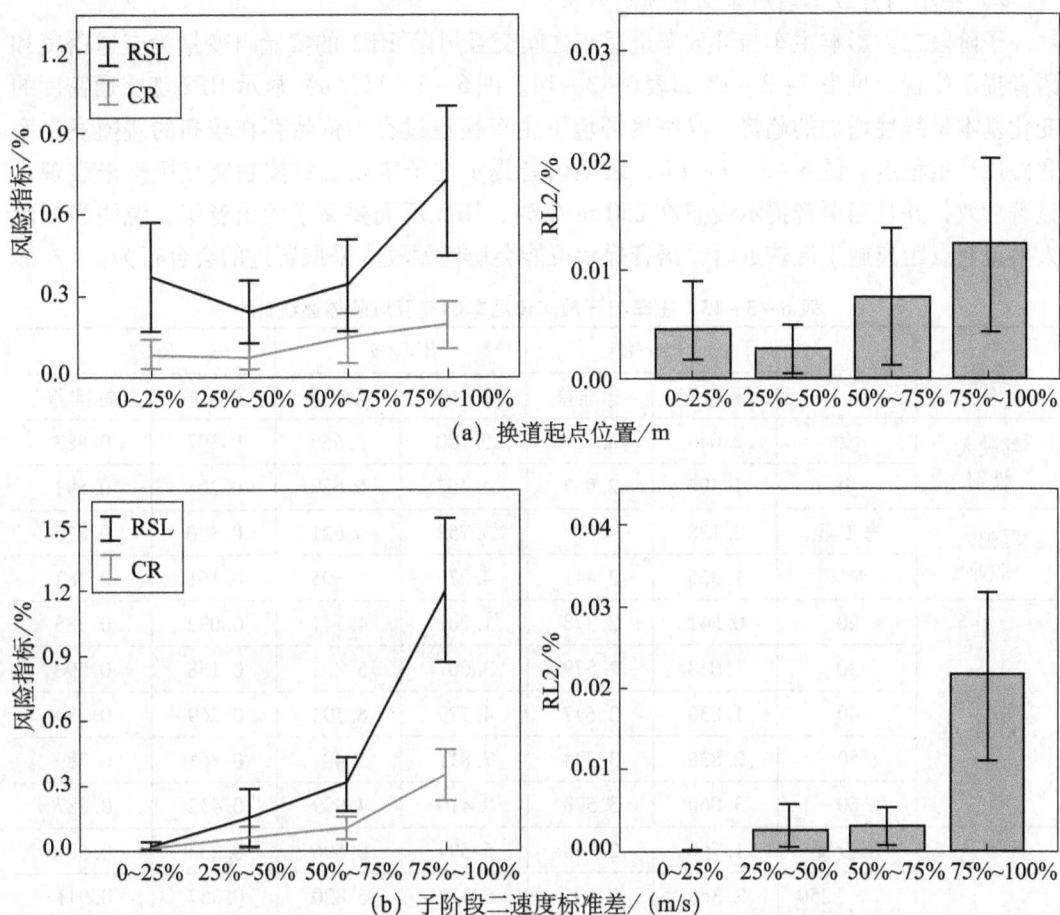

图 6-3-10　各行为自变量下主车与开放车道前车交互风险

行为自变量中换道起点位置和子阶段二的速度标准差都与 RL2 成正相关关系。图 6-3-10（a）表明驾驶人在距施工区上游较远处换道时，在子阶段二与开放车道前车之间的交互风险更大，这一特征在风险指标碰撞严重程度的变化中更加明显，本书认为产生这一现象的主要原因依然归结于车速，车辆在接近施工区的过程中速度会逐渐降低，因此主车距离施工区较近时反而会降低与开放车道前车之间的交互风险，见表 6-3-12。图 6-3-10（b）显示子阶段二内速度标准差的增加会导致主车与开放车道前车之间的交互风险上升。

表 6-3-12　主车与前车的交互风险皮尔森相关性检验

变量名称	CR/%		RSL/%		RC/%	
	Pearson	Sig.	Pearson	Sig.	Pearson	Sig.
换道起点位置/m	0.076	0.034	0.094	0.009	0.071	0.047
子阶段一速度标准差/ (m/s)	0.307	<0.001	0.398	<0.001	0.296	<0.001

2）主车与开放车道后车交互风险分析

子阶段二内影响主车与开放车道后车之间交互风险 RF2 的实验自变量为交通密度和语音提示位置，见表6-3-13和表6-3-14。图6-3-11（a）显示 RF2 随交通密度的变化基本呈线性增加的趋势，高密度环境下主车换道过程中依然存在较高的碰撞发生率和碰撞严重程度。图6-3-11（b）表明语音提示在子阶段二对控制交互风险未表现出显著功效，并且当语音提示设置在250 m 处时，RF2 反而要高于无语音组，说明当驾驶人换道起点距离施工区较近时，语音提示可能会诱使驾驶人采取冒进的会合行为。

表6-3-13 主车与开放车道后车的交互风险描述统计

变量	类别		CR/%		RSL/%		RC/%	
			平均值	标准差	平均值	标准差	平均值	标准差
驾驶人性别	女		2.045	3.757	5.700	6.660	0.307	0.883
	男		1.590	2.957	4.467	5.620	0.204	0.591
驾驶人职业	非专职		2.128	3.877	5.752	6.621	0.320	0.878
	专职		1.365	2.441	4.076	5.305	0.161	0.487
交通密度/（pcu/km）	20		0.541	2.378	1.201	4.141	0.092	0.585
	30		1.048	2.579	3.007	5.803	0.158	0.590
	40		1.830	3.647	4.779	6.193	0.269	0.779
	50		2.836	3.724	7.811	5.481	0.361	0.789
	60		3.060	3.578	9.410	4.999	0.412	0.887
语音提示	不设置		1.760	2.748	5.594	6.596	0.234	0.581
	设置位置/m	250	2.365	4.105	6.177	6.820	0.357	0.911
		500	1.540	2.804	4.342	5.386	0.190	0.542
		750	1.705	3.483	4.792	5.997	0.251	0.878
		1 000	1.730	3.534	4.479	5.826	0.241	0.724

表6-3-14 主车与开放车道后车的交互风险混合线性模型检验

变量	DF	CR/%		RSL/%		RC/%	
		F	p-value	F	p-value	F	p-value
驾驶人性别	1	2.088	0.149	0.633	0.432	1.038	0.313
驾驶人职业	1	2.482	0.116	1.612	0.213	1.136	0.291
交通密度	4	27.366	<0.001	104.595	<0.001	10.472	<0.001
语音提示	4	2.893	0.023	4.560	0.001	2.940	0.022

表6-3-15结果显示，行为自变量中，换道起点位置与 RF2 成负相关关系，与子阶段一类似，换道起点距离施工区较近的车辆与开放车道后车之间的交互风险更大［见图6-3-12（a）］。速度标准差与 RF2 成正相关关系，图6-3-12（b）显示车辆速度的不稳定将导致碰撞发生率和碰撞严重程度同时增加。

(a) 交通密度/(pcu/km)

(b) 语音提示位置/m

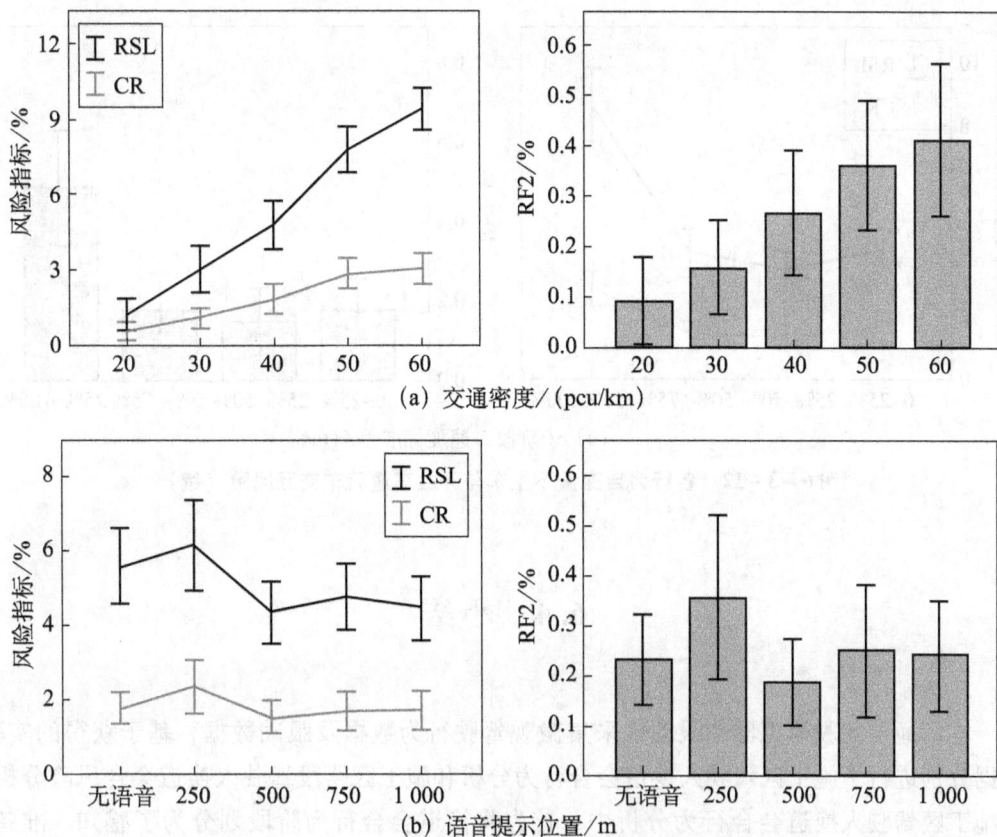

图 6 - 3 - 11　各实验变量下主车与开放车道后车交互风险

表 6 - 3 - 15　主车与开放车道后车的交互风险皮尔森相关性检验

变量名称	CR/%		RSL/%		RC/%	
	Pearson	Sig.	Pearson	Sig.	Pearson	Sig.
换道起点位置/m	- 0.171	< 0.001	- 0.173	< 0.001	- 0.158	< 0.001
子阶段一速度标准差/(m/s)	0.246	< 0.001	0.405	< 0.001	0.275	< 0.001

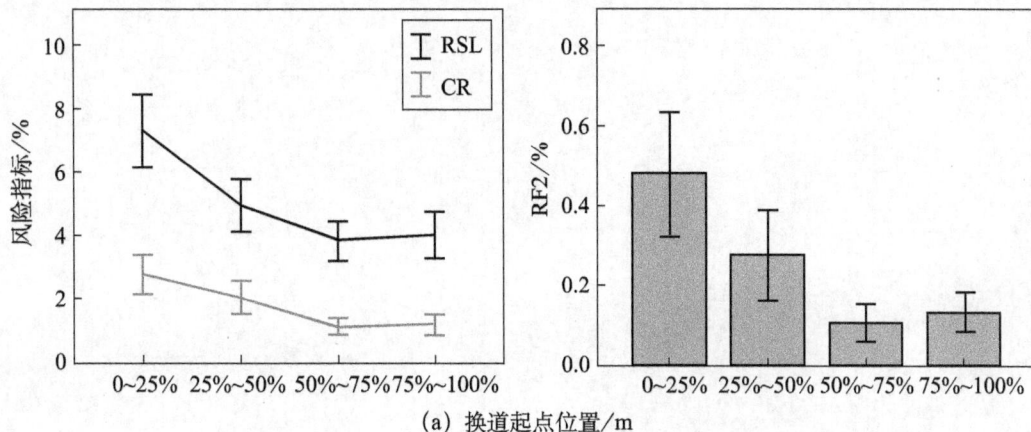

(a) 换道起点位置/m

图 6 - 3 - 12　各行为自变量下主车与开放车道后车交互风险

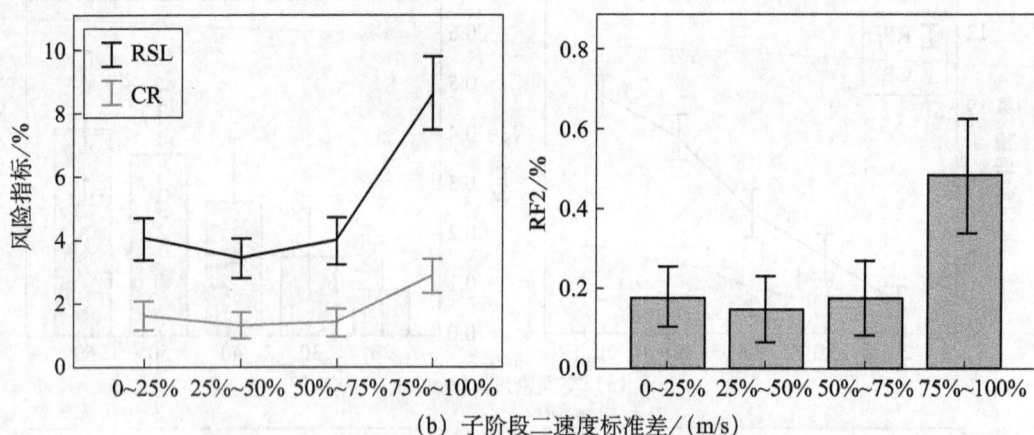

（b）子阶段二速度标准差/（m/s）

图6-3-12　各行为自变量下主车与开放车道后车交互风险（续）

6.4　小结

　　本章通过驾驶模拟器和眼动仪采集微观驾驶行为数据及眼动数据，基于获得的实验数据分别进行了施工区驾驶人换道会合行为分析和施工区路段驾驶人换道会合风险分析。在施工区驾驶人换道会合行为分析中，首先将换道会合行为阶段划分为了感知、准备、执行三个阶段，然后对于不同阶段进行驾驶行为特性分析和眼动特性分析；在施工区路段驾驶人换道会合风险分析中，首先提出碰撞发生率和碰撞严重程度两个风险指标，然后基于风险指标对驾驶人在施工区道路环境下换道会合过程中的具体风险进行了分析。

第7章 高速公路机电系统健康状况评估

7.1 高速公路机电系统健康状况分布估计

7.1.1 高速公路机电系统健康状况概述

高速公路机电系统能够有效提高高速公路管理水平，降低实际运营成本，集数据采集、无线通信、数字监控、自动控制、智能制造于一体，它按照系统功能可以分为监控系统、收费系统、通信系统和供配电系统。此外，在高速公路隧道中还设有其他必要的机电子系统，根据功能可分为隧道照明系统、隧道通风系统和隧道供配电系统等。下面以山东省高速公路某机电系统管理部门所管理的设备为例简述各个子系统的功能架构、故障类型及监测数据。

1. 高速公路机电系统功能架构

高速公路机电系统一般指的是具备数字化、智能化能力的高速公路一体化机电系统综合信息管理系统，既包含了高速公路管辖路段内的信息系统机电系统，也囊括了各个子系统全生命周期的运营管理、监控监测、养护维修、数据运维等，其主要系统功能架构如图7-1-1所示，具体如下。

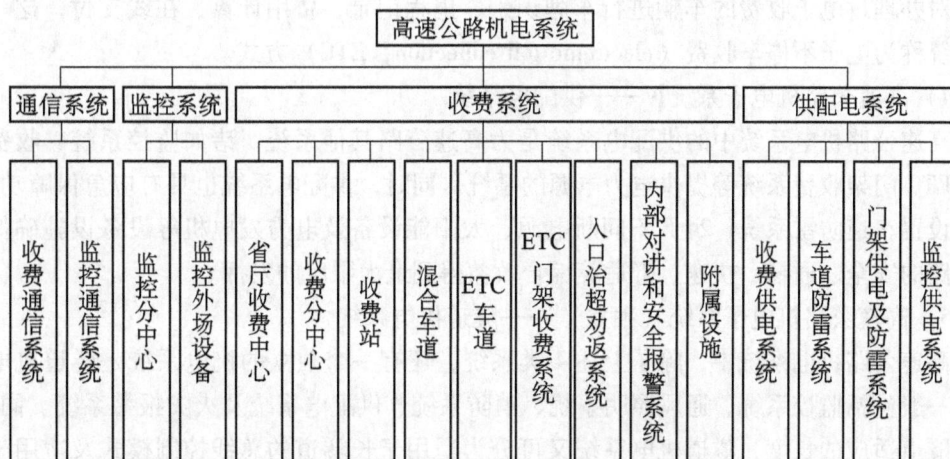

图7-1-1 高速公路机电系统功能架构图

1）高速公路机电子系统Ⅰ——通信系统

高速公路机电系统中的通信系统主要服务于监控通信系统和收费通信系统之间的信息、语音、图像和视频的交互传输，并提供相应的宽窄带业务，以保证高速公路运营管理的安全、及时和高效。通信系统具体可由传输、交换、接入网及电源产品组成，通过光纤传输可覆盖整个高速公路路网、服务区和分中心，形成一套全数字综合通信业务网络，包括主干通信网络、路段接入通信网络和收费站局域通信网络等。

2）高速公路机电子系统Ⅱ——监控系统

高速公路机电系统中的监控系统主要负责全路段区域内交通态势的监视和控制，并用于采集、存储并发布拥堵路况、收费调整及事故情况等，主要包括监控分中心和监控外场设备两部分。值得注意的是，高速公路监控外场设备由车辆传感器、气象感测器、紧急联系中心和巡检设备组成，将道路检测信息实时传送至信息提供子系统，并上传至监测分中心。其中，车辆传感器和气象感测器主要用于收集高速公路交通量、车速、能见度及天气等交通状况信息，通过信息提供子系统发送给高速公路上行驶的驾驶员，主要发布方式包括各类交通标志、可变信息板及无线广播通信等。

3）高速公路机电子系统Ⅲ——收费系统

高速公路机电系统中的收费系统通过采用"车道收费系统—收费站系统—运营单位收费分中心系统—省厅收费结算中心拆账系统"的四级收费体制，形成完整的收费业务链。其中，车道收费系统还同时设有混合车道、ETC收费车道及入口治超劝返系统，收费系统还兼有ETC门架收费系统及内部对讲和安全报警系统。

在高速公路收费系统中，可依据人工所占比重分为纯人工收费、人工辅助收费、机械半自动收费及电子全自动收费。其中，收费方式又可分为均一式收费、开放式收费、封闭式收费及混合式收费。目前的高速公路收费系统大多采用的是混合式收费方式，即在收费站设置有多个收费方式的站口，包括纯人工收费方式、机械半自动收费方式及电子全自动收费方式。电子全自动收费方式仍处于大力推广阶段，它采用无线射频识别等技术对办理过电子收费的车辆进行车牌识别、里程记录、费用计算、在线支付，这一系统被统称为电子不停车收费（electronic toll collection，ETC）方式。

4）高速公路机电子系统Ⅳ——供配电系统

高速公路机电系统中的供配电系统是为高速公路其他系统，诸如监控系统、收费系统、ETC门架收费系统等提供电力电源的系统。同时，供配电系统也具有应急保障功能，通过设置车道防雷系统、24 h不间断电源、太阳能设备及电力发电机等设备设施确保高速公路的安全、通畅、快速、舒适等综合效益得到最大限度的发挥。

5）高速公路机电子系统（独立）——隧道机电系统

高速公路机电系统中，除了上述4类系统，还有一个独立的机电系统是隧道机电系统，一般包括监控系统、通风照明系统、消防系统、供配电系统及火灾报警系统。同时，根据隧道适应的长度，隧道机电系统又可分为适用于长隧道的总线控制模式及适用于短隧道的集散式控制模式。特别地，隧道机电系统由于需要独立管理，其设计和运营的手段和其他系统均不相同，因此，暂不考虑适用于隧道机电系统的健康状况分析与评估。

2. 高速公路机电系统故障类型

高速公路机电系统中的机电系统种类众多，不同种类机电系统的内部结构、工作原理和功能均不同，在整个机电系统中的重要性也不同。同时，同一种类的设备，又存在品牌不同、使用环境不同等差异，这无疑增加了日常高速公路机电系统的维护难度。因此，需要建立完善的高速公路健康状况评估系统，掌握系统故障的类型与规律，提高机电系统的管理水平。常见的高速公路机电系统故障类型大致可分为四大类，具体如下。

1）暂时性系统故障

高速公路机电系统的暂时性系统故障指的是某一机电系统或元件长期暴露于相对恶劣的外界环境而引起的运行不稳定性状况。由于设备或元件自身有着一定的鲁棒性和适应性，这类暂时性故障可自行恢复，当故障积累到一定程度时可能会转化为固定性系统故障。

2）固定性系统故障

高速公路机电系统的固定性系统故障指的是某一机电系统或元件出现了不可逆的损坏，导致其无法自行修复，常由暂时性系统故障转化而来。固定性系统故障的产生大多来自电器老化、机械锈蚀、污垢堵塞及人为破坏等直接性或长期性的使用破坏。

3）机械性系统故障

高速公路机电系统的机械性系统故障指的是某一机电系统或元件的外设因长期（不）使用或不加油等而产生的故障问题。特别地，在实际的高速公路运营中，收费站拦道器时常出现机械性系统故障。

4）整体性系统故障

高速公路机电系统的整体性系统故障指的是当某一机电系统或元件处于无法工作的状态时，导致其他相关设备或元件连带性的无法使用。例如，当通信系统的数字程控交换机无法工作时，会导致通信管道与光电揽线路也处于故障状态。当进行健康状况排查时，此类故障需要分层检修，逐步寻找故障原因。

在进行高速公路机电系统的健康状况评估之前，需要对上述 4 种类型的故障数据进行分析，而故障数据来自系统设备中的元件故障，因此，仍需要分析元件的失效形式，具体见表 7-1-1。

表 7-1-1　高速公路机电系统中常见的设备失效形式表

机电系统	容易发生故障的设备	常见的设备失效形式
通信系统	通信管道与光电缆线路	老化断裂、线路短路
	光纤数字传输接入系统	收发器连接处松动
	数字程控交换机	散热风扇损坏、CPU 烧坏
	紧急电话系统	音频功放电路故障
	无线移动通信系统	计算机病毒感染
	通信电源	电源负载太重、集成电路损坏、电阻烧坏

机电系统	容易发生故障的设备	常见的设备失效形式
	车辆传感器	接插件的接插处氧化
	气象感测器	受湿度或环境影响而氧化锈蚀
	闭路电视监视系统	摄像机控制云台锈蚀、摄像头损坏
	可变信息情报板	信息时有时无或不显示
监控系统	监控分中心设备及软件	主控计算机故障
	地图板	提示灯与提示音消失
	大屏幕投影系统	无法更新、无法成像
	外场供电及传输设备	老化断裂、线路短路
	事件事故检测报警系统	数据参数不稳定
	入口车道设备	设备开关接触点结碳、插件灰尘或异物堵塞
	出口车道设备	设备开关接触点结碳、插件灰尘或异物堵塞
	收费站设备及软件	主控计算机故障
收费系统	收费分中心设备及软件	收费站拦道器损坏
	内部对讲和安全警报系统	接触不良、数据参数不稳定
	外场供电及传输设备	老化断裂、线路短路
	计重系统	计重异常或无法显示
	收费监视系统	摄像机控制云台锈蚀、摄像头损坏
	中心站内高低压配电设备	动力电源损坏
供配电系统	外场设备电力电缆线路	光缆损坏
	照明设施	太阳能供电损坏、灯泡损坏
	测试设备及专用工具	其他损坏

3. 高速公路机电系统故障数据

高速公路机电系统故障数据指的是高速公路在营运期间发生系统故障的检修记录，包括系统类别、系统子类别、设备名称、设备类别、故障描述、报修开始时间、维修完成时间、故障原因、维修类型及维修记录等，由于高速公路机电系统故障数据属于保密数据，本书以收费系统为例，给出部分系统故障数据，详见附录 E，同时暂不考虑供配电系统及隧道机电系统的故障处理。

结合高速公路机电系统故障数据的特点、故障产生原因及机电系统维修工作的实际情况，做出以下假设：

（1）同一运营单位下针对同一类型系统故障，所采取的检修方案和所需的检修时间相同；

（2）当高速公路机电系统中所需设备或元件的型号批次相同或型号批次不同但在结构设计、功能要求、制造水平上差异不大时，认为设备或元件的可靠性相同，按同一故障处理；

（3）高速公路机电系统的通信系统、监控系统、收费系统、供配电系统及隧道机电系统发生的故障相互独立；

（4）高速公路机电系统中所需的设备或元件，暂不考虑已有的运行时间或运行里程，认为在相同运行天数内，设备或元件能够完成相同的功能需求。

对所采集到山东省高速公路机电系统的 2022 年 7 月 1 日—8 月 31 日期间发生的通信系统、监控系统及收费系统故障数据进行筛选统计，给出以下筛选原则：

（1）由于人为破坏而导致的系统故障事件归纳于故障数据，如外物撞击导致车道栏杆机的螺丝断裂；

（2）设备出现因操作不当或接触不良而导致数据的时有时无，如摄像头的实时拍摄不完整，但设备重启或重新配置后可恢复正常的情况，归纳于故障数据；

（3）报警系统出现无故障报警、ETC 门架收费信息延迟上传、设备提示灯不亮等不影响系统正常工作的故障仅做系统维修而不归纳于故障记录；

（4）非系统故障引起的高速公路机电系统运行异常行为，如交通事故、道路限行、人为记录错误等，不归纳于故障记录。

根据实际故障数据记录，涉及的故障数据主要有以下几个方面：①通信系统常见的故障数据有无线传输系统断联、数字程控交换机及紧急电话宕机等；②监控系统常见的故障数据有监控摄像机的电源异常、网络不通及监视控制设备的软件卡顿、死机等；③收费系统中常见的故障数据有自动栏杆机的断裂、连杆故障、移动支付设备串口故障、监控工控机死机等。实际故障数据所涉及的高速公路机电系统设备表见表 7-1-2。

表 7-1-2　实际故障数据所涉及的高速公路机电系统设备表

机电子系统	设备分类	设备名称
通信设备	通信外场设备	通信管道与光电缆线路
	通信内场设备	数字程控交换机
		紧急电话系统
监控系统	监控外场设备	监控摄像机
		车辆传感器
		可变信息情报板
	监控分中心	监控分中心计算机
		闭路电视监视系统
		大屏幕投影系统
收费系统	收费车道	车道摄像机
		车辆传感器
		车牌识别器
		费额显示器
		语音报价器

机电系统	设备分类	设备名称
收费系统	收费站	收费广场摄像机
		球形摄像机
		视频管理服务器
	收费分中心	收费服务器

根据上述故障假设与数据筛选原则，对山东省高速公路机电系统故障数据进行统计筛选，得到系统的故障数据统计情况。从高速公路机电系统的故障分布情况来看，系统故障多数集中在收费系统和监控系统中。根据高速公路机电系统管理部门提供的设备维修数据，收费系统故障占总故障数的64%，监控系统故障占总故障数的35%，而通信系统故障仅占总故障数的1%；从故障发生地点来看，69%的设备故障发生在收费站，31%的设备故障发生在高速公路路段上；从软硬件类别来看，高速公路机电系统故障可分为硬件故障和软件故障，且软件故障占总故障数的57%，硬件故障占比为43%。具体分析如下。

1）通信系统

通信系统中的设备故障均为硬件故障，且都发生在收费站。

2）监控系统

监控系统中，硬件故障占监控系统设备总故障数的12%，软件故障占监控系统设备总故障数的88%，如图7-1-2所示。

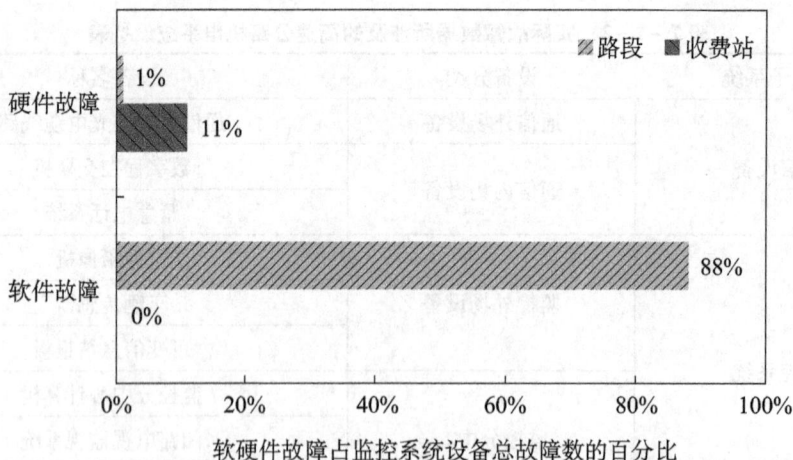

软硬件故障占监控系统设备总故障数的百分比

图7-1-2 监控系统故障数据的软硬件分类情况图

由图7-1-2及统计数据可知，硬件故障中故障最多的设备为摄像机；软件故障中故障最多的设备为监控工控机。同时，布设在收费站的设备发生的故障占监控系统设备总故障数的11%，布设在路段上的设备发生的故障占总故障数的89%。

3）收费系统

收费系统中，硬件故障占收费系统设备总故障数的51%，软件故障占收费系统设备总故障数的 49%，如图 7-1-3 所示。由图 7-1-3 及统计数据可知，硬件故障中故障最多的为自动栏杆机，其次是移动支付设备；软件故障中故障最多的是收费车道工控机。布设在收费站的设备发生的故障占收费系统设备总故障数的 99%，布设在路段上的设备发生的故障数占收费系统设备总故障数的 1%。

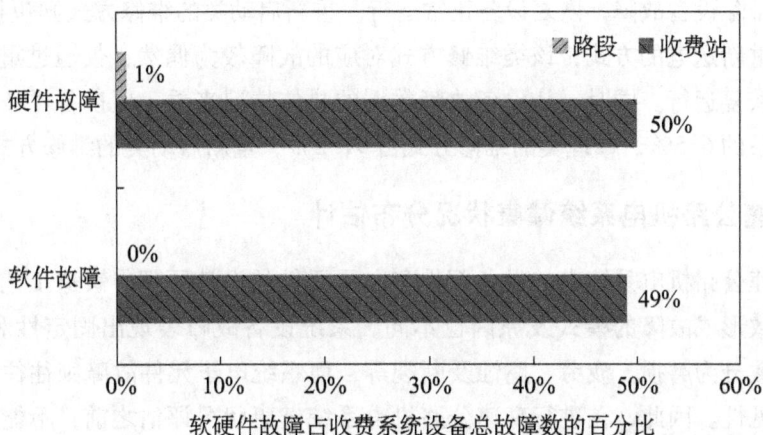

图 7-1-3 收费系统故障数据的软硬件分类情况图

下面对高速公路机电系统的维修情况进行分析，将高速公路机电系统故障数据按照维修方式的不同进行分类，即按照设备维修过程中是否需要维修人员到场分为现场维修和远程维修。其中，需要进行远程维修的故障均为软件故障，而现场维修则需要解决设备软件故障及硬件故障。

根据高速公路机电系统故障数据，现场维修作业中主要有以下几种具体维修类型：更换相关零部件、维修调试、临时处置、重启设备、重启软件、重新送电等。远程维修作业中主要有 3 种维修类型，即重新调试、软件升级和重启软件，见表 7-1-3。

表 7-1-3 高速公路机电系统维修类型分布表

维修类型	维修方式	现场维修	远程维修
更换备件	更换相关零部件	√	×
修理	维修调试	√	×
	临时处置	√	×
	重新调试	√	√
	维修曲轴连杆	√	×
	清理冗余文件	√	×
	软件升级	√	√
重新启动	重启设备	√	×
	重启软件	√	√
	重新送电	√	×

由表 7-1-3 可知，上述维修类型可以按照是否更换备件，是否需要进行修理和是

否可以重启解决再进行分类。其中，更换备件类的维修方式有更换相关零部件，该方式对应的故障较为严重，无法通过维修或者调试参数等解决。修理类的维修方式有维修调试、临时处置、重新调试、维修曲轴连杆、清理冗余文件、软件升级，该类维修方式对应的故障设备并未完全损坏，可以通过维修部件、调试设备机械结构、调试设备软硬件配置等方式排除设备故障，恢复设备正常运行。重新启动类的维修方式则包括重启设备、重启软件和重新送电的方式，该类维修方式对应的故障较为偶然，仅通过重启设备即可排除故障并恢复运行。同时，从设备故障数据的总体情况来看，更换备件类的维修方式占总维修记录的 6.5%，修理类的维修方式占 91.2%，重新启动类的维修方式占 2.3%。

7.1.2 高速公路机电系统健康状况分布估计

由于高速公路机电系统中的设备部件和电子元件的设计原理、锻造工艺、应用环境均不同，导致形成故障的模式及原因也不同。系统设备故障表现出固定性和可预见性，其成因可大致分为磨损、疲劳、腐蚀及断裂等，而系统电子元件故障则往往表现出随机性和不可预见性。因此，在进行高速公路机电系统健康状况评估之前，不能只考虑系统故障模式影响，还需要明确系统的健康状况分布规律。

1. 系统健康状况分布估计方法

由于山东省高速公路机电系统故障数据样本量不足，特别是同类型的故障数据样本量缺失问题会导致健康评估的不准确，因此，本书在进行高速公路机电系统健康状况评估之前，为明确系统健康状况的分布情况，提出了基于核密度估计和自然间断点分段法的系统健康状况分布估计，通过利用历史样本数据的核密度估计迭代更新得到新增样本估计，进而通过自然间断点分段法对其进行健康状况分类。

1）核密度估计

核密度估计（kernel density estimation，KDE）是一种用于估计未知数据的密度函数，也被称为 Parzen 窗（parzen window，PW）。它是一种非参数估计方法，将所采集到的历史数据直接进行概率密度函数建模，得到历史数据分布，具体方法如下。

假设有一个连续分布的函数 $f(x)$，包含了 n 个服从独立同分布的历史样本数据，即 $x_1, x_2, \cdots, x_n$，设 $\hat{f}(x)$ 是 $f(x)$ 的核密度估计函数，其表达式为

$$\hat{f}(x) = \frac{1}{nw} \sum_{i=1}^{n} K\left(\frac{x - x_i}{w}\right), x \in \mathbf{R} \qquad (7-1-1)$$

式中：n 为服从独立同分布的历史样本个数；$K(\cdot)$ 为缩放核函数，基本核函数包括 Uniform，Triangular，Biweight 等；w 为窗宽，指的是核密度估计结果的平滑参数。

2）自然间断点分段法

自然间断点分段法（natural discontinuity segmentation，NDS）是一种用于数据特征提取的机器学习方法，也被称为 Jenks 优化法（Jenks optimization，JO）。它是一种特征筛选方法，通过提取变量特征使得数据呈现出一定的峰值或极值，通常称其为自然间断点。这些自然间断点可以将数据按所筛选的变量特征分成不同的区间或类，区间段与区间段

之间的数据特征都有着较大的区分度。下面使用 Python 中的 Scipy. singal 模块来进行数据分类，通过调用 find_peaks_cwt（）和 argrelextrema（）函数找到高速公路机电系统设备故障数据的自然间断点，去除原始数据集中的冗余特征，提高系统健康状况评估的精度和泛化能力，具体步骤如下。

步骤 1：输入一组数据变量 $\{y_1, y_2, \cdots, y_n\}$，计算这组数据变量的均值 $\bar{y}$ 及均值平方偏差和（squared deviations average mean，SDAM），其表达式为

$$\bar{y} = \frac{\sum\limits_{i=1}^{n} y_i}{n} \tag{7-1-2}$$

$$\text{SDAM} = \sum_{i=1}^{n} (y_i - \bar{y})^2 \tag{7-1-3}$$

步骤 2：将数据变量按照特征变化分成 $k+1$ 类，即含有 $k = \text{index}\{j_1, j_2, \cdots, j_k\}$ 个自然间断点，对不同特征分类的数据变量进行递推和迭代，选择分类均值平方偏差和（squared classification deviations average mean，SCDAM）最小的一组数据分类特征，其表达式为

$$\text{SCDAM}_k = \sum_{i=1}^{j_1} \left(y_i - \frac{\sum\limits_{i=1}^{j_1} y_i}{j_1} \right)^2 + \sum_{i=j_1+1}^{j_2} \left(x_i - \frac{\sum\limits_{i=j_1+1}^{j_2} y_i}{j_2 - j_1} \right)^2 + \cdots + \sum_{i=j_k+1}^{n} \left(x_i - \frac{\sum\limits_{i=j_k+1}^{j_k} y_i}{n - j_k} \right)^2 \tag{7-1-4}$$

步骤 3：根据所选 SCDAM 最小的数据进行方差拟合优度（goodness variance fit，GVF）的计算，其中，GVF 的取值为 [0, 1]，计算结果越接近上限则表示拟合效果越好，反之则越差，其表达式为

$$\text{GVF} = \max\left\{ \text{GVF}_k = \frac{\text{SDAM} - \text{SCDAM}_k}{\text{SDAM}} \right\} \tag{7-1-5}$$

2. 基于维修时间的系统健康状况分布

高速公路机电系统故障数据中含有报修开始时间和维修完成时间两个维修时间字段（见附录 E），研究其中的规律有助于进一步分析高速公路机电系统的健康状况分布规律，其定义如下：

（1）报修开始时间是指高速公路机电系统管理人员对故障设备提出设备报修申请的时间，假设报修申请后维修人员立即开展维修工作，则报修开始时间可被认为是维修开始时间，统计 2022 年 7 月 1 日—8 月 31 日期间山东省高速公路故障数据中的报修开始时间分布，如图 7-1-4 所示；

（2）维修完成时间是机电系统故障排除后，高速公路机电系统管理人员进行维修完成登记的时间，假设维修完成后维修人员立即向管理人员审批并登记，则报修完成登记时间可被认为是维修完成时间，统计 2022 年 7 月 1 日—8 月 31 日期间山东省高速公路故障数据中的维修完成时间分布，如图 7-1-5 所示。

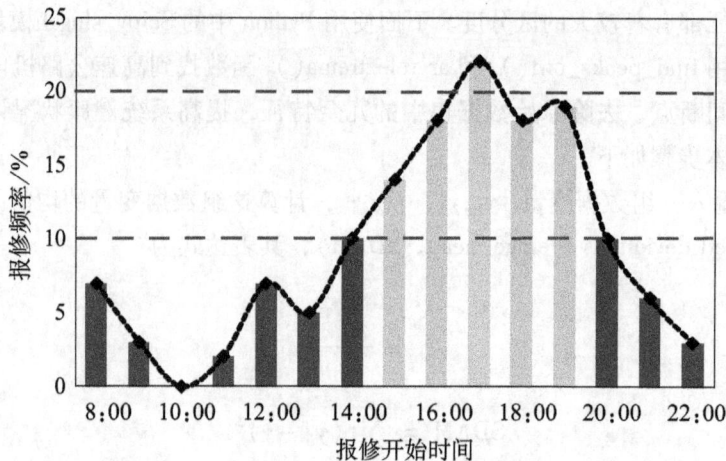

图7-1-4 高速公路机电系统报修开始时间分布图

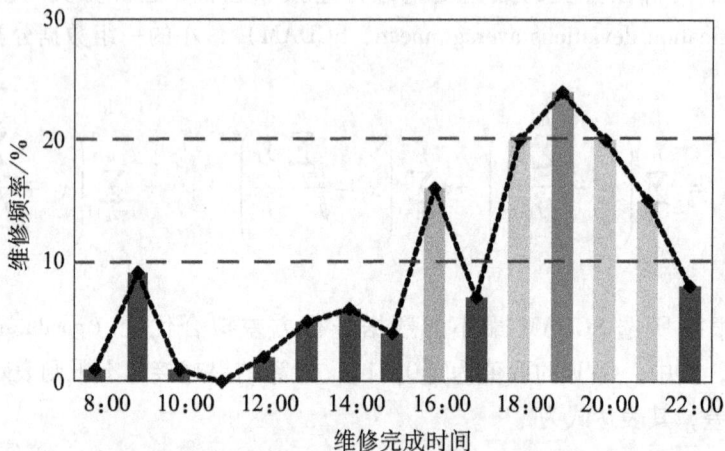

图7-1-5 高速公路机电系统维修完成时间分布图

由图7-1-4可知，高速公路机电系统出现故障后的报修开始时间大多集中于日间的早晚高峰期间，特别是晚高峰的15:00—19:00，占比为51.7%。究其原因，夜间高速公路机电系统会进行保养和检查导致早上出现报修的状况相对较少，而晚高峰期间车流量较大，同时又经过了日间的使用，从而导致了报修率的提升。

由图7-1-5可知，高速公路机电系统的维修完成时间与报修开始时间有着一定的关联，且相对滞后，频率较高的时间段为16:00—20:00，占比为47%。由于高速公路机电系统的设备维修工作需要在日间完成，出现故障后会第一时间解决，因此，仅当设备故障情况严重且危急时，才会有相对较长的维修过程。

统计高速公路机电系统故障数据中的同一设备得到的报修开始时间和维修完成时间数据，结果如图7-1-6所示。由图7-1-6可知，报修开始时间与维修完成时间存在线性相关关系，离散程度较低，说明大部分故障维修都可以在短时间内进行修复，并完成登记。下面将同一设备的故障维修时长（故障维修时长＝维修完成时间－报修开始时间）进行统计分析。

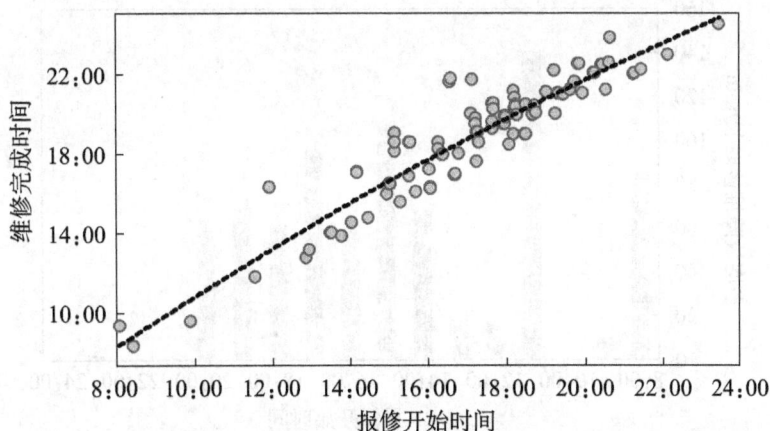

图 7 – 1 – 6　高速公路机电系统报修开始时间与维修完成时间相关关系图

由图 7 – 1 – 7 可知，报修开始时间与故障维修时长相关性较弱，离散程度较高，但有一定的分布规律，即可将故障维修时长进行聚类分析，划分成不同类别进行分析。

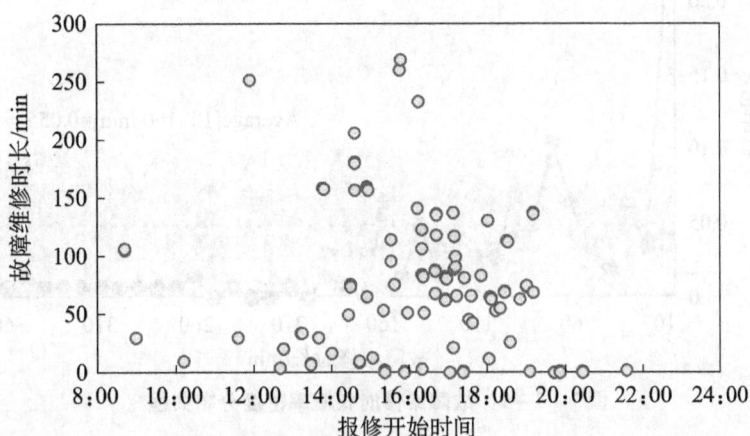

图 7 – 1 – 7　高速公路机电系统报修开始时间与故障维修时长相关关系图

故障维修时长由于在晚高峰期间数据量较大，因此作为数据补充，求其平均值，得到基于报修开始时间的平均故障维修时长分布情况，如图 7 – 1 – 8 所示。

由图 7 – 1 – 8 可知，12:00—14:00 期间的机电系统平均故障维修时长较短，为 30 min 以内，其余时间报修的设备故障平均维修时长大约在 60 ~ 120 min 之间。由此可知，需要对故障维修时间进行详细分类，以增加高速公路健康状况评估的准确性。

3. 基于故障维修时长的系统健康状况分布

首先，将高速公路机电系统故障数据中的故障维修时长作为变量特征进行核密度估计，得到以 10 min 为间隔的故障维修时长概率密度分布曲线，如图 7 – 1 – 9 所示。

由图 7 – 1 – 9 可知，故障维修时长存在一定的分布规律，大部分故障维修时长在 160 min 以内，特别是故障影响较小的一些软件故障维修时长主要集中于 10 min 以内，而需要更换配件等问题的故障维修时长则需要 60 min 左右，大多数硬件故障维修时长会超过

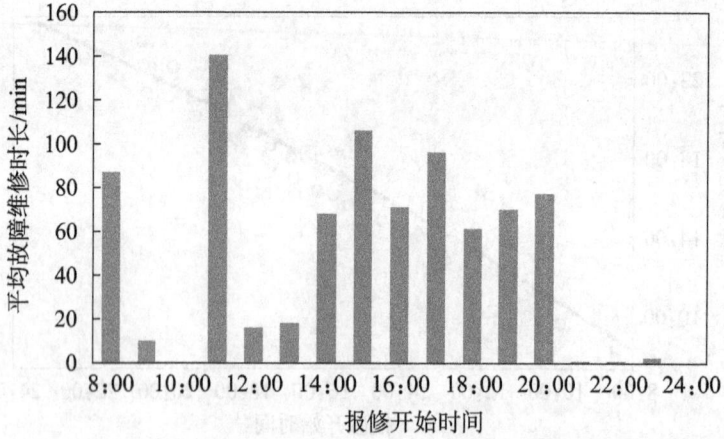

图7-1-8 平均故障维修时长与报修开始时间关系图（每小时分组）

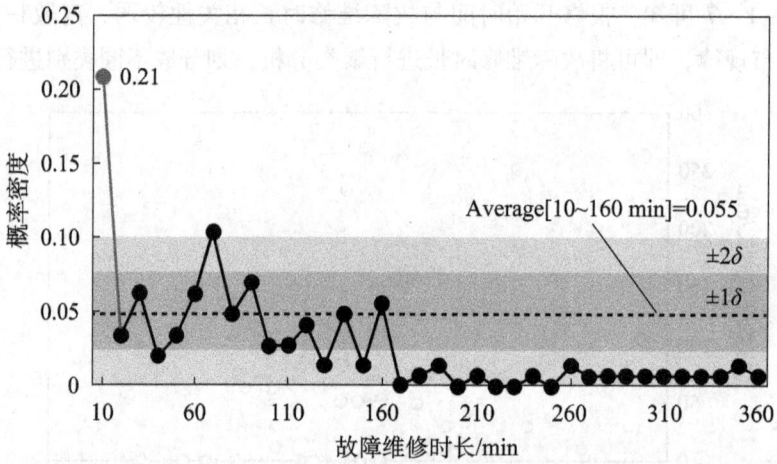

图7-1-9 故障维修时长概率密度分布曲线

120 min。为便于后续系统健康状况评估，采用自然间断点分段法基于故障维修时长进行故障分类，得到故障分类与GVF值之间的关系，如图7-1-10所示。

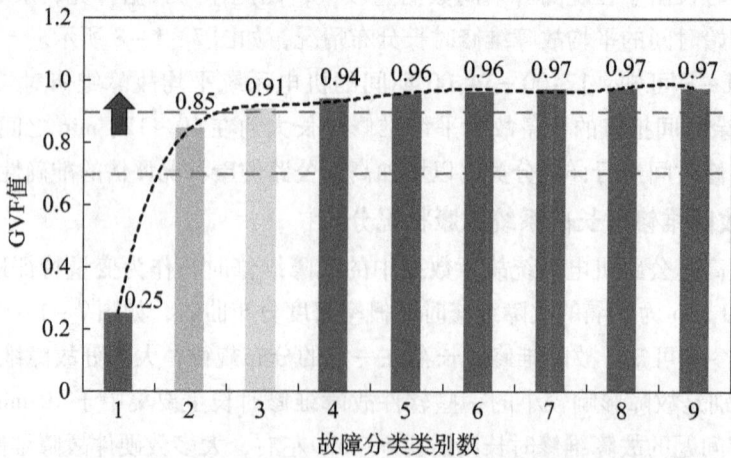

图7-1-10 故障分类类别数与GVF值的相关关系图

由经验可知，只有在 GVF≥0.7 时才能有较好的分类效果，且 GVF≥0.9 时的分类效果表现更佳。由图 7-1-10 可知，二分类的 GVF=0.85，即自然间断点数量 $k=2$ 时分类效果较好，同理当自然间断点数量 $k=3$ 时效果更佳且分类数量较为适中。因此，考虑将故障维修时长设计为三分类，并按照三分类的自然间断点绘制直方图，如图 7-1-11 所示。

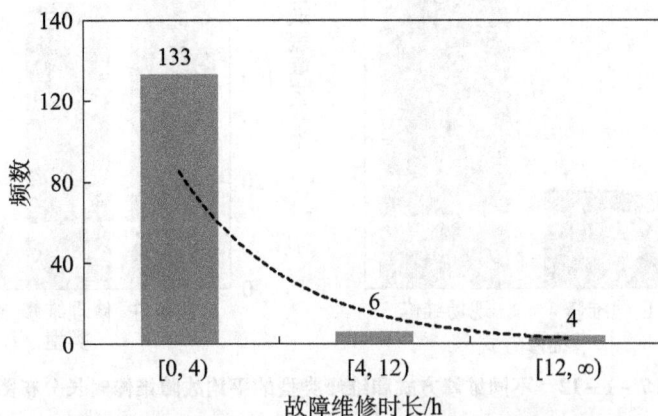

图 7-1-11　三分类时故障维修时长频数分布图

由图 7-1-11 可知：第一类故障维修时长多在 4 h 内，可将其定义为轻度维修；第二类故障维修时长在 4~12 h 之间，可将其定义为中度维修；第三类故障维修时长为 12 h 及以上，可将其定义为重度维修。其中，自然间断点 $k=\text{index}\{j_1=267.817,$ $j_2=801.183\}=2$。据此，按照三分类的分类形式基于故障维修时长对高速公路机电系统的健康状况进行分级，见表 7-1-4。

表 7-1-4　基于故障维修时长的系统健康状况分级表

健康程度	故障维修时长/h	数据量占比/%
轻度维修	[0, 4)	91.0
中度维修	[4, 12)	4.9
重度维修	[12, +∞)	4.2

接下来，对不同维修方式和维修类型的平均故障维修时长进行统计，分析不同维修方式和维修类型下的故障维修时长分布规律，如图 7-1-12 所示。由图 7-1-12 可知，远程维修的平均故障维修时长约为 30 min，现场维修的平均故障维修时长为 145 min。更换备件类的平均故障维修时长为 225 min，修理类的平均故障维修时长为 135 min，重新启动类的平均故障维修时长为 30 min。

由此可以看出，重新启动类的平均故障维修时长最短，更换备件类的平均故障维修时长最长，这是由于更换备件类的维修过程需要进行现场作业并且需要对旧设备（零部件）进行重新安装与调试运行。

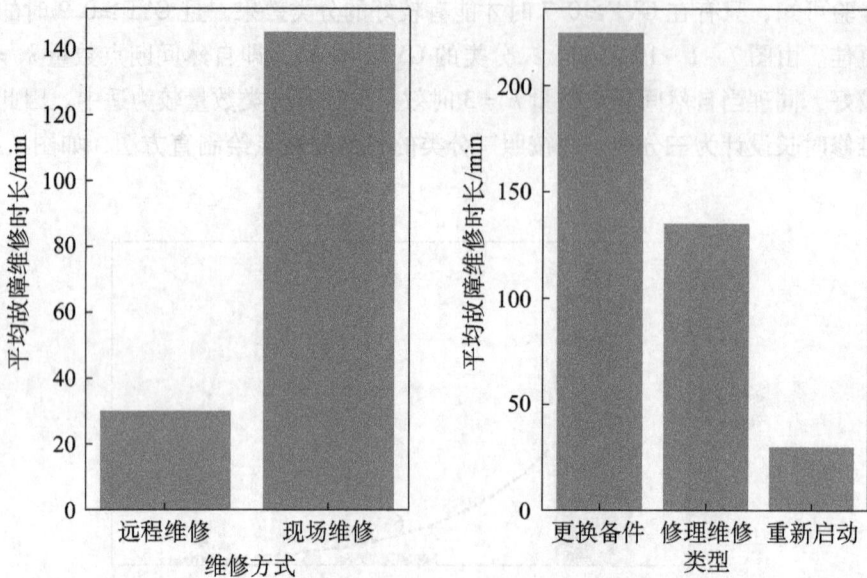

图 7 - 1 - 12　不同维修方式和维修类型的平均故障维修时长分布图

7.2　基于 FTA_Ele 模型的高速公路机电系统健康状况影响分析

7.2.1　高速公路机电系统健康状况影响分析方法

高速公路机电系统健康状况影响分析方法一般有 3 种，即直方图法，故障模式、影响和危害性模型（failure mode effects and criticality analysis，FMECA）法及故障树模型（fault tree analysis，FTA）法，具体内容如下。

1. 直方图法

直方图法是进行高速公路机电系统健康状况影响分析最常用的方法。直方图分为 3 类，不同之处在于其纵坐标的含义，包括系统可能发生故障的概率，用频数 Δr_i 表示；单位观测数据下每一组的频数 $W_i = \Delta r_i / n$ 及每一组的累积频数 $F_i = \sum_{j=1}^{n} w_j$。

2. FMECA 法

FMECA 法是以故障模式为基础，以故障影响或后果为目标的高速公路机电系统健康状况影响分析方法。它自下而上地通过逐一分析各组成部分的不同故障对机电系统工作的健康状况影响，全面识别设计中的薄弱环节和关键项目，并为评估和改进系统设计的可靠性提供基本信息，具体分析流程如图 7 - 2 - 1 所示。

一般地，FMECA 模型分析可分为 FMEA 分析和 CA 分析，具体步骤如下。

步骤 1：明确分析系统。首先，要明确进行 FMECA 模型分析时的研究对象，高速公路机电系统即为模型的分析对象；其次，明确整个高速公路机电系统的组成结构与具体

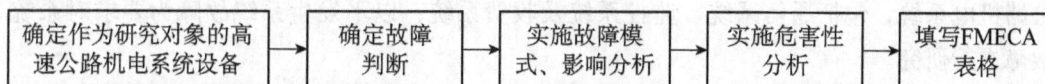

图 7 - 2 - 1　基于 FMECA 法的高速公路机电系统健康状况影响分析流程图

功能，了解高速公路机电系统发生的故障模式。

步骤 2：确定故障判据。制定高速公路机电系统的健康状况是否正常的判断标准，这里的"判断标准"指设备是否发生故障，也就是设备能否完成指定的任务。

步骤 3：实施 FMEA 分析。进行高速公路机电系统故障模式、原因及后果的研究，其中，故障模式分析指的是查找系统中设备可能产生的故障模式，故障原因分析指的是查找系统中设备的故障模式产生的原因，故障后果分析指的是对每种故障模式的影响后果进行分析。

步骤 4：实施 CA 分析。进行高速公路机电系统的故障危害度分析，即对设备故障的发生概率与严重程度的综合分析，它可以分为定性分析和定量计算。定性分析包括风险矩阵和风险顺序数的分析，定量计算则包含故障危害度与设备危害度的计算。

步骤 5：制定改进措施。根据分析结果，确定薄弱环节或缺陷，判断是否需要改进并制定改进措施，降低高速公路机电系统的故障影响以提高系统的可靠性。

步骤 6：填写 FMECA 表格。输出 FMECA 模型分析的结果，包括高速公路机电系统中的设备名称、数量、功能描述、故障模式、故障原因、故障影响及危害度等级，FME-CA 表格的填写示例见表 7 - 2 - 1。

表 7 - 2 - 1　基于 FMECA 法的高速公路机电系统健康状况影响分析表

设备名称	数量	功能描述	故障模式	故障原因	故障影响	危害度等级
车道工控机	1	监测车道、核算能耗与行程时间	硬件故障	机柜跳闸	无法连接计重信息	临界

注：危害度可根据故障模式所造成影响的严重程度分为 4 个等级：灾难、致命、临界、轻度。

3. FTA 法

FTA 法是一种由上往下的演绎式的系统故障失效分析方法，利用布林逻辑组合低阶事件，分析高速公路机电系统中不希望出现的状态。FTA 法可以用来了解高速公路机电系统失效的原因，并且找到最好的方式降低风险，或确认高速公路机电系统失效的发生概率及某一设备故障对于高速公路机电系统整体健康状况的重要度，分析流程如图 7 - 2 - 2 所示。

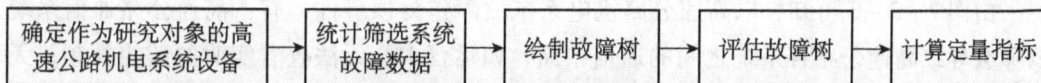

图 7 - 2 - 2　基于 FTA 法的高速公路机电系统健康状况影响分析流程图

基于 FTA 法的高速公路机电系统健康状况影响分析具体步骤如下。

步骤 1：确定作为研究对象的系统。基于 FTA 模型分析的研究对象为运营中的高速公路机电系统，包括通信系统、监控系统及收费系统，以不发生系统故障为要求对系统故障进行研究。

步骤2：收集系统资料。通过分析高速公路机电系统的结构与设备组成，推算设备可能发生的故障模式及故障概率。

步骤3：绘制故障树。首先，将高速公路机电系统故障作为顶事件，将高速公路收费系统、监控系统及通信系统的故障或单个机电系统的故障作为中间事件，将机电系统的具体故障类型作为基本事件；其次，从上而下、从整体到局部分析导致系统故障的所有可能原因，通过规定的逻辑符号表示出来，形成树状的逻辑结构。

步骤4：评估故障树。根据绘制的故障树进行定性分析。

步骤5：计算定量指标，包括顶事件故障发生概率 $P(D)$、基本事件结构重要度 $I_q(z_i)$、概率重要度 $I_s(z_i)$ 和临界重要度 $I_s^c(z_i)$。

假设故障树中存在 n 个基本事件 $Z = \{z_1, z_2, \cdots, z_n\}$，且相互独立并具有二态性（事件的发生结果只存在"故障"与"正常"两种情况），结构中含 $q_k(z_i \in M_k)$ 个基本事件的 u 个最小隔集 $M_k(k = 1, 2, \cdots, u)$，则定量指标计算具体如下。

（1）顶事件故障发生概率

$$P(D) = \sum_{k=1}^{u} \left(\prod_{z_i \in M_k} P(z_i) \right) \qquad (7-2-1)$$

式中：$P(z_i)$ 为基本事件 z_i 的故障发生概率。

（2）基本事件结构重要度

$$I_q(z_i) = \frac{1}{u} \sum_{k=1}^{u} \frac{1}{q_k(z_i \in M_k)} \qquad (7-2-2)$$

（3）基本事件概率重要度

$$I_s(z_i) = \frac{\partial P(D)}{\partial P(z_i)} \qquad (7-2-3)$$

（4）基本事件临界重要度

$$I_s^c(z_i) = \frac{P(z_i)}{P(D)} \cdot I_s(z_i) \qquad (7-2-4)$$

基于 FTA 模型的故障分析可能会找出高速公路机电系统的故障内在原因，为后续系统健康评估提供可靠的参考依据。因此，根据上述 FTA 模型的分析步骤初步绘制出高速公路机电系统的 FTA_Ele 模型框架，如图 7-2-3 所示，图中加号表示或门。

由图 7-2-3 可知，以高速公路机电系统故障作为顶事件，有：高速公路通信系统故障会导致高速公路各系统之间的通信中断，如运营中心无法查看实时的监控视频，无法向高速公路沿线的可变信息板发布信息，收费站收费数据无法传输至收费中心；高速公路监控系统发生故障会导致管理运营方无法监控高速公路运行情况；高速公路收费系统发生故障会导致高速公路运营方无法向高速公路使用者收取费用，并完成清分。因此，需要分别对通信系统、监控系统及收费系统进行故障树的构建。

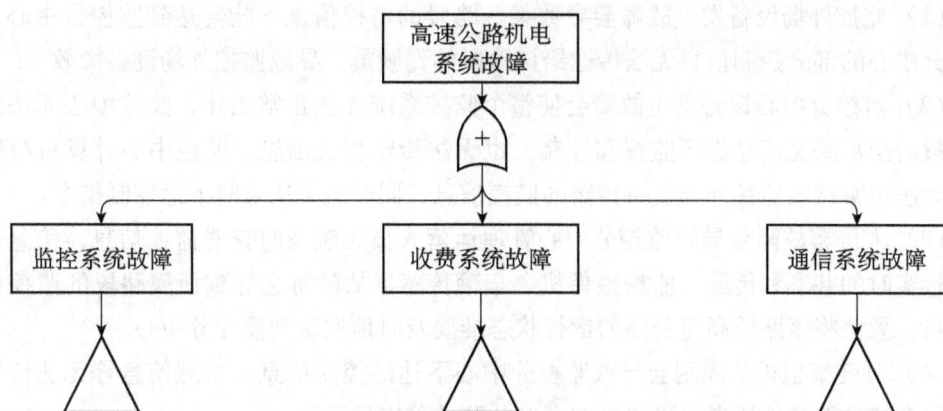

图 7 - 2 - 3　高速公路机电系统的 FTA_Ele 模型图

7.2.2　FTA_Ele_Com：通信系统健康状况影响分析

高速公路通信系统由收费通信系统和监控通信系统组成，通信光纤、交换机和电话设备发生故障都会导致通信系统的故障。但由于各级交换中心间均可进行互联，组成一个多路又多迂回的网络，其单个设备发生故障不会导致通信系统的功能丧失。因此，建立高速公路通信系统的 FTA_Ele_Com 模型如图 7 - 2 - 4 所示，图中的小黑点表示与门。

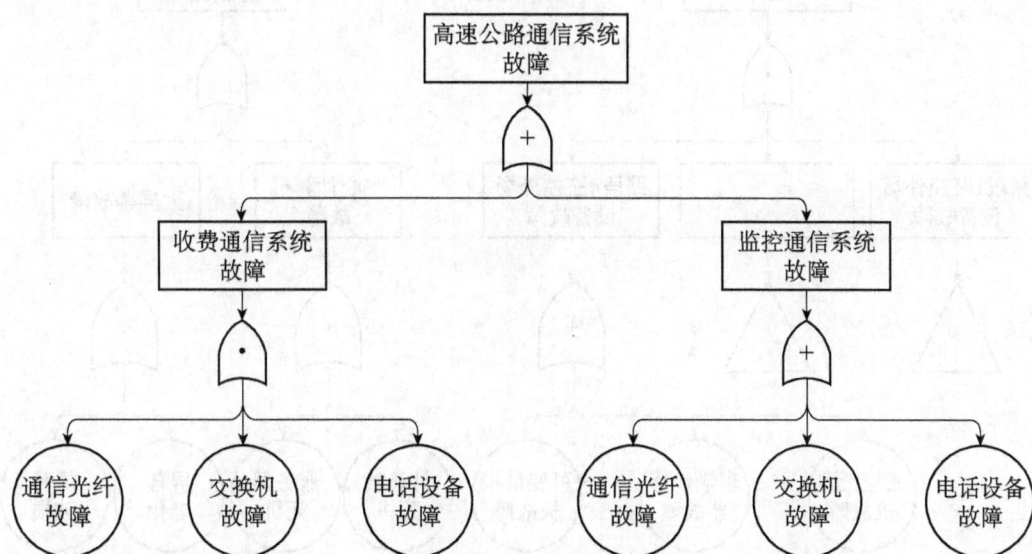

图 7 - 2 - 4　高速公路通信系统的 FTA_Ele_Com 模型图

7.2.3　FTA_Ele_Mon：监控系统健康状况影响分析

高速公路监控系统中，将高速公路监控系统故障作为故障子树的顶事件，监控系统发生故障会导致管理运营方无法监控高速公路的运行情况，具体的健康状况影响分析如下。

（1）监控外场设备发生故障会导致某一路段的监控信息不能传达到监控分中心，或监控分中心的部分控制信息无法传达给该路段的驾驶员，导致监控外场设备失效。

（2）监控分中心设备发生故障会使整个监控系统无法正常工作，监控中心无法对分管路段的全部路况信息进行监视和控制，也无法传输相关信息。监控中心计算机故障会导致无法正常接收监控外场设备传输的监控信息，同时也无法及时下达控制指令。

（3）大屏幕故障会导致监控分中心管理运营人员无法及时查看监控信息，信息也无法进行实时的共享和传输。监控摄像机、车辆传感器故障都会导致所属路段的监控信息不完整，无法将该路段高速公路的运行状态准确及时地发送到监控分中心。

（4）可变情报板故障则会导致监控分中心下达的控制信息、管理信息等无法传达给该路段高速公路的使用者，可能影响高速公路的稳定运行。

因此，建立高速公路监控系统的 FTA_Ele_Mon 模型如图 7 - 2 - 5 所示。

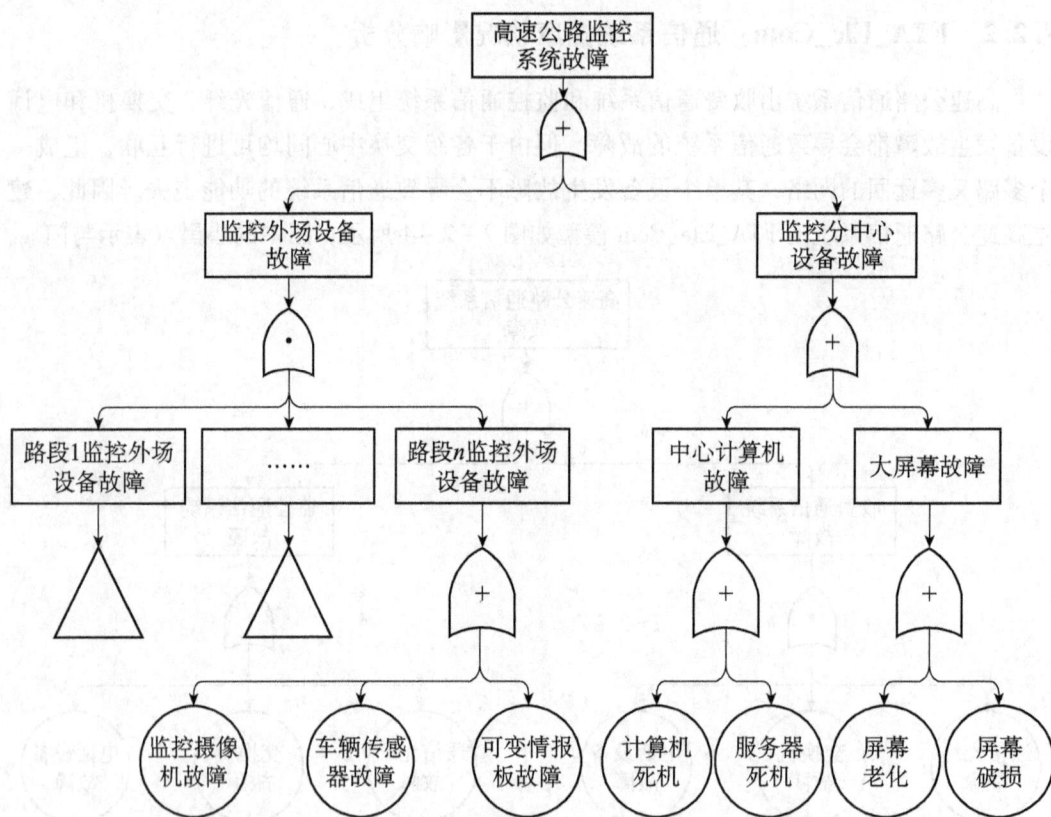

图 7 - 2 - 5　高速公路监控系统的 FTA_Ele_Mon 模型图

7.2.4　FTA_Ele_Cha：收费系统健康状况影响分析

高速公路收费系统中，将高速公路收费系统故障作为故障子树的顶事件，收费车道设备故障会导致高速公路使用者通行费异常结算，收费站设备故障会导致收费站监控数据异常，收费中心系统故障会导致无法进行收费额清分。因此，绘制高速公路收费系统的 FTA_Ele_Cha 模型如图 7-2-6 所示。

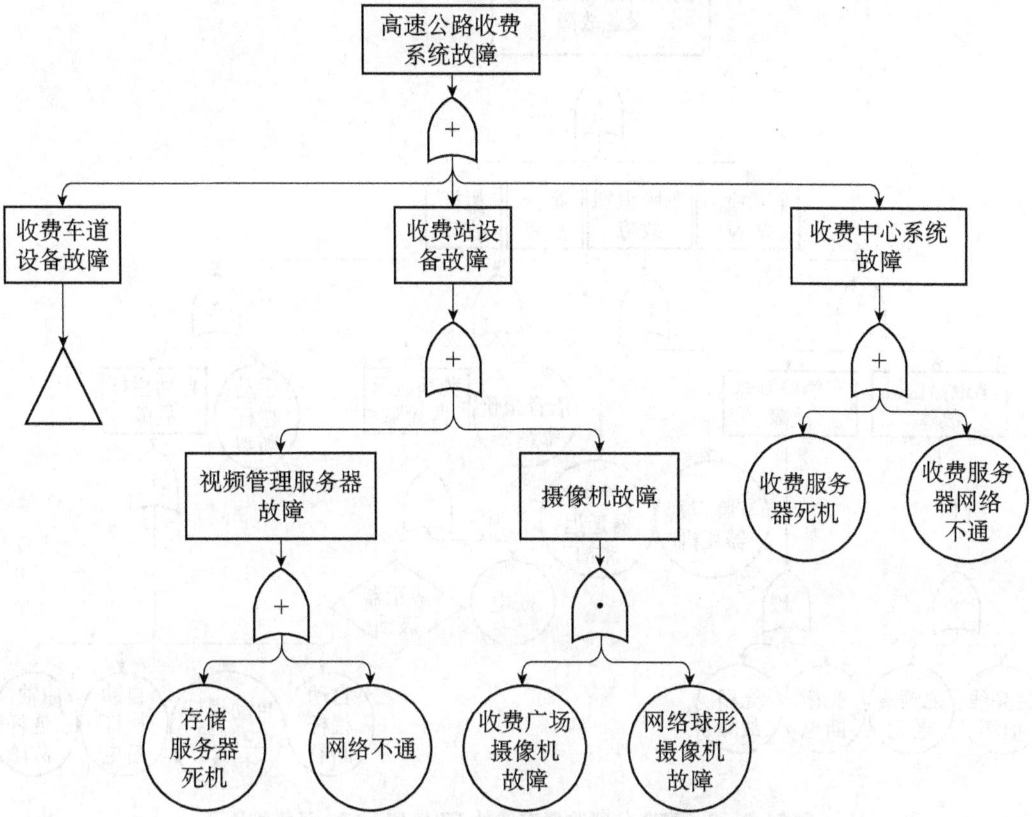

图 7-2-6　高速公路收费系统的 FTA_Ele_Cha 模型图

　　由图 7-2-6 可知，收费站设备故障可能由视频管理服务器故障和摄像机故障导致。视频管理服务器的存储服务器死机会导致视频无法正常存储至硬盘，进而造成无法回看监控视频。视频管理服务器的网络不通会导致视频管理服务器无法连接至收费站内监控摄像机，无法存储记录监控视频数据。收费站的摄像机设备故障包括收费广场摄像机故障和网络球形摄像机故障，虽单独出现问题不会对正常运行产生重大影响，但如果全部发生故障会使收费中心和管理中心完全丧失对收费站运行的监控。收费中心的收费服务器故障会导致收费中心设备故障。收费服务器故障由两个原因导致，其一是收费服务器自身死机，其二是收费服务器网络不通。此外，收费车道设备种类较多，可以继续拓展进行分析，如图 7-2-7 所示。

　　由图 7-2-7 可知，以高速公路收费车道设备故障作为顶事件，高速公路收费系统的收费车道设备故障可由车辆检测故障、车牌识别故障、报价故障和栏杆故障导致。车辆检测故障会导致无法正确检测车辆进入车道，影响后续车牌识别等功能，具体可分为车道摄像机故障和车辆检测器故障。其中，车道摄像机故障由视频线损坏或者老化导致，车辆检测器根据光线被反射或吸收的原理进行车辆检测，其结构中的光栅容易发生故障，车辆检测器的故障一般由光栅断电和光栅故障导致。车牌识别故障会导致车牌识别延迟

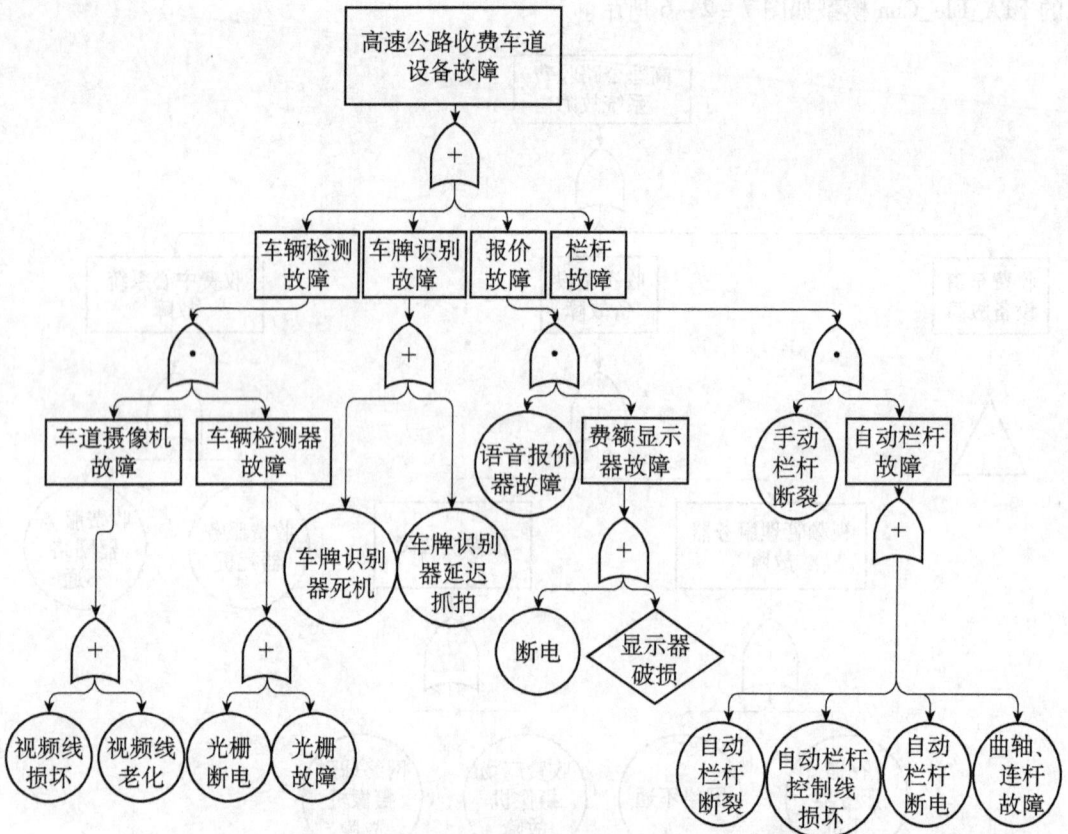

图 7-2-7 高速公路收费车道的 FTA_Ele_Cha 子模型图

或漏拍,进而无法获得车辆行程并计算应收通行费。车牌识别故障具体由车牌识别器死机和车牌识别器延迟抓拍导致。报价故障是由报价设备中语音报价器故障和费额显示器故障导致的,费额显示器故障又可能是显示器断电或者显示器受到外力物理损伤导致。栏杆故障分为自动栏杆故障和手动栏杆故障,手动栏杆仅有栏杆断裂这一故障模式,自动栏杆故障可能由自动栏杆断裂、自动栏杆控制线损坏、自动栏杆断电、曲轴或连杆故障导致。

7.3 基于 FLBN_Ele 模型的高速公路机电系统健康状况诊断

根据 7.2 节高速公路机电系统健康状况影响分析可知,高速公路机电系统的健康状况严重程度不仅与系统故障的类型有关,还与故障维修时长等故障特征有着一定的联系。因此,本节将基于故障数据中的参数特征,通过改进先验概率计算,并运用贝叶斯网络模型构建高速公路机电系统健康状况诊断模型,为后续健康状况评估奠定模型的理论基础。

7.3.1 贝叶斯网络基础理论

贝叶斯网络（Bayesian network，BN）模型，综合了概率论与图论的优点，将概率以图论的形式展现，被广泛应用于诊断分析领域当中，也被称为概率图模型（probabilistic graphical model，PGM）。本节将对 BN 模型的构建原理、参数学习设置、网络结构构建及推理算法设计进行研究。

1. 模型构建原理

BN 模型是一个有向无环图（directed acyclic graph，DAG），它主要由事件节点、有向边和节点与节点之间的条件概率表（conditional probability table，CPT）构成。其中：事件节点表示变量参数，包括观测节点和隐含节点两部分；有向边表示节点与节点之间的因果推断关系；CPT 表示统计得到的联合概率值，包括计算概率值和推理概率值两部分。基于高速公路收费系统故障发生事件，给出以下 BN 模型的推论引理。

引理 1：某一随机的故障事件 k_1 发生的概率，如果其与其他故障事件相互独立，则被称为边缘概率，用 $P(k_1)$ 表示。

引理 2：设 k_1 和 k_2 为两个随机的故障事件，且 $P(k_2) > 0$，则 $P(k_1|k_2)$ 表示在已知故障事件 k_1 发生的情况下，故障事件 k_2 发生的条件概率，其表达式为

$$P(k_1|k_2) = \frac{P(k_1 \cap k_2)}{P(k_2)} \tag{7-3-1}$$

式中：$P(k_1 \cap k_2)$ 为故障事件 k_1 和 k_2 的联合分布概率。

引理 3：联合分布概率 $P(k_1 \cap k_2)$ 指的是故障事件 k_1 和 k_2 同时发生的概率，可转换成

$$P(k_1 \cap k_2) = P(k_1|k_2) \cdot P(k_2) \tag{7-3-2}$$

引理 4：两个随机的故障事件 k_1 和 k_2，当满足下式的关联关系时，则称这两个故障事件为边缘独立分布。

$$P(k_1 \cap k_2) = P(k_1) \cdot P(k_2) \tag{7-3-3}$$

引理 5：设 k_1、k_2 和 k_3 为三个随机的故障事件，已知故障事件 k_3 发生的情况下，若 $P(k_3) > 0$，且故障事件 k_1 和 k_2 相互独立，则满足公式

$$P(k_1 \cap k_2|k_3) = P(k_1|k_3) \cdot P(k_2|k_3) \tag{7-3-4}$$

基于以上引理，可推得贝叶斯概率模型的表达式为

$$P(k_1|k_2) = \frac{P(k_2|k_1) \cdot P(k_1)}{P(k_2)} \tag{7-3-5}$$

2. 参数学习设置

在进行 BN 模型分析时，首先需要对模型内的参数进行设置，也被称为参数学习（parameter learning，PL）。PL 法通过不断迭代更新各个事件节点的参数值，从而获得相对适合的 CPT 值。具体地，PL 法可分为半参学习和全参学习两大类，其中，半参学习主要有期望最大化算法（expectation maximization，EM），全参学习主要有最大似然参数估

计算法（maximum likelihood estimation，MLE）和贝叶斯估计算法（Bayesian estimation，BE）两种方法。

1）MLE 算法

MLE 算法通过求解各个事件节点的频率值作为数据参数代入到算法中进行学习，得到样本量的最大似然参数估计值。设一个参数较完整的样本数据集 H 中有 n 个数据样本，即 $H = \{h_1, h_2, \cdots, h_n\}$，则其最大似然函数 $P(H|\mu)$ 及最大似然值 $\hat{\mu}_{\text{mle}}$ 的计算表达式为

$$P(H|\mu) = \prod_{i=1}^{n} P(h_i \mid \mu) \qquad (7-3-6)$$

$$\hat{\mu}_{\text{mle}} = \underset{\mu}{\arg\max}(P(H \mid \mu)) \qquad (7-3-7)$$

2）BE 算法

BE 算法首先计算数据参数的先验概率，再通过贝叶斯公式计算参数的后验概率，最后得到参数估计值，其估计拟合程度取决于后验概率分布的范围，且精确度与范围大小成负相关关系，即后验概率分布范围越大，精确度越低。设一个参数较完整的样本数据集 H 中有 h 个数据样本，即 $H = \{h_1, h_2, \cdots, h_n\}$，其中，可观测的样本数据集为 K，则其推得的先验概率 $P(\mu \mid G, H)$ 及后验概率 $\hat{\mu}_{\text{be}}$ 的计算表达式为

$$P(\mu \mid G, H) = \frac{P(\mu \mid K, H) \cdot P(\mu \mid H)}{P(\mu \mid H)} \qquad (7-3-8)$$

$$\hat{\mu}_{\text{be}} = \underset{\mu}{\arg\max}(P(\mu \mid K, H)) \qquad (7-3-9)$$

3）EM 算法

EM 算法是一种逐渐逼近的算法，主要用于参数不完整或参数丢失的情况。设有一个参数不完整的数据集 Γ，所缺失的数据集为 Φ，将缺失数据集 Φ 补充到数据集 Γ 内，得到一个参数较完整的数据集 $H = \{h_1, h_2, \cdots, h_n\}$，则 EM 算法具体步骤如下。

步骤 1：设置一个待优化（求解）的参数值 $\mu^{(k)}$。

步骤 2：计算当前参数值 $\mu^{(k)}$ 迭代到 $\mu^{(k+1)}$ 时的期望值 $E(\mu \mid \mu^{(k)})$，其计算表达式为

$$E(\mu \mid \mu^{(k)}) = E\{\lg[P(H^{(k+1)} \mid \mu) \cdot P(\Phi \mid H, \mu^{(k)})]\} = \sum_i \lg P(h_i^{i+1} \mid \mu)$$

$$(7-3-10)$$

步骤 3：计算迭代后的最大期望值 $\hat{\mu}_{\text{em}}^{(k+1)} = \underset{\mu}{\arg\max}(E(\mu \mid \mu^{(k)}))$。

基于上述 3 类算法，将其算法设计的优缺点总结在表 7-3-1 中。由于山东省高速公路机电系统故障数据并不完整，需采用 EM 算法进行参数学习设置。

表 7-3-1 参数学习算法对比表

算法	优点	缺点
MLE	适用于大样本量的估计，有强收敛性	需预先计算 MLE 的近似分布
BE	适用于小样本量的估计，参数含在先验分布中	计算复杂，求解困难
EM	适用于含缺失样本的估计	计算量大，需要进行收敛判定

3. 网络结构构建

在进行 BN 模型分析时，需要对模型内的网络结构进行构建，也被称为结构学习（structure learning，SL）。通过小样本数据信息和专家经验来确定各个事件节点的参数值，从而获得相对拟合的 BN 结构。具体地，SL 方法可分为依赖解析算法（dependency resolution，DR）和评分搜索算法（scoring search，SS）两大类。

1）DR 算法

DR 算法适用于稀疏的 BN 结构，可使得结构能够更好地覆盖事件节点。设一个参数较完整的样本数据集 H 中有 n 个数据样本，即 $H = \{h_1, h_2, \cdots, h_n\}$，其中含有一个条件集合 T，则 DR 算法的具体步骤如下。

步骤 1：计算数据样本间相互依赖关系，即互信息 Mutal_i^j，其计算表达式为

$$\mathrm{Mutal}_i^j(h_i, h_j) = \sum_{h_i \in H} \sum_{h_j \in H} \left\{ P(h_i \cap h_j) \cdot \lg\left[\frac{P(h_i, h_j)}{P(h_i)P(h_j)} \right] \right\} \tag{7-3-11}$$

步骤 2：在条件集合 T 已知的情况下，计算两两数据样本间的相互依赖关系，即条件互信息 $\mathrm{Mutal\_Con}_i^j$，其计算表达式为

$$\mathrm{Mutal\_Con}_i^j(h_i, h_j \mid T) = \sum_{h_i \in H} \sum_{h_j \in H} \left\{ P(h_i \cap h_j \mid T) \cdot \lg\left[\frac{P(h_i \cap h_j \mid T)}{P(h_i)P(h_j \mid T)} \right] \right\}$$

$$\tag{7-3-12}$$

步骤 3：判断互信息的值是否为 0，进而判断两两样本数据间的独立性（依赖性）关系。

步骤 4：利用两两样本数据间的独立性关系对网络边进行定向，构造出独立性关系一致的网络结构。

2）SS 算法

SS 算法首先采用评分函数对网络结构进行打分，其次依据相应的搜索算法找到与样本数据相匹配的网络结构。设一组随机的变量 $Z = \{z_1, z_2, \cdots, z_n\}$，变量中的一个参数较完整的样本数据集 H 中有 n 个数据样本，即 $H = \{h_1, h_2, \cdots, h_n\}$，$B$ 为此样本数据集所构造的 BN 模型，则网络结构 B 相对于样本数据集 H 来说其适配程度可以用以下评分函数来度量。

（1）贝叶斯信息标准（Bayesian information criterion，BIC）评分。

BIC 评分采用对数似然度来比较网络结构 B 相对于样本数据集 H 的拟合程度，其计算表达式为

$$\mathrm{BIC}(B \mid H) = \sum_{i=1}^{n} \sum_{j=1}^{r_i} \sum_{k=1}^{t_i} \theta_i^{jk} \lg \mu_i^{jk} - \frac{1}{2} \sum_{i=1}^{n} r_i(t_i - 1) \lg \theta \tag{7-3-13}$$

式中：r_i 为样本数据集 H 中变量 h_i 的父节点取值数；t_i 为样本数据集 H 中变量 h_i 的变量取值数；θ_i^{jk} 为样本数据集 H 中变量 h_i，其父节点为 j 值，变量为 k 值的样本数；μ_i^{jk} 为样本数据集 H 中变量 h_i，其父节点为 j 值，变量为 k 值的似然条件概率值。

（2）贝叶斯（Bayesian dirichlet，BDe）评分。

BDe 评分利用大量的样本数据及专家的经验，得到后验概率最大的网络结构，其计

算表达式为

$$\text{BDe}(B \mid H) = P(B)P(H \mid B) = P(B)\prod_{i=1}^{n}\prod_{j=1}^{r_i}\frac{(t_i-1)!}{(\theta_i^{jk}+t_i-1)!}\prod_{k=1}^{t_i}\theta_i^{jk}!$$

$$(7-3-14)$$

（3）最小描述长度（minimum description length，MDL）评分。

MDL 评分通过度量网络结构的描述长度与给定 BN 结构下的样本数据描述长度之和的大小来进行打分，其计算表达式为

$$\text{MDL}(B \mid H) = \sum_{i=1}^{n}(r_i\lg n) + \sum_{i=1}^{n}\left[\frac{1}{2}t_i(r_i-1)\lg 2n\right] - \ln\prod_{i=1}^{n}\prod_{j=1}^{r_i}\prod_{k=1}^{t_i}\left(\frac{\theta_i^{jk}}{\theta_i^{jk}}\right)^{\theta i^k}$$

$$(7-3-15)$$

综上所述，DR 算法虽然可通过互信息来判断两两样本数据间的独立性关系，但是其只适用于小样本量的网络结构搭建，否则会带来巨大的工作量。因此，宜采用 SS 算法完成 BN 模型的网络结构构建工作，并选择 MDL 评分函数进行适配度评分。完成网络结构评分后，需要采取相应的启发式搜索算法得到最终的 BN 模型，见表 7-3-2，其中，启发式搜索算法包括 K2 算法、爬山法、遗传算法等。需要注意的是，K2 算法从减少算法复杂度的角度出发，通过使用历史样本数据来获得局部贝叶斯评分，从而达到一定条件下的局部最优解。出于对高速公路机电系统故障数据的考虑，建立健康状况诊断模型需要借助专家的先验知识，符合 K2 算法的要求。因此，本书选用 K2 算法进行评分后的搜索网络结构工作。

表 7-3-2 K2 启发式搜索算法伪代码表

Algorithm：K2 搜索算法

Input：样本数据集 $H = \{h_1, h_2, \cdots, h_n\}$，其父节点数量上界为 γ

for $i := 1$ to n do

$\alpha_i := \emptyset$;

$P_{old} = f(i, \alpha_i)$;

Continue： = True

while Continue and $|\alpha| < \gamma_i$ do

令 z 为 Pred（β_i）$-\alpha_i$ 中能够使得 $f(i, \alpha_i \cup z)$ 最大化的节点

$P_{new} = f(i, \alpha_i \cup z)$;

if $P_{new} > P_{old}$ then

$P_{old} := P_{new}$

$\alpha_i := \alpha_i \cup z$

else

Contine： = False;

end if

end while

write $\{$'节点：', β_i, '父节点：', $\alpha_i\}$

end for

Output：样本数据集 H 的每个节点 β_i 及父节点 α_i

4. 推理算法设计

在得到完整的网络结构和各节点的概率分布后，须通过设计推理算法计算出事件节点的后验概率。然而，应用于 BN 推理的算法甚多，大致可分为因果推理、诊断推理和支持推理三大类。由于高速公路机电系统的结构各异且故障数据复杂多元，因此选用基于消息传递的联合树算法（junction trees，J-Trees）来解决故障诊断中遇到的现实问题。J-Trees 算法的主要计算步骤如下。

步骤 1：将网络中的 DAG 转换成一个无向树。

步骤 2：找出无向树中最大全连通子图的变量集合，即为 J-Trees 算法的簇节点 $M = \{m_1, m_2, \cdots, m_n\}$。

步骤 3：计算相邻簇节点变量之间的交集 $z_k = m_i \cap m_j$，即为 J-Trees 算法的分离节点 $Z = \{z_1, z_2, \cdots, z_t\}$。

步骤 4：将网络中的 CPT 转换到 J-Trees 算法中，并分配给每个簇节点一个分布函数 $g(c_i)$，其分布概率应满足公式

$$P(m_i) = \frac{\prod_i m_i}{\prod_k z_k} \qquad (7-3-16)$$

步骤 5：进行全局一致性检查，即每个簇节点 m_i 和其分离节点 z_k 应满足公式

$$g(z_k) = \sum_{M/Z} g(c_i) \qquad (7-3-17)$$

步骤 6：若不满足全局一致性，则可将簇节点 m_i 产生的消息传递到分离节点，使其满足式（7-3-18）的要求，再由分离节点 z_k 将消息传递到新的簇节点 m_j，使其满足式（7-3-19）的要求，进而实现全局一致性。

$$g^*(z_k) = \sum_{M/Z} g(c_i) \qquad (7-3-18)$$

$$g(c_j) = g(c_i) \cdot \left[\frac{g^*(z_k)}{g(z_k)} \right] \qquad (7-3-19)$$

步骤 7：得到新的簇节点概率分布。

7.3.2　基于特征学习的 FLBN_Ele 模型构建

基于 FTA 模型的健康状况诊断分析是以高速公路机电系统中最不希望发生的故障事件作为研究目标，从而找出机电系统内可能的设备故障与系统失效之间的因果关系。然而，基于 BN 模型的健康状况诊断分析可从不精确或不确定的故障数据或信息中做出合理推理，来表达复杂变量之间的逻辑关系，判断系统不确定性或概率性的故障。因此，可基于高速公路机电系统的事故特征改进先验概率计算，得到基于特征学习的高速公路机电系统贝叶斯网络诊断模型（feature learning bayesian networks in electromechanical system，FLBN_Ele）。

1. 模型数学表达

基于 FTA_Ele 模型的高速公路机电系统健康状况诊断方法可通过专家先验知识直接

构建，也可依据维修记录数据构建。下面将依据山东省高速公路机电设备的故障数据，以高速公路收费系统的收费车道子系统为例，利用 FTA_Ele_Cha 子模型，建立其数学表达，具体包括以下内容。

1）顶事件（top event，TE）

TE 位于 FTA 模型中的第一层，即为高速公路收费系统的收费车道子系统，它是系统健康状况诊断的目标，用代码 $T = \{t_1\}$ 表示。

2）中间事件（intermediate event，IE）

IE 位于 FTA 模型中的第二层，即为故障设备，由车辆检测故障、车牌识别故障、报价故障、栏杆故障、车道摄像机故障、车辆检测器故障、费额显示器故障、自动栏杆故障等 8 个设备单元组成，用代码 $E = \{e_1, e_2, \cdots, e_8\}$ 表示。

3）基本事件（basic event，BE）

BE 位于 FTA 模型中的底层，也被称为基本事件，即为高速公路收费车道子系统的故障原因，由视频线损坏、视频线老化、光栅断点等 14 个故障原因组成，用代码 $Z = \{z_1, z_2, \cdots, z_{14}\}$ 表示。

因此，将获得的故障信息进行统计与编号，得到 FTA_Ele_Cha 子模型的代码，并以此为依据重构模型，得到用于高速公路收费车道子系统的健康状况诊断的 FTA_Ele_Cha 子模型，如图 7-3-1 所示。

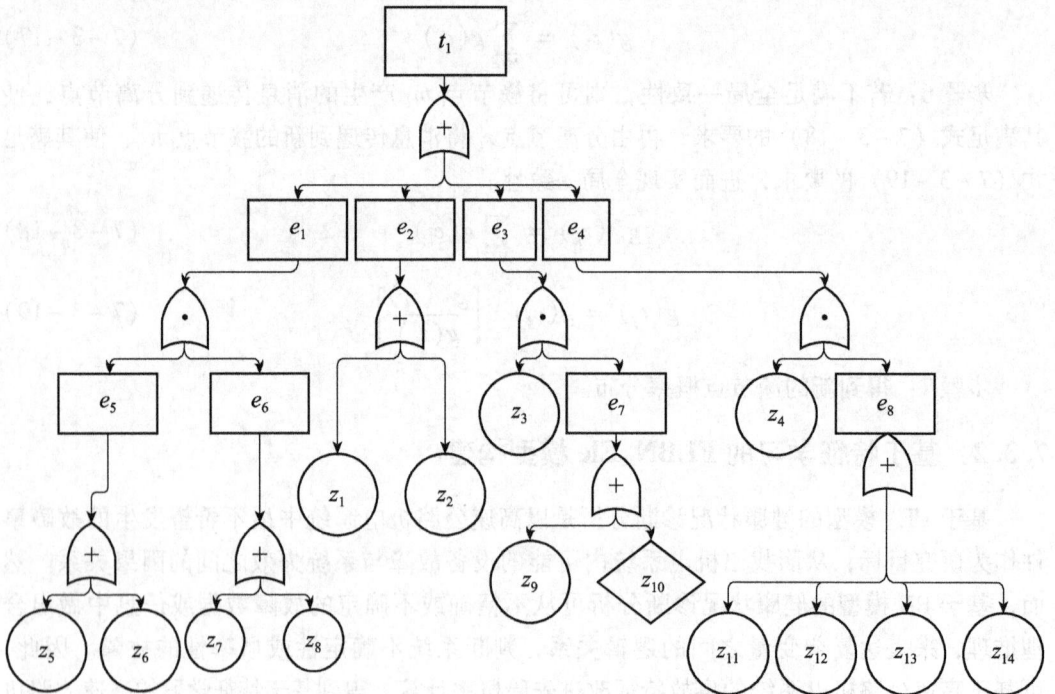

图 7-3-1 FTA_Ele_Cha 子模型的数学表达图

其中，顶事件 TE 为高速公路收费系统的收费车道子系统，中间事件 IE 为 8 个设备单元，基本事件 BE 为 14 个故障原因。将 FTA_Ele_Cha 子模型代码的具体含义总结在表 7-3-3 中。需要特别注意的是，由于高速公路机电系统复杂且庞大，为便于研究，将以此结构框架为例，解释模型的适用性。

表 7 - 3 - 3　FTA_Ele_Cha 子模型的代码含义表

事件	编码	名称	事件	编码	名称
E	e_1	车辆检测故障	Z	z_4	手动栏杆断裂
	e_2	车牌识别故障		z_5	视频线损坏
	e_3	报价故障		z_6	视频线老化
	e_4	栏杆故障		z_7	光栅断电
	e_5	车道摄像机故障		z_8	光栅故障
	e_6	车辆检测器故障		z_9	费额显示器断电
	e_7	费额显示器故障		z_{10}	费额显示器破损
	e_8	自动栏杆故障		z_{11}	自动栏杆断裂
Z	z_1	车牌识别器死机		z_{12}	自动栏杆控制线损坏
	z_2	车牌识别器延迟抓拍		z_{13}	自动栏杆断电
	z_3	语音报价器故障		z_{14}	曲轴、连杆故障

2. 先验概率改进

依据 7.1 节中的研究结果，山东省高速公路机电系统的故障数据可按照故障维修时长划分为轻度维修、中度维修和重度维修三大类。基于此，在获取先验节点的概率值时，可由分类结果对收费车道子系统的故障发生率推得一个比较准确的先验结果。下面引入广义梯形模糊数的概念，基于高速公路机电系统故障数据的特征改进 FLBN_Ele 模型中先验概率的计算。

首先，定义一个广义梯形模糊数 $\lambda = (x_1, x_2, x_3, x_4; \vartheta)$，其含义表示为论域 U 中的任意一个 x 在 $[0, 1]$ 上的映射，则隶属度函数 $\Gamma(x)$ 为

$$\Gamma(x) = \begin{cases} 0 & x \in (-\infty, a] \\ \vartheta \dfrac{x - x_1}{x_2 - x_1} & x \in (a, b) \\ \vartheta & x \in [b, c] \\ \vartheta \dfrac{x - x_4}{x_3 - x_4} & x \in (c, d) \\ 0 & x \in [d, +\infty) \end{cases} \quad (7 - 3 - 20)$$

需要注意的是，隶属度函数 $\Gamma(x)$ 中的参变量关系为 $-\infty < x_1 \leqslant x_2 \leqslant x_3 \leqslant x_4$，权重变量 $\vartheta \in [0, 1]$。由此得到一个用于构造不确定问题及计算故障事件先验概率的广义梯形模糊数，其取值如图 7 - 3 - 2 所示。一般地，当权重变量 ϑ 取值为 1 时，此类梯形模糊数称为正梯形模糊数 $\overline{\lambda} = (x_1, x_2, x_3, x_4; 1)$；当参变量 $x_2 \equiv x_3$ 时，此类梯形模糊数称为三角形模糊数 $\hat{\lambda} = (x_1, x_2 = x_3, x_4; \vartheta)$。

将广义梯形模糊数应用于 FLBN_Ele 模型中，通过故障特征的学习计算事件节点的先验概率。因此，将山东省高速公路机电系统故障数据集的报修开始时间、维修完成时间

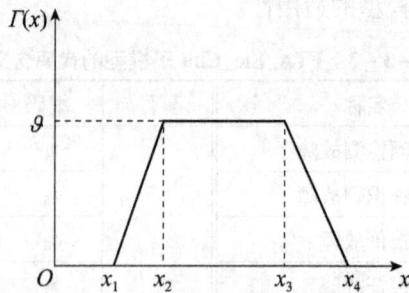

图 7 - 3 - 2　隶属度函数取值示意图

及故障维修时长作为输入指标，分别为 $\omega = \{\omega_1, \omega_2, \omega_3\}$。随后，计算其最大值、最小值和三等分均值，以此构建广义梯形模糊数 λ。

要想得到 FLBN_Ele 模型中基本事件 BE 的先验概率，本书将识别类别定义为 14 个基本事件 $Z = \{z_1, z_2, \cdots, z_{14}\}$，对应训练样本为 $H = \{h_1, h_2, \cdots, h_{14}\}$，获取的样本量 $L = \{l_1, l_2, \cdots, l_{14}\}$，从而构造广义梯形模糊数 λ，其具体流程如下。

（1）构造样本 $H = \{h_1, h_2, \cdots, h_{14}\}$ 的度量向量。

对于基本事件 $z_i(i = 1, 2, \cdots, 14)$，其用于特征学习的训练样本 h_i 对故障数据指标 $\omega = \{\omega_1, \omega_2, \omega_3\}$ 的度量向量为 $g(h_i)$，其计算表达式为

$$g(h_i) = [g_i(\omega_1), g_i(\omega_2), g_i(\omega_3)]^{\mathrm{T}} \qquad (7 - 3 - 21)$$

式中：$g_i(\omega_1)$、$g_i(\omega_2)$、$g_i(\omega_3)$ 为样本 h_i 分别对应于 ω_1、ω_2、ω_3 的度量向量。

（2）计算梯形模糊数 $\lambda = (x_1, x_2, x_3, x_4; \vartheta)$ 的指标取值。

对于基本事件 $z_i(i = 1, 2, \cdots, 14)$，依据式（7 - 3 - 22）计算得到对应的指标度量向量，构造属于指标 $\omega_k(k = 1, 2, 3)$ 的梯形模糊数 $\lambda(z_i \mid \omega_k) = (x_1, x_2, x_3, x_4; 1)$，其参变量取值分别为

$$x_1 = \min[g_i^1(\omega_k), g_i^2(\omega_k), \cdots, g_i^{l_i}(\omega_k)] \qquad (7 - 3 - 22)$$

$$x_4 = \max[g_i^1(\omega_k), g_i^2(\omega_k), \cdots, g_i^{l_i}(\omega_k)] \qquad (7 - 3 - 23)$$

$$x_2 = \frac{x_4 - x_1}{2} - \frac{1}{l_i} \sum_{j=1}^{l_i} g_i^j(\omega_k) \qquad (7 - 3 - 24)$$

$$x_3 = \frac{x_4 - x_1}{2} + \frac{1}{l_i} \sum_{j=1}^{l_i} g_i^j(\omega_k) \qquad (7 - 3 - 25)$$

（3）计算梯形模糊数 $\lambda = (x_1, x_2, x_3, x_4; \vartheta)$ 的识别类别交集。

对于基本事件 $z_i(i = 1, 2, \cdots, 14)$，依据式（7 - 3 - 21）~式（7 - 3 - 25）得到基本事件 $z_i(i = 1, 2, \cdots, 14)$ 下各个指标的梯形模糊数，分别为 $\lambda(z_i \mid \omega_1) = (x_1, x_2, x_3, x_4; 1)$、$\lambda(z_i \mid \omega_2) = (x_5, x_6, x_7, x_8; 1)$ 及 $\lambda(z_i \mid \omega_3) = (x_9, x_{10}, x_{11}, x_{12}; 1)$。随后，需构造每个指标下两两识别类别（基本事件 z_i）之间的梯形模糊数交集，具体如图 7 - 3 - 3 所示，其阴影部分即为该识别类别的梯形模糊数。

（4）计算基本事件 $z_i(i = 1, 2, \cdots, 14)$ 的先验概率指派。

对于基本事件 $z_i(i = 1, 2, \cdots, 14)$，得到其梯形模糊数的交集之后，可以计算 FLBN_Ele 模型对应根节点的先验概率值。值得注意的是，对这里得到的梯形模糊数需首先进行归

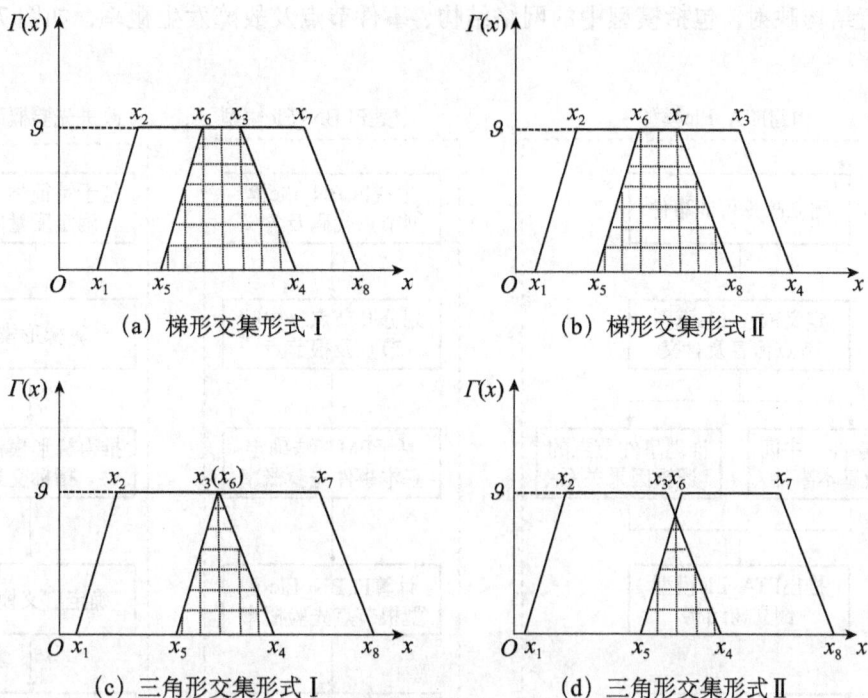

(a) 梯形交集形式 I   (b) 梯形交集形式 II

(c) 三角形交集形式 I   (d) 三角形交集形式 II

图 7 - 3 - 3 计算梯形模糊数的识别类别交集取值图

一化处理,然后再进行先验概率的指派,其具体步骤如下。

步骤 1:判断基本事件 z_i 与所有其他的基本事件 $z_j (j \neq i)$ 梯形模糊数之间的相交情况,其中:记梯形交集的梯形模糊数为 $\alpha_s(z_i \cap z_j)$;$s = 1, 2, \cdots, a$;焦元个数为 a;记三角形交集的梯形模糊数为 $\beta_t(z_i \cap z_j)$;$t = 1, 2, \cdots, b$;焦元个数 b;无交集则为 $\varnothing$。

步骤 2:计算基本事件 $z_i (i = 1, 2, \cdots, 14)$ 在全指标集 $\omega = \{\omega_1, \omega_2, \omega_3\}$ 上的隶属度为 $\lambda(z_i) = 1 - \max\{\lambda(z_i \mid \omega_1), \lambda(z_i \mid \omega_2), \lambda(z_i \mid \omega_3)\}$。

步骤 3:指派基本事件 $z_i (i = 1, 2, \cdots, 14)$ 在指标 ω_k 及全指标集 $\omega = \{\omega_1, \omega_2, \omega_3\}$ 上的先验概率为

$$\mu(z_i \mid \omega_k) = \frac{\lambda(z_i \mid \omega_k)}{\sum_{s=1}^{a} \alpha_s(z_i \cap z_j) + \sum_{t=1}^{b} \beta_t(z_i \cap z_j) + \lambda(z_i \mid \omega_k) + \lambda(z_i)} \quad (7-3-26)$$

$$\mu(z_i) = \frac{\lambda(z_i)}{\sum_{s=1}^{a} \alpha_s(z_i \cap z_j) + \sum_{t=1}^{b} \beta_t(z_i \cap z_j) + \lambda(z_i \mid \omega_k) + \lambda(z_i)} \quad (7-3-27)$$

综上所述,可计算出基本事件 z_i 的指派先验概率为 $\mu(z_i) = (y_1, y_2, y_3, y_4; \theta)$,其对应到 FLBN_Ele 模型上的根节点先验概率为

$$P(z_i) = \frac{1}{4} \sum_{j=1}^{4} y_j \quad (7-3-28)$$

3. 模型构建流程

构建基于 FLBN_Ele 模型分析高速公路机电系统健康状况时,需要将本章已建立的 FTA

模型进行结构映射，包括模型中的网络结构、事件节点及故障发生概率，如图 7 - 3 - 4 所示。

构建FTA_Ele模型　　　　构建FLBN_Ele模型　　　　改进先验概率计算

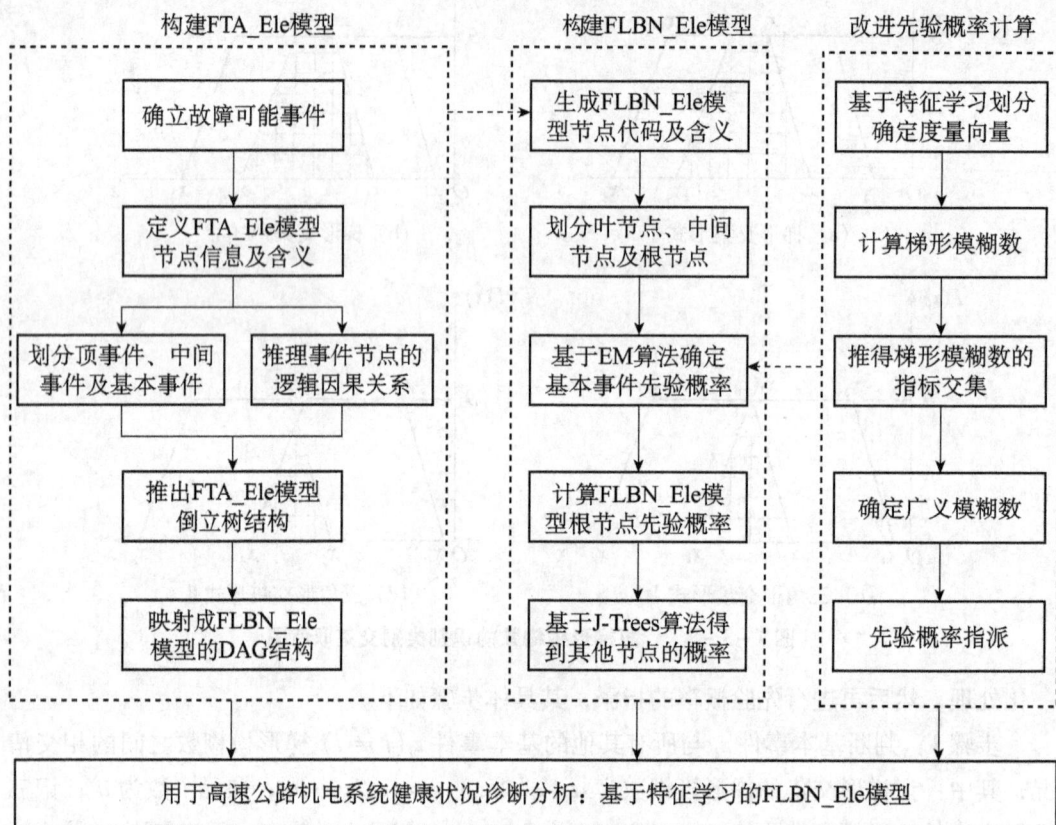

图 7 - 3 - 4　基于 FLBN_Ele 模型的高速公路机电系统健康状况诊断分析流程图

1）网络结构

FTA_Ele 模型所建立的结构呈倒立树状，以此来解释各个事件节点之间的逻辑关系，并由 BE→IE→TE 的推理得到事件因果。因此，在进行 FLBN_Ele 模型转换时，需要将此类因果推理梳理出来并进行二次降重，随后通过构建网络结构的 DAG 来体现事件节点的关联关系，得到基于 FLBN_Ele 模型的 J-Trees 结构。

2）事件节点

依据本章构建的 FTA_Ele 模型，得到 BE→IE→TE 的事件节点，并以代码形式重构模型框架，其编码用作 FLBN_Ele 模型的事件节点。

3）故障发生概率

计算 FTA_Ele 模型中的故障类型、故障原因的发生概率，得到基于 FTA_Ele 模型的逻辑门，进而计算 FLBN_Ele 模型中事件节点边缘概率，得到模型 CPT 值。

需要说明的是，FTA_Ele 模型的应用前提是事件节点相互独立且具有两态性，然而在高速公路机电系统中往往不只是"故障"和"正常"两种状态，FLBN_Ele 模型可以对其进行修正。假设事件节点 z_i 存在 3 种状态：正常（0）、接触不良（1）、故障（2），则得到多态修正后的 CPT 值，见表 7-3-4。

表 7-3-4　多态修正后的 CPT 值表

D	$z_2 = 1$			$z_2 = 0$		
	$z_1 = 2$	$z_1 = 1$	$z_1 = 0$	$z_1 = 2$	$z_1 = 1$	$z_1 = 0$
1	1	1	1	1	0	0
0	0	0	0	0	1	1

除此之外，在将原始 FTA_Ele 模型的结构映射到 FLBN_Ele 模型上时还需要解释系统故障的不确定性，使得 FLBN_Ele 模型结构能够更加符合高速公路机电系统的实际应用。因此，将得到的 CPT 值进行二次修正，通过增加模糊性概率修正来体现不确定性，具体见表 7-3-5。

表 7-3-5　模糊修正后的 CPT 值表

D	$z_{BN} = 1$		$z_{BN} = 0$	
	$z_{FTA} = 1$	$z_{FTA} = 0$	$z_{FTA} = 1$	$z_{FTA} = 0$
1	0.95	0.85	0.88	0.02
0	0.05	0.15	0.12	0.98

7.3.3　高速公路收费系统的健康状况诊断分析

1. 基于 FTA_Ele 模型的健康状况诊断

以山东省高速公路收费车道子系统为例，构建高速公路收费车道子系统 FTA_Ele_Cha 模型，并进行定性、定量分析。首先，按照 7.3.2 节中的方法依据各基本事件的梯形模糊数及其焦元个数，计算得到各基本事件先验概率统计表，见表 7-3-6。

表 7-3-6　基本事件先验概率统计表

事件	编码	名称	先验概率
Z	z_1	车牌识别器死机	0.364 3
	z_2	车牌识别器延迟抓拍	0.351 4
	z_3	语音报价器故障	0.053 6
	z_4	手动栏杆断裂	0.015 0
	z_5	视频线损坏	0.178 6
	z_6	视频线老化	0.125 7
	z_7	光栅断电	0.264 3
	z_8	光栅故障	0.092 1
	z_9	费额显示器断电	0.307 1
	z_{10}	费额显示器破损	0.015 0
	z_{11}	自动栏杆断裂	0.092 1
	z_{12}	自动栏杆控制线损坏	0.111 4
	z_{13}	自动栏杆断电	0.092 1
	z_{14}	曲轴、连杆故障	0.101 4

然后，对建立的高速公路收费车道子系统故障树进行定性的结构分析。其中，$[e_5, e_6]$、$[z_3, e_7]$ 及 $[z_4, e_8]$ 之间为与门，其他均为或门，以此可以得到故障事件间的相关关系，具体公式为

$$t_1 = e_1 + e_2 + e_3 + e_4 \qquad (7-3-29)$$

$$e_1 = e_5 \times e_6 \qquad (7-3-30)$$

$$e_2 = z_1 + z_2 \qquad (7-3-31)$$

$$e_3 = z_3 \times e_7 \qquad (7-3-32)$$

$$e_4 = z_4 \times e_8 \qquad (7-3-33)$$

$$e_5 = z_5 + z_6 \qquad (7-3-34)$$

$$e_6 = z_7 + z_8 \qquad (7-3-35)$$

$$e_7 = z_9 + z_{10} \qquad (7-3-36)$$

$$e_8 = z_{11} + z_{12} + z_{13} + z_{14} \qquad (7-3-37)$$

将式（7-3-30）~式（7-3-37）代入式（7-3-29）中，可得

$$t_1 = z_5 z_7 + z_5 z_8 + z_6 z_8 + z_1 + z_2 + z_3 z_9 + z_3 z_{10} + z_4 z_{11} + z_4 z_{12} + z_4 z_{13} + z_4 z_{14}$$

$$(7-3-38)$$

综上，可以得到 FTA_Ele 模型最小割集如下：

（1）一阶最小割集 $\{z_1\}$，$\{z_2\}$；

（2）二阶最小割集 $\{z_3, z_9\}$，$\{z_3, z_{10}\}$，$\{z_4, z_{11}\}$，$\{z_4, z_{12}\}$，$\{z_4, z_{13}\}$，$\{z_4, z_{14}\}$，$\{z_5, z_7\}$，$\{z_5, z_8\}$，$\{z_6, z_7\}$，$\{z_6, z_8\}$。

接下来，根据高速公路收费车道子系统 FTA_Ele_Cha 模型，定量计算各基本事件的结构重要度系数，见表 7-3-7。

表 7-3-7　基本事件的结构重要度系数表

编码	结构重要度系数	编码	结构重要度系数
z_1	0.072 632	z_8	0.014 526
z_2	0.072 632	z_9	0.014 526
z_3	0.043 579	z_{10}	0.004 272
z_4	0.064 087	z_{11}	0.004 272
z_5	0.031 128	z_{12}	0.004 272
z_6	0.031 128	z_{13}	0.004 272
z_7	0.031 128	z_{14}	0.014 526

基于此，对各基本事件结构重要度系数进行排序，得到 $z_1 = z_2 > z_4 > z_3 > z_5 = z_6 = z_7 > z_8 = z_9 = z_{14} > z_{10} = z_{11} = z_{12} = z_{13}$。同样地，可根据各基本事件先验概率，计算得到各基本事件的概率重要度系数及临界重要度系数，分别见表 7-3-8 及表 7-3-9。

表 7-3-8　基本事件的概率重要度系数表

编码	概率重要度系数	编码	概率重要度系数
z_1	1.000 0	z_2	1.000 0

续表

编码	概率重要度系数	编码	概率重要度系数
z_3	0.322 1	z_9	0.053 6
z_4	0.262 2	z_{10}	0.053 6
z_5	0.356 4	z_{11}	0.015 0
z_6	0.356 4	z_{12}	0.015 0
z_7	0.304 3	z_{13}	0.015 0
z_8	0.304 3	z_{14}	0.015 0

表7-3-9　基本事件的临界重要度系数表

编码	临界重要度系数	编码	临界重要度系数
z_1	0.364 3	z_8	0.028 0
z_2	0.351 4	z_9	0.016 5
z_3	0.017 3	z_{10}	0.000 8
z_4	0.003 9	z_{11}	0.000 2
z_5	0.063 6	z_{12}	0.000 8
z_6	0.044 8	z_{13}	0.001 4
z_7	0.080 4	z_{14}	0.001 5

基于此，对各基本事件概率重要度系数进行排序，得到 $z_1 = z_2 > z_5 = z_6 > z_3 > z_7 = z_8 > z_4 > z_9 = z_{10} > z_{11} = z_{12} = z_{13} = z_{14}$；对各基本事件临界重要度系数进行排序，得到 $z_1 > z_2 > z_7 > z_5 > z_6 > z_8 > z_3 > z_9 > z_4 > z_{14} > z_{13} > z_{12} = z_{10} > z_{11}$。综上所述，可以看出高速公路收费车道子系统中车牌识别器发生故障最容易导致系统失效。

2. 基于 DBN_Ele 模型的健康状况诊断

首先，根据 FTA_Ele_Cha 模型中事件的因果关系，对其进行数学表达的转换。然后，以计算机可读的结构化数据格式进行记录，得到适用于 DBN_Ele 模型的根节点及父节点的 CPT 值，见表7-3-10。其中，0表示为故障事件不发生，1则反之。

表7-3-10　高速公路收费车道子系统 CPT 值表

事件	编码	CPT 值	事件	编码	CPT 值
E	e_1	0	Z	z_4	0
	e_2	1		z_5	0
	e_3	0		z_6	0
	e_4	0		z_7	0
	e_5	0		z_8	0
	e_6	0		z_9	0
	e_7	0		z_{10}	0
	e_8	0		z_{11}	0
Z	z_1	1		z_{12}	0
	z_2	0		z_{13}	0
	z_3	0		z_{14}	0

将所有节点的因果关系转换得到 DBN_Ele 模型后，计算先验概率并代入 DBN_Ele 模型，然后采用 J-Trees 算法进行消息传播，迭代计算得到各个父节点的后验概率，见表 7 - 3 - 11。由表 7 - 3 - 11 可知，车牌识别故障 e_2 发生的概率是最大的，而栏杆故障 e_4 发生的概率最小。因此，在进行高速公路机电系统的健康状况评估时，需要优先检查维修车牌识别故障的问题。

表 7 - 3 - 11　高速公路收费车道子系统父节点后验概率表

事件	编码	后验概率
E	e_1	0.093 6
	e_2	0.587 7
	e_3	0.017 0
	e_4	0.005 1
	e_5	0.281 8
	e_6	0.332 1
	e_7	0.317 5
	e_8	0.341 8

7.4　基于 TRN_Ele 模型的高速公路机电系统健康状况评估

高速公路机电系统运行过程中会经历无故障运行、发生故障、故障维修几个阶段，高速公路机电系统健康状况的评估需要对高速公路机电系统运行的全过程进行评估，本节引入韧性网络（resilient network，RN）的概念建立高速公路机电系统健康状况评估模型，为高速公路管养部门提供技术支持。

7.4.1　高速公路机电系统健康管理概述

1. 系统健康管理

系统和设备健康管理概念首先在航空航天领域被提出。20 世纪 50 年代，航空航天领域的极端环境和使用条件驱动学者和专家们提出了可靠性理论、系统实验等。随着设备设计和制造更加精密、复杂，20 世纪 60 年代，NASA 和美国国防部又采用建模与仿真、故障分析等方法对设备和系统的故障进行分析。20 世纪 80 年代，全面质量管理这种基于过程的质量与可靠性保证方法被提出。20 世纪 90 年代，NASA 提出"飞行器健康监控"的概念，旨在通过各类传感器检测太空交通工具的"健康状况"。后来随着应用的推广，20 世纪 90 年代中期，"系统健康管理"成为英美武器装备管理领域最广泛使用的术语，进而演变成现代设备和系统健康管理的雏形。

　　然而，直到目前，各领域研究机构与人员仍没有对健康管理有一个统一的文字表述。例如，美国陆军装备的直升机上应用的健康与使用监测系统（health and usage monitoring system，HUMS）通过对直升机运行状态进行监测保证直升机的安全飞行。NASA 对飞行器的健康管理是在飞行器、子系统、部件等执行操作之前、期间和之后进行有效测试、检测、监测等任务，防止致命故障的产生。Roemer 等人提出的健康管理是集成部件、子系统和系统级健康监测策略，通过一个集成的模型框架来表征故障模式的缓解和寿命周期成本，组成异常监测/故障诊断/故障预测技术。张叔农等人在对国外 PHM 技术进行大量调研并总结大量的 PHM 理论研究和实际工程实践的基础上，明确了对电子产品进行健康监控和故障预测的技术框架，它包括电子产品 PHM 软硬件系统的体系结构框图及其关键技术要素、主要相关环节的技术细节和实施方案。孙博等人分析了国外尤其是美国在航空航天、国防军事及工业等领域已逐步开始得到应用的各种 PHM 系统及其应用技术和方法，主要包括传感器应用、数据传输、故障预测、自动推理决策及接口等，并总结了包括基于故障物理模型方法在内的可用于构建电子产品 PHM 系统的三种方法的研究和应用现状。

　　综合来看，尽管目前对健康管理的研究大多数集中在航空航天、国防军事领域，但其目的都是保障设备和系统的安全运行和避免致命故障的发生；其实现手段可以概括为运用传感器等对运行进行监控，对各类数据进行分析处理，并根据处理结果执行保障维修任务。因此，本书采用的系统健康管理的定义为，通过对系统、子系统、具体设备产生的数据进行分析处理，通过各种手段保障系统安全运行，避免致命故障的发生。具体到高速公路机电系统的健康管理，其定义为对高速公路机电系统、子系统及设备的运行进行监控，以保障高速公路机电系统的安全运行，防止致命故障的发生。

2. 系统健康状况

　　尽管目前对设备和系统的健康管理已有较多的研究，但目前对健康的定义主要集中在设备的健康。综合来看，设备健康的定义是设备保持其设计时或投入使用时的性能、结构完整性和运行稳定性的能力。由于高速公路机电系统由各高速公路机电子系统及各类高速公路机电系统组成，其系统健康的定义则可以表述为高速公路机电系统保障其设计时应有的收费、监控、通信等功能完整，运行稳定的能力。特别注意的是，系统健康状况指的是对系统运行某一时刻或某一时间段内保障其设计时应有的功能完整、性能和运行稳定的能力。因此，系统健康状况的评估应当综合得到系统各功能的完整程度及运行稳定的程度。

3. 韧性网络定义

　　韧性（resilience）来源于拉丁语，被解释为"受挫折后恢复到原始状态的能力"。1973 年，加拿大学者 Holling 首次将韧性的概念应用在对生态系统的评估当中，他将韧性定义为"系统吸收外界扰动并且能保持动态平衡的程度"。从此，韧性的概念开始被广泛应用在其他学科领域，如工程学、经济学、社会学、管理学等。韧性经常被用来表示系统或材料受到冲击后从中迅速恢复的能力。在交通领域，韧性常常被用来评估交通网络的抗干扰、抗打击能力。2006 年，Murray-tuite 首次将韧性的概念应用到了交通系统中，他将交通韧性定义为系统在异常情况下的适应性、可移动性、安全性和快速恢复能力。

由于本书研究的系统健康状况是指对系统运行某一时刻或某一时间段内保障其设计时应有的功能完整、性能和运行稳定的能力，保障系统应有功能的完整也包括系统受到干扰、发生设备故障、系统部分或全部功能失效后，恢复到完整功能、发挥全部性能的能力，因此本书研究的高速公路系统健康评估可以参考对系统韧性的研究。

4. 系统性能描述

以交通网络韧性的研究为例，交通网络中的可靠性指的是在扰动下，仍旧保持交通网络服务水平的概率；脆弱性是指交通网络对扰动的敏感程度，即风险的后果部分；韧性是指交通网络抵抗、吸收、适应和恢复扰动负面影响的能力；鲁棒性指的是交通网络在受到干扰时的剩余服务能力，通常与脆弱性相对。这 4 个概念延伸到高速公路机电系统中也可以用来评估高速公路机电系统的健康，它们分别有不同的关注点、测量方式和应用场景，但都可以反映系统在扰动下的表现，在关注点和计算方法应用场景方面存在差异。

1）可靠性

在高速公路机电系统中，系统可靠性是各机电子系统可靠性的综合。系统可靠性被定义为，系统在特定时间内、特定环境下执行其预期功能的能力，此处为高速公路机电系统在运营中保障通信、监控、收费、照明等各功能完整性的能力。其主要的度量方法有故障率、平均无故障时间、平均修复时间等，这些度量指标可以帮助评估系统的可靠性。

2）脆弱性

脆弱性指的是系统在面对扰动时的易损程度，主要关注风险的后果部分。将高速公路机电系统中的扰动定义为各高速公路机电系统的故障，而脆弱性则是高速公路机电系统在机电系统受到损坏或发生故障时，系统损失的功能和性能。其主要度量方法有两种，一是通过系统受到扰动时性能的下降来评估其脆弱性，二是通过重要度评估。

3）韧性

韧性指的是系统抵抗、吸收、适应和回复扰动产生的负面影响的能力。在本书研究的高速公路机电系统中，韧性指的是系统设备受到损坏或故障产生负面影响后，系统恢复完整功能的能力。韧性的度量方法通常有 3 类：①基于图论的度量方法，对系统网络进行拓扑建模后计算度、平均度、平均最短路径长度等；②基于属性的方法，计算性能降低速率、性能恢复速率、冗余度、适应度、总体是否受到影响；③基于性能的方法，可通过计算系统性能的积分得到，如系统可靠性的积分。而在本书中，对于高速公路机电系统的韧性可以采用基于性能方法进行计算。

4）鲁棒性

鲁棒性指的是系统受到干扰时的剩余服务能力。在高速公路机电系统中，鲁棒性可定义为高速公路机电系统中设备遭到损坏或发生故障后，能够向用户提供的剩余功能和性能。其度量方法可以基于设备故障前后的系统性能进行计算。

如图 7-4-1 所示，$F(t)$ 为系统性能关于时间的函数。t_0 处下降的性能为系统的脆弱性，t_0 处剩余的性能为系统的鲁棒性。其中，图中①区域为韧性三角形，②区域为系统在一段时间内剩余的性能的积分。

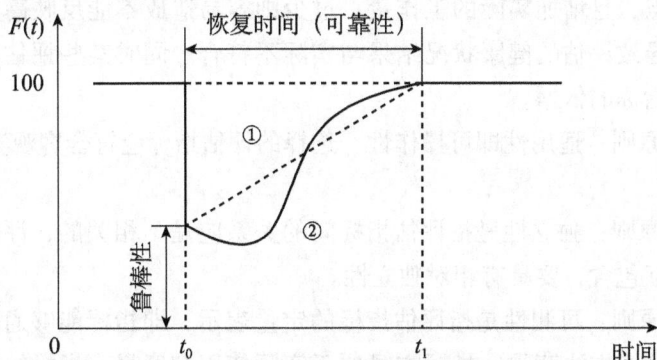

图 7 - 4 - 1　系统的性能曲线示意图

根据系统健康状况的定义，系统健康状况指的是系统运行某一时刻或某一时间段内保障其设计时应有的功能完整、性能和运行稳定的能力。其定义在某一时刻对应的概念和系统的鲁棒性的定义相符，在某一时间段内对应的概念则可对应系统在该时间段内系统的鲁棒性对时间的积分。因此，给出系统健康状况计算的表达式为

$$h(t_0) = F(t) \tag{7-4-1}$$

$$H = \int_0^T F(t)\,\mathrm{d}t \tag{7-4-2}$$

式中：$h(t_0)$ 为 t_0 时刻的系统健康状况；H 为系统在某一运行周期 T 内的健康状况。

7.4.2　高速公路机电系统健康状况的评估指标体系建立

基于网络韧性的高速公路机电系统健康状况是系统运行至某一时刻时，保障其设计时应有的功能完整、性能和运行稳定的能力，与系统鲁棒性的概念相符，采用系统性能的度量方法对系统健康状况进行评估。评估指标体系的建立包含选择评估指标、选择评估算法、确立评估指标权重、分析评估结果等。

1. 评估指标选择原则

在高速公路机电系统健康状况评估中，评估指标应是对评估对象本质特征的客观描述，评估指标是否科学、合理，直接关系到状态评估的真实性和全面性。因此，所选择的评估指标必须科学地、客观地、合理地、尽可能全面地反映评估对象的特征和属性，以及影响机电系统运行状态的所有影响因素。机电系统健康状况的评估指标选择应遵循以下原则。

（1）代表性原则：选择的评估指标要具备较强的代表性，能够在较大的程度上表征高速公路机电系统的主要特点及其健康状况的主要性能，即评估指标的选择要以对评估过程起重要作用为原则。

（2）科学性原则：选择的评估指标要遵循研究对象发展的客观规律，即符合高速公路机电系统运行的工作原理，能够用这些科学指标反映高速公路机电系统保障功能完整、

运行稳定的能力。

（3）适量性原则：选择的评估指标要适量，不能过多也不能过少，过多则导致评估没有重心或侧重点，且增加实际的工作量；过少则容易造成不能反映高速公路机电系统的大部分特征，导致评估的健康状况结果与实际不符。同时某些评估指标间的关联性较强，也是简化指标的依据。

（4）适用性原则：适用性即可操作性，选择的评估指标应符合客观实际，易于操作、测量。

（5）独立性原则：独立性是指评估指标间的关系应是不相关的，评估指标之间应减少交叉，防止相互包含，要具有相对独立性。

（6）可测性原则：可测性是指评估指标的定量表示，即指标能够通过数学公式、测试仪器或实验统计等方法获得。指标本身便于实际使用和度量。指标的含义明确，具备现实收集渠道，便于定量分析，具有可操作性。

（7）定性与定量指标相结合原则：评估指标应该尽可能地量化，但是对一些具有不确定性的因素，既要把握被评对象"质"的一面，对其进行定性分析，又要把握住被评对象"量"的一面，对其进行定量分析，即评估指标尽可能量化。

2. 评估指标体系建立

高速公路机电系统是一个复杂的系统，而系统内各子系统设备健康状况的指标因素很多，且各不相同，各指标因素之间的联系非常复杂。在无法获得设备实时运行参数的情况下，为了全面评价高速公路机电系统的健康状况，提出"二层、三级"评估指标体系。首先对高速公路机电系统进行分层，"二层"即整体系统层和功能子系统层。先对功能子系统的"三级"指标进行详细的分析和归类，然后由子系统开始，从下至上逐级进行健康状况评估，最后综合得出机电系统的健康状况值。"三级"指标如下：一级指标即目标机电系统健康状况值，二级指标即系统可靠性指标与系统脆弱性指标，三级指标即各二级指标下属的具体评估指标，如图7-4-2所示。

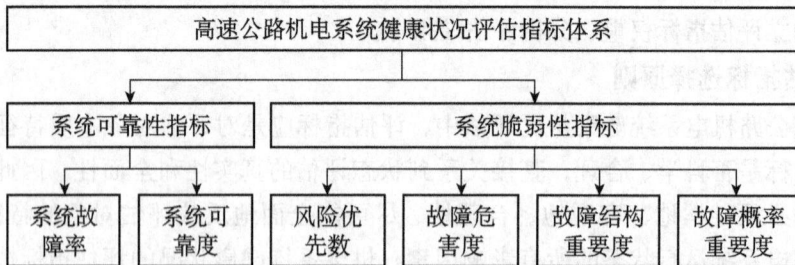

图 7-4-2　高速公路机电系统健康状况评估指标体系图

3. 评估指标定义

根据研究对象的数据特点和高速公路机电系统健康状况的定义，本书采用系统鲁棒性的度量方法对高速公路机电系统健康状况进行评估，即对机电系统发生设备故障前后的系统性能进行计算和评价。然而考虑到所采用的报修数据无法对高速公路机电系统中各设备的运行参数进行监测，故采取系统自身保障功能完整性的能力和故障导致的系统功能完整性的损失两个方面综合对系统性能进行评价。因此，本书提出从系统可靠性、系统脆弱性两个方面对高速公路机电系统的健康状况进行评估。

1）系统可靠性指标

将高速公路机电系统可靠性定义为系统在运营中保障通信、监控、收费、照明等各功能完整性的能力，其度量指标包括系统故障率（system failure rate，SFR）和系统可靠度（system reliability，SR）。

（1）系统故障率。

设备或系统的故障率和时间的关系可以用浴盆曲线来表达，如图 7 - 4 - 3 所示。从该曲线可以看出，设备或系统的故障率在设备或系统早期投用和晚期老化后的故障率较高，而在中间使用时段的故障率较为稳定。因此，将系统故障率 SFR 定义为

$$SFR = \frac{c}{N \cdot \Delta t} \tag{7-4-3}$$

式中：c 为在考虑的时间范围内发生故障的部件数；N 为整个设备或系统使用的部件数；Δt 为设备运行的时间范围。

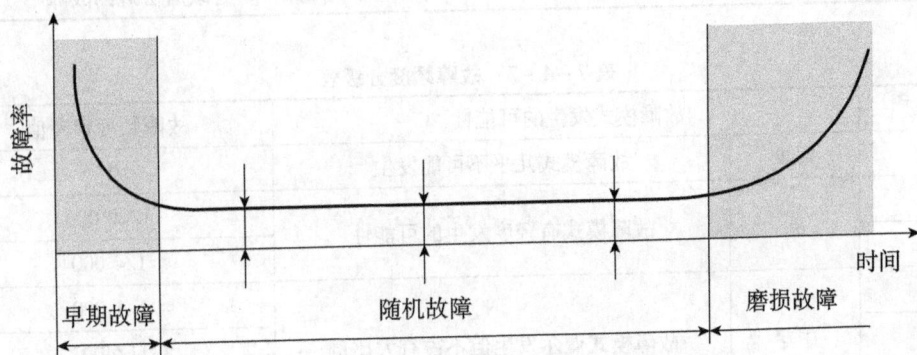

图 7 - 4 - 3　设备或系统的故障率与时间关系曲线

（2）系统可靠度。

平均无故障时间（mean time between failures，MTBF）的计算公式为故障率的倒数，它指的是设备或系统在相邻的故障时间间隔内能够保证正常且稳定工作的平均事件。因此，基于 MTBF 的定义和解释对系统可靠度 SR 进行定义，其计算表达式为

$$SR = \frac{MTBF}{MTBF + MTTR} = \frac{N \cdot \Delta t}{N \cdot \Delta t + c \cdot MTTR} \tag{7-4-4}$$

式中：MTTR 为平均恢复时间。

2）系统脆弱性指标

该指标反映系统受到扰动即高速公路机电系统设备受到损坏或发生故障后对系统功能完整性产生的影响，其度量指标包括风险优先数（risk priority number，RPN）、故障危害度（fault hazard level，FHL）、故障结构重要度及故障概率重要度。故障结构重要度 I_q 和故障概率重要度 I_s 这里不再赘述。下面着重解释前两个指标的定义。

(1) 风险优先数。

风险优先数将故障的危害程度与故障严重性、发生频率及探明难度联系起来。因此，将风险优先数 RPN 定义为故障严重度 (S) 和故障频度 (O) 及故障不易探测度 (D) 三项数字的乘积，其计算表达式为

$$RPN = S \times O \times D \tag{7-4-5}$$

值得注意的是，将故障严重度 (S)、故障频度 (O) 及故障不易探测度 (D) 统一划分为 10 个等级，具体等级代表的含义见表 7-4-1、表 7-4-2 及表 7-4-3。

表 7-4-1 故障严重度分级表

等级		故障影响程度
1	轻微	对系统性能不会产生影响，用户注意不到的轻微故障
2,3	低	对系统性能有轻微影响，用户可能会注意到并引起轻微抱怨
4,5,6	中等	引起系统性能下降的故障，用户会感觉不舒适和不满意
7,8	高	中断操作的重大故障，或提供舒适性的子系统不能正常工作，此类故障不会引起安全性后果，但会引起用户的强烈不满意
9,10	非常高	引起生命、财产损失的致命故障或不符合政府法规的故障

表 7-4-2 故障频度分级表

等级		故障模式发生的可能性	故障频度参考值
1	稀少	故障模式几乎不可能发生	10^{-6}
2	低	故障模式有轻度发生的可能性	1/20 000
3			1/4 000
4	中等	故障模式偶尔发生但不占有大比例	1/1 000
5			1/400
6			1/80
7	高	故障模式经常发生	1/40
8			1/20
9,10	非常高	故障模式的发生几乎不可避免	1/8
			1/2

表 7-4-3 故障不易探测度分级表

等级	不易探测度划分标准	可探测度
1,2	几乎可以肯定能检测出	≥99.99%
3,4,5	有良好手段可以检测出	≥99.80%
6,7,8	有较好手段检测出	≥98.00%
9	有可能检测不出	≥90.00%
10	有极大可能检测不出	<90.00%

（2）故障危害度。

危害性矩阵法是一种故障危害度的计算方法。危害性矩阵可通过定性分析得到，可分为 5 个级别：A 级代表经常发生，B 级代表有时发生，C 级代表偶尔发生，D 级代表很少发生，E 级代表极少发生。其中，评分的依据来自预计值和外场评估值等，同时，故障危害度还可以通过公式定量计算。故障模式频数比是设备或系统的某一故障模式占其全部故障模式的比例，考虑某一设备或系统所有可能的故障模式，其故障模式频数比之和为 1。设备或系统总故障率或失效率代表设备或系统运行周期内的故障率或失效率。因此，故障危害度 FHL 的计算公式为

$$\text{FHL} = \sum_{i=1}^{n} (k \cdot \alpha_i \cdot \beta_i \cdot \Delta t) \tag{7-4-6}$$

式中：k 为设备或系统运行周期内的失效率；α_i 为设备或系统以某一故障模式发生故障的频数比，即等于故障模式 i 发生数除以总故障模式发生数；β_i 为故障模式 i 发生并导致设备或系统失效的条件概率。

7.4.3　高速公路机电系统健康状况的韧性评估

高速公路机电系统的健康状况在其运行时间内是变化的，当遭遇系统故障或扰动时，系统受到故障或扰动的影响将持续一段时间。在影响持续的过程中，一般可将几个时间节点作为重要的研究节点，主要包括遭遇系统故障的时刻、负面影响达到最大的时刻、故障排除的时刻和负面影响消除的时刻，以此构建用于高速公路机电系统健康状况评估的交通韧性网络模型（traffic resilient networks in electromechanical system，TRN_Ele）。

1. 阶段划分

根据不同的时间节点，可将系统健康状况受到故障影响到影响消除的整个过程分为 5 个阶段，以此得到 RN 曲线，如图 7-4-4 所示。特别地，RN 曲线一般可包括性能稳定阶段、性能下降阶段、性能破坏阶段、性能恢复阶段及性能重新稳定阶段，具体描述如下。

（1）性能稳定阶段 $[0, t_0)$，该阶段在系统发生故障或扰动之前，系统没有受到故障或扰动的影响，处于正常的运行状态。

（2）性能下降阶段 $[t_0, t_e)$，该阶段表示 t_0 时刻系统发生故障或受到扰动，之后开始受到负面影响，其性能开始下降，直到 t_e 时刻负面影响达到最大。

（3）性能破坏阶段 $[t_e, t_r)$，该阶段表示系统在受到故障或扰动的影响之后，负面影响达到最大，系统性能降到最低且故障暂未排除，扰动尚未屏蔽或消除，系统性能始终保持最低状态，直到 t_r 时刻系统故障排除。

（4）性能恢复阶段 $[t_r, t_1)$，该阶段表示 t_r 时刻系统故障排除后，系统性能开始恢复，直到 t_1 时刻系统重新恢复到稳定状态。

（5）性能重新稳定阶段 $[t_1, +\infty)$，该阶段表示 t_1 时刻系统重新恢复稳定状态之后的阶段。

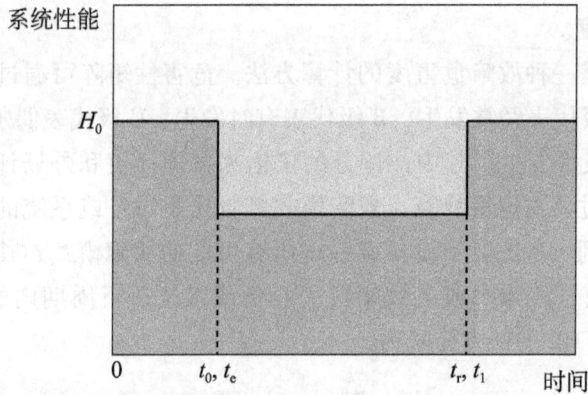

系统性能

H_0

0   t_0, t_e t_r, t_1 时间

图 7 - 4 - 4   高速公路机电系统 RN 曲线阶段划分图

在高速公路机电系统中，系统故障和故障排除对于高速公路机电系统自身的影响是瞬时性的，即 $t_0 = t_e$ 且 $t_r = t_1$，因此，高速公路机电系统发生设备故障或受到扰动的整个周期内仅存在 3 个阶段。

2. **模型构建**

在高速公路机电系统发生故障或受到扰动的周期内，系统发生故障前其健康状况良好，系统能够发挥完整性能且正常稳定运行，其健康值为 1；系统完全瘫痪时，系统不能实现其设计功能，无法正常运行，其健康值为 0。在系统发生故障时，系统能够发挥部分性能，实现部分设计功能，其健康值需要通过能够反映系统功能实现情况的指标进行确定。

在广义的 RN 模型中，采用恢复期内系统性能恢复程度与扰动事件造成的系统性能损失程度的比值描述系统韧性，其计算表达式为

$$R(t) = \frac{F(t) - F(t_e)}{F(t_0) - F(t_e)}, t \in [t_r, t_1] \qquad (7-4-7)$$

然而，广义 RN 模型并不适合表示高速公路机电系统的健康状况，主要有以下 3 点原因：一是该指标仅能描述当前时刻的系统健康状况，对当前时刻以前的系统状况没有体现，这可能会导致由不同的系统恢复特征得到相同的评价结果；二是该指标仅能描述性能恢复阶段的健康状况，无法描述系统发生故障或受到扰动全周期的健康情况；三是高速公路机电系统中，在不考虑系统对外部环境影响的情况下，系统故障和故障排除对于高速公路机电系统自身的影响是瞬时性的，系统中某一设备或部件在维修过程中系统的性能并不会部分恢复。

综合本书研究对象高速公路机电系统的特点，其健康状况指的是高速公路机电系统运行某一时刻或某一时间段内保障其设计时应有的功能完整、性能和运行稳定的能力。因此，在某一时刻时将系统健康状况视为系统性能值，即 $h(t) = F(t)$。

在整个时间段内，系统健康状况则应该表现为系统的平均累计性能。在高速公路机电系统中，设备故障对系统产生的影响是瞬时性的，因此得到能够适用于高速公路机电系统的健康状况韧性曲线，即 TRN_Ele 模型，其分段函数的计算表达式为

$$H(t) = \begin{cases} h(t_0) & t \in [0, t_0) \\ \dfrac{\displaystyle\int_{t_0}^{t} h(x)\,\mathrm{d}x}{H_0 t} & t \in [t_0, t_r) \\ h(t_3) & t \in [t_r, +\infty) \end{cases} \qquad (7-4-8)$$

式中：$h(x)$ 为某时刻的系统性能，即系统健康状况；H_0 为系统期望性能，即系统发生故障或受到干扰前的健康状况。

需要说明的是，TRN_Ele 模型的分段曲线如图 7 - 4 - 5 所示，则模型的取值物理内涵为图中阴影面积 S_1 与总面积 $S_1 + S_2$ 的比值，其计算表达式为

$$\widehat{H}(t) = \frac{S_1}{S_1 + S_2} \qquad (7-4-9)$$

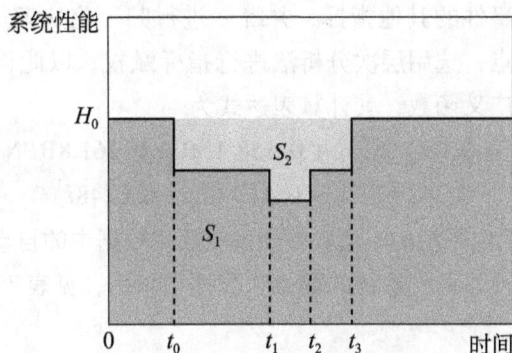

图 7 - 4 - 5　TRN_Ele 模型物理内涵表示图

3. 模型求解

高速公路机电系统健康状况评估指标分别从不同的角度刻画了设备故障对高速公路机电系统性能的影响程度，同时也能反映出高速公路机电系统的健康状况。其中系统可靠性指标是积极性指标，即系统可靠性越高，故障对系统的影响越小，系统健康状况越好。系统脆弱性指标为消极性指标，即取值越高，证明该故障对系统性能的影响越大，系统健康状况越差。进一步地，系统可靠性指标由系统故障率和可靠度指标综合得到。系统故障率越高，可靠性越差，为消极性指标；可靠度指标越高，可靠性越高。系统脆弱性由故障危害度、风险优先数、故障概率重要度、故障结构重要度 4 个指标综合得到，这 4 个指标均为系统脆弱性的积极性指标。

为了综合考虑上述指标，需要对各指标进行归一化处理，即对积极性指标采用式（7 - 4 - 10）进行计算，对消极性指标采用式（7 - 4 - 11）进行计算，具体为

$$K_m = \frac{k_m - \min(k_m)}{\max(k_m) - \min(k_m)} \qquad (7-4-10)$$

$$K_m = \frac{\max(k_m) - k_m}{\max(k_m) - \min(k_m)} \qquad (7-4-11)$$

式中：K_m 为第 m 个决策影响因素的归一化取值；k_m 为第 m 个决策影响因素的实际取值；$\max(k_m)$ 为第 m 个决策影响因素实际取值的最大值；$\min(k_m)$ 为第 m 个决策影响因素实际取值的最小值。

需要说明的是，将系统可靠度 SR、故障危害度 FHL 及故障重要度 I 设置在区间 [0，1] 内。综上所述，可构建基于 TRN_Ele 模型的系统健康状况评估值广义函数，其计算表达式为

$$\delta^* = f(\text{SFR}, \text{SR}, \text{RPN}, \text{FHL}, I_q, I_s) \qquad (7-4-12)$$

4. 案例分析

下面以山东省高速公路机电系统的收费车道子系统为例，进行健康状况评估的案例分析。通过前面章节对 FLBN_Ele 模型的构建，得到了收费车道子系统中 14 个基本事件的故障结构重要度、故障概率重要度。现依据所建立的高速公路机电系统健康状况评估指标体系，计算各基本事件的其他指标，并统一进行归一化处理。同时，根据数据特点及指标的定性、定量特点，选用层次分析法进行指标赋权，以此得到基于 TRN_Ele 模型的系统健康状况评估值广义函数，其计算表达式为

$$\delta^* = 0.098\,5\text{SFR} + 0.158\,1\text{SR} + 0.261\,8\text{RPN} +$$
$$0.342\,6\text{FHL} + 0.110\,6I_q + 0.0248I_s \qquad (7-4-13)$$

首先，以高速公路机电系统的车道收费子系统故障数据中的自动栏杆断裂 z_{11}（事件1）作为单故障基本事件，计算得到系统的健康状况评估指标，见表 7-4-4，健康状况韧性曲线如图 7-4-6 所示。

表 7-4-4 事件1的系统健康状况评估指标表

时间	SFR	SR	FHL	RPN	I_q	I_s	δ^*
00：00	0.880 9	0.928 4	1.000 0	1.000 0	1.000 0	1.000 0	0.977 0
08：49	0.881 0	0.928 4	0.869 6	0.857 1	0.607 1	0.769 2	0.845 2
18：07	0.857 1	0.871 1	1.000 0	1.000 0	1.000 0	1.000 0	0.965 6

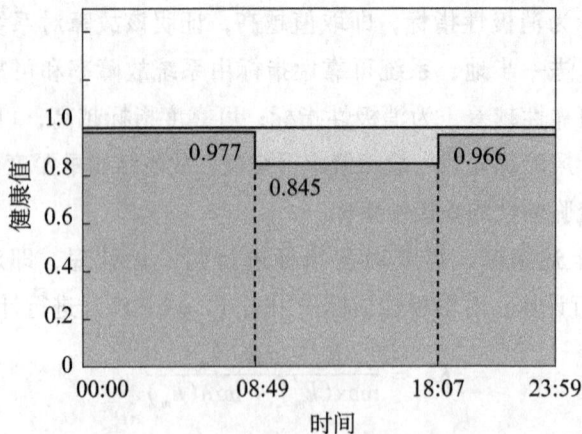

图 7-4-6 事件1的系统健康状况韧性曲线图

由表 7 - 4 - 4 可知，单故障事件发生情况下，整个高速公路机电系统的健康状况会出现波动。同时，健康值较低的情况与故障维修时长有关。为了比较不同故障事件对系统健康状况的影响，继续选取费额显示器破损 z_{10}（事件 2）及视频线损坏 z_5（事件 3）这两个故障基本事件，对其进行故障发生后系统的健康状况评估，计算得到系统的健康状况评估指标，分别见表 7 - 4 - 5 和表 7 - 4 - 6。

表 7 - 4 - 5　事件 2 的系统健康状况评估指标表

时间	SFR	SR	FHL	RPN	I_q	I_s	δ^*
00:00	0.959 2	0.957 8	1.000 0	1.000 0	1.000 0	1.000 0	0.989 3
08:48	0.959 2	0.957 8	0.905 5	0.857 1	0.850 0	0.512 8	0.890 5
20:11	0.952 4	0.931 2	1.000 0	1.000 0	1.000 0	1.000 0	0.984 4

表 7 - 4 - 6　事件 3 的系统健康状况评估指标表

时间	SFR	SR	FHL	RPN	I_q	I_s	δ^*
00:00	0.928 6	0.998 5	1.000 0	1.000 0	1.000 0	1.000 0	0.992 7
20:31	0.928 6	0.998 5	0.869 6	0.857 1	0.607 1	0.769 2	0.861 0
20:47	0.857 1	0.995 5	1.000 0	1.000 0	1.000 0	1.000 0	0.985 2

不同故障事件发生时对系统的健康状况影响不同。其中，自动栏杆断裂 z_{11} 对系统健康状况影响最大，其次是费额显示器破损 z_{10}，视频线损坏 z_5 的影响最为轻微。究其原因，健康状况受维修难度及维修时间的影响较大，出现大型的硬件设备故障会对整个系统的健康产生波动，在检查检修时需要格外注意。

特别地，将事件 2 与事件 3 进行故障事件的叠加，得到新的系统健康状况评估结果（见表 7 - 4 - 7），其对应的健康状况韧性曲线如图 7 - 4 - 7 所示。

表 7 - 4 - 7　事件 2 与事件 3 叠加的系统健康状况评估指标表

起始	终止	SFR	SR	FHL	RPN	I_q	I_s	δ^*
0:00	16:34	0.918 4	0.934 5	1.000 0	1.000 0	1.000 0	1.000 0	0.981 6
16:34	19:19	0.918 4	0.934 5	0.913 0	0.714 3	0.607 1	0.769 2	0.827 5
19:19	20:22	0.898 0	0.919 4	0.833 6	0.714 3	0.607 1	0.408 3	0.786 7
20:22	21:01	0.877 6	0.904 9	0.913 0	0.714 3	0.607 1	0.769 2	0.818 8
21:01	23:59	0.877 6	0.886 6	1.000 0	1.000 0	1.000 0	1.000 0	0.970 0

由表 7 - 4 - 7 及图 7 - 4 - 7 可以看出，当多个故障事件同时发生时，系统的健康状况将进一步下降，特别是在 19:19—20:22 期间，系统的健康评估值低至 0.786 7。因此，故障事件的叠加发生会严重影响到机电系统的正常运行和使用，需要及时对系统和设备进行检修。

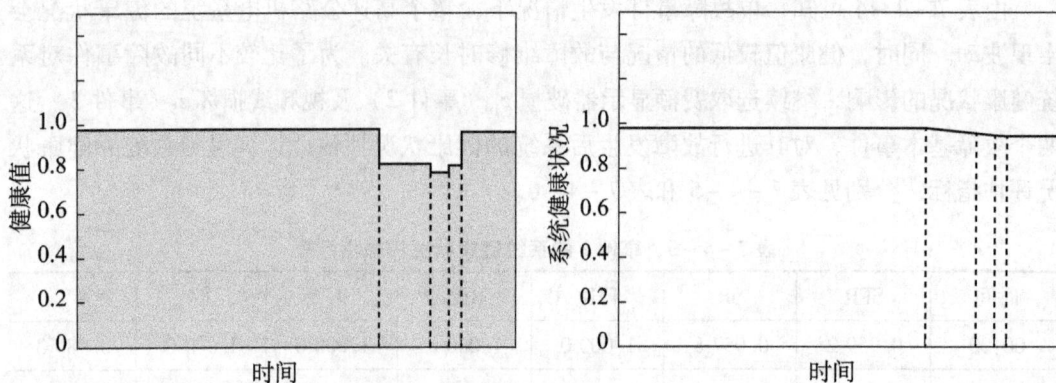

图 7-4-7 事件 2 与事件 3 叠加的系统健康状况韧性曲线图

7.5 小结

本章在总结目前的系统健康管理领域中相关研究内容的基础上给出了健康状况评估的定义，明确了评估系统健康状况的首要问题是要有一个能够满足可操作性和可解释性的模型，并结合现状给出了本章的研究目的。本章分别从功能架构、故障类型及故障数据方面对高速公路机电系统进行剖析，找出了系统故障的产生原因与内在机理。同时，将高速公路机电系统拆分为通信系统、监控系统及收费系统等，并分别基于故障树建立 FTA_Ele_Com 模型、FTA_Ele_Mon 模型及 FTA_Ele_Cha 模型，用于具体分析不同子系统的健康状况影响。本章构建了用于高速公路机电系统健康状况诊断分析的 FLBN_Ele 模型，通过 EM 算法进行参数学习及 J-Trees 算法进行网络推理完成模型基本框架的搭建，以 FTA_Ele 模型为基础进行结构映射，设计了梯形模糊数算法，将报修开始时间、维修完成时间及故障维修时长这 3 类故障特征融入模型中，进而得到先验概率，并在高速公路收费车道子系统中进行了应用。

第8章 高速公路差异化收费定价模型

实施高速公路差异化收费，可持续提升高速公路网通行效率，降低高速公路出行成本。本章考虑路段、车型、时段、方向、收费等因素，分别从碳减排收益、降本增效等角度，研究高速公路差异化收费定价模型。

8.1 车辆碳减排收益测算模型

车辆尾气排放是交通污染的重要组成部分，建立车辆的碳排放计算模型是研究路网车辆碳减排收益的基础。本书考虑不同道路类型、不同行驶状态下车辆的碳排放差别性，引入经济学理论方法计算研究区域内的碳减排价格，便于更直观地评估碳减排的社会效益。

构建路网车辆碳减排收益测算模型计算流程如图 8-1-1 所示。

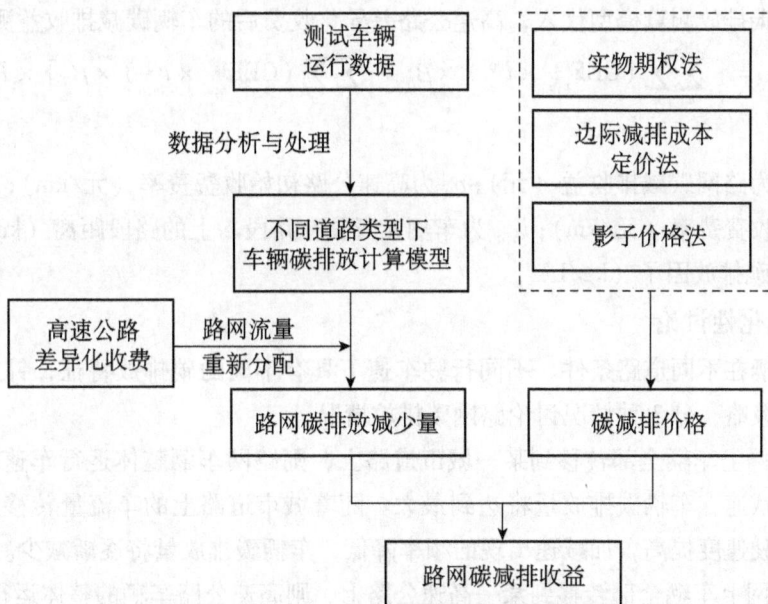

图 8-1-1 车辆碳减排收益测算模型计算流程图

8.1.1 车辆碳排放测算模型

采用自下而上的方法测算车辆在运输过程中产生的碳排放量，车辆碳排放测算模型为

$$E_{\text{net}} = \sum_{a \in A} \sum_{n \in N} E_{n,a} \qquad (8-1-1)$$

$$E_{n,a} = \text{CEF}_{n,a} \times l_{n,a} \times \beta_N \qquad (8-1-2)$$

式中：E_{net} 为整个道路网交通排放量（kg）；$E_{n,a}$ 为在路段 a 上车辆 n 的碳排放量（kg）；$\text{CEF}_{n,a}$ 为路段 a 上车辆 n 的百公里油耗（L／百公里）；$l_{n,a}$ 为路段 a 上车辆 n 的行驶距离（百公里）；β_N 为车辆类型 N 的碳排放因子（kg/L），即消耗单位燃料排放的 CO_2 量。

8.1.2 车辆碳减排收益测算模型

1. 收益测算模型

基于车辆碳排放测算模型，得到实施高速公路差异化收费后的车辆碳减排收益测算模型为

$$\text{CE}_{\text{net}} = E_{\text{net}}^{p_0} - E_{\text{net}}^{p_a} \qquad (8-1-3)$$

$$\text{EB}_{\text{net}} = \text{CE}_{\text{net}} \times P_{\text{price}} \qquad (8-1-4)$$

式中：CE_{net} 为路网在实施差异化收费后碳排放减少量（kg）；$E_{\text{net}}^{p_0}$ 为路网在高速公路初始收费费率为 p_0 条件下的碳排放量（kg）；$E_{\text{net}}^{p_a}$ 为路网在高速公路收费费率为 p_a 条件下的碳排放量（kg）；EB_{net} 为路网在高速公路收费费率为 p_a 条件下的碳减排收益（元）；P_{price} 为当地的碳排放定价（元/kg）。

将车辆碳排放测算模型代入，高速公路差异化收费后的车辆碳减排收益测算模型为

$$\text{EB}_{\text{net}} = \Big[\sum_a \sum_n \big(\text{CEF}_{n,a}^{p_0} \times l_{n,a}^{p_0} \big) \times \beta_N - \sum_a \sum_n \big(\text{CEF}_{n,a}^{p_a} \times l_{n,a}^{p_a} \big) \times \beta_N \Big] \times P_{\text{price}}$$

$$(8-1-5)$$

式中：EB_{net} 为路网碳减排收益（元）；p_0 为高速公路初始收费费率（元/km）；p_a 为高速公路调费后的收费费率（元/km）；$l_{n,a}$ 为车辆 n 行驶在路段 a 上的路段距离（km）；β_N 为车辆类型 N 的碳排放因子（kg/L）。

2. 可优化性讨论

同一车辆在不同道路条件、不同行驶车速下具有不同的碳排放特征，针对高速公路差异化收费策略，分 3 种情况讨论路网碳排放情况。

（1）路网上车辆全部转移到某一城市道路上，则路网车辆整体运行车速较差，车辆需要频繁加减速，车辆碳排放量将达到最大。随着城市道路上的车流量转移到高速公路上，车辆行驶速度提高，加减速出现的频率降低，车辆碳排放量将逐渐减少。

（2）路网上车辆全部转移到某一高速公路上，则高速公路车辆的整体运行状况较差，需要频繁加减速，车辆碳排放量将急剧增加。随着高速公路的车流量转移到城市道路上，高速公路上车辆的行驶条件将会得到改善，碳排放量将会逐渐减少。

（3）高速公路与其平行国道上的车流量达到均衡，道路交通运行状况较好，此时车辆的碳排放量将达到最少。

高速公路差异化收费策略下碳排放量变化情况如图 8-1-2 所示。由图 8-1-2 可知，在利用差异化收费的手段来调节路网流量时，合理的收费方案能够使路网车流量实

现路网均衡状态，进而减少车辆的碳排放，从而实现碳减排的最大化。

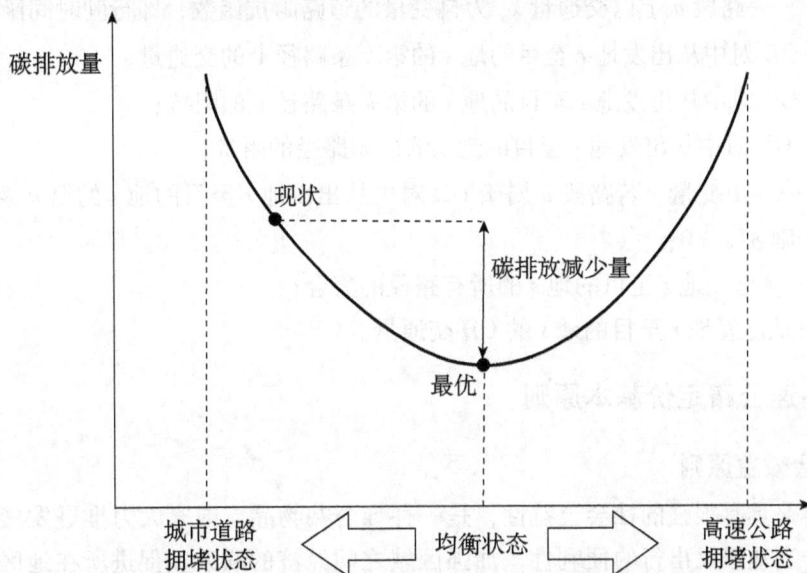

图 8 - 1 - 2　高速公路差异化收费策略下碳排放量变化情况

8.2　基于碳减排收益的多目标优化定价模型

8.2.1　问题描述及模型参数定义

1. 问题描述

本书从低碳的角度出发，秉持可持续发展和绿色环保的理念，研究高速公路定价模型的构建问题。通过对高速公路收费定价系统进行研究，可以发现目前在制定高速公路收费时主要考虑了高速公路管理者的收益和出行者的时间效益，并没有充分考虑到碳排放成本和可持续发展问题。相关资料显示，交通运输领域的不同运输方式碳排放总量较为不均，公路运输是交通领域碳排放的重点，排放量约占交通领域碳排放总量的85%，其中公路运输中重型货车的排放量占公路运输碳排放总量的50%左右。因此，在制定高速公路差异化收费定价时有必要考虑对路网碳排放的影响。

因此，本书以减少载重货车碳排放量为出发点引入路网碳减排收益，用来衡量高速公路差异化收费方案所能够带来的环境效益。应将路网碳减排收益作为一项优化目标纳入高速公路收费定价模型中，并进行迭代优化，进而实现高速公路资源的社会效益和环境效益的最大化。

2. 模型参数定义

本章涉及的相关模型参数及含义如下：

x_a——路段 a 上的交通量；

t_a——路段 a 上的路阻，也称为车辆行驶时间；

$t_a(x_a)$——路段 a 上以交通量 x_a 为自变量的道路阻抗函数，即行驶时间函数；

f_k^{rs}——OD 对中从出发地 r 至目的地 s 的第 k 条路径上的交通量；

t_k^{rs}——OD 对中从出发地 r 至目的地 s 的第 k 条路径上的阻抗；

u_{rs}——OD 对中从出发地 r 至目的地 s 的最短路径的阻抗；

$\delta_{a,k}^{rs}$——0 – 1 变量，若路段 a 属于 OD 对中从出发地 r 至目的地 s 的第 k 条路径，则 $\delta_{a,k}^{rs}=1$，否则 $\delta_{a,k}^{rs}=0$；

W_{rs}——从出发地 r 至目的地 s 的所有路径的集合；

q_{rs}——从出发地 r 至目的地 s 的 OD 交通量。

8.2.2 高速公路定价基本原则

1. 社会效益原则

高速公路具有很强的社会公益性，是一种准公共物品。国家大力推进发展高速公路是为了提升当地居民出行的便利性，加强区域之间经济的联系，促进所在地区的经济增长，从而从整体上提升区域人民的生活水平。高速公路作为一项具备基础性和社会公益性的设施，国家进行投资并建设的意义在于为广大人民提供便利。收费公路作为一项服务社会的半公益性产品，在进行收费定价时应考虑到充分发挥其社会效益。

2. 合理收益原则

高速公路的利益主要涉及政府部门、高速公路管理者和高速公路出行者三方。政府部门秉持充分发挥高速公路社会效益、可持续绿色低碳的理念，希望通过高速公路的建设，一方面提升周边人民出行的便利性，提高人民的生活水平，带动周边地区经济的发展，另一方面，通过均衡路网流量，实现路网车辆低碳减排。高速公路管理者希望充分发挥其经济效益，在高速公路运营期间获取更多的通行费收入。高速公路出行者希望在享受高速公路便捷的出行方式的同时花费较少的出行成本。

对于高速公路的定价，不同的利益相关者有不同的诉求。无论是过高还是过低的高速公路收费水平，都不利于高速公路的可持续发展。所以在高速公路收费定价时，一定要兼顾好各方的利益，平衡好各方的需求，这样才能在发挥好高速公路社会、经济效益的同时实现可持续绿色发展。

3. 收费公平负担原则

在进行高速公路收费定价时应遵循"多用多收费，少用少收费"的原则，在保护道路使用者合法权益的前提下合理地进行高速公路收费定价。对车型不同、载重不同的车辆进行差异化地收取通行费用就很好地体现了收费公平负担的原则。

在制定高速公路收费政策时需要兼顾公平与效率。各国政府在提供高速公路基础设施的过程中都面临一个问题，即是让全部民众通过缴税的方式还是高速公路使用者通过付费的方式来承担建设、运营并维护高速公路这项责任。使用者在享受某项服务或消费某一产品时承担其消费成本，能够有效地实现资源的合理配置，并公平地分担该产品或服务的成本。

4. 交通均衡原则

在城市化进程发展较快的地区，道路交通量、路网密度相对于周边地区较大。由于交通量大、线路位置优越等因素，开通较早的高速公路中部分路段可能已经出现局部路段拥堵的情况，而后期开通的高速公路线路由于线路位置等因素的影响交通量相对较小，社会效益未得到充分发挥。此外，常出现普通国省干线公路交通拥堵严重，但与之平行的高速公路的交通量较小的情况。

因此，在进行高速公路定价时应遵循交通均衡原则，实施灵活多样的高速公路差异化收费政策，利用价格杠杆均衡路网中交通量分布，提高区域路网整体的运行效率，从而使整个路网系统的经济效益和社会效益最大化。

8.2.3 高速公路成本分析

作为一项交通基础设施，高速公路不仅要通过收取通行费用来弥补资金上的收支缺口，还应利用价格杠杆调节供需，促进高速公路基础设施能够充分利用。但高速公路因收费费率高、收费路段多而受到社会争议，同时又因为车流不足而面临收益不足、财务亏损的情况。因此，合理进行高速公路收费定价对高速公路管理者取得较好收益、平衡道路交通量、缓解道路交通压力及低碳减排都具有十分重要的社会意义。高速公路运营的成本主要有运营管理成本和道路养护成本，其中高速公路运营管理成本主要与所在地区的经济发展水平有关，且比较稳定，一般不受其他因素的影响，因此分析高速公路成本时主要考虑道路养护成本。

随着我国高速公路建设里程的不断加快，高速路网也越来越完善。同时，随着高速公路车流量的不断增加，在运营过程期间高速公路需要不断进行维修和养护，这给相关部门造成了不小的成本压力。

作为等级较高的道路，高速公路的养护维修工作相较于普通道路来说更加复杂。为获取高速公路某一路段的养护成本，需对相关道路的养护数据进行统计分析，用统计模型分析得到该道路的成本计算模型。一般认为，高速公路养护成本与高速公路车道数量、通车时间、车流量因素有关。有研究学者提出了一种高速公路养护成本定量计算模型并得到了广泛应用（见图 8-2-1），该学者将养护成本分为日常维修费用和道路大修费用。

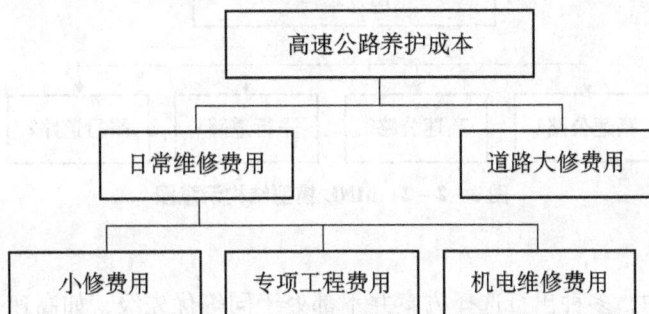

图 8-2-1　高速公路养护成本构成图

由于本书所研究的山东省高速公路段通车时间较晚，因此不考虑道路大修费用，则高速公路养护成本的计算公式为

$$Y_d = K_{日} \times K_{车道} \times (3.873 + 0.386x_1 + 1.965 \times 10^{-4} \times x_2 +$$
$$6.157x_3 - 2.639x_4 - 2.576x_5) \times (K_{固定}/100) \qquad (8-2-1)$$

式中：Y_d 为日常养护费用［万元/（km·a）］；$K_{日}$ 为日常维修费用系数，$1.17 \leqslant K_{日} \leqslant 2.51$，取 1.84；$K_{车道}$ 为车道修正系数，4、6、8 车道 $K_{车道}$ 的取值分别为 1.0、1.04 和 1.15；$K_{固定}$ 为固定资产投资价格指数，建议其值取为102；x_1 为通车年数；x_2 为道路交通量（pcu/d）；x_3 为桥隧比；x_4、x_5 为路面类型的虚拟变量，若路面类型是水泥混凝土，则 $x_4 = 1$，$x_5 = 0$，若路面类型为沥青混合料，则 $x_4 = 0$，$x_5 = 1$。

8.2.4 货车出行选择模型

实施高速公路差异化收费定价，能够平衡道路网流量，并有利于物流企业降低运输成本，提高物流运输效率。尤其是对于流量较小而并行国道流量较大的高速公路，更需要研究其内在原因，提出差异化收费策略，平衡路网流量，实现物流运输降本增效。本节主要分析营运货车的出行行为，建立符合本书研究场景下车辆的出行选择模型。

1. 货车出行选择模型原理

在交通背景下，高速公路出行者相当于消费者，出行路径中的多条道路本质上是同种类型的多个产品或服务。高速公路出行者对于出行路径的选择即消费者对于产品的选择，因此在交通领域宜引入离散选择 Logit 模型来描述出行者的路径选择问题。

1）MNL 模型

当出行者面临两个以上可以选择的出行方案时可选用 MNL（multi-nomminal logit）模型，该模型是从多项 Logit 模型上发展来的分解模型，将多种出行选择方案放在同等地位进行考虑，针对车辆在高速公路和平行道路（国省道）之间进行出行路径选择。MNL 模型结构如图 8-2-2 所示。该模型结构简单，并易于构建。当 OD 之间不存在明显的高峰拥挤，不需要对交通量根据时间进行分配时，采用该模型更加高效简便。由于该模型自身的 IIA 特性（无关方案的独立性），当出行者面临较为复杂的出行选择时，该模型可能会出现预测结果精准度较差的问题。

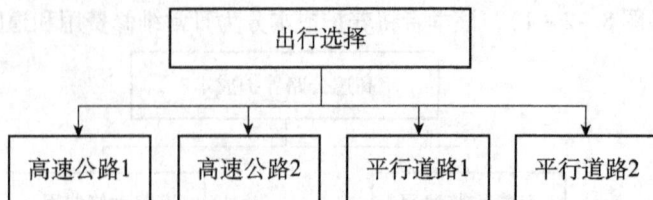

图 8-2-2 MNL 模型结构示意图

2）NL 模型

在实际生活中，多种出行选择方案并不都处于同等优先级，如高速公路出行者面临多条高速公路和平行的国省道时，将某一高速公路和某条平行的国省道放在同等优先级

进行考虑的概率较低，而是会先选择使用的道路等级，然后选择该道路等级下的某一路径。针对不同优先级条件下的出行路径选择，通常采用 NL 模型（nested logit model，巢式 Logit 模型）进行建模。

NL 模型由 Logit 模型改进而来，并且克服了自身的 IIA 特性。该模型由多层结果组成，其每一层都由 MNL 模型构成，并将有相关性的选择肢放在同一层中。同时，选择肢之间呈现树状结构，上下层之间相互关联，相互约束。NL 模型结构如图 8 - 2 - 3 所示。

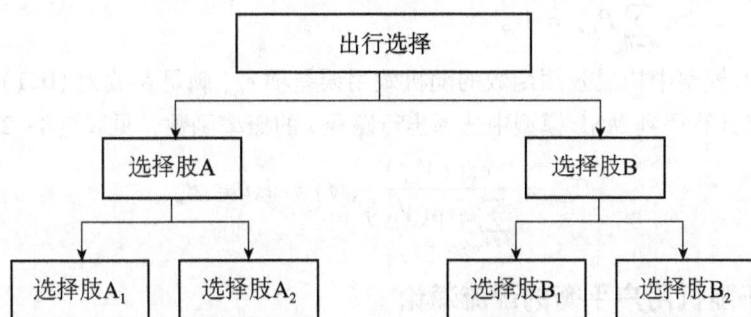

图 8 - 2 - 3　NL 模型结构示意图

本书结合研究路网的具体情况，选用 MNL 模型分析货车出行时的路径选择问题。

2. 货车出行选择模型构建

1）效用最大化

实施不同的高速公路收费方案后，出行者的出行费用也会随之发生变化。基于 Logit 模型的 MNL 模型提供了货车出行时路径选择模型的基本结构框架，而货车驾驶员在出行时对每条出行路径效用的评估结果决定了其选择某一出行路径的概率，因此，在高速公路差异化收费定价背景下的营运货车路径选择模型需要确定出行时的效用函数。

出行选择模型属于非集计模型，主要理论是出行者会根据自身出行效益最大化的原则来选择出行路径，即在特定的路径选择条件下，出行者会在可供选择的路线中选择效用最大的路线。针对某个出行者，无论选择哪条出行路线，都能够获取一定的效用。出行者选择路径的效用通常与出行时间、通行费用及出行者自身的一些属性等因素有关。

2）出行效用函数

非集计模型包括选择肢、出行效用及影响出行者路径选择的因素这 3 个方面。其中，出行者可选的出行路线的集合即为道路出行者的选择肢，出行者选择某一出行路线从而获取的价值为出行者的出行效用。对于出行效用做以下假设：

（1）出行者为确定出行方案的最小决策单元；

（2）出行者总是选择出行效用最大的选择肢。

通过确定出行者在出行时的方案选择集合、影响出行选择的因素可以得到出行者的效用函数，其中线性函数是效用函数最常用的表达形式。其计算公式为

$$U_{i,n} = V_{i,n} + e_{i,n} \qquad (8-2-2)$$

式中：$U_{i,n}$ 为出行者 n 选择出行路线 i 时的效用函数；$V_{i,n}$ 为出行者 n 选择出行路线 i 的固

定效益；$e_{i,n}$ 为随机效用误差。

根据最大效用理论，假设出行者 n 的出行路径集合为 R_n，选择出行路径 i 的效用函数为 $U_{i,n}$，则当出行效用函数满足 $U_{i,n} > U_{j,n}$（$\forall j \neq i, i \in R_n$）时，出行者 n 会优先选择出行路径 i。则出行者选择出行路径 i 的概率为

$$P_{i,n} = \text{Prob}(U_{i,n} > U_{j,n}, i \neq j, i \in R_n)$$
$$= \text{Prob}(V_{i,n} + e_{i,n} > V_{j,n} + e_{j,n}, i \neq j, i \in R_n) \qquad (8-2-3)$$

式中：$0 \leqslant P_{i,n} \leqslant 1$，$\sum\limits_{i \in R_n} P_{i,n} = 1$。

由于 MNL 模型中构成效用函数的随机效用误差项 $e_{i,n}$ 满足参数为 $(0,1)$ 的二重指数分布，故能够计算得到 MNL 模型中选择出行路径 i 的概率函数，见式（8-2-4）。

$$P_{i,n} = \frac{\exp(V_{i,n})}{\sum\limits_{i \in R_n} \exp(V_{j,n})}, \forall j \neq i, i \in R_n \qquad (8-2-4)$$

8.2.5 基于随机用户平衡的配流理论

1. 广义路阻函数

交通阻抗是在进行交通流分配时的一个重要指标，直接影响出行者路径的选择和交通流的分配，在交通流进行分配的过程中可以通过路阻函数进行描述。交通路网中的阻抗，应反映道路出行时间、交通成本、便捷性、安全性和准时性等多种因素，但综合这些因素建立起一个科学合理的函数模型非常困难。经过科学实验得出，影响路阻大小的主要因素是出行时间，因此常将出行时间作为计算路阻大小的主要标准。

然而在实际出行中，出行者不仅会考虑出行时从出发地（origin）到目的地（destination）消耗的时间长短，还需要在很大程度上考虑备选路径中收费费率高低等因素，这就是出行者出行时的广义路阻。交通网络中的广义路阻函数也称广义费用函数，下面从出行时间成本、油耗成本、人工成本和通行费用成本几个方面来分析山东省营运货车的广义路阻函数。为了便于称呼，将营运货车的油耗成本、人工成本和通行费用成本统称为出行费用成本，则广义路阻函数由出行时间成本和出行费用成本两部分构成。

1）出行时间成本

当出行者进行路径选择时可以选择不同的出行路径和出行方式，出行路径不同，道路交通量也不尽相同。而且道路交通状态和交通量并非一成不变，而是不断变化的。如果道路上的交通量减少，出行者行驶的车速就会提高，出行时间也会相应减少。出行者的出行时间能够通过道路上的交通量与行驶速度之间的关系推算得到。BPR 函数被广泛应用于出行时间的研究中，该函数由美国道路局（Bureau of Public Road，BPR）开发，函数形式见式（8-2-5）。

$$t_a = t_0 \times \left[1 + \alpha \left(\frac{q_a}{c_a} \right)^\beta \right] \qquad (8-2-5)$$

式中：t_a 为车辆在路段 a 上的行驶时间；t_0 为自由流时车辆在路段 a 上的行驶时间；q_a 为路段 a 上的实时交通量；c_a 为路段 a 的实际通行能力；α、β 为阻滞系数，常用值一般分别取

0.15 和 4，也可以根据道路的具体情况而定。

在阻抗函数的基础上，构建车辆行驶速度与道路交通量的计算模型，其一般形式见式 (8-2-6)。

$$V_a = V_0 \times \frac{1}{1 + \alpha \left(\dfrac{q_a}{c_a} \right)^{\beta}} \tag{8-2-6}$$

式中：V_a 为车辆在路段 a 上的实际行驶速度；V_0 为路段 a 零流量时车辆的自由行驶速度。

2) 出行费用成本

在城市路网中，一般情况下道路对车辆是免费开放的，行驶车辆多为非营运车辆，此时出行者在进行路径选择时多将行程时间作为主要的考虑因素。在城际运输中，营运货车在行驶车辆中占一定比重，此时在路径选择时需要同时考虑运输时间和物流运输成本。通过研究营运货车出行时的路径选择行为可知，营运货车是运输企业以盈利为目的的交通运输工具，其出行效益函数是使营运货车的运输成本最小。在计算营运货车的出行成本时主要考虑油耗成本、通行费用成本、人工成本及其他成本。

根据营运货车的出行费用成本构成，其费用成本计算公式为

$$C = \text{FS}_n + \text{SC}_n + C_{n,\text{toll}} \tag{8-2-7}$$

式中：C 为营运货车 n 出行时的出行费用成本（元）；FS_n 为营运货车 n 的油耗成本（元）；SC_n 为营运货车 n 的人工成本（元）；$C_{n,\text{toll}}$ 为营运货车 n 的通行费（元）。

（1）油耗成本。

油耗成本在营运货车的运输出行费用成本中占有较高比重，在一次出行中能够直接观测到的出行成本就是燃油消耗成本。根据 8.1.1 可以得到货车在不同道路类型、不同车速下的平均油耗量，货车的油耗成本与货车的运输距离成线性关系，计算公式为

$$\text{FS}_n = \sum_{i \in I} (\text{CEF}_{i,n} \times l_{i,n}) \times P_{\text{fuel}} / 100 \tag{8-2-8}$$

式中：FS_n 为货车 n 出行时的油耗成本；$\text{CEF}_{i,n}$ 为货车 n 在道路类型为 i 的路段上行驶时的百公里油耗 [L/（百·km）]；$l_{i,n}$ 为货车 n 在道路类型 i 的道路上的行驶里程（km）；P_{fuel} 为货车 n 使用燃料的价格（元/L）；i 为道路类型，有两种道路类型，分别为城市道路和高速公路。

（2）人工成本。

人工成本主要包括营运货车驾驶员的工资及其他各种补贴，经调研可知人工成本与货车的运输距离没有直接关系，而与运输时间有关。营运货车的人工成本计算公式为

$$\text{SC} = (S + A) \times D \tag{8-2-9}$$

式中：SC 为单次出行的人工成本；S 为驾驶员单日工资（元）；A 为驾驶员的工资补贴（元）；D 为一次运输所需天数（d），当运输时间不足 1 d 时按 1 d 计算。

（3）通行费用成本。

通行费用成本是营运货车出行成本中的重要组成部分，高速公路通行费用成本与高速公路收费费率及车辆在收费路段的行驶长度有关，计算公式为

$$C_{\text{toll},r} = p_a \times l_r, r \in R \qquad (8-2-10)$$

式中：$C_{\text{toll},r}$ 为收费路段 r 的通行费用（元）；p_a 为收费路段 r 的收费费率（元/km）；l_r 为收费路段 r 的长度（km）；R 为货车在运输过程中途经的收费路段集合。

针对高速公路差异化收费政策，收费费率与车型、路段、时段、支付方式等因素有关，高速公路差异化收费定价的计算公式为

$$p_a = p_0 \times k_{\text{type}} \times (k_{\text{section}} \times k_{\text{time}}) \times k_{\text{mode}} \qquad (8-2-11)$$

式中：p_a 为收费路段 r 的收费费率（元/km）；p_0 为现行的收费费率（元/km）；k_{type} 为车型修正系数；k_{section} 为路段修正系数；k_{time} 为时段修正系数；k_{mode} 为支付方式修正系数。

2. 确定路阻函数

在日常出行中，出行者能够直观感受到的是出行费用和出行时间的多少。在交通运输领域中，时间价值（value of time，VOT）成本表现为机会成本，也就是出行者花费该时间完成一种行为而放弃另一种行为从而带来的另一种收入。车辆在选择某一种出行路线时，就放弃了选择其他路线的机会，这就意味着货车在进行路径选择时的实际收益应大于机会成本。对于物流企业来说，营运货车在进行出行路径选择时不仅会考虑到运输费用的多少，还会考虑选择该路径时的时间价值大小。从经济学的角度出发，营运货车的运输时间和运输成本一样是物流企业在进行货物运输时的一种投入，货物运输时间长短在一定程度上能够反映货物的周转效率，进而可能会影响货物的生产与销售，因此营运货车在进行货物运输时的出行时间也应该用货币的形式来衡量，即运输时间价值。

下面根据相关参考文献计算营运货车运输时的时间价值。由于本书研究的营运货车运输时间跨度较短，因此选用式（8-2-12）来计算营运货车在进行货物运输时的运输时间价值。

$$V_{\text{vot}} = V_F \times \frac{\rho}{365 \times 24} \times t_a \qquad (8-2-12)$$

式中：V_{vot} 为营运货车的运输时间价值；V_F 为运输货物的价值；t_a 为营运货车的运输时间（h）；ρ 为年货物持有成本系数。联邦快递公示的数据显示，当运输货物为非高科技产品时，ρ 的取值范围为 23% ~ 26%；当运输货物为高科技产品时，ρ 的取值范围为 42% ~ 45%。这里 ρ 取值 25%。

基于上面的分析确定营运货车在进行路径选择时的路阻函数。本书中路阻函数模型是以 BPR 函数为基础的，用营运货车出行时的出行时间成本和出行费用成本两部分修订路阻函数，修正后的模型见式（8-2-13）。

$$t_a = t'_a \times \left[1 + \alpha \left(\frac{q_a}{c_a} \right)^\beta \right] \qquad (8-2-13)$$

式中：t'_a 为车辆在自由行驶状态下的时间阻抗。

利用前述营运货车广义费用函数模型对 t'_a 进行修正，其公式为

$$t'_a = \lambda_1 \times \frac{l_a}{V_a} + \lambda_2 \times \frac{C}{\text{VOT}} \qquad (8-2-14)$$

式中：l_a 为路线 a 的距离（km）；V_a 为车辆在路段 a 上的实际行驶速度；λ_1、λ_2 为权重系

数，都取 0.5。

当出行者选择普通国省道时没有出行费用成本。

3. 随机配流模型

实施高速公路差异化收费后，出行者的出行成本会发生变化，这就使得出行选择模型中的效用函数也会相继发生改变，因此不同出行路径的选择概率也会发生改变。随机用户平衡（stochastic user equilibrium，SUE）是一种随机交通量分配方法，在随机用户平衡状态下，出行者对路网阻抗的估计都具有不确定性，在出行过程中出行者无法仅通过改变自身的路径选择行为来减小道路阻抗。然而若路网中每一个出行者都能够确切地掌握道路网络的交通状况，并都企图选择最短路径，则路网流量将会达到一个平衡的状态。

前面阐述了广义费用函数对出行者路径选择的影响，根据广义费用函数出行者对出行路径进行选择。在随机用户平衡理论的基础上，若路网 OD 之间的路径流量能够满足以下条件，则视为可行径流量。

$$\sum_{k \in W_{rs}} f_k^{rs} = q_{rs}, \forall r,s \tag{8-2-15}$$

$$\text{s. t.} \begin{cases} f_k^{rs} \geq 0, q_{rs} \geq 0 & \forall r,s \\ x_a = \sum_{r,s} \sum_k f_k^{rs} \delta_{a,k}^{rs} & \forall a \end{cases} \tag{8-2-16}$$

目前对于路径选择问题的模型，大都采用 Logit 方法或 Probit 方法，基于 Probit 模型的方法模型较为复杂，且计算的工作量较大；而 Logit 模型假设随机误差变量是相互独立的，该方法计算简单，使用方便，因此本书采用该方法进行分析。

路网中的出行者在进行路径选择时总是会选择自身认为道路阻抗最小的路径，此时将出行者主观判断的阻抗称为"感知阻抗"，用 T_k^{rs} 表示，然而出行者自身对道路阻抗的估计值是不够准确的，总是存在一定的随机误差，在此将这个误差视为随机变量，路径的实际阻抗 t_k^{rs} 实际为前面计算得到的 t_a'，则有

$$T_k^{rs} = t_k^{rs} + v_k^{rs} \tag{8-2-17}$$

式中：v_k^{rs} 为随机误差项，满足 $E(v_k^{rs}) = 0$。

由于 Logit 模型中的原始模型是用效用函数推导得到的，可以选择用感知阻抗的赋值表示效用 U_k，即

$$U_k = -T_k^{rs} = -t_k^{rs} - v_k^{rs}, \forall k,r,s \tag{8-2-18}$$

式中：v_k^{rs} 为随机误差项，服从于 Gumbel 分布，其分布见式 (8-2-19)。

$$F(v_k^{rs}) = P(v_k^{rs} \leq x) = \exp[-\alpha \exp(-x)] \tag{8-2-19}$$

式中：$\alpha > 0$，$x \in (-\infty, +\infty)$，v_k^{rs} 的方差 $V(v_k^{rs}) = -\frac{\pi}{6}\alpha$。

根据 Wordrop 路径选择原则，路径 k 被选择的概率为 P_k^{rs}，则

$$P_k^{rs} = \text{Prob}(T_k^{rs} < T_l^{rs}, \forall l \neq k, r, s) \tag{8-2-20}$$

则路径 k 上的交通量 f_k^{rs} 为

$$f_k^{rs} = q_{rs} \times P_k^{rs} = q_{rs} \times \text{Prob}(T_k^{rs} < T_l^{rs}, \forall l \neq k, r, s) \tag{8-2-21}$$

此时出行路径的选择就成为一个多种路径中选择效用最大的路径问题。根据离散理论可以推出出行者路径选择概率 $P(k)$ ，公式为

$$P(k) = \frac{\exp(-bt'_k)}{\sum_l \exp(-bt'_k)} \tag{8-2-22}$$

式中：b 为相关参数。可以证明得到 $b = \dfrac{\pi^2}{6D(\nu)}$ 。

8.2.6 模型构建思路

1. 构建思路

在进行高速公路收费定价的过程中，高速公路管理者向政府部门提交高速公路的收费方案，政府部门作为产品和服务质量的监督者，在保证高速公路正常运营的同时，应引导车辆通行达到低碳减排的目标，保证社会效益最大化，实现可持续发展。高速公路收费方案通过审批并实施后，出行者会根据自身的出行费用、时间成本等因素选择合适的出行路线。高速公路管理者和政府部门应根据高速公路出行者的道路使用情况来调整高速公路的收费费率，制定更加科学合理的收费方案，从而调节路网的交通量，实现高速公路经济收益最大化、社会效益最大化和出行者出行成本最小化的目标。

在进行高速公路收费定价时，高速公路管理者、政府部门、高速公路出行者三方一直处于动态博弈之中（见图8-2-4），三方通过动态博弈之后最终形成一个科学合理的收费方案。

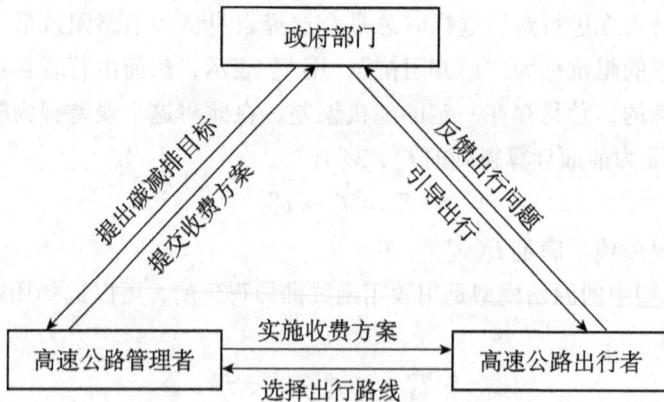

图 8-2-4 高速收费方案博弈图

从图8-2-4中可知，高速公路收费标准的制定过程是高速公路管理者、政府部门、出行者三方博弈的过程。2022年，国务院印发《"十四五"节能减排综合工作方案》，加快推进碳达峰碳中和，交通运输行业应不断推进绿色低碳发展，加快形成绿色循环低碳交通运输方案。在此背景下，应基于高速公路管理者、政府部门、高速公路出行者三方不同的视角确立各自的基本目标。

（1）高速公路管理者。高速公路管理者作为产品和服务的提供者，追求的是高速公路收益的最大化。

（2）政府部门。作为产品和服务质量的监督者，对于政府部门而言，在确保高速公路提供民众出行服务的同时，应监控路网交通量分布情况，引导居民出行，进而实现出行者在出行过程中碳减排收益的最大化。因此碳减排收益最大化也是本章研究的目标。

（3）高速公路出行者。高速公路出行者在出行路径选择时的目标是出行成本最小化。高速公路出行者希望在享受到高速公路带来便利服务的同时，支付的通行费用越少越好。

然而同时满足上述 3 个目标是很难实现的，一味提高高速公路收费费率并不能提高高速公路管理者的收益，但较小的高速公路通行成本又会使得高速公路管理者的合理收益无法得到保障。因此，在进行高速公路收费定价时，必须综合衡量上述 3 个目标，以实现各个目标的合理优化，这就是多目标优化问题（multi-objective optimization problem，MOP）。

2. 模型概述

优化问题分为单目标优化和多目标优化，只有一个目标的优化问题称为单目标优化，但在现实生活中存在的多数优化决策问题，需要决策的问题往往有两个及两个以上的优化目标，这就涉及多目标优化问题。多目标优化问题，即多个子目标在给定的可行域内尽可能同时实现最优的问题，而这多个目标函数彼此间通常是相互矛盾的。一个子目标的改善可能会引起另外一个或另外几个子目标性能的降低，也就是说使多个子目标同时达到最优值是几乎不可能的，只能在多个子目标之间继续协调，采取折中处理的方式使得各个子目标都尽可能达到最优化。

多目标优化问题是最近 50 多年才兴起的一个交叉学科问题。目标优化问题的数学描述由决策变量、目标函数和约束条件组成。

1）决策变量

单目标优化问题往往只有一个唯一的最优方案，但对于任意一个多目标优化问题，都至少具有两个以上（包含两个）的可行方案。优化问题中的决策变量（decision variable）代表任一个方案中的变量或变向量，用一个或多个字母表示。

2）目标函数

多目标优化问题通常有两个以上（包含两个）的决策目标，决策者对于方案的选择直接影响到目标结果。假设多目标优化问题有 $M(M \geq 2)$ 个目标，x 是多目标优化问题的决策变量，那么 $f_m(x)$ 表示以 x 为决策变量的多目标优化问题中第 $m(m = 1,2,\cdots,M)$ 个目标的结果。若可以用决策变量 x 来定量表示 $f_m(x)$，那么 $f_m(x)$ 就是多目标优化问题的目标函数（objective function）。为决策变量 x 赋予合适的数值，根据表达式计算得到的 $f_m(x)$ 的值称为目标值。由全部的目标函数共同组成的 m 维向量函数 $f(x) = [f_1(x), f_2(x), \cdots, f_m(x)]^T$ 则称为优化问题的综合目标函数（joint objective function）。

3）约束条件

在单目标优化问题和多目标优化问题中，一般来说决策者会对优化问题中的决策变量进行约束，这样的约束被称为优化问题的约束条件（constraint condition），包括不等式约束和等式约束，其中满足约束条件的方案被称为优化问题的可行方案（feasible alternatives）或者可行解（feasible solution）。

一般多目标优化数学描述可表示为

$$\min(\vec{x} \max)f(\boldsymbol{x}) = [f_1(\boldsymbol{x}), f_2(\boldsymbol{x}), \cdots, f_n(\boldsymbol{x})], n = 1, 2, \cdots, N \quad (8-2-23)$$

约束条件为

$$\begin{cases} g(\boldsymbol{x}) = [g_1(\boldsymbol{x}), g_2(\boldsymbol{x}), \cdots, g_k(\boldsymbol{x})] \leqslant 0 \\ h(\boldsymbol{x}) = [h_1(\boldsymbol{x}), h_2(\boldsymbol{x}), \cdots, h_m(\boldsymbol{x})] = 0 \\ \boldsymbol{x} = [x_1, x_2, \cdots, x_d, \cdots, x_D] \\ x_{d\_min} \leqslant x_d \leqslant x_{d\_max} \\ d = 1, 2, \cdots, D \end{cases} \quad (8-2-24)$$

式中：$\boldsymbol{x}$ 为 D 维决策变量；N 为优化目标的总数；$f(\boldsymbol{x})$ 为目标函数；$f_n(\boldsymbol{x})$ 为第 n 个子目标函数；$g(\boldsymbol{x})$ 为 k 项不等式约束条件；$h(\boldsymbol{x})$ 为 m 项等式约束条件；x_{d_min} 为搜索下限；x_{d_max} 为搜索上限。

8.2.7 基于碳减排收益的多目标优化定价模型

通过高速公路收费费率的调整，能够优化形成新的收费体系，进而均衡路网交通量，提高高速公路的利用效率，充分发挥高速公路的社会效益。在进行收费定价时，高速公路运营者、高速公路出行者和政府部门有各自不同的需求。高速公路运营者希望通过价格杠杆吸引更多的车流量到高速公路，进而实现高速公路收益的最大化；高速公路出行者希望出行时间和出行费用成本尽可能少；政府部门基于节能减排的角度则希望路网交通量均衡，进而实现路网的碳减排收益最大化。因此应综合考虑三方的利益诉求，构建基于碳减排收益的多目标优化定价模型。

1. 模型建立

基于以上分析，以高速公路差异化收费定价为基础，建立基于碳减排收益的多目标优化定价模型。

对于政府部门而言，高速公路管理者提出差异化收费方案后，政府部门希望通过收费方案实现低碳减排目标，实现货物运输中环境效益的最大化。碳减排收益 F_1 最大化的目标函数为

$$\max(F_1) = \left[\sum_a \sum_n (\text{CEF}_{n,a} \times l_{n,a} \times \beta_N)^{p0} - \sum_a \sum_n (\text{CEF}_{n,a} \times l_{n,a} \times \beta_N)^{pa} \right] \times P_e \quad (8-2-25)$$

式中：P_e 为高速公路碳排放价格。

前文已经详细分析高速公路日常养护和运营管理费用的构成，高速公路运营方的收益与高速公路收费费率及选择高速公路的车流量的大小有关，则高速公路管理者运营收益 F_2 的最大值计算公式为

$$\max(F_2) = \sum_{n \in N} l_{n,r} \times p_a - Y_d - Y_m \quad (8-2-26)$$

式中：$l_{n,r}$ 为货车 n 途经收费路段 r 的行驶里程；p_a 为调整后的高速公路收费费率；Y_d 为高速公路的养护成本；Y_m 为高速公路的运营管理成本。

对于高速公路出行者而言，建立基于随机用户平衡的用户出行阻抗最小化模型。在区域路网中高速公路出行者一般会选择从出发地到目的地之间广义出行费用最小的路径，广义出行费用会随着道路交通量的增加而增大，最终路网上的交通量达到一个稳定状态，高速公路出行者无法通过改变自身出行路径来减少自己的出行阻抗，然而高速公路出行者对于实际路径阻抗的估计是不够准确的，因此高速公路出行者的路径选择符合概率分布。则高速公路出行者的出行阻抗最小化模型为

$$\min(F_3) = -\sum_{r,s}\left[q_{rs} \cdot E\left(\min_{k \in K_{rs}}\left(T_k^{rs}\right) \mid t_k^{rs}(x)\right)\right] + \sum_{a}\left[x_a t_a(x_a)\right] - \sum_a \int_0^{x_a} t_a(\omega)\,\mathrm{d}\omega$$

$$(8-2-27)$$

$$E\left(\min_{k \in K_{rs}}\left(T_k^{rs}\right) \mid t_k^{rs}(x)\right) = \sum_{k \in K_{rs}}\left[t_k(x_k)P(k)\right] \qquad (8-2-28)$$

式中：$E\left(\min_{k \in K_{rs}}\left(T_k^{rs}\right) \mid t_k^{rs}(x_a)\right)$ 为期望阻抗，即以各个路段的实际阻抗为条件下的感知阻抗的数学期望。

综上所述，高速公路差异化收费下基于碳减排收益的多目标优化定价模型的目标函数为

$$\begin{cases} \max(F_1) = \left[\sum_a \sum_n \left(\mathrm{CEF}_{n,a} \times l_{n,a} \times \beta_N\right)^{p0} - \sum_a \sum_n \left(\mathrm{CEF}_{n,a} \times l_{n,a} \times \beta_N\right)^{p_a}\right] \times P_e \\[2mm] \max(F_2) = \sum_{n \in N} l_{n,r} \times p_a - Y_d - Y_m \\[2mm] \min(F_3) = -\sum_{r,s}\left[q_{rs} \cdot E\left(\min_{k \in K_{rs}}\left(T_k^{rs}\right) \mid t^{rs}(x)\right)\right] + \sum_a \left[x_a t_a(x_a)\right] - \sum_a \int_0^{x_a} t_a(\omega)\,\mathrm{d}\omega \end{cases}$$

$$(8-2-29)$$

约束条件为

$$p_{\min} \leqslant p_a \leqslant p_{\max} \qquad (8-2-30)$$

式中：$p_{\min}$ 为高速公路收费费率的下限；$p_{\max}$ 为高速公路收费费率的上限。

2. 模型求解

1）采用 NSGA-Ⅱ求解多目标优化定价模型

高速公路差异化收费下基于碳减排收益的多目标优化定价模型需要同时兼顾多个优化目标，且目标函数之间往往是相互矛盾的，如高速公路出行者的广义出行费用成本最小时无法满足高速公路营运者的收益最大化，即多目标优化定价模型中的多个目标无法同时达到最优。在解决多目标优化问题时，法国科学家帕累托（Vilfredo Pareto）提出了向量优化、均衡解的概念，均衡解又被称为 Pareto 最优解集。下面结合多目标优化问题和 Pareto 最优的概念，对涉及的相关概念进行解释说明。

（1）Pareto 占优。指针对任意向量 x_1、x_2，若对于所有的函数值 $f(x_1)$ 均大于 $f(x_2)$，则称 x_1 优于 x_2，那么此时 x_1 对于 x_2 来说就是 Pareto 占优，也可以用 x_1 支配 x_2

来表达；若对于所有的函数值 $f(x_1)$ 均大于或等于 $f(x_2)$ ，则称 x_1 弱优于 x_2 ；若对于所有的函数值 $f(x_1)$ 均不全部大于等于或小于等于 $f(x_2)$ ，则称 x_1 与 x_2 互不占优。

（2）Pareto 最优解。在解的集合中，向量 $x^* \in X$ ，当且仅当不存在其他的 $x \in X$ ： $f(x) > f(x^*)$ 时 x^* 成为最优解。Pareto 最优解也称为非支配解或非劣解。此时 x^* 不能做到在改进一个目标函数的同时又不削弱其他至少一个目标函数。

（3）Pareto 最优解集。在求解多目标优化问题时，一个目标函数的优化一般会使得其他目标函数的优化效果变差，因此多目标优化问题不存在唯一最优解，将所有的 Pareto 最优解组成的集合称为 Pareto 最优解集。

对于多目标优化问题的求解，目前使用比较多的是启发式算法（heuristic algorithm）。启发式算法采用经验或直观构造的算法，目前常用的有 MOGA（multi-objective genetic algorithm，多目标遗传算法）、SPEA-II（strength Pareto evolutionary algorithm II，强度 Pareto 进化算法2）和 NSGA-II（non-dominated sorted genetic algorithm II，非支配排序遗传算法2），其中 NSGA-II 由于在计算速度、求解精准度等方面占有优势，因此被研究学者广泛使用。该算法的特点在于：一方面能够计算个体的非支配排序等级和拥挤度，进而淘汰拥挤度较差和非支配排序等级的个体；另一方面，该算法能够通过引入精英策略来增加样本数量，避免优质个体被淘汰，同时还能提升算法的运行效率和鲁棒性。基于以上分析，采用 NSGA-II 对高速公路差异化收费下基于碳减排收益的多目标优化定价模型进行求解。下面将对 NSGA-II 中的一些关键技术进行介绍。

（1）快速非支配型排序。通过计算支配等级能够找出种群中的优质个体。该排序是一个循环的分级过程，其具体的实现步骤为：首先寻找出所有的非支配集合，并将其全部放在第一非支配层 F_1 中；然后遍历集合 F_1 中所有个体 m 所支配的个体 n ，如果个体 n 只受到个体 m 的支配则将个体 n 保存在第二非支配层 F_2 中；之后以该集合重复上述操作，直到种群中所有个体都被分级为止。

（2）拥挤度。为了保持种群的多样性及种群中的优质个体被保留下来，引入个体拥挤距离这一算子。拥挤度表示种群中某一个体周围的个体密度。

（3）精英策略。引入精英策略是为了将父代中的优良个体保留到子代。采用精英策略不仅可以避免优质个体被淘汰，还能够提高算法的运行效率。由于进行精英策略时需要父代、子代种群的参与，因此精英策略需要在算法进行第二次迭代时进行。

NSGA-II 的具体步骤如图 8-2-5 所示。

2）采用自适应平均法求解 SUE 交通流分配问题

通过随机用户平衡理论，本书针对性地建立多目标优化定价模型中的交通流分配问题，然后采用自适应平均法进行求解。根据相关参考文献，对于无约束优化问题，可行下降方向 d_a 的计算公式为

$$d_a = \sum_{rs} \sum_{k \in K_{rs}} (q_{rs} \cdot P_K \cdot \delta_{a,k}^{rs}) - x_a, \forall a \in A \qquad (8-2-31)$$

采用自适应平均法求解 SUE 交通流分配问题的算法步骤如下。

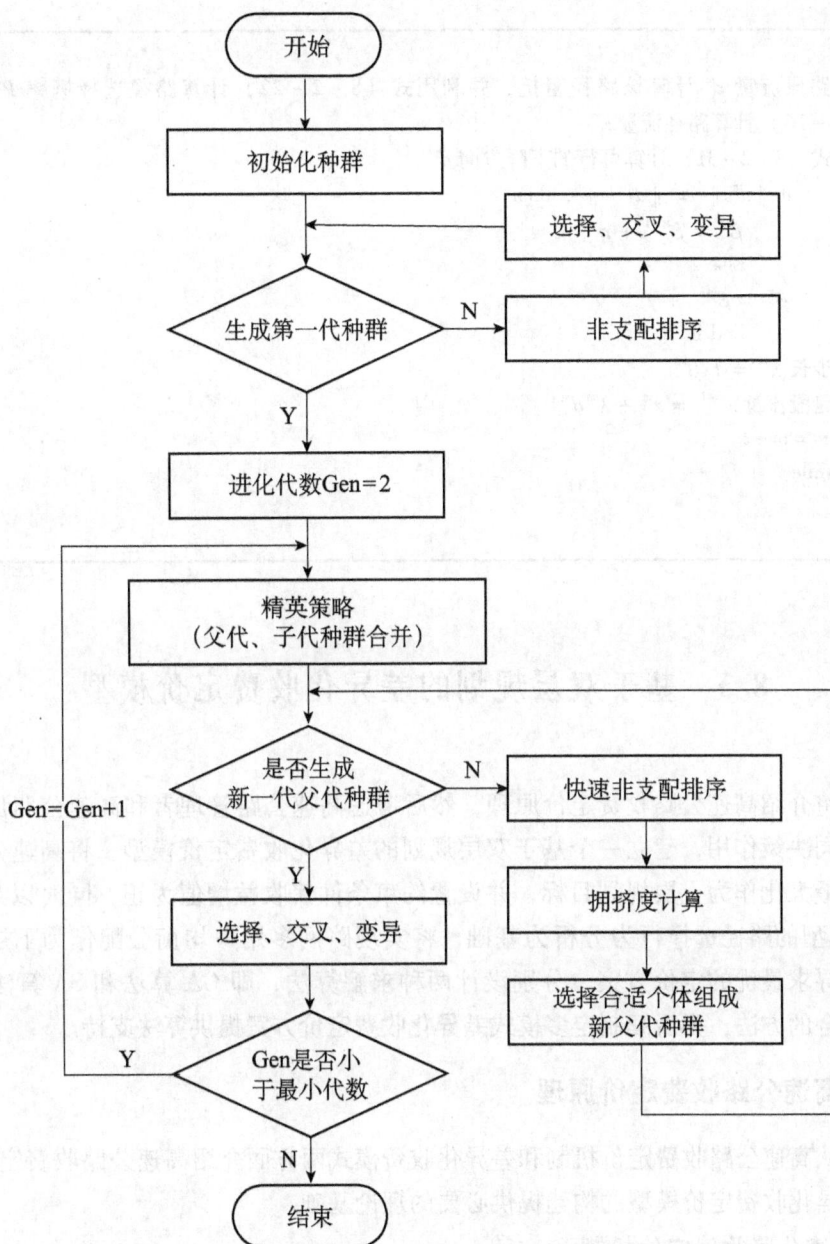

图 8 - 2 - 5　NSGA-Ⅱ具体步骤图

采用自适应平均法求解 SUE 交通流分配问题

输入路径集 W_{rs} ，参数 θ 、η 和 γ

利用式（8 - 2 - 22）计算路径选择概率 P^0

1. 利用式（8 - 2 - 21）计算路径流量 f_0 ，并利用式（8 - 2 - 16）计算得到路网的初始流量 x^1 ，令 $d^0 = x^1$ 、$\beta^0 = 1$ ，迭代次数 $m = 1$

2. while $\| d^m \| > \nu$　do

---

3. 依据路段流量 x^m 计算该路径阻抗，并利用式（8-2-22）计算路径选择概率 P^m，利用式（8-2-16）计算路径流量 x^m

4. 利用式（8-2-31）计算可行的下降方向 d^m

$$\text{if } \| d^m \| \geq \| d^{m-1} \|, \text{ then}$$

$$\beta^m = \beta^{m-1} + \eta$$

$$\text{Else}$$

$$\beta^m = \beta^{m-1} + \gamma$$

$$\text{End if}$$

5. 确定步长 $\lambda^m = 1/\beta^m$

6. 更新路段流量 $x^{m+1} = x^m + \lambda^m d^m$

7. 更新 $m = m + 1$

8. end while

输出 x^m

8.3 基于双层规划的差异化收费定价模型

本节将介绍高速公路收费定价原理，然后考虑高速公路管理者和高速公路出行者对定价的共同决策作用，建立一个基于双层规划的差异化收费定价模型，将高速公路运营收益增值最大化作为上层规划目标，并设置约束条件使收益增值为正，同时以 8.2 节基于 Logit 模型的路径选择行为分析为基础，将实现路网多用户均衡分配作为下层规划目标。为了寻求最优的定价方案，分别设计两种求解算法，即 GA 算法和 SA 算法与 MSA 算法相组合的方法，为后续制定多模式差异化收费定价方案提供算法支持。

8.3.1 高速公路收费定价原理

下面从高速公路收费定价机制和差异化收费模式两方面介绍高速公路收费定价原理，为后面差异化收费定价模型的构建提供必要的理论基础。

1. 高速公路收费定价机制

高速公路收费定价机制与其经济属性有关。在经济学中，根据产品在消费过程中所体现的经济特性，将公共产品分为纯公共产品和准公共产品，其中，纯公共产品同时具有非竞争性和非排他性，而准公共产品的非竞争性或非排他性则存在一定限制。高速公路作为公共道路，对全社会开放，但同时又通过设置出入口仅允许缴费车辆通行，对一部分车辆进行限制，因此具有不完全的非排他性；另一方面，当高速公路的交通量小于道路通行能力时，某一车辆对道路的使用不会影响其他车辆的行驶，但当其交通量接近道路通行能力时，道路交通状态逐渐变得拥堵，此时继续增加的车辆就会对其他车辆的通行造成影响，因此高速公路的非竞争性也具有限制性，所以高速公路的经济属性是准

公共产品。准公共产品的定价通常以成本为基础，我国一般在核算成本的基础上，综合考虑地区经济水平、交通需求特征等因素，制定高速公路收费费率标准。

成本定价法主要包括边际成本定价法、平均成本定价法、次优成本定价法等。以交通量 Q 为横坐标，以高速公路收费费率 P 为纵坐标，绘制需求和成本曲线，需求曲线为 DD，边际成本为 MC，平均成本为 AC。随着收费费率的增加，高速公路交通量逐渐减少，因此需求曲线 DD 的斜率为负，而高速公路产业具有自然垄断性，存在规模经济效应，因此成本曲线也呈逐渐下降的趋势。边际成本定价法和平均成本定价法的原理示意图如图 8－3－1 所示。

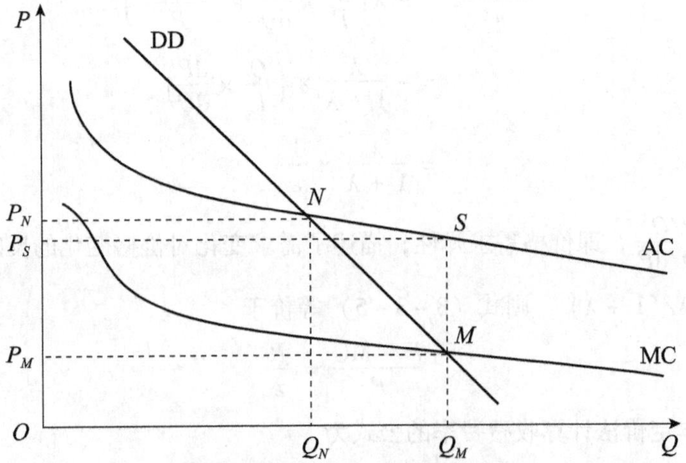

图 8－3－1　边际成本定价法和平均成本定价法的原理示意图

在图 8－3－1 中，根据边际成本定价法，需求曲线 DD 与边际成本曲线 MC 的交点 M 对应的 P_M 为收费费率，此时社会福利最大，对应的交通量为 Q_M，平均成本定价为 P_S。由图 8－3－1 可知，$P_S > P_M$，这是因为边际成本一般不考虑固定成本，而是用交通量增加产生的变化成本替代，数值较小，而高速公路的固定成本较高，因此平均成本的数值较大。利用边际成本定价法进行收费定价，如果没有政府提供财政补贴，会使高速公路运营方产生亏损（亏损总金额为点 P_S、S、M、P_M 围成的四边形的面积），给高速公路运营造成巨大威胁，阻碍高速公路的发展。为解决边际成本定价法带来的亏损问题，减轻国家财政的负担，在平均成本定价法中，将收费费率定为需求曲线 DD 与平均成本曲线 AC 的交点 N 对应的 P_N，对应的交通量为 Q_N。

次优成本定价法对边际成本定价法进行了优化，以收支平衡为条件，实现社会福利最大化。设收费费率与交通量的关系为 $P(Q)$，收费收入为 $I(Q) = P(Q) \times Q$，成本为 $C(Q)$，社会总效益 $\mathrm{SE} = \int P(Q)\mathrm{d}Q$，社会总成本 $\mathrm{SC} = C(Q)$，社会福利 SW 的计算公式及约束条件分别为

$$\mathrm{SW} = \mathrm{SE} - \mathrm{SC} = \int P(Q)\mathrm{d}Q - C(Q) \tag{8-3-1}$$

$$\mathrm{s.t.}\ I(Q) = C(Q) \tag{8-3-2}$$

引入拉格朗日系数 λ ，则社会福利最大化目标函数的计算公式为

$$\max(\text{SW}) = \int P(Q)\,\mathrm{d}Q - C(Q) + \lambda[I(Q) - C(Q)] \qquad (8-3-3)$$

对目标函数求导，令导数为零，计算公式为

$$\frac{\mathrm{d}(\text{SW})}{\mathrm{d}Q} = P(Q) - C'(Q) + \lambda\Big[Q \times \frac{\mathrm{d}P}{\mathrm{d}Q} + P(Q) - C'(Q)\Big] = 0 \qquad (8-3-4)$$

式中：$C'(Q)$ 即为边际成本 MC。

对式（8-3-4）进行变化，并令等式两边同时除以 P ，计算公式为

$$\frac{P - \text{MC}}{P} = -\lambda\Big[\frac{Q}{P} \times \frac{\mathrm{d}P}{\mathrm{d}Q} + \frac{P - \text{MC}}{P}\Big]$$

$$= -\frac{\lambda}{1+\lambda} \times \Big(\frac{Q}{P} \times \frac{\mathrm{d}P}{\mathrm{d}Q}\Big)$$

$$= \frac{\lambda}{1+\lambda} \times \frac{1}{\varepsilon} \qquad (8-3-5)$$

式中：$\varepsilon = -\dfrac{P/Q}{\mathrm{d}Q/\mathrm{d}P}$ ，即价格需求弹性，描述了需求变化对价格变化的反映程度。

定义 $R = \lambda/(1+\lambda)$ ，则式（8-3-5）等价于

$$\frac{P - \text{MC}}{P} = \frac{R}{\varepsilon} \qquad (8-3-6)$$

则利用次优成本定价法计算收费费率的公式为

$$P = \frac{\text{MC}}{1 - R/\varepsilon} \qquad (8-3-7)$$

使用次优成本定价法制定的价格位于使用边际成本定价法和平均成本定价法制定的价格之间，但由于其需要计算不同消费者的价格需求弹性，在实际应用中操作起来较为复杂，因此我国高速公路通常基于平均成本定价法进行定价。

2. 高速公路差异化收费模式

2021 年，交通运输部、国家发展改革委和财政部联合印发《全面推广高速公路差异化收费实施方案》，明确提出需要进一步推广高速公路差异化收费方案的实施，鼓励高速公路经营与管理单位共同参与，根据实际交通流特征因地制宜地设计多模式差异化收费方案，发挥方案的调流、降费和提效功能，其中，重点列出了 6 种差异化收费模式，具体如下。

1）分路段差异化收费

对于高速公路的交通量明显低于通行能力，而平行普通国省道干线公路和城市道路存在拥堵的路段，设计路段差异化收费方案，发挥价格的杠杆作用，对路网交通量分布进行调整，提升公路资源的利用率，从而提高区域路网的运输效率和质量。

2）分车型（类）差异化收费

针对不同车型的货车，以及符合国际标准的集装箱拖车、危险品运输罐车等特定需求运输车辆，设计分车型（类）差异化收费方案，促进物流运输的转型升级，帮助物流

企业降本增效。

3）分时段差异化收费

针对通勤任务较为繁重，如连接两个人口密集的区域，或连接城市中心与城郊的高速公路路段，根据出行交通量的波峰、波谷划分不同的出行时段，设计分时段差异化收费方案，均衡车辆在路网上的时空分布，减轻高峰时段道路的交通负担，缓解交通拥堵。

4）分出入口差异化收费

针对与平行路段交通量差异较大的高速公路出入口路段，或邻近港口、大型工矿企业及城市周边的特定出入口路段，设计分出入口差异化收费方案，增强精确调流、科学降费的效果。

5）分方向差异化收费

针对单向运输特征明显，或上行和下行方向交通流分布特征存在一定差异的高速公路，设计分方向差异化收费方案，通过分类施策，对不同行驶方向上的车辆进行引导，使车流能够更加合理高效地使用公路设施资源。

6）分支付方式差异化收费

针对使用 ETC 支付的车辆，设计分支付方式差异化收费方案，提供优惠券、积分兑换等多样化的 ETC 支付优惠方式，加大 ETC 支付的优惠力度，鼓励车辆使用 ETC 通道，推广高速公路不停车通行，提升高速公路的通行效率，促进物流提质增效。

8.3.2　双层规划模型设计

目前基于成本的高速公路收费定价模式主要考虑道路经营者利益，以支付经营管理费用、实现运营收益最大化为主要目的，缺少对道路使用者效益的考虑。而在差异化收费定价问题中，道路经营者和使用者应当是双层决策者，二者间具有领导和跟随关系。其中，道路经营者是上层领导决策者，根据一定的目标确定通行费率，道路使用者是下层跟随决策者，基于领导者制定的价格，综合考虑行程时间等因素做出路径选择。领导者的决策会影响跟随者的选择，而跟随者的决策又会反馈给领导者，经过上下层决策相互作用、不断迭代优化的过程，形成最优的差异化收费定价方案。为了充分发挥差异化收费的价格杠杆作用，实现通行费率降低、交通流分配优化、运输效率和质量提升的目的，同时考虑道路经营者和使用者利益，设计双层规划模型进行差异化收费定价。

1. 基于高速公路运营方收益的上层规划模型

对于经营性高速公路的运营方而言，收取通行费用不仅是支撑公路前期建设的重要基础，更是维持公路后期养护和运营的关键。为了维护高速公路运营方的生产生存，保证高速公路的正常运行、不断完善和长远发展，基于双层规划的差异化收费定价模型的上层目标是实现高速公路运营收益的增加，上层规划示意图如图 8 - 3 - 2 所示。

由图 8 - 3 - 2 可知，高速公路收费费率的调整会影响出行者的路径选择行为，吸引更多出行者选择高速公路，优化路网交通流分配结果，使路网资源得到更加合理的利用，

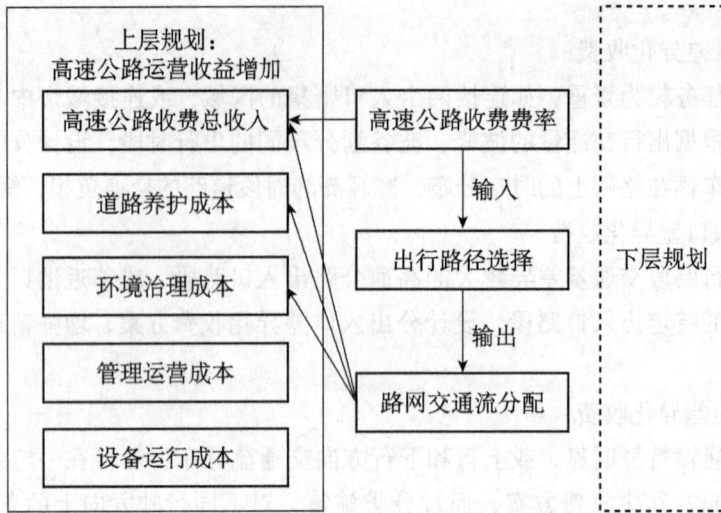

图 8 - 3 - 2　上层规划示意图

从而实现高速公路运营收益增加的目标。在本书中，上层规划的目标函数是高速公路运营收益的变化量，其中，运营收益由 5 部分构成，分别是高速公路收费总收入、道路养护成本、环境治理成本、管理运营成本和设备运行成本。为了确保方案的可实施性，促进高速公路可持续发展，设置目标的约束条件是收益变化量不为负值。目标函数和约束条件的计算公式分别为

$$\max(S) = S_{\mathrm{N}} - S_0 \tag{8 - 3 - 8}$$

$$S_{\mathrm{N}} = S_{\mathrm{R}} - S_{\mathrm{M}} - S_{\mathrm{E}} - S_0 - S_{\mathrm{D}} \tag{8 - 3 - 9}$$

$$\mathrm{s.\,t.\ } S_{\mathrm{N}} \geqslant S_0 \tag{8 - 3 - 10}$$

式中：S 为差异化收费方案实施前后高速公路运营收益的变化量（万元/a）；S_{N} 为施行差异化收费方案后的高速公路运营收益；S_0 为施行差异化收费方案前的高速公路运营收益；S_{R} 为高速公路收费总收入；S_{M} 为道路养护成本；S_{E} 为环境治理成本；S_0 为管理运营成本；S_{D} 为设备运行成本。

1）高速公路收费总收入 S_{R}

高速公路差异化收费费率与通行时段、路段和车型有关，收费总收入还受到交通量和车辆行驶里程的影响，各车型车辆在不同路段、不同时段通行费用总和的计算公式为

$$S_{\mathrm{R}} = \sum_{i \in I} \sum_{j \in J} \sum_{t \in T} (f_{i,j,t} \times q_{i,j,t} \times L_j) \tag{8 - 3 - 11}$$

$$\mathrm{s.\,t.\ } 0 \leqslant q_j \leqslant C_j \tag{8 - 3 - 12}$$

式中：I 为车型集合，包括 1 类客车到 4 类客车、1 类货车到 6 类货车共 10 种车型；J 为高速路段集合；T 为通行时段集合，包括客车通行高峰时段和平峰时段；$f_{i,j,t}$ 为路段 j 上车型 i 在时段 t 的收费费率；$q_{i,j,t}$ 为路段 j 上车型 i 在时段 t 的日均交通量；L_j 为路段 j 的长度；q_j 为路段 j 上的日均交通量；C_j 为路段 j 的通行能力。

2）道路养护成本 S_{M}

高速公路投入使用后，随着通车年限的增加，路面损坏的情况逐渐增多，为了保证

车辆平稳快速地运行，运营方需要对道路进行日常养护和定期维修，因此道路养护成本是企业运营收益中需要考虑的一项具有持续性的必要支出。参考山东省交通运输厅对公路养护维修提出的相关规定，将道路养护成本分为日常养护和中、大修两部分成本，日常养护成本与公路所处的地形地貌、通车年限、交通量、通行费收入等因素有关。具体计算公式分别为

$$S_M = M_O + M_R \tag{8-3-13}$$

$$M_O = \sum_{j \in J} (F_{M_O,j} \times L_j \times l_j) \tag{8-3-14}$$

$$F_{M_O,j} = 1.5 \times k_1 \times k_2 \times k_3 \times k_4 \tag{8-3-15}$$

$$M_R = \frac{\sum_{j \in J} (F_{M_R,j} \times L_j \times l_j)}{n_y} \tag{8-3-16}$$

式中：M_O 为日常养护成本；M_R 为中、大修均摊成本；$F_{M_O,j}$ 为路段 j 的养护费用，根据调研，山东省高速公路单车道的日常养护费用为 1.5 万元/（km·a）；l_j 为路段 j 的车道数；k_1 为地形地貌系数；k_2 为通车年限系数；k_3 为交通量系数；k_4 为通行费收入系数；$F_{M_R,j}$ 为路段 j 的中、大修费用，据调研，山东省高速公路单车道的中、大修费用为 100 万元/（km·10a）；n_y 为中、大修周期，一般为 10 a。

（1）地形地貌系数 k_1。

山东省的地形以平原、山地和丘陵为主，中部为山地丘陵区，东北部为波状丘陵区，西部为平原区，平原占比为 2/3，山地和丘陵占比为 1/3。根据《山东省高速公路运营指标测算方法》（以下简称《方法》），平原微丘区路段的 k_1 取 1，山岭重丘区路段的 k_1 取 1.1，本书研究区域位于山东省东北部地区，地形起伏和缓，属于微丘区，因此 k_1 取 1。

（2）通车年限系数 k_2。

根据《方法》，公路通车两年内，k_2 取 0.7；通车第 3 年，k_2 取 1；通车第 4 年及以后，k_2 的计算公式为

$$k_2 = 1 + (n - 3) \times 8\% \tag{8-3-17}$$

式中：n 为通车年限。

本书研究的龙青高速于 2015 年通车，目前为第 10 年通车，根据式（8-3-17）计算，$k_2 = 1.56$。

（3）交通量系数 k_3。

根据《方法》，公路年平均日交通量与对应的交通量系数取值见表 8-3-1。

表 8-3-1 公路年平均日交通量与对应的交通量系数 k_3

年平均日交通量/（pcu/d）	[0, 25 000)	[25 000, 40 000)	[40 000, +∞)
交通量系数 k_3	1.00	1.20	1.30

（4）通行费收入系数 k_4。

根据《方法》，公路每公里年通行费收入和对应的通行费收入系数取值见表 8-3-2。

表 8 - 3 - 2　公路每公里年通行费收入与对应的通行费收入系数 k_4

年通行费收入/[万元/(km·a)]	[0, 250)	[250, 500)	[500, +∞)
通行费收入系数 k_4	1.00	1.10	1.15

3）环境治理成本 S_E

车辆通行产生的尾气污染是温室气体的重要来源，对周边的空气、水源等都造成了污染。2020 年，我国在环境治理方面提出了重要的"双碳"目标，致力于加快降低二氧化碳的排放，高速公路运营方也加强了对绿色、环保、低碳运营理念的重视，逐步增加对一氧化碳、碳氢化合物、固体悬浮颗粒等污染物治理的投入，环境治理成本成为计算高速公路运营收益时需要考虑的一个重要部分，其计算公式为

$$S_E = \sum_{i \in I, j \in J} (f_p \times k_p \times q_{i,j} \times L_j) \quad (8-3-18)$$

式中：f_p 为标准车型的环境治理费用，一般为 0.06 ~ 0.08 元/km，本书中 f_p 取 0.06；k_p 为标准车型折算系数。

4）管理运营成本 S_O

管理运营成本是高速公路运营中的一项基本支出，主要包括收费、养护、设备维修、管理运营等相关人员的工资费用，以及人员办公产生的培训费、差旅费、物业费、电费、水费等。该项成本与地区经济发展水平、企业的运营情况等因素有关，具有一定的稳定性。其计算公式为

$$S_O = \sum_{j \in J} (f_O \times L_j) \quad (8-3-19)$$

式中：f_O 为管理运营费用，根据山东省高速公路运营企业的调研数据，$f_O = 35$ 万元/(km·a)。

5）设备运行成本 S_D

高速公路安全高效的运营离不开三大机电系统，即监控系统、收费系统和通信系统的支持，除此之外，在隧道路段还需要额外安装监控、通风照明、供配电和消防报警等设施设备。这些专用设备基本处于全天候工作的状态，由此产生的设备购买、安装、运行、维护和更新成本也是高速公路运营方的固定支出成本之一，计算公式为

$$S_D = \sum_{j \in J} (f_D \times L_j) \quad (8-3-20)$$

式中：f_D 为设备支出费用，根据调研数据，$f_D = 10$ 万元/(km·a)。

2. 基于路网多用户随机均衡分配的下层规划模型

从道路使用者的利益出发，同时也为使路网资源得到更加合理的配置，模型的下层规划目标是实现路网多用户随机均衡分配，即各车型出行者均不能通过单方面改变路径来降低估计的路段阻抗，下层规划示意图如图 8 - 3 - 3 所示。

各车型出行者基于 Logit 模型进行路径选择，定义一个满意度函数 $S[r_i^{(r,s)}]$ 描述出行者感知阻抗的期望，计算公式为

$$S[r_i^{(r,s)}] = E\{\min[R_{i,l}^{(r,s)}] \mid r_i^{(r,s)}\} = -\frac{1}{\theta} \ln \sum_{l \in L} \exp[-\theta r_{i,l}^{(r,s)}]$$

$$(8-3-21)$$

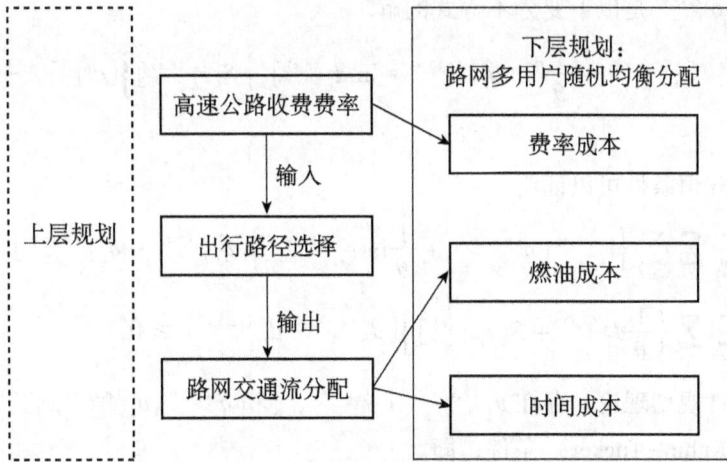

图 8 - 3 - 3　下层规划示意图

式中：r 为起点；s 为终点；l 为 r 和 s 间第 l 条路径；L 为 r 和 s 间所有路径的集合；$E\{\min[R_{i,l}{}^{(r,s)}]\mid r_i{}^{(r,s)}\}$ 为以实际阻抗为条件的感知阻抗的数学期望；$R_{i,l}{}^{(r,s)}$ 为 r 和 s 间车型 i 出行者对路径 l 的感知阻抗；$r_i{}^{(r,s)}$ 为 r 和 s 间车型 i 在各路径上的实际阻抗向量。

基于 Logit 路径选择模型，实现多用户随机均衡的条件为

$$q_{i,l}{}^{(r,s)} = d_i{}^{(r,s)}p_{i,l}{}^{(r,s)} = d_i{}^{(r,s)}\frac{\exp[-\theta r_{i,l}{}^{(r,s)}]}{\sum\exp[-\theta r_{i,l}{}^{(r,s)}]}, i\in I, l\in L \quad (8-3-22)$$

式中：$d_i{}^{(r,s)}$ 为车型 i 在 r 和 s 间的 OD 交通量；$p_{i,l}{}^{(r,s)}$ 为车型 i 选择路径 l 的概率；θ 为非负校正系数。

根据变分不等式理论，多用户随机均衡分配问题等价于求一个可行路径流量，使以下变分不等式成立。

$$\sum_{(r,s)}\sum_{l\in L}\sum_{i\in I}\left[r_i{}^{(r,s)}(\boldsymbol{q}^{(r,s)*})+\frac{1}{\theta}\ln q_{i,l}{}^{(r,s)*}\right](q_{i,l}{}^{(r,s)}-q_{i,l}{}^{(r,s)*})\geq 0, \forall \boldsymbol{q}^{(r,s)*}\in\Omega_{q^{(r,s)}}$$
$$(8-3-23)$$

式中：$\boldsymbol{q}^{(r,s)*}$ 为所求的路径流量解向量，维度是 $I\times L$；$\Omega_{q^{(r,s)}}$ 为可行路径流量向量集合。

$\Omega_{q^{(r,s)}}$ 满足的约束条件为

$$\begin{cases}\sum q_{i,l}{}^{(r,s)} = \sum d_i{}^{(r,s)}p_{i,l}{}^{(r,s)} = d_i{}^{(r,s)} & i\in I, l\in L\\ q_l{}^{(r,s)}\geq 0 & l\in L\\ q_{i,j} = \sum_{(r,s)}\sum q_{i,l}{}^{(r,s)}\delta_{j,l}{}^{(r,s)} & i\in I, l\in L\end{cases}\quad(8-3-24)$$

式中：$\delta_{j,l}{}^{(r,s)}$ 为路段-路径相关变量，若路段 j 属于路径 l，则 $\delta_{j,l}{}^{(r,s)}=1$，否则 $\delta_{j,l}{}^{(r,s)}=0$。

1）模型等价证明

对多用户随机均衡的条件，即式（8-3-22）两边取对数，并使用满意度函数 $S[r_i{}^{(r,s)}]$ 进行化简，可得到

$$r_i{}^{(r,s)}[\boldsymbol{q}^{(r,s)*}]+\frac{1}{\theta}[\ln q_{i,l}{}^{(r,s)*}-\ln d_i{}^{(r,s)}]-S[r_i{}^{(r,s)}]=0\quad(8-3-25)$$

由此可得 $q^{(r,s)*}$ 是以下变分不等式的解。

$$\sum_{(r,s)} \sum_{l \in L} \sum_{i \in I} \left\{ r_i^{(r,s)} \left[q^{(r,s)*} \right] + \frac{1}{\theta} \left[\ln q_{i,l}^{(r,s)*} - \ln d_i^{(r,s)} \right] - S \left[r_i^{(r,s)} \right] \right\} \left[q_{i,l}^{(r,s)} - q_{i,l}^{(r,s)*} \right] \geqslant 0$$

$$(8-3-26)$$

根据流量守恒条件可以证明

$$\sum_{(r,s)} \sum_{l \in L} \sum_{i \in I} \left\{ r_i^{(r,s)} \left[q^{(r,s)*} \right] + \frac{1}{\theta} \ln q_{i,l}^{(r,s)*} \right\} \left[q_{i,l}^{(r,s)} - q_{i,l}^{(r,s)*} \right] -$$

$$\sum_{(r,s)} \sum_{i \in I} \left\{ \frac{1}{\theta} d_i^{(r,s)} + S \left[r_i^{(r,s)} \right] \right\} \left[d_i^{(r,s)} - d_i^{(r,s)*} \right] \geqslant 0 \qquad (8-3-27)$$

根据非线性规划理论，存在 $u_i^{(r,s)*}$，$v_i^{(r,s)*}$，使 $\left[q^{(r,s)*}, u_i^{(r,s)*}, v_i^{(r,s)*} \right]$ 满足以下库恩·塔克（Kuhn - Tucker）条件，即

$$\begin{cases} r_i^{(r,s)} \left[q^{(r,s)*} \right] + \frac{1}{\theta} \ln q_{i,l}^{(r,s)*} + u_i^{(r,s)*} - v_i^{(r,s)*} = 0 & i \in I, l \in L \\ \sum q_{i,l}^{(r,s)*} = d_i^{(r,s)} & i \in I, l \in L \\ q_l^{(r,s)*} \geqslant 0 & l \in L \\ v_l^{(r,s)*} \geqslant 0 & l \in L \\ v_l^{(r,s)*} q_l^{(r,s)*} = 0 & l \in L \end{cases}$$

$$(8-3-28)$$

式中：$u_i^{(r,s)*}$、$v_i^{(r,s)*}$ 分别是式（8-3-28）中前两个约束条件的拉格朗日乘子。

对数函数保证了只考虑 $q_l^{(r,s)*} > 0$ 的有效路径，因此有

$$r_i^{(r,s)} \left[q^{(r,s)*} \right] + \frac{1}{\theta} \ln q_{i,l}^{(r,s)*} + u_i^{(r,s)*} = 0 \qquad (8-3-29)$$

即

$$q_{i,l}^{(r,s)*} = \exp \left\{ -\theta r_i^{(r,s)} \left[q^{(r,s)*} \right] - \theta u_i^{(r,s)*} \right\} \qquad (8-3-30)$$

对上式进行求和，再根据流量守恒条件，可以求解 $u_i^{(r,s)*}$，即

$$u_i^{(r,s)*} = -\frac{1}{\theta} \ln d_i^{(r,s)} + \frac{1}{\theta} \ln \sum_{l \in L} \exp \left[-\theta r_{i,l}^{(r,s)} \right] \qquad (8-3-31)$$

从而得到解 $q^{(r,s)*}$ 为

$$q_{i,l}^{(r,s)} = d_i^{(r,s)} \frac{\exp \left[-\theta r_{i,l}^{(r,s)} \right]}{\sum_{l \in L} \exp \left[-\theta r_{i,l}^{(r,s)} \right]} \qquad (8-3-32)$$

即证明变分不等式模型与基于 Logit 的多用户随机均衡条件等价。

2）解的存在性和唯一性证明

由于变分不等式模型的可行域由线性和非负约束条件构成，因此 $\Omega_{q^{(r,s)}}$ 是紧凸集，且路段阻抗函数 $r_i^{(r,s)}$ 在 $\Omega_{q^{(r,s)}}$ 上是随交通量变化的严格单调递增连续函数，因此模型存在并且具有唯一的解。

8.3.3 模型求解算法设计

基于双层规划的差异化收费定价问题属于非确定性多项式困难问题（non-deterministic polynomial hard problem，NP-hard），若使用精确算法求解此类问题，不仅难度很大，而且需要花费大量时间，因此通常使用启发式算法对多目标优化问题进行求解。

1. 上层规划求解算法

常用的启发式算法包括 GA 算法、蚁群（ant colony optimization，ACO）算法、粒子群（particle swarm optimization，PSO）算法、SA 算法、禁忌搜索（tabu search，TS）算法等。不同启发式算法的特点和适用范围见表 8 - 3 - 3。

表 8 - 3 - 3　不同启发式算法的特点和适用范围

算法名称	算法特点	适用场景
GA 算法	以群体解并行的方式展开全局搜索，个体形成具有随机性	适用于解决多目标、多模态的离散优化或连续优化问题
ACO 算法	使用反馈机制逼近最优解，容易陷入局部最优	适用于解决目标函数复杂的离散优化问题
PSO 算法	利用群体信息共享进行求解，计算量较小，收敛速度快	适用于实值型、动态型的连续优化问题
SA 算法	个体优化，能够以一定概率接受较差解，跳出局部最优，算法较为简单，运行效率较高	适用于求解非线性的离散优化或连续优化问题
TS 算法	通过引入禁忌表摆脱局部最优解，对初始解依赖性较强	适用于解空间较小、搜索空间较大的离散优化问题

与采用精确算法得到的最优解相比，采用启发式算法求解得到的是模型在一定可接受花费（计算空间和时间）内的可行解，考虑到差异化收费定价问题是一个多目标、非线性的连续优化问题，下面分别使用基于群体进化的 GA 算法和基于个体进化的 SA 算法对模型进行求解，并将采用这两种方法得到的近似最优解进行对比，检验所求解的可靠性。

1）GA 算法

GA 算法是一种模拟生物进化和遗传过程设计的并行随机寻优算法，其基本原理是将优化问题的候选解编码成染色体，一个染色体就是一个个体，所有个体构成一个种群，然后计算每个染色体的适应度，根据"适者生存、优胜劣汰"的原则对适应度高的染色体进行交叉、变异等操作，产生继承上一代优良特性的新种群，经过不断的迭代优化，最终得到最优的染色体。GA 算法主要包含 4 个重要过程，分别是染色体编码、初始种群生成、适应度函数设计及选择、交叉和变异运算。

（1）染色体编码。

GA 算法不能直接对问题的候选解进行处理，而是基于染色体编码进行运算，因此需要通过编码将解空间映射到编码空间，常用的编码方法有二进制编码、格雷码编码、树形编码等。

（2）初始种群生成。

根据实际问题的具体信息确定候选解的取值范围，在该范围内随机生成一定规模的个体作为初始种群。

（3）适应度函数设计。

适应度函数是评价种群中每个个体优劣程度的重要指标，也是后续个体选择概率计算的基础。将目标函数映射到适应度函数时需要保证值必须为非负数，在本书研究中，模型的上层规划为最大化问题，则目标函数高速公路运营收益增量 $S(F,Q)$ 与适应度函数 $A(F,Q)$ 的映射关系为

$$A(F,Q) = \begin{cases} S(F,Q) - c_{\min} & S(F,Q) > c_{\min} \\ 0 & \text{其他} \end{cases} \quad (8-3-33)$$

式中：F 为车辆通行收费费率；Q 为路网交通量；$c_{\min}$ 为迭代过程中出现的高速公路运营收益增量的最小值。

（4）选择、交叉和变异运算。

选择运算指根据适应度从旧种群中选择有竞争力的个体生成新种群，选择运算包括转轮法、锦标赛法等；交叉运算指将两个染色体根据一定的交叉概率交换部分基因，形成两个新的个体，交叉运算包括单点交叉、多点交叉等；变异运算指根据一定的变异概率对染色体的部分基因进行变换，形成一个新的个体，变异运算包括二进制变异、实值变异等。

使用 GA 算法对模型进行求解，具体步骤如下。

步骤 1：初始化。将各车型通行收费费率的折扣率设为候选解，考虑实际情况将折扣率的取值范围定为 $[0, 10\%]$，使用二进制编码法生成规模为 20 的初始种群，设置最大迭代次数为 50 次，令迭代次数 $k = 1$。

步骤 2：计算适应度。基于种群中每个个体 i 代表的折扣率计算各车型通行收费费率 $F_{i,k}$，代入下层规划求解交通流分配结果 $Q_{i,k}$，再计算每个个体的适应度 $A_{i,k}(F_{i,k},Q_{i,k})$。

步骤 3：选择、交叉和变异运算。选择运算使用轮转法，即个体适应度在种群适应度总和中的占比越大，个体被选择的概率越大，个体选择概率的计算公式为

$$P_i = \frac{F_i}{\sum_{i=1}^{N} F_i} \quad (8-3-34)$$

式中：P_i 为个体 i 的选择概率；F_i 为个体 i 的适应度；N 为种群中个体的总数。

交叉运算使用单点变异，交叉概率设为 0.6，变异运算使用二进制变异，变异概率设为 0.08，生成新种群。

步骤 4：收敛判断。若 $k > 50$，解码输出最优个体对应的折扣率，否则令 $k = k + 1$，

返回步骤 2。

2）SA 算法

SA 算法是一种模拟固体物质退火晶体结构形成过程的算法，其基本原理是从某个较高的初始温度开始，随着迭代过程的进行，逐渐降低温度，按照一定的概率准则接受一些较差解，从而有效防止算法陷入局部最优，逼近最优解。SA 算法主要包含 4 个基本要素，分别是初始温度、温度降低策略、目标函数及概率接受准则。

（1）初始温度。

初始温度是影响搜索范围的重要因素，为了保证一定的搜索范围，使算法在初期能够以较大的概率接受较差解，初始温度通常可以设一个较高的数值，但初始温度过大会使计算时间大大增加，因此需要根据问题的实际情况设定合适的初始温度。

（2）温度降低策略。

温度降低策略决定了温度下降的方式和速度。随着温度的下降，算法对较差解的接受概率逐渐降低。常用的温度降低策略包括线性降温、指数降温和自适应降温等。

（3）目标函数。

目标函数决定了算法的优化目标，用于评估解的优劣程度。本书将实现高速公路运营收益增量 $S(F,Q)$ 作为 SA 算法的目标函数，对最优收费费率进行搜寻。

（4）概率接受准则。

概率接受准则是 SA 算法跳出局部最优，实现全局搜索的关键，常用的准则包括 Metropolis 准则和 Boltzmann 准则等。根据概率接受准则判断接收或拒绝当前的新解。

使用 SA 算法对上层模型进行求解，具体步骤如下。

步骤 1：初始化。设置初始温度 T_s 为 100，终止温度 T_e 为 0，温度降低策略使用线性降温，计算公式为

$$T_{m+1} = \eta T_{m+1} \tag{8-3-35}$$

式中：η 为温度下降比例，通常取 0.95；m 为外层循环次数。

设置内层循环次数（同一温度下的迭代次数）N 为 50，现行初始收费费率为 F_0，将 F_0 代入下层规划，求解得到初始交通流分配结果 Q_0，计算初始收益增值 $S_0(F_0, Q_0)$，令外层循环次数 $m=1$，内层循环次数 $n=1$。

步骤 2：计算目标函数。在当前温度为 T_m 下，以 $[0, 10\%]$ 为折扣区间更新收费费率 F_n^m，将 F_n^m 代入下层规划求解 Q_n^m，计算新的收益增值 $S_n^m(F_n^m, Q_n^m)$，令 $n=n+1$。

步骤 3：解的更新判断。计算变化量 $\text{VS} = S_{n-1}^m - S_n^m$，使用 Metropolis 准则判断是否接受新解，接受概率的计算公式为

$$P_n^m = \begin{cases} 1 & \text{VS} < 0 \\ \exp\left(\dfrac{-\text{VS}}{T_n^m}\right) & \text{VS} > 0 \end{cases} \tag{8-3-36}$$

若 $P_n^m > \text{random}[0,1]$，接受 F_n^m 为新的当前解，否则保留 F_{n-1}^m 为当前解。

步骤 4：内层循环收敛判断。若 $n > N$，转到步骤 5，否则返回步骤 2。

步骤 5：外层循环收敛判断。若 $T_m < T_e$，输出当前解对应的收费费率，否则更新温

度，令 $m = m + 1$，返回步骤 2。

2. 下层规划求解算法

基于 Logit 的交通流分配需要计算所有路径的期望感知阻抗，难度较高且计算量极大，因此在实际应用中通常使用与 Dial 随机加载算法结合的 MSA 算法进行求解。Dial 算法能够有效地在路网中实现 Logit 加载。具体步骤如下。

1）初始化

计算从起点 r 到其他所有节点的最小阻抗，将其记为 r_i，再计算所有节点到终点 s 的最小阻抗，将其记为 s_i，定义起点为 i 的路段终点集合为 D_i，定义终点为 i 的路段终点集合为 O_i。计算每条路段的似然值，计算公式为

$$L_{(i,j)} = \begin{cases} \exp[b(r_j - r_i - t_{(i,j)})] & r_i < r_j \text{ 且 } s_i > s_j \\ 0 & \text{其他} \end{cases} \qquad (8-3-37)$$

式中：b 为参数，通常取 1；$t_{(i,j)}$ 为路段 (i,j) 的实际阻抗。

2）计算路段权重

从起点 r 开始，按照 r_i 上升的顺序检查所有节点，对于每个节点，计算所有从它离开的路段的权重，计算公式为

$$W_{(i,j)} = \begin{cases} L_{(i,j)} & i = r \\ L_{(i,j)} \cdot \sum_{k \in O_i} W_{(k,i)} & \text{其他} \end{cases} \qquad (8-3-38)$$

到达终点 s 后，结束权重计算。

3）分配路段交通量

从终点 s 开始，按照 s_j 上升的顺序检查所有节点，对于每个节点，计算所有通向它的路段的交通量，计算公式为

$$q_{(i,j)} = \begin{cases} d_{(r,s)} \cdot \dfrac{W_{(i,j)}}{\sum_{k \in O_i} W_{(k,j)}} & j = s \\ \sum_{k \in D_i} q_{(j,k)} \cdot \dfrac{W_{(i,j)}}{\sum_{k \in O_i} W_{(k,j)}} & \text{其他} \end{cases} \qquad (8-3-39)$$

到达起点 r 后，算法结束。

然后使用 MSA 算法求解下层多用户随机用户均衡分配结果，步骤如下。

步骤 1：初始化。按照各路段的初始阻抗对各车型的交通需求执行随机加载，得到各路段的初始混合交通量 $x_{j,0}$，令循环次数 $m = 1$。

步骤 2：更新路段阻抗。基于各路段当前的混合交通量 $x_{j,m}$，使用广义费用函数计算各路段阻抗。

步骤 3：计算附加交通量。基于新的路段阻抗，使用 Dial 算法对各车型的交通需求执行 Logit 加载，得到各路段的附加混合交通量 $y_{j,m}$。

步骤 4：计算加权交通量。使用迭代加权法计算各路段当前的混合交通量，计算公式为

$$x_{j,m+1} = (1-a)x_{j,m} + ay_{j,m}, \quad 0 \leqslant a = \frac{1}{m} < 1 \qquad (8-3-40)$$

步骤 5：收敛判断。若 $x_{j,m+1}$ 与 $x_{j,m}$ 的差值满足收敛条件，即 $\dfrac{\sqrt{\sum\limits_{j}(x_{j,m+1}-x_{j,m})^2}}{\sum\limits_{j}x_{j,m}} <$

ε（ε 为预先设定的误差限值），则结束计算，否则令 m = m + 1，返回步骤 2。

上层规划使用 GA 算法、下层规划使用 MSA 算法求解的流程图如图 8 - 3 - 4 所示。

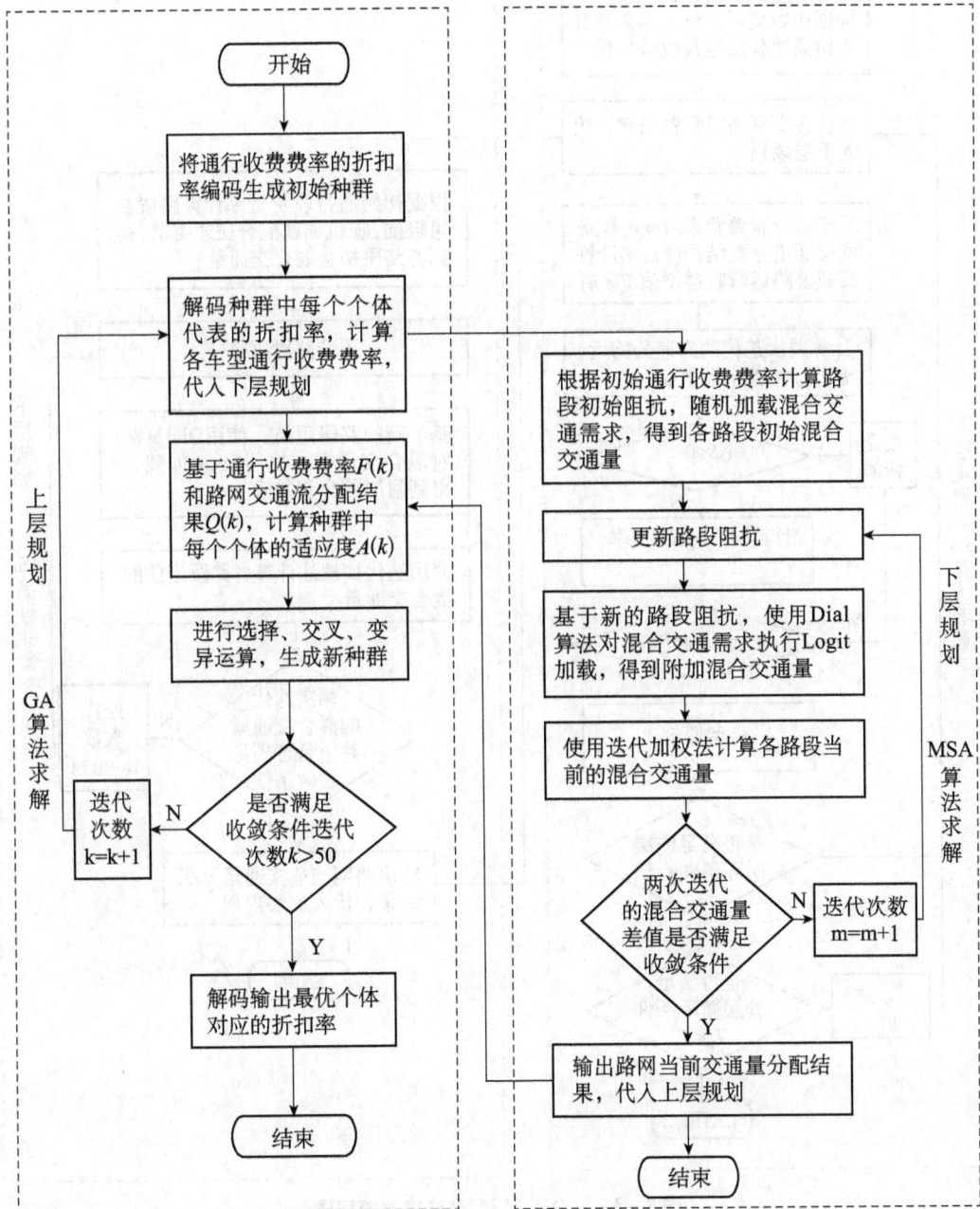

图 8 - 3 - 4　GA-MSA 算法求解流程图

上层规划使用 SA 算法、下层规划使用 MSA 算法求解的流程图如图 8 – 3 – 5 所示。

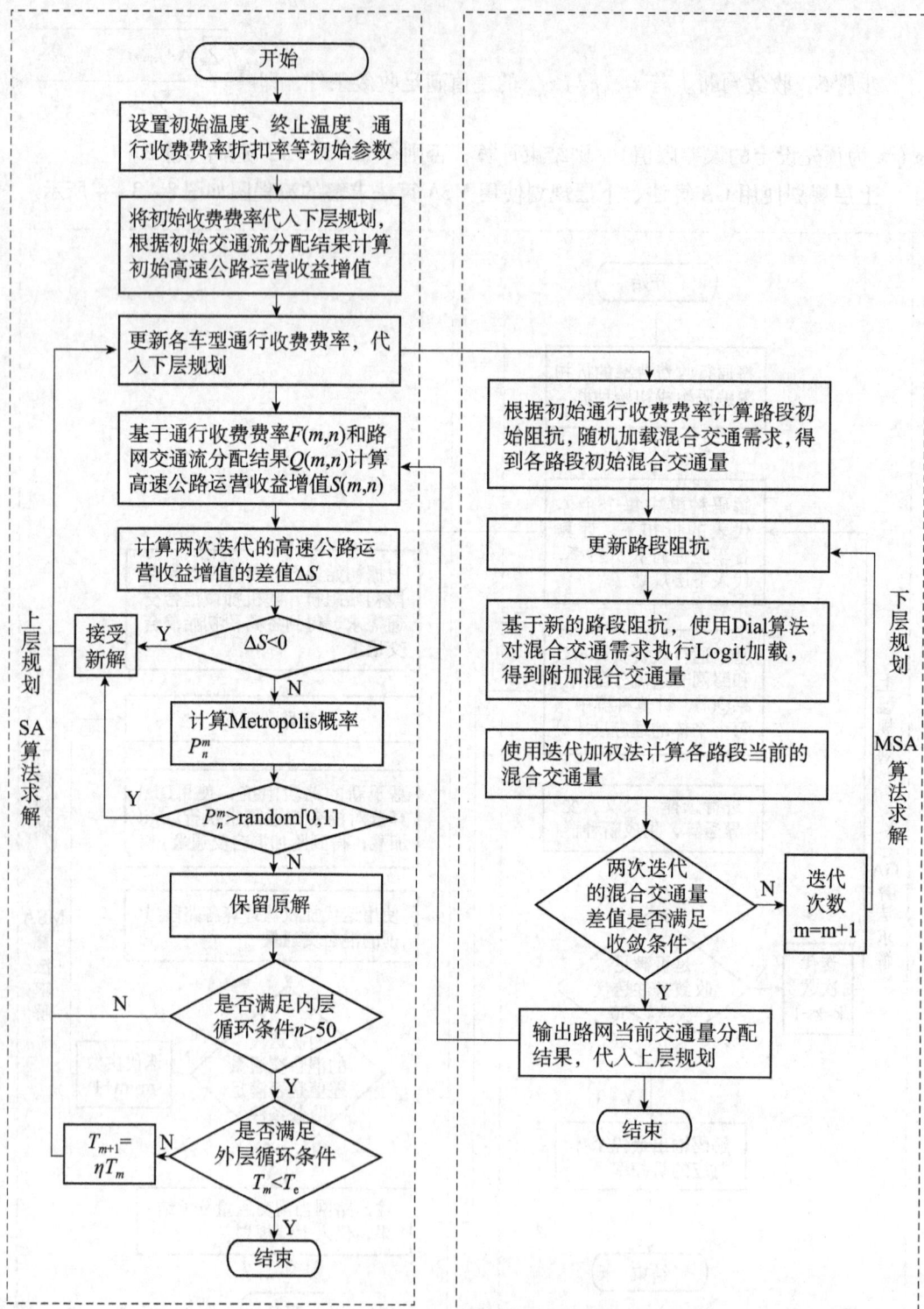

图 8 – 3 – 5 SA-MSA 算法求解流程图

8.4　实例分析

8.4.1　基于碳减排收益的高速公路差异化收费定价模型实例分析

1. 山东省高速公路现状分析

1）总体概况

高速公路是国家综合交通运输网络的重要组成部分，也是支撑社会和国民经济发展的基础保障。山东省高速公路自建设以来取得重大成就，全省各地市之间均实现了高速公路连接，为山东省的经济发展和社会服务提供了基础保障。

截止到 2022 年年底，山东省公路通车里程超过 28 万 km，公路密度达到每百平方公里 183 km。其中高速公路通车里程为 7 473.4 km，全国排名第 6；高速公路密度达到每百平方公里 4.7 km，全国排名第 7。

2）高速公路收费现状

自 1993 年山东省第一条高速公路济青高速建设通车以来，山东省高速公路车辆通行收费政策大致有 3 次大的调整，收费政策详情见表 8-4-1。

表 8-4-1　山东省高速公路车辆通行收费政策调整情况

年份	高速公路收费政策文件	调整重点
1988	《山东省贷款修建高等级公路和大型公路桥梁、隧道收取车辆通行费规定实施细则》	收费费率
2006	《山东省交通运输厅　山东省物价局　山东省财政厅关于明确收费公路车辆通行费征收政策的通知》	客、货种类及收费标准
2021	《山东省交通运输厅　山东省发展和改革委员会　山东省财政厅关于高速公路车辆通行费有关事项的通知》	客、货种类及收费标准

下面将对 2020 年版本山东省高速公路车辆通行收费标准进行详细介绍。该版收费标准取消了之前实行的计重收费的方式，车辆通行费实施按照车型收费的方式。客车按照核定载客数和车长划分为 4 类，货车按照车轴数量划分为 6 类。车型划分标准见表 8-4-2。客、货车按照车型征收通行费，其收费标准分别见表 8-4-3、表 8-4-4。

表 8-4-2　车型划分标准（2020 年版）

车型		规格
客车	1 类车	车长 <6 000 mm 且核定载人数 ≤9 人
	2 类车	车长 <6 000 mm 且核定载人数（10～19）人
	3 类车	车长 ≥6 000 mm 且核定载人数 ≤39 人
	4 类车	车长 ≥6 000 mm 且核定载人数 ≥40 人

车型		规格
货车	1 类车	总轴数（含悬浮轴）为 2，车长小于 6 m 且最大允许总质量小于 4.5 t
	2 类车	总轴数（含悬浮轴）为 2，车长不小于 6 m 或最大允许总质量不小于 4.5 t
	3 类车	总轴数（含悬浮轴）为 3
	4 类车	总轴数（含悬浮轴）为 4
	5 类车	总轴数（含悬浮轴）为 5
	6 类车	总轴数（含悬浮轴）为 6

表 8 - 4 - 3　高速公路客车收费标准（2020 年版）

车型	收费费率	
	2018 年前开通的 高速公路/（元/km）	2018 年后新建和改扩建的 高速公路/（元/km）
1 类客车	0.40	0.50
2 类客车	0.50	0.65
3 类客车	0.60	0.78
4 类客车	0.75	0.98

表 8 - 4 - 4　高速公路货车收费标准（2020 年版）

车型	收费费率	
	2018 年前开通的高速公路/ （元/km）	2018 年后新建和改扩建的 高速公路/（元/km）
1 类货车	0.40	0.50
2 类货车	0.75	0.90
3 类货车	1.20	1.55
4 类货车	1.65	2.05
5 类货车	1.70	2.15
6 类货车	2.20	2.75

2. 研究区域现状分析

1）区域概况

下面针对山东省龙青高速公路进行差异化收费策略分析。

该高速公路位于山东省境内，全长 156.7 km，其中位于烟台境内的路段长度为 67.1 km，位于青岛境内的路段长度为 89.6 km。该道路于 2018 年全线通车，为一条双向四车道的省级高速公路，设计车速 120 km/h，通行能力为 8 000 pcu/h，总投资为 71 亿元，是青岛市第一条企业经营性公路。该公路的建成通车填补了青岛至莱西没有高速公路的空白，并拉近了青岛主城区与即墨、莱西等北部地区的空间和时间距离。此外，龙青高速公路由北向南串联了李权庄工业园、龙泉工业园等一批园区，构成了一条南北向经济走廊，有助于提升两地区之间的物流运输效率，促进地区经济发展。

与龙青高速公路平行的国道为 G204，其中龙青高速公路与 G204 平行部分长度约为 80.8 km。G204 平均车速约为 55 km/h，双向四车道，路段宽度为 24 m，与高速公路平行的路段长度约 75.68 km，通行能力为 4 000 pcu/h，平行国道不收取通行费用。龙青高速公路的通车能够减小莱西通往青岛 G204 的交通压力，能够对日益繁忙的平行国道车流量进行有效分流。

2）交通出行分析

为准确把握龙青高速公路和 G204 的交通出行分布特征，并分析该条高速公路是否适合实施差异化收费政策，通过门架数据获取到 2021 年 12 月龙青高速公路和 G204 断面交通量，如图 8-4-1 所示。

通过分方向、分车型的车流量对比可知，龙青高速公路和 G204 在不同行驶方向上车流量的差别都不大。其中龙青高速公路单方向上的平均车流量为 4 515 pcu/h，六型货车流量为 407 pcu/h，占高速公路单方向上平均车流量的 9% 左右；G204 单方向上的平均车流量为 2 159 pcu/h，六型货车流量为 861 pcu/h，占国道单方向上平均车流量的 40% 左右。由此可知，现状情况下六型货车主要选择 G204 进行货物运输，且国道上的六型货车流量要远高于龙青高速公路上的六型货车流量。

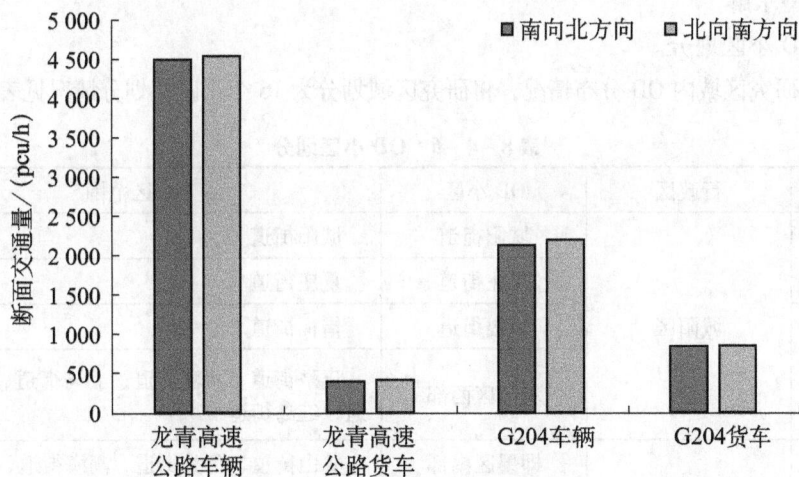

图 8-4-1　断面交通量对比图

为了更好地观测龙青高速公路和平行国道的运行状况，引入道路饱和度进行评估。道路饱和度能够在一定水平上体现出道路的服务水平，通常用 V/C 来表示。其中 V 表示某条道路的实际交通量，C 表示某条道路的设计通行能力。饱和度值越大，表明道路交通运行状况越差，道路服务水平越低；饱和度值越小，表明道路交通运行状况越好，道路通行效率越高。美国的《通行能力手册》根据饱和度指标将道路的服务水平分为 6 个等级，我国一般根据饱和度将服务水平划分 4 个等级，具体见表 8-4-5。

表 8 - 4 - 5　道路服务水平等级划分

V/C	(0,0.6]	(0.6,0.8]	(0.8,1.0]	(1.0, + ∞]
服务水平等级	一级	二级	三级	四级
含义	道路交通顺畅 服务水平好	道路稍有拥堵 服务水平较高	道路拥堵 服务水平较差	道路严重拥堵 服务水平极差

为此，根据各车型对应的车辆换算系数，计算得到高速公路和平行国道的当量交通辆，进而计算得到龙青高速公路和平行国道的道路饱和度。通过分析龙青高速公路和平行国道的道路饱和度可知，高速公路的道路饱和度约为 0.44，为一级服务水平，道路运行状况较好；平行国道的饱和度为 0.62，为二级服务水平。通过对比可知，相比于高速公路的交通运行状态和通行效率，平行国道的交通状态较差。

基于以上对龙青高速公路和平行国道 G204 上车流量的处理与分析，可以发现平行国道上的车流量较大，道路交通运行情况较差，而与之平行的龙青高速公路车流量较少，道路交通条件较好。此外，通过对比高速公路和平行国道上行驶车辆的车型可知，平行国道上六型货车的占比要高于高速公路，而载重货车在国道上的车辆碳排放要普遍高于在高速公路上行驶时的情况。因此，高速公路适合使用差异化收费措施对六型货车的出行进行引导，达到提高国道通行效率、充分利用道路资源、减少路网碳排放的目的。

3. 差异化收费方案对比分析

1）模型求解

（1）OD 小区划分。

为了解研究区域内 OD 分布情况，将研究区域划分为 16 个小区，划分情况见表 8 - 4 - 6。

表 8 - 4 - 6　OD 小区划分

OD 编号	行政区	OD 小区	小区范围
1	城阳区	城阳街道	城阳街道
2		夏庄街道	夏庄街道
3		惜福街道	惜福街道
4		城阳区西部	流亭街道、河套街道、上马街道、棘洪滩街道、红岛街道
5	即墨区	即墨区南部	龙山街道、环秀街道、潮海街道、通济街道
6		即墨区东部	鳌山卫街道、温泉街道、金口镇、田横镇
7		即墨区北部	龙泉街道、灵山街道、北安街道
8		即墨区西部	大信街道、蓝村街道、段泊岚镇、移风店镇
9	莱西市	莱西市	莱西市
10	平度市及以远	平度市及以远	平度市、潍坊市及以远
11	青岛市南部地区	青岛市南部地区	李沧区、市北区、市南区、崂山区
12	青岛市西部及以远	青岛市西部及以远	黄岛区、胶州市、日照市及以远

OD 编号	行政区	OD 小区	小区范围
13	烟台市	招远市及以远	招远市、莱州市、龙口市
14		莱阳市及以远	莱阳市、栖霞市
15		烟台市区及以远	烟台市区、蓬莱区
16	威海市	威海市	威海市、海阳市

根据监控视频抓拍车辆位置与 OD 小区之间的关系，将车辆运行轨迹的起终点换为 OD 小区代码，并利用车辆的不均匀系数将调查得到的各车型车辆的调查交通量修正为平均日交通量，修正公式为

$$Q_{r,s} = T_{r,s} \times \beta \times \sigma / \varepsilon \tag{8-4-1}$$

式中：$Q_{r,s}$ 为 r 区到 s 区的平均日交通量；$T_{r,s}$ 为 r 区到 s 区的分车型调查交通量；β 为月不均匀系数；σ 为车型折算系数；ε 为抽样率。

利用山东省高速公路结算中心的各收费站和门架数据，并结合各收费站与划分的 OD 小区之间的位置关系确定各 OD 小区对应的交通量和车辆流向。在此基础上，根据"串并联"的原则剔除掉重复的调查数据，得到研究区域内的 OD 矩阵。基于此对 OD 矩阵进行矫正，OD 矩阵的矫正指将补充或修正后的 OD 矩阵在现状路网上进行分配，得到各条道路上的分配交通量，并利用实测交通量与分配交通量之间的差异修正 OD 矩阵表。若所有道路上分配交通量与实测值之间的误差均小于 5%，则认为该 OD 矩阵能够反映研究区域内实际的出行情况，否则需要对 OD 矩阵进行矫正。研究路段的分配交通量与实测交通量的对比结果见表 8-4-7。

表 8-4-7　研究路段的分配交通量与实测交通量的对比结果

序号	路线	方向	实测交通量/ （pcu/h）	分配交通量/ （pcu/h）	误差
1	龙青高速公路	北向南方向	4 534	4 549	0.3%
2	龙青高速公路	南向北方向	4 496	4 408	-2.0%
3	G204	北向南方向	2 194	2 156	-1.7%
4	G204	南向北方向	2 125	2 149	1.1%

根据表 8-4-7 可知，研究道路所有路段的分配交通量均在误差范围内，故认为该 OD 矩阵能够反映研究区域内真实的车辆出行情况，可以作为进行交通流分配的依据。

（2）模型参数标定。

本章的研究对象是龙青高速公路与平行国道 G204。通过查阅相关资料得知，龙青高速公路的桥隧比为 19.6%，龙青高速公路路面类型为沥青混合料，则高速公路成本费用中的参数 x_3、x_4 和 x_5 分别取值为 19.6%、0 和 1。截至 2022 年，青岛市 0 号柴油价格为 7.63 元/L，故式（8-2-8）中的 P_{fuel} 取 7.63。货车驾驶员工资从 2021 年统一调价，凡是持 A2 驾驶证的驾驶员每天按工作 8 h 计算，每人每天工资在 280～480 元之间，凡是超

出 8 h 以外，加班按照 60 ~ 100 元/h 计算，驾驶员的工资补贴取每个月 500 元。根据山东省整体经济发展水平对驾驶员工资进行调整，取驾驶员日薪为 280 元，工资补贴为 16.7 元/d。通过调查龙青高速公路沿线园区的产品类型，取货物运输的价值为 20 万元，即运输货物的价值 $V_F = 200\ 000$ 元。

2）模型结果分析

基于 8.2 节建立的多目标优化定价模型及研究区域的基础数据，对龙青高速公路实施分段差异化收费策略，以实现高速公路收益最大化，均衡路网交通量，实现车辆低碳减排。

运用 NSGA-Ⅱ算法对多目标优化问题进行求解，并采用自适应平均法求解随机用户平衡的交通分配问题，其中自适应平均法中参数 θ、η 和 γ 分别取 0.02、1.05 和 0.5。使用 Python 软件对模型进行求解，可以得到一个 Pareto 最优解集，如图 8 - 4 - 2 所示，图中的解为多目标优化定价模型的最优解集。由 8.2 节对 Pareto 最优解的分析可知，求解得到的为一系列非劣解。图 8 - 4 - 2 中左上角的解能够实现高速公路运营收益最大化，右下角的解能够实现车辆碳减排收益最大化，为了兼顾两者的利益需求，选取中间值作为求解的推荐解，并对该解展开分析。

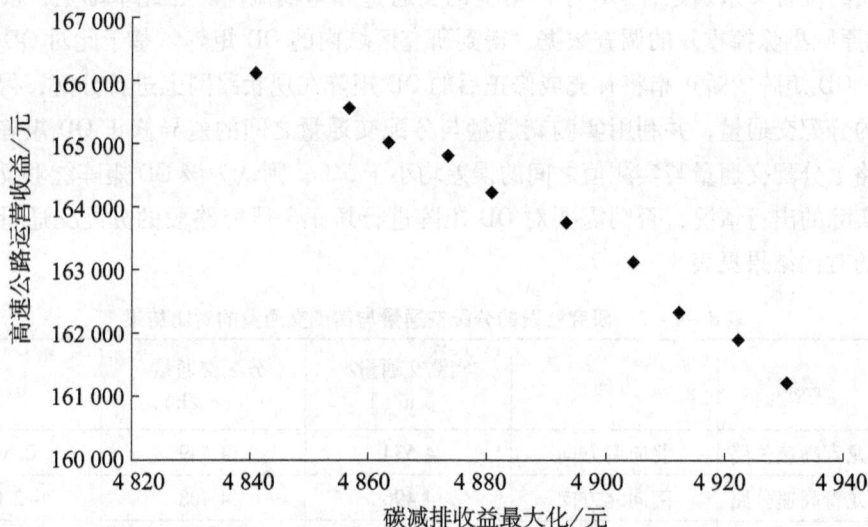

图 8 - 4 - 2　求解得到的最优解集

龙青高速公路研究路段共有 8 个收费站，分别为城阳收费站、惜福收费站、即墨东收费站、龙泉收费站、姜山收费站、团旺收费站、莱西东收费站和莱阳西收费站，它们将高速公路分为 7 段，其中推荐解下的分路段差异化收费具体方案见表 8 - 4 - 8。

表 8 - 4 - 8　分路段差异化收费具体方案

收费站路段	收费费率/（元/km）
城阳收费站—惜福收费站	1.8
惜福收费站—即墨东收费站	2.0
即墨东收费站—龙泉收费站	2.0

续表

收费站路段	收费费率/（元/km）
龙泉收费站—姜山收费站	1.8
姜山收费站—团旺收费站	2.2
团旺收费站—莱西东收费站	2.1
莱西东收费站—莱阳西收费站	1.8

下面分别从路网流量、道路饱和度及收益对比方面展开分析。

（1）路网流量。

由于针对六型货车进行分路段差异化收费，在进行流量分配时其他车型车辆作为背景交通量输入。根据调费后六型货车在路网上的分布可以看出，经过分路段差异化收费后六型货车被吸引到了龙青高速公路上。

具体来说，在实施差异化收费前龙青高速公路单方向断面交通量为 4 515 pcu/h，实施分路段差异化收费后单方向断面交通量为 4 893 pcu/h，其中高速公路单方向上的六型货车车流量由原先的 407 pcu/h 增加到了 785 pcu/h。实施差异化收费前 G204 单方向上的断面交通量为 2 159 pcu/h，实施分路段差异化收费后下降为 1 795 pcu/h，其中六型货车的流量从 861 pcu/h 下降到 497 pcu/h。由此分析可知，高速公路通过实施分路段差异化收费能够较好地吸引平行国道上的车辆转移到高速公路上。实施差异化收费后的全部流量如图 8-4-3 所示。

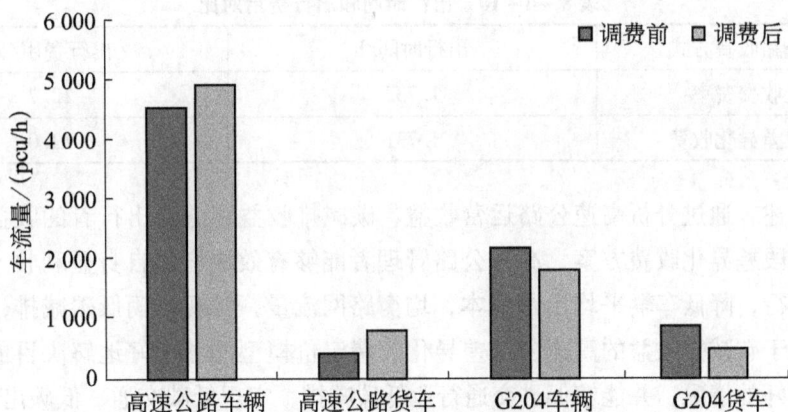

图 8-4-3　实施差异化收费后的全部流量图

（2）道路饱和度。

为进一步分析高速公路实施分路段差异化收费后的实施效果，需要对路段的饱和度进行分析。

实施分路段差异化收费之后，龙青高速公路的道路饱和度由原先的 0.44 提高为 0.54，G204 的道路饱和度由原先的 0.62 降为 0.45。龙青高速通过实施分路段差异化收费方案后，能够有效分流 G204 上的车辆，使得龙青高速公路和 G204 的道路服务水平都达到了一级，实现了均衡路网流量、提高道路网运行效率的目的。

（3）收益对比。

通过对多目标优化模型求解，可以得到实施高速公路分路段差异化收费后的碳减排收益和高速公路运营收益，并与固定收费费率下的收益进行对比（见表 8-4-9）。

表 8-4-9　高速公路运营收益和碳减排收益对比

高速公路收费方式	高速公路运营收益/元	碳减排收益/元
固定收费费率	140 434	—
分路段差异化收费	164 234	4 881

由表 8-4-9 可知，龙青高速公路在实施分路段差异化收费方案后，高速公路运营收益由原先的 140 434 元增加到 164 234 元，碳减排收益为 4 881 元。这证明高速公路通过实施分路段差异化收费能够合理并有效地调节路网流量，在减少车辆碳排放、实现碳减排收益最大化的同时，有效提高了高速公路运营收益。

下面对实施分路段差异化收费前后六型货车的出行时间和出行费用进行分析。其中出行时间是根据全路网六型货车从起点到终点的加权时间计算得到的，出行费用则根据实施分路段差异化收费前后选择走高速公路车辆的通行费用与行驶路段的加权计算得到。出行时间和出行费用对比结果见表 8-4-10。从表中可以看出，龙青高速公路实施分路段差异化收费之后，六型货车的出行时间没有发生大的变化，但车辆的出行费用降低，由原先的 12.7 元降低为 12.0 元。

表 8-4-10　出行时间和出行费用对比

高速公路收费方式	出行时间/h	出行费用/元
固定收费费率	1.732	12.7
分路段差异化收费	1.731	12.0

综上所述，通过分析高速公路运营收益、碳减排收益和道路出行者的收益可知，通过实施分路段差异化收费方案，高速公路管理者能够有效地增加自身盈利收入，并能够引导车辆出行，降低车辆平均出行成本，均衡路网流量，实现车辆低碳减排，这表明本书提出的基于碳减排收益的高速公路差异化收费定价模型能够很好地解决目前高速公路营运收益不好的情况，并能够促进交通行业低碳减排，实现低碳交通、低碳出行。

8.4.2　基于双层规划的高速公路差异化收费定价模型实例分析

1. 山东省龙青高速基本信息

龙青高速公路是山东省九纵八横高速公路网的纵线之一，由北向南途经招远市、莱阳市、莱西市、即墨区等地区，是青岛、烟台和威海三个城市间交通往来的重要桥梁，有效促进了山东半岛城市群之间的快速互联互通，在加快商品服务流通、促进经济社会发展方面发挥了巨大作用。作为山东省的重点建设项目，为了更好地发挥高速公路的运输作用，提升高速公路企业经营收益，为道路使用者降本增效，本节研究针对龙青高速公路的青岛段设计差异化收费定价方案，高速研究路段总长为 78.10 km，起点为莱西东收费站，终点为城阳收费站，途中收费站包括团旺、姜山、华山东、龙泉、即墨东和惜福收费站，将龙青高速按收费站划分为 7 个出入口路段。

龙青高速公路青岛段各出入口路段与平行国省道路段信息见表 8-4-11。

表 8-4-11　龙青高速公路与平行国省道路段信息

龙青高速路段编号	路段出入口	路段长度/km	双向车道数/条	3 条平行国省道中交通量最大的路段编号	双向车道数/条
H_1	莱西东—团旺	15.65	4	R_1	4
H_2	团旺—姜山	14.93	4	R_2	4
H_3	姜山—华山东	12.03	6	R_3	6
H_4	华山东—龙泉	8.25	6	R_4	4
H_5	龙泉—即墨东	8.07	6	R_5	6
H_6	即墨东—惜福	9.75	6	R_6	6
H_7	惜福—城阳	9.43	6	R_7	4

根据最新标准，龙青高速公路目前实施分车型收费，各车型通行收费费率及收费系数见表 8-4-12。

表 8-4-12　龙青高速公路现行各车型收费标准

车型	高速公路通行收费费率/（元/km）	收费系数
1 类客车	0.40	1.00
2 类客车	0.50	1.25
3 类客车	0.60	1.50
4 类客车	0.75	1.88
1 类货车	0.40	1.00
2 类货车	0.75	1.88
3 类货车	1.17	2.93
4 类货车	1.55	3.88
5 类货车	1.62	4.05
6 类货车	2.18	5.45

2. 山东省龙青高速公路差异化收费定价方案设计

1）分方向分出入口差异化方案

定义由北向南为方向 A，由南向北为方向 B，龙青高速公路各路段和平行国省道双向交通量及道路饱和度（V/C）如图 8-4-4 所示。

由图 8-4-4 可知，双向交通流分布特征存在一定的相似性，龙青高速公路路段的 V/C 数值较低，这是因为龙青高速公路以双向六车道为主，道路通行能力大，而平行国省道的部分路段面临着交通拥堵的问题。具体而言,龙青高速公路路段 H_3、H_6、H_7 双向的年平均日交通量高于平行国省道,为国省道分担了一部分的交通压力;而高速路段 H_1、H_2、H_4、H_5 的交通量则都低于平行国省道,导致国省道承担了较大的交通量,且国省道以双向四车道为主,道路资源不能充分满足路段的交通需求,交通运行效率受到影响,出现交通拥堵现象。

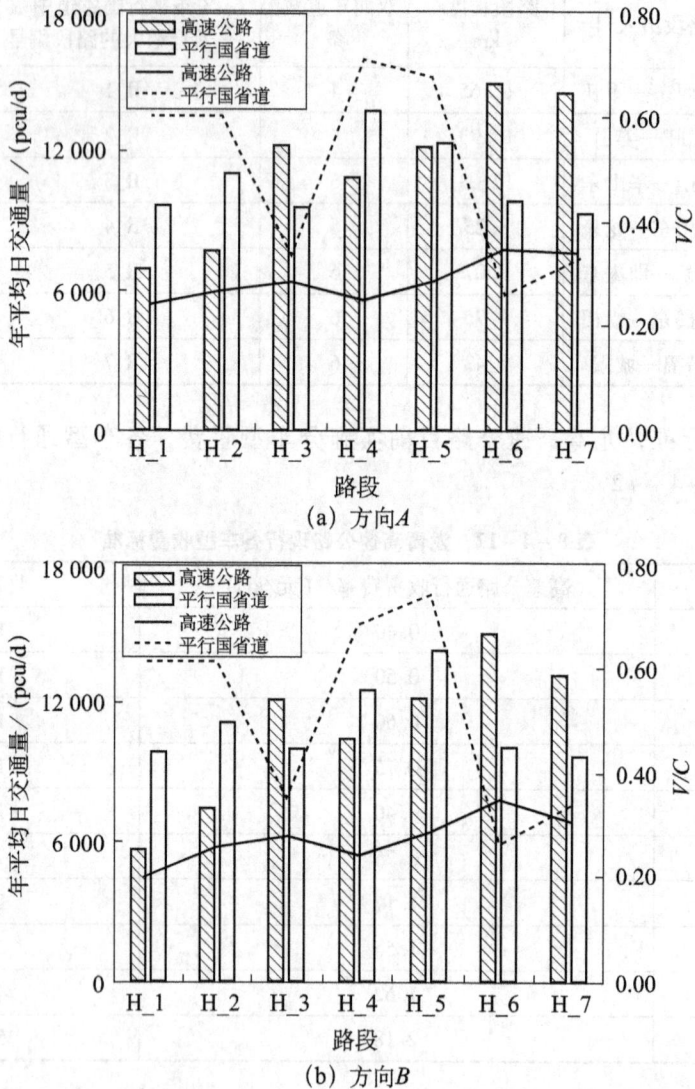

(a) 方向 A

(b) 方向 B

图 8-4-4 龙青高速公路及其平行国省道双向交通量及道路饱和度

因此,针对交通量低于平行国省道,且平行国省道 V/C 值较大的高速公路路段 H_1、H_2、H_4、H_5,首先制定分方向、分路段差异化收费定价方案,在保证高速公路运营收益的同时,提升高速公路的道路资源利用率,减轻平行国省道的交通负担。

对需要调整费率的龙青高速公路路段 H_1、H_2、H_4、H_5 进行排列组合,设计 15 种不同的分出入口差异化方案,各方案对应的调整路段见表 8-4-13。

表 8 - 4 - 13　不同方案对应的调整路段

方案	调整路段	调整路段长度/km
1	H_1	15.65
2	H_2	14.93
3	H_4	8.25
4	H_5	8.07
5	H_1、H_2	30.58
6	H_1、H_4	23.90
7	H_1、H_5	23.72
8	H_2、H_4	23.17
9	H_2、H_5	22.99
10	H_4、H_5	16.32
11	H_1、H_2、H_4	38.83
12	H_1、H_2、H_5	38.64
13	H_1、H_4、H_5	31.97
14	H_2、H_4、H_5	31.24
15	H_1、H_2、H_4、H_5	46.89

分别运用 8.3.3 节中提出的两种启发式 GA 算法和 SA 算法与 MSA 算法组合，计算龙青高速公路上各分方向分出入口差异化收费定价方案的高速公路运营年收益增值及对应的最优折扣率。

（1）方向 A。

针对方向 A 设计差异化收费定价方案，使用两种算法计算得到各方案的求解结果，如图 8 - 4 - 5 所示。

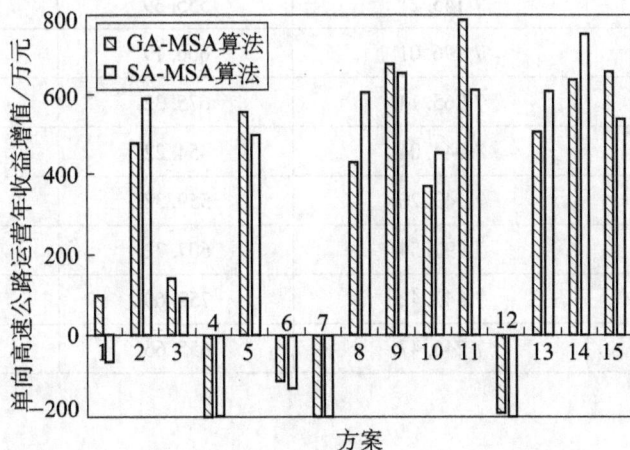

（a）各方案对应的高速公路运营年收益增值

图 8 - 4 - 5　方向 A 各方案基于两种方法的求解结果

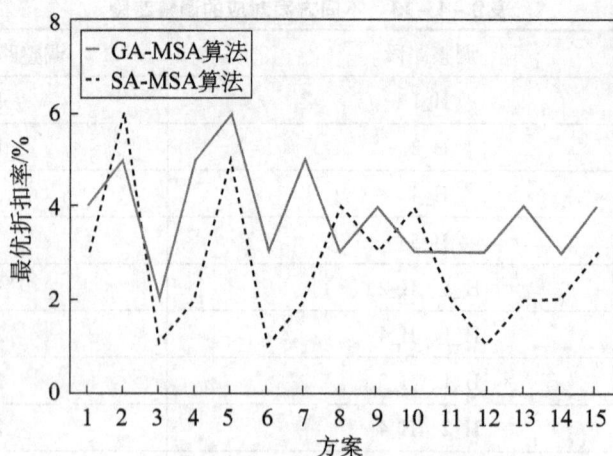

（b）各方案对应的最优折扣率

图 8 - 4 - 5　方向 A 各方案基于两种方法的求解结果（续）

由图 8 - 4 - 5 可知，基于两种算法求解得到龙青高速公路方向 A 上的收益增值及对应的最优折扣率结果具有一定的相似性，增强了近似最优解的可信度。同时发现方案 4、6、7、12 实施后无法满足上层规划中高速公路运营收益增值不为负的约束条件，因此将这 4 个方案剔除，剩余 11 种方案见表 8 - 4 - 14。

表 8 - 4 - 14　龙青高速公路方向 A 分出入口差异化收费定价方案

方案	最优折扣率/%	单向高速公路运营收益/ （万元/a）	收益增值/ （万元/a）	收益增幅/%
1	3	6 689.78	99.97	1.52
2	5	7 181.55	591.73	8.98
3	1	6 732.69	142.87	2.17
5	5	7 145.21	555.39	8.43
8	3	7 196.01	606.19	9.20
9	3	7 265.14	675.32	10.25
10	3	7 044.04	454.22	6.89
11	2	7 149.20	559.38	8.49
13	4	7 197.54	607.72	9.22
14	2	7 342.42	752.60	11.42
15	2	7 245.47	655.66	9.95

（2）方向 B。

同理，针对方向 B 设计差异化收费定价方案，使用两种算法得到各方案的求解结果如图 8 - 4 - 6 所示。

　　由图 8 - 4 - 6 可知，采用两种算法求解得到的龙青高速公路方向 B 上的收益增值和最优折扣率结果同样具有一定的相似性。其中，方案 1、6、7、10、11、15 的最优近似解无法满足高速公路运营收益增值不为负的约束条件，进行剔除，剩余 9 种方案见表 8 - 4 - 15。

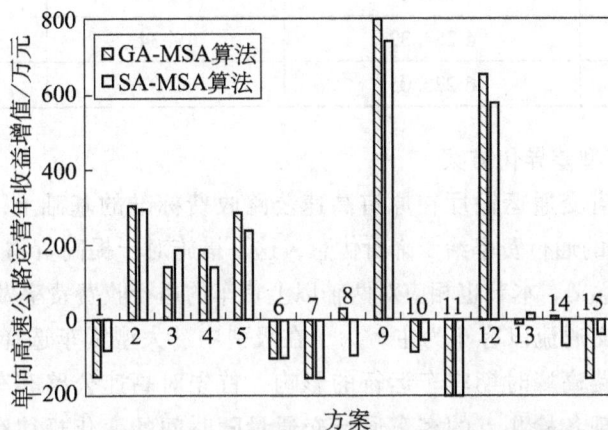

（a）各方案对应的高速公路运营年收益增值

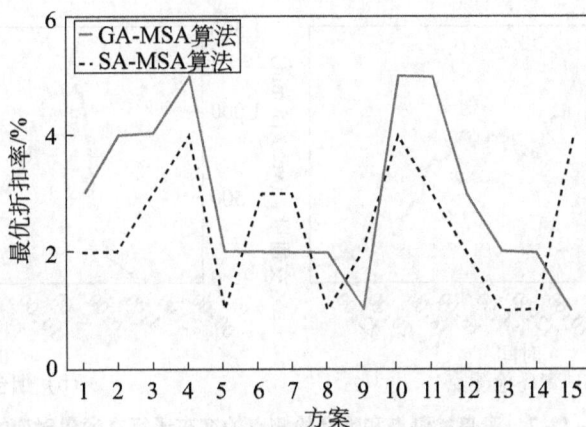

（b）各方案对应的最优折扣率

图 8 - 4 - 6　方向 B 各方案基于两种方法的求解结果

表 8 - 4 - 15　龙青高速公路方向 B 分出入口差异化收费定价方案

方案	最优折扣率/%	单向高速公路运营收益/（万元/a）	收益增值/（万元/a）	收益增幅/%
2	1	6 572.33	307.35	4.91
3	4	6 452.27	187.28	2.99
4	4	6 452.27	187.28	2.99
5	1	6 550.92	285.94	4.56
8	1	6 296.24	31.26	0.50

方案	最优折扣率/%	单向高速公路运营收益/（万元/a）	收益增值/（万元/a）	收益增幅/%
9	2	7 105.25	840.27	13.41
12	2	6 916.15	651.17	10.39
13	2	6 284.32	19.34	0.31
14	1	6 276.05	11.07	0.18

2）分时段分车型差异化方案

2020 年，山东省交通运输厅在原有高速公路收费标准的基础上，对两轴以上的货车，即 3～6 类货车的通行费率给予降价优惠，这一措施对于提高货物运输效率、节约物流运输成本有重要意义。本节也相应对两轴以上货车的通行收费费率做进一步的调整。

考虑高速公路交通流以客车为主，为了在吸引中、大型货车选择高速公路的同时，减小货车对高速公路高峰时期客车运行的影响，首先对高速公路客车通行交通量时变情况进行统计，发现各检测点的客车通行交通量随时间的变化规律存在相似性，其中青岛检测点和烟台检测点的客车通行交通量在一天当中的变化情况如图 8-4-7 所示。

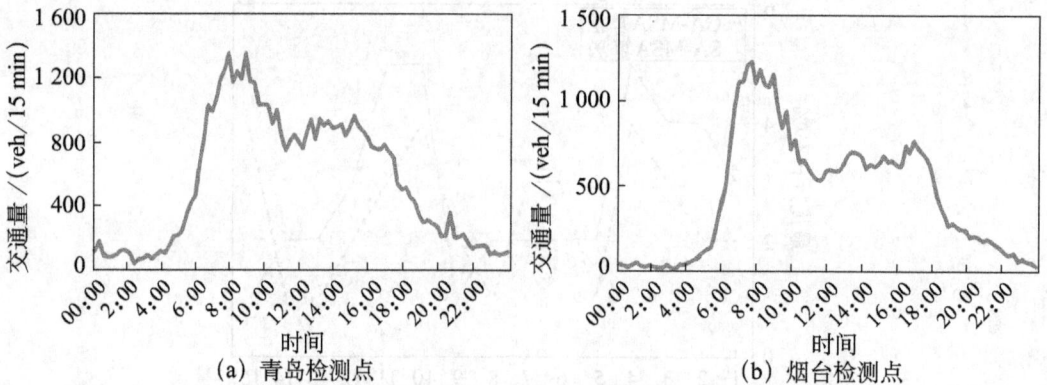

图 8-4-7　青岛检测点和烟台检测点的客车通行交通量时变情况

由图 8-4-7 可知，高速公路客车车辆主要集中在 6:00—18:00 间通行，统计各检测点在这段时间内检测到的客车通行交通量在一天通行交通量中的占比，结果如图 8-4-8 所示。

由图 8-4-7 和图 8-4-8 可知，总共有约 87% 的检测点检测到 6:00—18:00 间的客车通行量在一天通行量当中占比为 60% 以上，将这一时段作为客车通行高峰时段，其余时间为平峰时段。在 8.3 节设计的分方向分出入口差异化通行收费费率的基础上，认为车辆在各时段的交通出行需求不变，以 60% 的比例为节点，将日均出行交通量划分为高峰出行交通量和平峰出行交通量，运用双层规划模型对两轴以上货车（即 3～6 类货车）在当日 18:00 至第二天 6:00 这一平峰时段的通行收费费率进行调整，进一步完善分时段分车型的差异化收费定价方案。

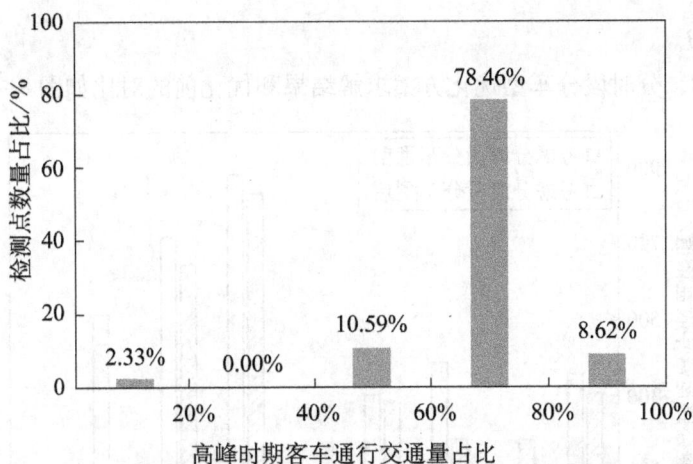

图 8 - 4 - 8　检测点高峰期的客车通行总量在一天通行量中的占比分布

（1）方向 A。

针对方向 A，分时段分车型优化方案求解结果和优化前的对比如图 8 - 4 - 9 所示。由图 8 - 4 - 9 可知，11 种方案中有 5 种方案能够使高速公路运营收益得到进一步提升，将这 5 种方案保留为备选方案，见表 8 - 4 - 16。

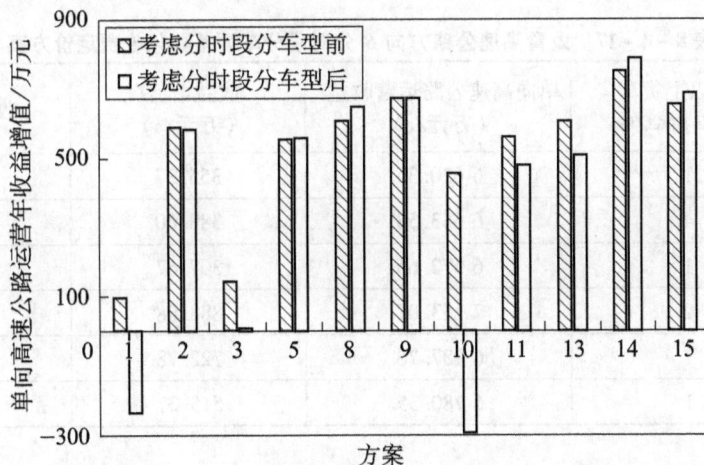

图 8 - 4 - 9　方向 A 分时段分车型优化方案求解结果与优化前对比

表 8 - 4 - 16　龙青高速公路方向 A 分时段分车型的差异化收费定价方案

方案	两轴以上货车最优折扣率/%	单向高速公路运营收益/（万元/a）	收益增值/（万元/a）	收益增幅/%
5	1	7 147.45	557.64	8.46
8	1	7 238.90	649.08	9.85
9	2	7 265.34	675.53	10.25
14	3	7 376.00	786.19	11.93
15	3	7 276.59	686.77	10.42

（2）方向 B。

针对方向 B，分时段分车型优化方案求解结果和优化前的对比如图 8 - 4 - 10 所示。

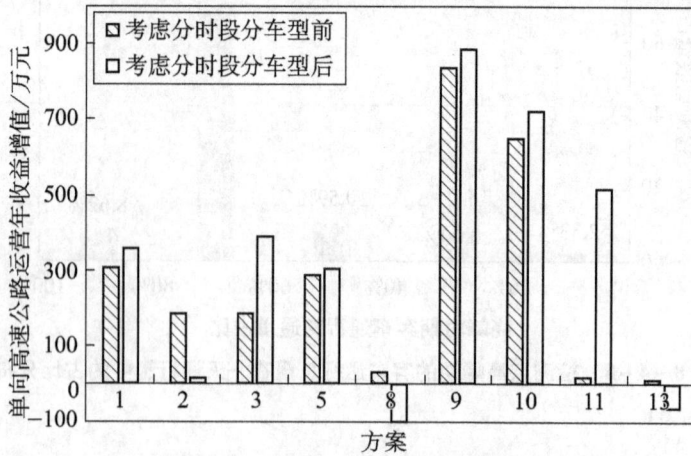

图 8 - 4 - 10　方向 B 分时段分车型优化方案求解结果与优化前对比

由图 8 - 4 - 10 可知，9 种方案中有 6 种方案使龙青高速公路在方向 B 上的年收益得到进一步提升，将这 6 种方案保留为备选方案，见表 8 - 4 - 17。

表 8 - 4 - 17　龙青高速公路方向 B 分时段分车型差异化收费定价方案

方案	两轴以上货车最优折扣率/%	单向高速公路运营收益/（万元/a）	收益增值/（万元/a）	收益增幅/%
1	1	6 620.35	355.37	5.67
3	4	6 653.58	388.60	6.20
5	1	6 572.65	307.67	4.91
9	2	7 153.07	888.08	14.18
10	2	6 987.76	722.78	11.54
11	1	6 780.35	515.37	8.23

3. 方案效益综合评价

高速公路差异化收费定价方案的评价是一个多指标多对象的决策问题，应从道路经营者、使用者和管理者的角度出发，基于科学性、系统性、可行性等原则，综合考虑方案的经济性、效率性、安全性和环保性效益，建立评价指标体系，选择合适的综合评价方法对各方案进行排序和评价，从备选方案中选出最优的差异化收费定价方案。

1）综合评价指标体系构建

综合评价是将多层面、多个指标整合转化为一个具有全面性、整体性的综合评价指标，然后运用一定的数学模型对多个对象进行排序、评价和决策的过程。

构建评价指标体系是综合评价的基础和重要依据，指标体系的构建一般需要遵循以下几个原则。

（1）目的性原则。

评价指标的选取需要以研究目的为导向。为了使设计的高速公路差异化收费定价方案实现"高速公路运营方收益增加、道路使用者降本增效"的双重目标，需要从经济性、效率性等多个层面选择合适的评价指标对不同方案进行比较和衡量，从而选出效果最优的方案，达到促进提升高速公路吸引力、减轻平行国省道交通负担、优化整个路网的资源配置、使多方主体都能够获利的目的。

（2）科学性原则。

评价指标的选取必须满足科学性原则。首先指标概念的提出需要有科学依据，其次指标的量化需要有准确的数学模型和严谨的推导算法。除此之外，指标的数据来源需要真实、客观，这样才能够反映出不同参评方案的实际实施效果，保证评价结果的可信度。

（3）系统性原则。

建立的评价指标体系应具有系统性。高速公路差异化收费方案会在经济、效率、安全、环保等各方面给交通系统中的不同主体带来影响，因此需要从多个角度出发筛选具有代表性的指标，且指标间相互独立，既反映方案的多样化特征，又共同组成一个能够展示方案总体价值的综合评价指标体系。

（4）可行性原则。

评价指标的选择还应该考虑可行性。以各差异化收费定价方案实施后得到的路网交通流分配数据为基础，应选择易于量化的评价指标，充分发挥数据的价值。且指标的数量应当适量，量化过程应该科学简明，使后续的评价分析结果更加具有可靠性和可解释性，同时也保证了方案的可比性。

基于以上原则，本书考虑差异化收费方案实施在经济性、路网效率性、安全性和环保性四个方面产生的影响，选择合适的指标，建立综合评价指标体系。

（1）经济性。

①高速公路运营收益增加量。

高速公路运营收益增加量能够直接地反映差异化收费方案给高速公路运营方带来的经济效益。如前所述，高速公路运营方收益为通行费用扣除道路养护成本、环境治理成本、管理运营成本和设备运行成本后的收入，各部分构成的具体计算过程见 8.3.2 节内容。使用差异化收费方案实施前后高速公路运营收益的增加量，衡量收费方案的经济性，计算公式为

$$S = S_N - S_0 \qquad\qquad (8-4-2)$$

式中：S 为高速公路运营收益增加量（万元/a）；S_N 为施行差异化收费方案后的高速公路运营收益；S_0 为施行差异化收费方案前的高速公路运营收益。

②出行成本降低量。

出行成本降低量从道路使用者的角度反映了差异化收费方案带来的经济性效益。随着高速公路通行收费费率的调整，道路阻抗发生变化，出行者重新进行路径选择，其出行时间、燃油费用和通行收费费率构成的出行成本也随之改变，根据广义费用阻抗函数，计算差异化收费方案实施前后路网交通流的出行成本差值，计算公式为

$$D = \sum_{i \in I} \sum_{j \in J} (r_{i,j} q_{i,j} - r'_{i,j} q'_{i,j}) \qquad (8-4-3)$$

式中：D 为出行成本降低量（万元/a）；$r_{i,j}$ 为方案实施前车型 i 在路段 j 上的广义费用；$q_{i,j}$ 为方案实施前路段 j 上车型 i 的交通量；$r'_{i,j}$ 为方案实施后车型 i 在路段 j 上的广义费用；$q'_{i,j}$ 为方案实施后路段 j 上车型 i 的交通量。

（2）路网效率性。

①路网负荷度。

路段负荷度是直接反映道路服务水平的重要指标之一，路段负荷度数值越高，说明路段的实际交通量越接近其通行能力，越容易导致交通拥堵，使交通运行效率下降；反之，路段负荷度数值越低，车辆受道路上其他车辆的影响越小，通行越顺畅。在路段负荷度的基础上，路网负荷度指标还考虑了各路段在路网运行过程中实际发挥作用的大小，能够从整体的角度对差异化方案实施后的路网运行效率进行评价，计算公式为

$$L = \sum_{j \in J} \lambda_1 \lambda_2 \frac{V_j}{C_j} \qquad (8-4-4)$$

$$\lambda_1 = \frac{V_j \times l_j}{\sum_{j \in J} (V_j \times l_j)} \qquad (8-4-5)$$

$$\lambda_2 = \begin{cases} 1 & 0.1 \leqslant \frac{V_j}{C_j} \leqslant 0.75 \\ 1.5 & 0.75 \leqslant \frac{V_j}{C_j} \leqslant 0.9 \\ 2 & \frac{V_j}{C_j} \geqslant 0.9 \end{cases} \qquad (8-4-6)$$

式中：L 为路网负荷度；J 为路网中所有路段集合；λ_1 为路段作用系数；λ_2 为路段负荷度惩罚系数，对路网负荷度较高的路段进行惩罚，给予更多重视；V_j 为路段 j 的实际交通量；C_j 为路段 j 的通行能力；l_j 为路段 j 的长度。

②路网负荷均衡度。

路网负荷均衡度能反映交通流的分布是否均匀，对路网通行效率进行间接评价。使用路段负荷度变异系数衡量路网负荷均衡度，该系数越小，说明路段负荷度的离散程度越小，路段间的交通运行状态差异也越小，路网负荷均衡度越高，则车辆运行越平稳，路网的通行效率越高；反之，该系数越大，路段间的交通情况差异越大，从而影响车辆运行的稳定性，降低路网通行效率。路网负荷均衡度是路段负荷度标准差与平均值的比值，计算公式为

$$C = \frac{\sigma_c}{\mu_c} \qquad (8-4-7)$$

$$\sigma_c = \sqrt{\frac{1}{n-1} \sum_{j \in J} \left(\frac{V_j}{C_j} - \mu_c \right)^2} \qquad (8-4-8)$$

$$\mu_\mathrm{c} = \frac{1}{n} \sum_{j \in J} \left(\frac{V_j}{C_j} \right) \qquad (8-4-9)$$

式中：C 为路网负荷均衡度；σ_c 为路段负荷度标准差；μ_c 为路段负荷度平均值；n 为路段数量；V_j，C_j 同前。

（3）安全性。

①高速公路交通事故率减少量。

交通事故率是评价道路交通安全性的重要指标，每年我国由于道路交通事故造成的人员伤亡和财产损失数量可观，需要加强对交通事故率指标的重视。考虑到数据条件的限制，本书使用高速公路交通事故率减少量评价差异化收费方案实施后带来的安全性效益。参考相关研究，高速公路交通事故率及其减少量的计算公式分别为

$$A = 2\,371.1 \times L_{J_\mathrm{h}}{}^2 - 3\,231.5 \times L_{J_\mathrm{h}} + 1\,656.1 \qquad (8-4-10)$$

$$\Delta A = A_t - A_0 \qquad (8-4-11)$$

式中：A 为高速公路交通事故率［事故次数/（百万车·km·h）］；ΔA 为高速公路交通事故率减少量；A_t 为差异化收费定价方案实施后 t 时刻的高速公路交通事故率；A_0 为差异化收费定价方案实施前的高速公路交通事故率；L_{J_h} 为高速公路负荷度；J_h 为高速公路各路段集合。

②货车混入率变异系数。

客车和货车在车辆性能、车型大小、限速等多方面都存在差异，混合行驶时容易互相干扰，增加碰撞风险，影响路网交通安全性。使用货车混入率变异系数描述客车和货车混合运行情况，变异系数越小，说明路段间货车混入率的离散程度越小，车辆受周围交通环境变化的影响也越小，从而使路网运行的安全性越高；反之，变异系数越大，路段间货车混入率的差异性越大，车辆的运行环境越复杂，导致路网安全性下降。货车混入率变异系数的计算公式为

$$P = \frac{\sigma_\mathrm{p}}{\mu_\mathrm{p}} \qquad (8-4-12)$$

$$\sigma_\mathrm{p} = \sqrt{\frac{1}{n-1} \sum_{j \in J} \left(\frac{q_{\mathrm{c},j}}{q_{\mathrm{c},j} + q_{\mathrm{t},j}} - \mu_\mathrm{p} \right)^2} \qquad (8-4-13)$$

$$\mu_\mathrm{p} = \frac{1}{n} \sum_{j \in J} \left(\frac{q_{\mathrm{c},j}}{q_{\mathrm{c},j} + q_{\mathrm{t},j}} \right) \qquad (8-4-14)$$

式中：P 为货车混入率变异系数；σ_p 为路段货车混入率标准差；μ_p 为路段客货车数量比平均值；$q_{\mathrm{c},j}$ 为路段 j 上的客车数量；$q_{\mathrm{t},j}$ 为路段 j 上的货车数量。

（4）环保性。

机动车辆排放的尾气是造成环境污染的主要原因之一。其中，一氧化碳、碳氢化合物、氮氧化合物等有害成分会导致严重的空气污染和水源污染，给生态环境和人类健康造成负面影响。与普通国省道相比，高速公路的道路服务水平更高，路面条件更加良好，因此车辆在高速公路上的运行更为稳定，污染物排放量更低，对环境保护更加有益。基

于相关研究提出的污染物减排因子，计算差异化收费方案实施后从平行国省道转移到高速公路的车辆污染物减排量，用以衡量方案的环保效益，计算公式为

$$E = \sum_{j \in J_h} \left[\Delta q_j \times l_j \times (f_C + f_H + f_N) \right] \qquad (8-4-15)$$

式中：E 为车辆污染物减排量（t/a）；J_h 为高速公路各路段集合；Δq_j 为高速公路路段 j 增加的交通量；l_j 为路段 j 的长度；f_C 为 CO 减排因子，取 6.3 g/（pcu·km）；f_H 为碳氢化合物减排因子，取 0.7 g/（pcu·km）；f_N 为氮氧化合物减排因子，取 11.6 g/（pcu·km）。

构建的综合评价指标体系如图 8-4-11 所示。

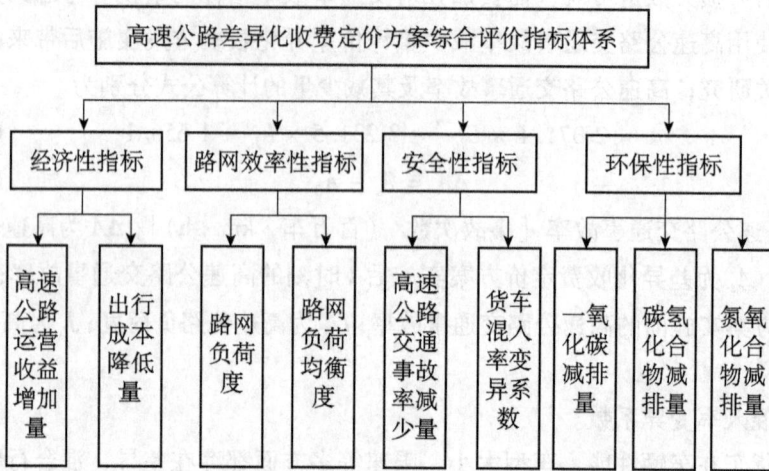

图 8-4-11　高速公路差异化收费定价方案综合评价指标体系

2) CRITIC-TOPSIS 综合评价法

建立综合评价指标体系后，下一步需要确定各评价指标的权重。指标权重是描述各项评价指标在评价过程中的相对重要程度的量值，对于保证评价的合理性和科学性有重要作用。指标权重的确定方法一般分为主观赋权法和客观赋权法。其中，主观赋权法是评价者基于自身对指标重要性的判断，为指标赋予相应的权重，主要采用层次分析法、德尔菲法等，其优势是在一定的样本空间中，确定的权重系数具有稳定性和通用性，但评价过程的透明性较差，赋权结果受评价者的专业水平、个人经验和偏好等主观因素的影响较大；客观赋权法是根据各指标提供的信息量大小或指标间的联系，利用一定的数学方法计算得到指标的权重系数，主要采用变异系数法、熵权法和 CRITIC 法等，其赋权结果由样本的实际数据情况确定，反映了指标信息熵的价值，具有较强的数理依据，不依赖人的主观判断。

主观赋权法通常在缺乏研究数据或指标不易量化时使用，本书选择的评价指标皆为可量化的数值型指标，为了尽可能地发挥数据的信息价值，使用客观赋权法中的 CRITIC 方法对指标权重进行确定。CRITIC 法的原理是根据评价指标数据的变异性和冲突性对指标权重进行赋值。其中，变异性描述了不同评价方案中同一指标取值的差异程度，变异性越小，说明该项指标的数据波动性越弱，即不同方案中该项指标的取值差异越小，那么指标对应的权重就越小；冲突性指标描述了各项评价指标间的相关性，冲突性越小，

说明指标间的关联程度越高，即指标评价内容的重合性越强，那么指标对应的权重就越小。CRITIC 法能够在一定程度上消除指标间相关性的影响，减少信息重合，在多指标多对象评价问题中得到了越来越广泛的应用。

具体而言，若使用 n 个评价指标对 m 个备选方案进行评价，则评价指标数值矩阵为

$$X = \begin{pmatrix} x_{11} & x_{12} & \cdots & x_{1n} \\ x_{21} & x_{22} & \cdots & x_{2n} \\ \vdots & \vdots & & \vdots \\ x_{m1} & x_{m2} & \cdots & x_{mn} \end{pmatrix} \tag{8-4-16}$$

在 CRITIC 方法中，使用标准差衡量第 j 个指标的数据变异性 V_j，计算公式为

$$V_j = \sqrt{\frac{1}{m-1} \sum_{i=1}^{m} (x_{ij} - \overline{x_j})} \tag{8-4-17}$$

$$\overline{x_j} = \frac{1}{m} \sum_{i=1}^{m} x_{ij} \tag{8-4-18}$$

使用相关系数衡量第 j 个指标与其他指标的冲突性 A_j，计算公式为

$$A_j = \sum_{i=1}^{n} (1 - R_{ij}) \tag{8-4-19}$$

式中：R_{ij} 为指标间的相关系数，使用皮尔逊相关系数，计算公式为

$$R_{jk} = \frac{\sum_{i=1}^{m} (x_{ij} - \overline{x_j})(x_{ik} - \overline{x_k})}{\sqrt{\sum_{i=1}^{m} (x_{ij} - \overline{x_j})^2} \sqrt{\sum_{i=1}^{m} (x_{ik} - \overline{x_k})^2}} \tag{8-4-20}$$

基于指标的变异性和冲突性，计算第 j 个指标承载的信息量 C_j，计算公式为

$$C_j = V_j \times A_j \tag{8-4-21}$$

根据第 j 个指标的信息量 C_j，计算指标权重 w_j，计算公式为

$$w_j = \frac{C_j}{\sum_{j=1}^{n} C_j} \tag{8-4-22}$$

确定评价指标体系及指标权重后，需要选择合适的综合评价方法将各指标进行整合。早期的综合评价方法以传统的数学合成法为主，如线性加权合成法、乘法合成法等，之后逐渐出现了主成分分析法、灰色聚类法和模糊综合评价法等方法，如今随着人工智能技术的发展和进步，又出现了基于神经网络的综合评价方法。不同综合评价方法具有不同的特点和适用范围，具体见表 8-4-18。

表 8-4-18　不同综合评价方法的特点和适用范围

评价方法	方法特点	适用场景
数学合成法	对数据的要求最为宽松，对权重较大指标的变化较为敏感	适用于某个指标因素的影响较为突出的评价问题

评价方法	方法特点	适用场景
主成分分析法	在保留数据特征的基础上消除指标间的相关性，实现数据降维	适用于评价指标丰富、指标间线性相关性较强的问题
灰色聚类法	计算过程较为简单，对样本量要求较小	适用于指标难量化、指标间相对独立的定性评价问题
模糊综合评价法	计算过程较为复杂，指标权重的主观性较强	适用于指标数量较少或指标不易量化等不确定性较强的问题
优劣距离法（TOPSIS）	数据利用率高，有严谨的数理依据，能够对方案进行优劣排序	适用于评价指标可量化的有限方案多目标决策问题
神经网络法	学习能力强，但模型可解释性较差	适用于样本数据丰富的非线性复杂评价问题

由于本书研究的评价指标可量化且需要对多个方案进行决策，为了能够充分利用指标数据，并准确地反映出各方案间的差距，选用 TOPSIS 方法对各方案进行评价。

在运用 TOPSIS 方法前，首先需要对指标数据进行正向化或逆向化处理，其中，数值越大对方案评价越有益的指标为效益型指标，数值越小对方案越有益的指标为成本型指标。在构建的指标体系中，高速公路运营收益增加量、出行成本降低量、高速公路交通事故率减少量和污染物减排量为效益型指标；路网负荷度、路网负荷均衡度和货车混入率变异系数为成本型指标。

若第 j 个指标为效益型指标，进行正向化处理，计算公式为

$$y_j = \frac{x_j - x_{j,\min}}{x_{j,\max} - x_{j,\min}} \qquad (8-4-23)$$

若第 j 个指标为成本型指标，进行逆向化处理，计算公式为

$$y_j = \frac{x_{j,\max} - x_j}{x_{j,\max} - x_{j,\min}} \qquad (8-4-24)$$

为了避免各指标数据的量纲不一致对评价结果造成影响，对指标进行去量纲化处理，TOPSIS 方法中一般采用平方和归一化，计算公式为

$$z_{ij} = \frac{y_{ij}}{\sqrt{\sum_{i=1}^{m} y_{ij}^2}} \qquad (8-4-25)$$

基于指标权重和规范化评价指标数值矩阵，计算加权评价指标数值 a_{ij}，计算公式为

$$a_{ij} = w_j \times z_{ij} \qquad (8-4-26)$$

然后对 TOPSIS 方法进行应用，首先确定加权矩阵的正理想解 $\boldsymbol{A}^+$ 和负理想解 $\boldsymbol{A}^-$，计算公式为

$$\boldsymbol{A}^+ = (a_1^+, a_2^+, \cdots, a_n^+)$$
$$= \left[\max(a_{11}, a_{21}, \cdots, a_{m1}), \max(a_{12}, a_{22}, \cdots, a_{m2}), \cdots, \max(a_{1n}, a_{2n}, \cdots, a_{mn}) \right]$$

$$(8-4-27)$$

$$\boldsymbol{A}^- = (a_1^-, a_2^-, \cdots, a_n^-)$$
$$= \left[\min(a_{11}, a_{21}, \cdots, a_{m1}), \min(a_{12}, a_{22}, \cdots, a_{m2}), \cdots, \min(a_{1n}, a_{2n}, \cdots, a_{mn}) \right]$$

$$(8-4-28)$$

再分别计算各方案与正、负理想解的距离，计算公式为

$$s_i^+ = \sqrt{\sum_{j=1}^n (a_{ij} - a_j^+)^2} \qquad (8-4-29)$$

$$s_i^- = \sqrt{\sum_{j=1}^n (a_{ij} - a_j^-)^2} \qquad (8-4-30)$$

最后计算各方案与理想解的相对接近程度，即方案的综合评价值 S_i，对各参评方案进行排序和评价，计算公式为

$$S_i = \frac{s_i^-}{s_i^+ + s_i^-} \qquad (8-4-31)$$

3）差异化收费定价方案评价

将龙青高速公路及平行国省道 G204、S209、S214 各路段构成的路网作为评价路网，基于差异化通行收费费率及方案实施后的路网交通流分布数据，使用 8.3 节的各量化公式计算方案效益指标，对备选差异化收费定价方案进行排序、筛选和综合评价。

（1）方向 A。

龙青高速公路方向 A 分路段、时段、车型差异化收费定价方案各评价指标的数值分布情况如图 8-4-12 所示。

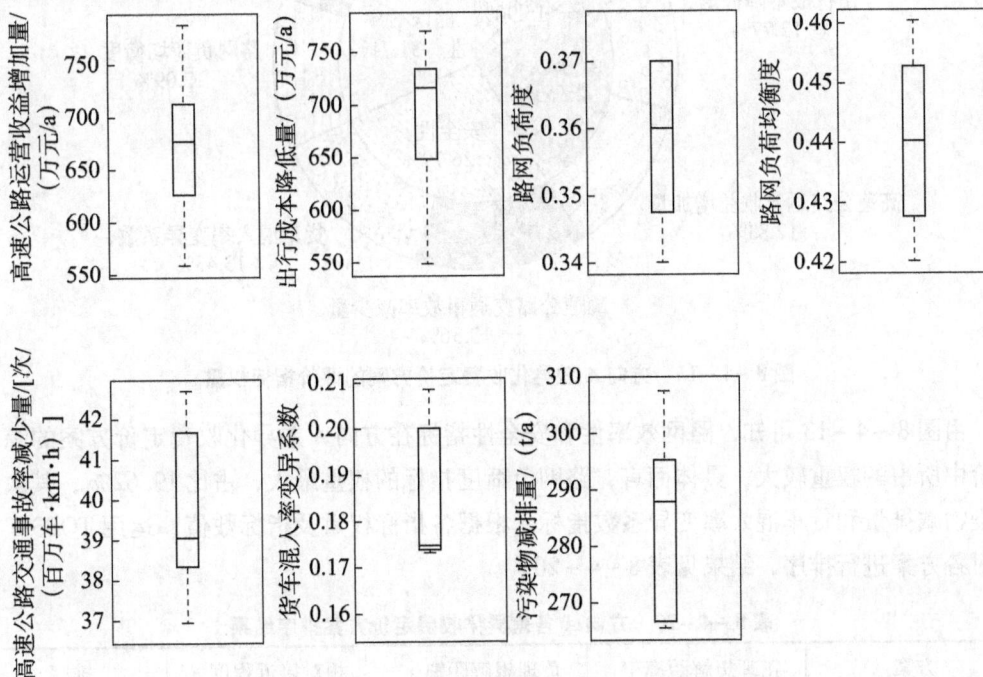

图 8-4-12　方向 A 方案评价指标的数值分布情况

由图 8 - 4 - 12 可知，不同方案的路网负荷度、高速公路交通事故率减少量及污染物减排量的指标数据较为分散。基于指标数据，运用 CRITIC 方法计算方向 A 方案评价指标的变异性和冲突性及各指标承载的信息量，结果见表 8 - 4 - 19。

表 8 - 4 - 19 方向 A 方案评价指标的变异性和冲突性及各指标承载的信息量

指标	指标变异性	指标冲突性	指标信息量
高速公路运营收益增加量/（万元/a）	0.27	6.05	1.64
出行成本降低量/（万元/a）	0.24	6.87	1.63
路网负荷度	0.32	7.93	2.51
路网负荷均衡度	0.22	6.91	1.55
高速公路交通事故率减少量/（百万车·km·h）	0.29	5.89	1.71
货车混入率变异系数	0.28	6.17	1.72
污染物减排量/（t/a）	0.33	6.22	2.03

由表 8 - 4 - 19 可知，各方案路网负荷度和污染物减排量指标的变异性和冲突性较大，承载了更多信息量，据此计算各指标权重，结果如图 8 - 4 - 13 所示。

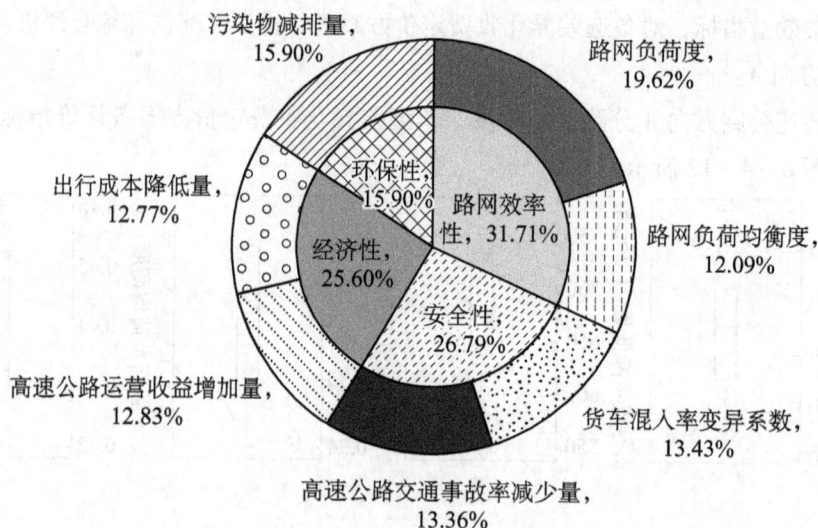

图 8 - 4 - 13 方向 A 差异化收费定价方案的评价指标权重

由图 8 - 4 - 13 可知，路网效率性和安全性指标在方向 A 差异化收费定价方案的综合评价中所占的权重较大，具体而言，路网负荷度指标的权重最大，占比 19.62%，其次是污染物减排量和货车混入率变异系数指标。根据各指标权重及指标数值，运用 TOPSIS 方法对各方案进行排序，结果见表 8 - 4 - 20。

表 8 - 4 - 20 方向 A 各差异化收费定价方案排序结果

方案	正理想解距离 s^+	负理想解距离 s^-	相对接近程度 S	排序
5	0.38	0.53	0.58	2

方案	正理想解距离 s^+	负理想解距离 s^-	相对接近程度 S	排序
8	0.35	0.44	0.56	3
9	0.47	0.37	0.44	5
14	0.31	0.50	0.62	1
15	0.45	0.37	0.45	4

由表 8 - 4 - 20 可知，综合考虑经济性、路网效率性、安全性和环保性，方案 14 与理想方案的接近程度最高，为最优方案。方案实施后各评价指标反映的效益变化情况如图 8 - 4 - 14 所示。

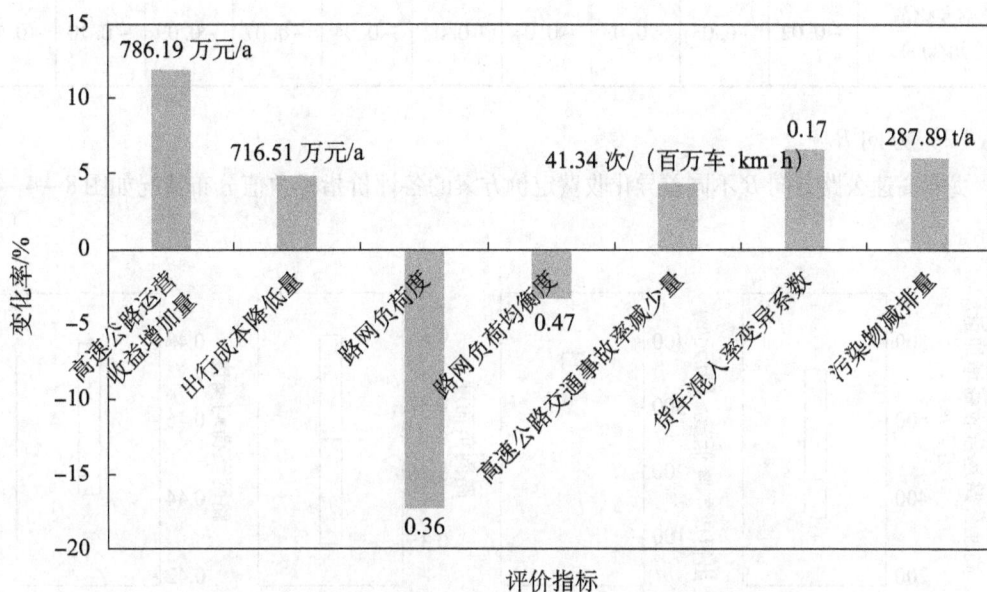

图 8 - 4 - 14 方向 A 最优差异化收费定价方案实施后效益变化情况

由图 8 - 4 - 14 可知，最优方案的实施能够实现龙青高速公路在方向 A 上的年收益增加 786.19 万元，提升了 11.93%；路网使用者的出行成本每年减少 716.51 万元，成本降低约 5%；路网负荷度的变化率最高，下降 17.18%，由 0.43 降低至 0.36；路网负荷均衡度由 0.49 降至 0.47；方案吸引了更多货车选择高速公路，虽然对路网货车混入率变异系数造成了一定影响，但高速公路交通事故率减少了 41.34 次/（百万车·km·h），路网安全性有所提升；污染物减排量达到 287.89 t/a，提升了 6.04%。

最终得到的最优方案是在 6：00—18：00 客车出行高峰时段，对路段 H_2、H_4、H_5 各车型的通行收费费率降价 5%，并在此基础上，再给予当日 18：00 至第二天 6：00 平峰时段出行的两轴以上货车降价 1%。龙青高速公路方向 A 各车型在高峰和平峰时段的最优通行收费费率见表 8 - 4 - 21。

表 8 - 4 - 21 龙青高速公路方向 A 各车型在高峰和平峰时段的最优通行收费费率

车型	1类客车	2类客车	3类客车	4类客车	1类货车	2类货车	3类货车	4类货车	5类货车	6类货车
高峰费率/(元/km)	0.38	0.48	0.57	0.71	0.38	0.71	1.11	1.47	1.54	2.07
费率变化值/(元/km)	-0.02	-0.03	-0.03	-0.04	-0.02	-0.04	-0.06	-0.08	-0.08	-0.11
平峰费率/(元/km)	0.38	0.48	0.57	0.71	0.38	0.71	1.10	1.46	1.52	2.05
费率变化值/(元/km)	-0.02	-0.03	-0.03	-0.04	-0.02	-0.04	-0.07	-0.09	-0.10	-0.13

（2）方向 B。

龙青高速公路方向 B 不同差异化收费定价方案的各评价指标数值分布情况如图 8 - 4 - 15 所示。

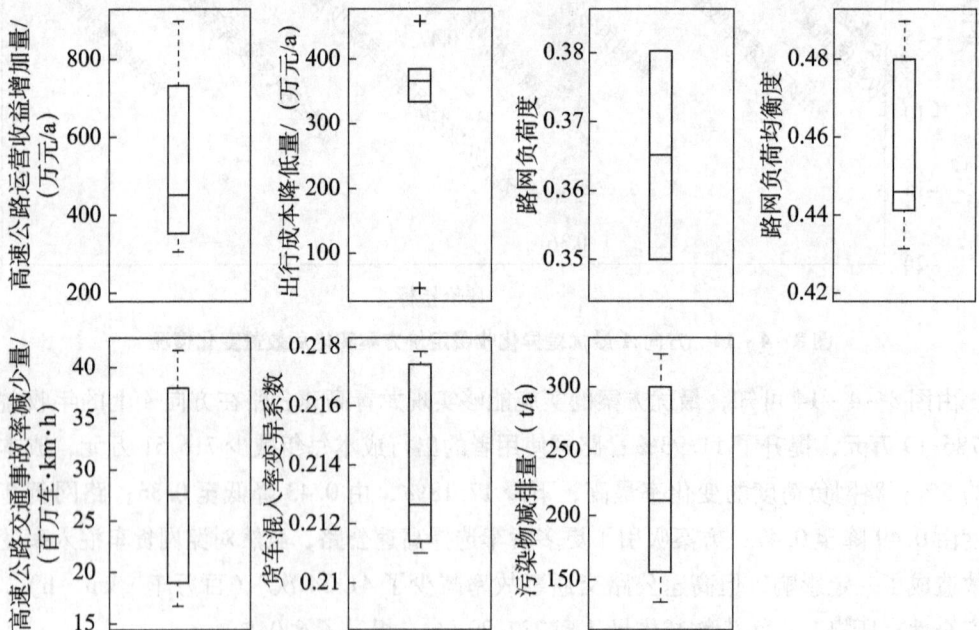

图 8 - 4 - 15 方向 B 方案评价指标的数值分布情况

由图 8 - 4 - 15 可知，龙青高速公路方向 B 不同方案的评价指标中，除出行成本降低量外，其余指标的数值分布都较为分散。基于指标数据，运用 CRITIC 方法计算各评价指标的变异性和冲突性及各指标承载的信息量，结果见表 8 - 4 - 22。

表 8 - 4 - 22　方向 B 方案评价指标的变异性和冲突性及各指标承载的信息量

指标	指标变异性	指标冲突性	指标信息量
高速公路运营收益增加量/（万元/a）	0.31	6.96	2.14
出行成本降低量/（万元/a）	0.19	5.92	1.12
路网负荷度	0.25	9.81	2.41
路网负荷均衡度	0.30	4.31	1.29
高速公路交通事故率减少量/（百万车·km·h）	0.30	4.22	1.25
货车混入率变异系数	0.26	4.63	1.20
污染物减排量/（t/a）	0.29	4.24	1.23

由表 8 - 4 - 22 可知，高速公路交通事故率减少量和路网负荷均衡度指标的变异性较大，路网负荷度指标的冲突性较大，这些指标承载了更多信息量，各指标的权重如图 8 - 4 - 16 所示。

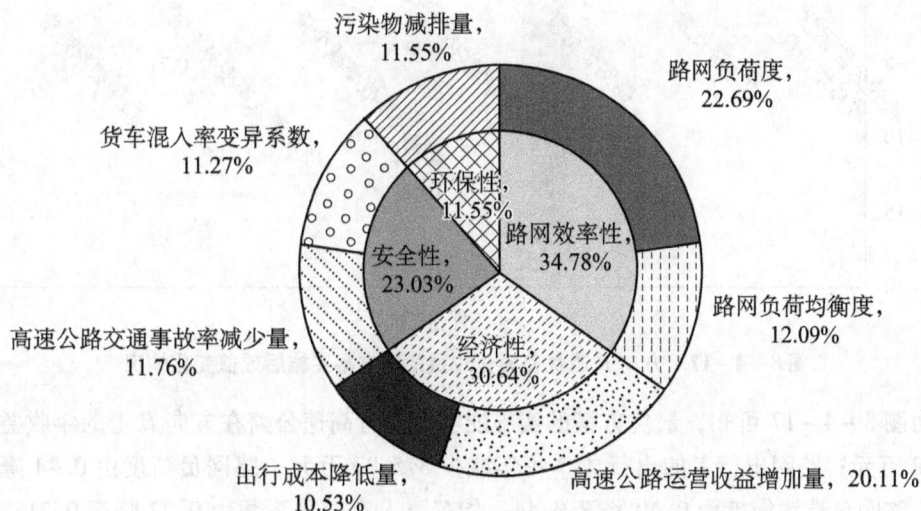

图 8 - 4 - 16　方向 B 差异化收费定价方案的评价指标权重

由图 8 - 4 - 16 可知，路网效率性和经济性指标在方向 B 差异化收费定价方案的综合评价中所占的权重较大，其中，路网负荷度指标的权重最大，为 22.69%，其次是高速公路运营收益增加量指标，占比 20.11%。根据各指标权重及指标数值，运用 TOPSIS 方法对各方案进行综合评价，结果见表 8 - 4 - 23。

表 8 - 4 - 23　方向 B 各差异化收费定价方案排序结果

方案	正理想解距离 s^+	负理想解距离 s^-	相对接近程度 S	排序
1	0.52	0.31	0.38	6
3	0.50	0.34	0.40	5
5	0.45	0.46	0.51	4

方案	正理想解距离 s^+	负理想解距离 s^-	相对接近程度 S	排序
9	0.41	0.45	0.52	3
10	0.25	0.49	0.66	1
11	0.31	0.37	0.55	2

由表 8-4-23 可知，方案 12 与理想方案的接近程度最高，为最优方案。方案实施后各评价指标反映的效益变化情况如图 8-4-17 所示。

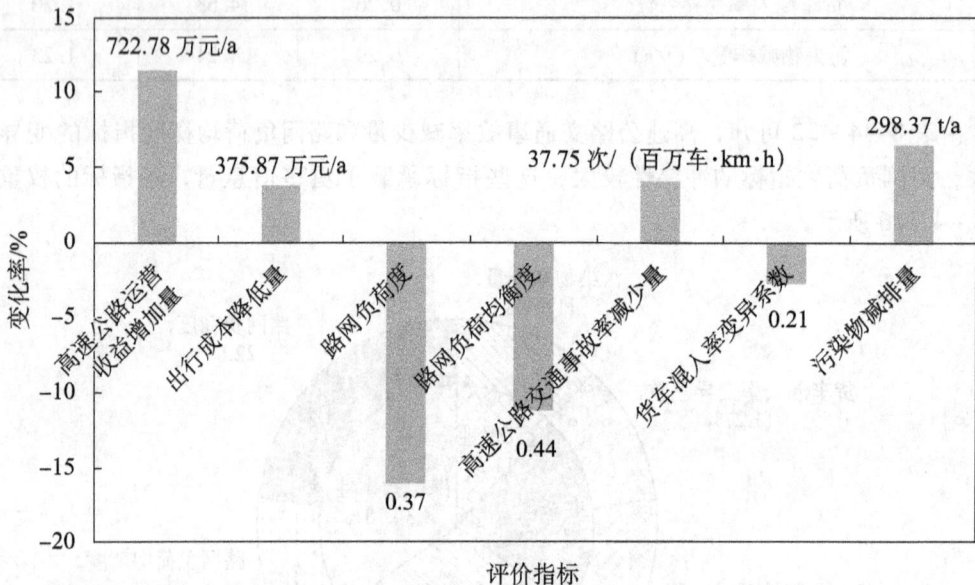

图 8-4-17 方向 B 最优差异化收费定价方案实施后效益变化情况

由图 8-4-17 可知，最优方案的实施能够使龙青高速公路在方向 B 上的年收益增加 722.78 万元；路网出行者的出行成本每年减少 375.87 万元；路网负荷度由 0.44 降低至 0.37；路网负荷均衡度由 0.49 降至 0.44；货车混入率变异系数由 0.22 降至 0.21；高速公路交通事故率减少了 37.75 次/（百万车·km·h）；年污染物减排量达到 298.37 t。最优方案在各个评价方面的表现都较为良好。

方向 B 的最优差异化收费定价方案是在 6:00—18:00 高峰时段，对路段 H_1、H_2、H_5 各车型的通行收费费率降价 2%，在此基础上，再给予平峰时段出行的货车降价 2% 的优惠。龙青高速公路方向 B 各车型在高峰和平峰时段的通行收费费率见表 8-4-24。

表 8-4-24 龙青高速公路方向 B 各车型在高峰和平峰时段的通行收费费率

车型	1类客车	2类客车	3类客车	4类客车	1类货车	2类货车	3类货车	4类货车	5类货车	6类货车
高峰费率/（元/km）	0.39	0.49	0.59	0.74	0.39	0.74	1.15	1.52	1.59	2.14

续表

车型	1 类客车	2 类客车	3 类客车	4 类客车	1 类货车	2 类货车	3 类货车	4 类货车	5 类货车	6 类货车
费率变化值/（元/km）	−0.01	−0.01	−0.01	−0.02	−0.01	−0.02	−0.02	−0.03	−0.03	−0.04
平峰费率/（元/km）	0.39	0.49	0.59	0.74	0.39	0.74	1.12	1.49	1.56	2.09
费率变化值/（元/km）	−0.01	−0.01	−0.01	−0.02	−0.01	−0.02	−0.05	−0.06	−0.06	−0.09

8.5　小结

本章主要针对高速公路差异化收费定价问题展开研究，构建了基于车辆行驶速度的碳排放测算模型，并引入经济学原理搭建了车辆碳减排收益模型；从高速公路管理者、高速公路出行者和政府部门三方的视角出发分析各自的收益，进而建立了基于碳减排收益的高速公路差异化收费定价模型和基于双层规划的高速公路差异化收费定价模型。

第9章　应用实践

9.1　高速公路数智技术概述

随着数字中国建设和交通强国五年行动计划（2023—2027 年）的加快推进，《关于推进公路数字化转型　加快智慧公路建设发展的意见》（交公路发〔2023〕131 号）印发实施，高速公路交通数字化转型与工程应用开始初见成效，数智技术在高速公路精准管理、运行服务、养护计划、安全应急、综合执法、投资决策等方面的实际应用大大提高了智能化管控水平，尤其是在浙江、河南、江苏、广东、重庆、贵州等高速公路基础设施较为完善、信息化基础较好的省份（直辖市），数智技术在高速公路运行与管理方面发挥了重要作用，在提升公路运行效能、服务水平和保通保畅能力的同时，也逐步打造高速公路出行服务新模式，让高速公路出行者真正体验到数字赋能公路交通的成效，极大地带动了我国智慧公路的快速建设和发展。

9.2　高速公路智能管控技术应用

高速公路智能管控主要依托公路网智能感知技术、云计算、物联网、边缘计算、AI算法等技术，并实时融合互联网出行信息、自媒体信息等，对区域高速路网或某几条路线进行联动性管理控制，真正做到运行管理过程中的"第一时间预警、第一时间处理、第一时间恢复"。现在已通车高速公路大部分都自身建设了大量基础信息设施和感知终端，如 ETC 门架系统、监控摄像机、雷达测速、气象检测器、交通量采集设备等，且具有较完善的通信设施、供电照明、通风系统等设施，在实际应用中，更多的是在现有高速公路智能感知和机电设施基础上，适当增加北斗卫星地基站、无人机、智能机器人、自动识别感应器等各类智能感知手段，对全维度全要素数据进行综合处理和挖掘分析，按照运行监控、收费管理、服务区运营、管控诱导、执法追逃、养护安排、信息发布、联动调度、应急处置等具体业务场景实际需求，开发智能化模块功能，再结合实际运行管理体制及部门结构，进行智能化一体化管理和服务。

9.2.1　京港澳高速驻信段智能管控科技示范应用

京港澳高速驻马店至信阳段位于河南中原地区与湖北重丘地形的过渡区域，属于团雾、大雾多发区域，冬季时常雨雪结冰。据统计，2014年路段车流量日均达40 000 pcu/d，其中货车比例达到55%，交通管控难度极大，交通保障压力突出。

京港澳高速驻马店至信阳段智能管控科技示范工程是由交通运输部2014年批复，河南高速公路发展有限责任公司驻信改扩建项目部建设实施的首个高速公路智能管控类科技示范应用工程，主要依托京港澳高速驻马店至信阳（豫鄂省界）段改扩建工程，结合公路流量特征、沿线地貌及气候特征，通过补充和优化高速公路机电设施和智能系统平台功能，全面提升高速公路运行状态监测与预警、运行管控诱导、交通安全应急快速处置等管理能力，也是早期利用高速公路现有机电设施进行智能化升级应用的典型示范。图9-2-1为驻信段立体化交通运行监测网示意图。

图9-2-1 驻信段立体化交通运行监测网示意图

针对示范路段存在的车流量较大、货车比例高、能见度低、事故多发、易堵车、桥梁设施偏多、路线边坡易滑坡、路政巡查资源紧张等实际情况，在京港澳高速驻信段智能管控科技示范路段原有的高速公路供电系统、网络传输系统、监控系统和收费系统的基础上，补充增加了高清及激光夜视摄像机、气象检测器、交通量采集设备、智能巡检无人机等，较早提出并构建"地—空—天"立体化交通运行监测网，同时实现视频图像、交通量、车型组成、行车速度、拥堵长度、行车能见度、路面状况、沿线设施状态等实时信息的自动采集和汇集，并搭建智能交通运行监测管控系统，直接与省路网运行监测与应急调度指挥平台无缝对接，实现了对管控范围路段的精准掌控和统一调度指挥。

通过该示范工程的建设应用，交通事故率明显下降，尤其是在冬季团雾、大雾多发区的京港澳高速驻马店段（桩号K833~K841）和明港至信阳段（桩号K940~K955）。通过雾区行车主动智能诱导，可以实现在能见度较低路段的路侧边缘产生黄色警示渐变信号；通过自动语音播报设备，对行驶车辆进行主动语音广播提醒；通过智能巡检无人机，实现对高速公路路况状态、现场交通异常事故阻断、桥隧关键设施的水毁及边坡塌方等进行及时掌控。在线巡视系统仅用 4 min 即可以自动对 100 多 km 路线巡查一遍，据统计，通过该示范工程的实施应用，该路段交通事故率降低近 10%，道路封闭次数减少约 20%，大大提升了路段应急协同联动处置水平，极大地节约了路段运行管控人力与物资投入。京港澳高速驻马店至信阳段智能管控科技示范工程作为早期的高速公路数智技术应用示范项目，基本实现了路段级别的"可视、可测、可控、可服务"，与省级交通运行监测与应急中心（TOCC）平台实现了无缝衔接，为大范围路网的运行监测管理和协同调度提供了有力支撑。

9.2.2 郑少高速郑州西南收费站精准收费标准化车道试点应用

郑州至少林寺高速公路简称"郑少高速"，于 2003 年建成通车，是河南省"米 + 井 + 人"字形综合运输通道主骨架中的重要高速公路省会联络线之一，目前郑少高速郑州西南收费站出入口的日均交通量均超过 2 万辆，节假日和交通高峰时段通行服务压力更大。

郑少高速郑州西南收费站精准收费标准化车道试点工程由郑州郑少高速公路发展股份有限公司于 2023 年 10 月正式启动建设实施，作为河南省第一批标准收费示范站试点工程项目之一，也是河南省首个精准收费站试点，采用"车道智能终端 + 站级边缘小站"整体化设计理念，采用"云—边—端"一体化协同架构，充分利用原有收费车道土建条件和现有设施设备，重点对郑州西南收费站的 2 条混合收费入口车道、2条混合收费出口车道进行了智能化、少人化、轻量化、标准化的改造优化升级；通过车道管理系统上移到站级收费管理系统节点，利用微服务、容器化、负载均衡和云集中等技术提升前端车道级与后端管理平台的联动性和敏捷性，从而提升收费精准和智能快速的通过服务水平。图 9 - 2 - 3 和图 9 - 2 - 4 分别为改造前后的郑少高速郑州西南收费站。

郑少高速郑州西南收费站较早创新应用了自动关道机、岛头与岛尾节点智能联动、"边"缘小站微系统、智能发卡缴费机器人等新技术和智能联动模式，站区通行效率和收费精准性得到大幅提高，给社会出行公众带来了全新的高速收费智能化体验。自动关道机安装于岛头，具备电动栏杆、报警灯、雾灯、限速标识牌、通行标识等功能。岛头与岛尾智能节点具备车牌车型识别、前费显、后费显、自动栏杆、车辆分离和检测等功能，并与收费岛所有机电及交安设备进行集成，实现站端设备 IP 化物联，确保智能联动和同步。"边"缘小站微系统通过在站端部署"边"缘小站设备，虚拟收费站端算力资源，通过虚拟化云计算和容器技术，能够弹性扩容，实现车道云化服务，将收费站端需求进行上移，对收费、监控、通信在站级进行智能化融合服务。发卡缴费机器人通过多维感知、视频 AI、IP 化联网等技术，具备自动发卡、视频语音对讲、异常卡自动回收、一键求助、特情远程处理、扫码支付及电子发票办理等功能，配合自动关道机和岛头、岛尾智能节点，实现收费站端全自动无人化、轻量化、智能化目标。对于 ETC 车辆，当行驶车辆进入收费感应区域后，发卡机器人准确识别和显示车辆类型信息，然后自动抬

图 9-2-2　郑少高速郑州西南收费站（改造前）

图 9-2-3　郑少高速郑州西南收费站（改造后）

杆放行；对于非 ETC 车辆，发卡机器人进行识别并主动发卡，完全实现在无人值守的前提下 5 s 自动快速发卡。图 9-2-4 为郑少高速郑州西南收费站出口车道终端布设结构，图 9-2-5 为收费站端发卡机器人终端。

郑少高速郑州西南收费站精准收费标准化车道改造是落实河南省交通运输厅《关于

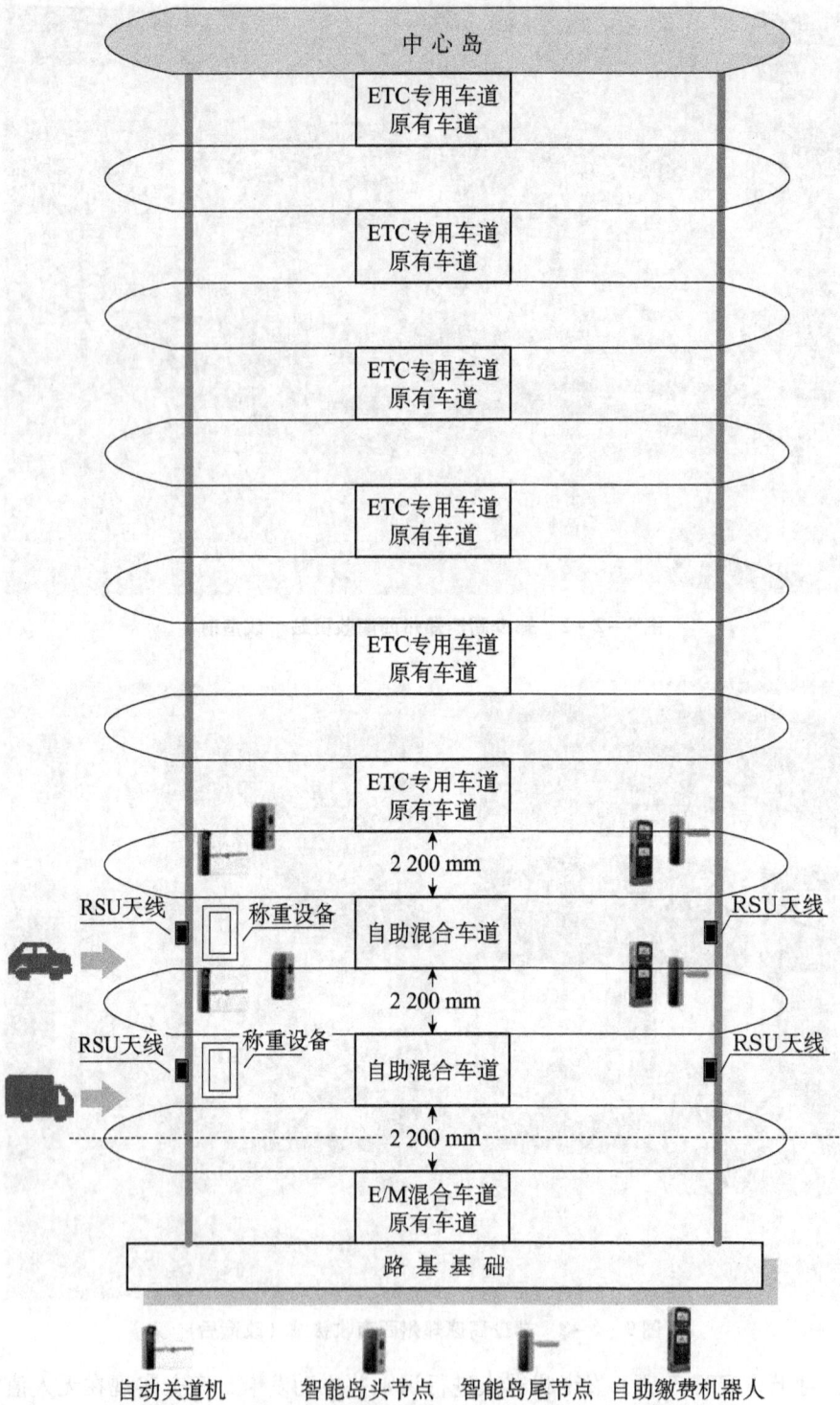

图 9-2-4　郑少高速郑州西南收费站出口车道终端布设结构

印发河南省高速公路通行费收费管理能力提升工作方案的通知》要求的民心工程，在基本不改变原有收费站主体土建结构、不改变原有车道设施设备条件的情况下进行升级改

图 9 – 2 – 5　收费站端发卡机器人终端

造，通过融入数智化技术和人工智能终端设备，构建了新一代收费站站级系统体系，达到了小集成、大智能、少人化、多通行的建设效果，为河南省乃至全国新时期高速公路智能化收费站建设提供了技术借鉴和参考。

9.2.3　高速公路收费站科技治超数智技术应用

公路超限超载治理一直是我国公路交通管理的重点和难点。早在 2004 年，交通运输部就会同公安部等部门联合指导各地按照"依法严管、标本兼治、立足源头、长效治理"的工作思路，集中开展超限超载治理管理，取得了明显的阶段性成效。但近年来，随着公路货运需求的猛增，公路超限超载现象还时有发生，尤其是高速公路超限超载的危害日益突出。为此，交通运输部于 2016 年 8 月出台了《超限运输车辆行驶公路管理规定》，并印发了《关于进一步规范高速公路入口治超工作的通知》，采取了统一治超标准、推进联合治超、推进科技治超、强化源头监管等一系列管理措施。针对高速公路入口治超工作，交通运输部于 2019 年 4 月明确提出，对于通行高速公路的货车，实行"货车必检、超限禁入"，高速公路收费站入口的货车治超监管和劝返保障工作压力骤增，尤其是高速公路省界收费站治超监管压力更为突出。为破解这一监管难题，上海、天津、浙江、河南、安徽等省（直辖市）开展了一系列科技治超试点应用，利用数智技术对高速公路货车超限超载进行智能化、精准化管控，在不降低高速公路货车通行服务能力的前提下，大大提升了超限超载的精准化、科学化水平。

1. 天津高速公路取消省界收费站改造入口治超劝返项目

2019 年 3 月，天津市交通运输委员会印发《天津市高速公路收费站入口安装货车称重劝返设施实施方案》，对天津市高速公路收费站入口的治超监管设备进行改造，开展了天津高速公路取消省界收费站改造入口治超劝返建设项目。原有高速公路收费站入口计重收费动态衡器多采用轴重或动静两用整车的计量方式，易受货车跳磅及冲刺等行为干扰导致称重精度偏低，容易在高速收费站入口检测车道引发计重等问题争议，从而导致治超检测车道堵塞，使得通行服务效率大大降低。

在该项目实施过程中，盘天（厦门）智能交通有限公司提出采用连续过车式轴组超长平板动态汽车衡构成的高速公路入口称重检测系统，由平板模块式轴组称重系统、车牌抓拍识别装置、车轮外廓长宽高识别检测装置、视频监控装置、语音引导播报装置、LED 信息显示屏、电动栏杆机、工控机及运行于其上的超限超载检测软件等部分构成。

与传统的计重收费动态衡器相比，在称重精度方面，平板模块式轴组称重系统具备连续过车功能，在不需要人工干预的情况下，车辆连续通过称重平台，系统能够自动判定驶入、驶出称重平台车辆数及识别行进方向，并且能准确称量连续通过的每辆车的数据，其精度基本接近整车衡器，从而能够降低称重误差，大大减小货车通过时的抗作弊影响作用，避免货车称重争议问题；同时在检测效率方面，该设备通过独有的平板式结构，实现了全动态过程称量，无需使用上称台挡车杆分车，确保货车检测通过车速可达到 30 km/h，极大提升了收费站入口车道的检测效率和车辆通行能力。平板模块式轴组称重系统可以在动态称量（连续过车）和静态称量之间相互切换，在满足车辆快速通过称重的同时，也可以满足拥堵等情况下的静态称重。平板模块式轴组称重系统能够对称重传感器供电、零点输出信号、轮轴识别器等工作状况进行在线监测和异常报警等功能，还可以在准确测量车辆的行驶时间、行驶速度等信息的同时形成完整车辆检测信息并实时上传至数据中心，为高速公路的安全畅通和高效运营提供有力的技术支撑。图 9-2-6 为高速公路入口连续过车式轴组动态汽车衡称重检测原理示意图。图 9-2-7 为天津高速公路取消省界收费站入口科技治超应用。

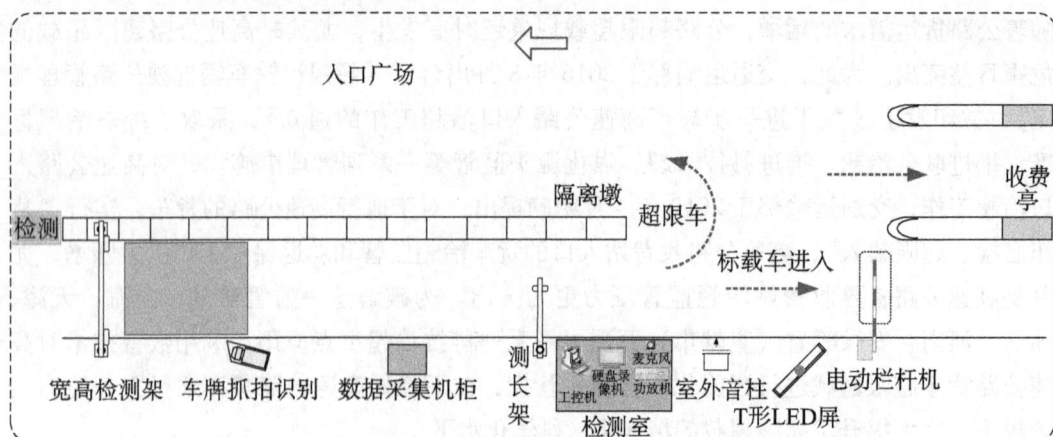

图 9-2-6　高速公路入口连续过车式轴组动态汽车衡称重检测原理示意图

2. 上海高速公路省界收费站科技治超技术应用

为加快推动取消高速公路省界收费站工作，提高高速公路货车超限超载联动监管工作效率，上海于 2019 年 5 月启动了取消高速公路省界收费站应急工程。由于上海高速公

图 9 - 2 - 7　天津高速公路取消省界收费站入口科技治超应用

路收费站通常采用同主线并行的匝道式收费站，且没有收费站广场，收费站断面车流量极大，施工时间和干扰因素受到很大限制，该工程采用了盘天（厦门）智能交通有限公司自主研发的高速动态汽车衡非现场治超系统。

　　高速动态汽车衡非现场治超系统由智能不停车称重子系统、车牌识别子系统、视频监控子系统、车辆轮廓超限检测子系统、信息发布子系统、交通标志标线子系统构成。其中，信息发布子系统和交通标志标线子系统主要实现"知"功能，通过 LED 现场提示、短信提醒等手段，动态告知车辆相关检测和超限警示信息；其他子系统负责"感"功能，实现智能精准称重检测、图像取证、视频监控信息获取等功能。不同子系统之间相互耦合，完成超限检测和判断数据的采集、计算处理和发布等功能。图 9 - 2 - 8 为高速动态汽车衡非现场治超系统部署安装示意图。

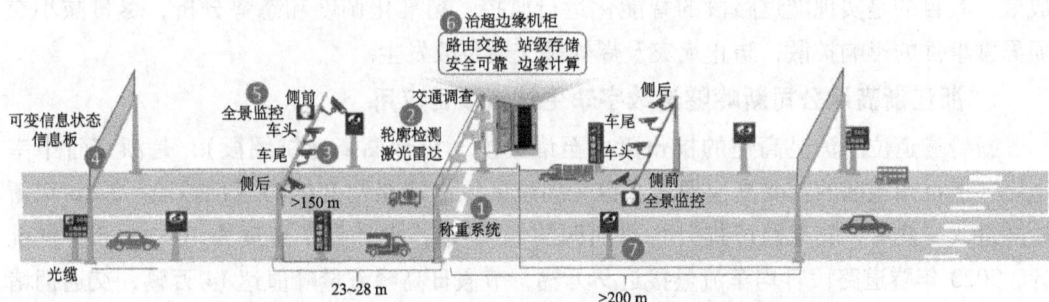

图 9 - 2 - 8　高速动态汽车衡非现场治超系统部署安装示意图

　　在工程实施过程中，为尽量减小施工作业时间紧张、过往车辆非安全干扰等不利因素的影响，采用全断面检测的方式布置检测区，创新终端部署及施工方案，在较短时间内完成了上海市域内的 103 个高速公路收费站共 305 条车道建设非现场治超点设备的部署安装，实现了对整个入口匝道所有行驶车辆进行实时动态高速检测，大大提升了货车超限超载的精准判别能力，并实现了与高速公路收费系统的高效对接，确保取消高速公路省界收费站应急工程如期完成，有效地避免了因施工导致的交通拥堵和安全等问题。上海高速公路省界收费站科技治超技术应用如图 9 - 2 - 9 所示。

图9-2-9 上海高速公路省界收费站科技治超技术应用

9.2.4 高速公路隧道路段数智技术应用

随着我国高速公路的大规模建设发展，高速公路桥隧结构物数量快速增加，在加快公路数字化转型、推动智慧公路高质量发展建设的过程中，如何结合现有基础条件，综合利用各种智能传感及数字化技术，提升桥隧结构物路段的智能化水平已经成为高速公路数字化转型的重中之重。高速公路隧道路段具有空间封闭、视野范围受限、能见度偏低、黑白洞效应明显、移动传输信号不稳、事故处理作业难度较大等诸多不利特征，近年来隧道交通安全事故多发，极易造成人员伤亡。随着新型传感器、光声电技术、数字孪生技术、边缘计算技术、AI算法等在高速公路隧道智能化管控中的应用，浙江、福建、江苏、湖北、重庆、四川等省（直辖市）在高速公路隧道数智技术应用方面已初见成效，其目的是实现隧道路段的智能化运行监控、精准化调度和态势分析，尽量减小交通异常事件的影响扩散，防止火灾及爆炸等交通事故发生。

1. 浙江浙高运公司新岭隧道数字孪生试点项目应用

新岭隧道位于沪昆高速的杭州萧山至诸暨段（杭金衢高速杭绍段），是浙江省中南地区连接杭州城区的重要高速通道，也是周边区域高速路网交织的瓶颈路段。2016年新岭隧道改扩建后，隧道路段提升为双向四洞10车道，设计行车速度为100 km/h。据统计，2023年隧道路段日均车流量接近9万辆，节假日高峰流量峰值达14万辆，交通拥堵时有发生，隧道路段交通安全压力巨大，疏堵保畅任务繁重。

2023年4月，由浙江交投高速公路运营管理有限公司（简称浙高运公司）开展实施的新岭隧道数字孪生试点项目作为浙江省交通投资集团有限公司首个"数字孪生隧道试点"在新岭隧道正式落地实施，并于同年9月正式运行上线。该项目重点利用高精地图、数字孪生技术、三维BIM模型和智能AI等，将隧道路段结构、路段设备设施、隧道内部环境因素和交通事件信息等要素进行数字化重构，同时利用激光雷达、毫米波雷达、烟雾探测等传感器，分路段构建多个智慧基站，通过数字孪生全息感知平台（见图9-2-10）将各分段、独立的感知数据进行关联、汇聚、融合，映射形成与隧道路段真实场景完全一致的全域隧道管控孪生场景。在数字孪生隧道底座的基础上，通过算法模型，对每一车辆个体状态、交通异常事件、异常环境等状态进行智能化识别跟踪、预测预警、仿真推演等，并对历史交通异常事件类型进行自学习训练，形成事件预案库，全面提升隧道路段的交通运行管控和应急处置能力。

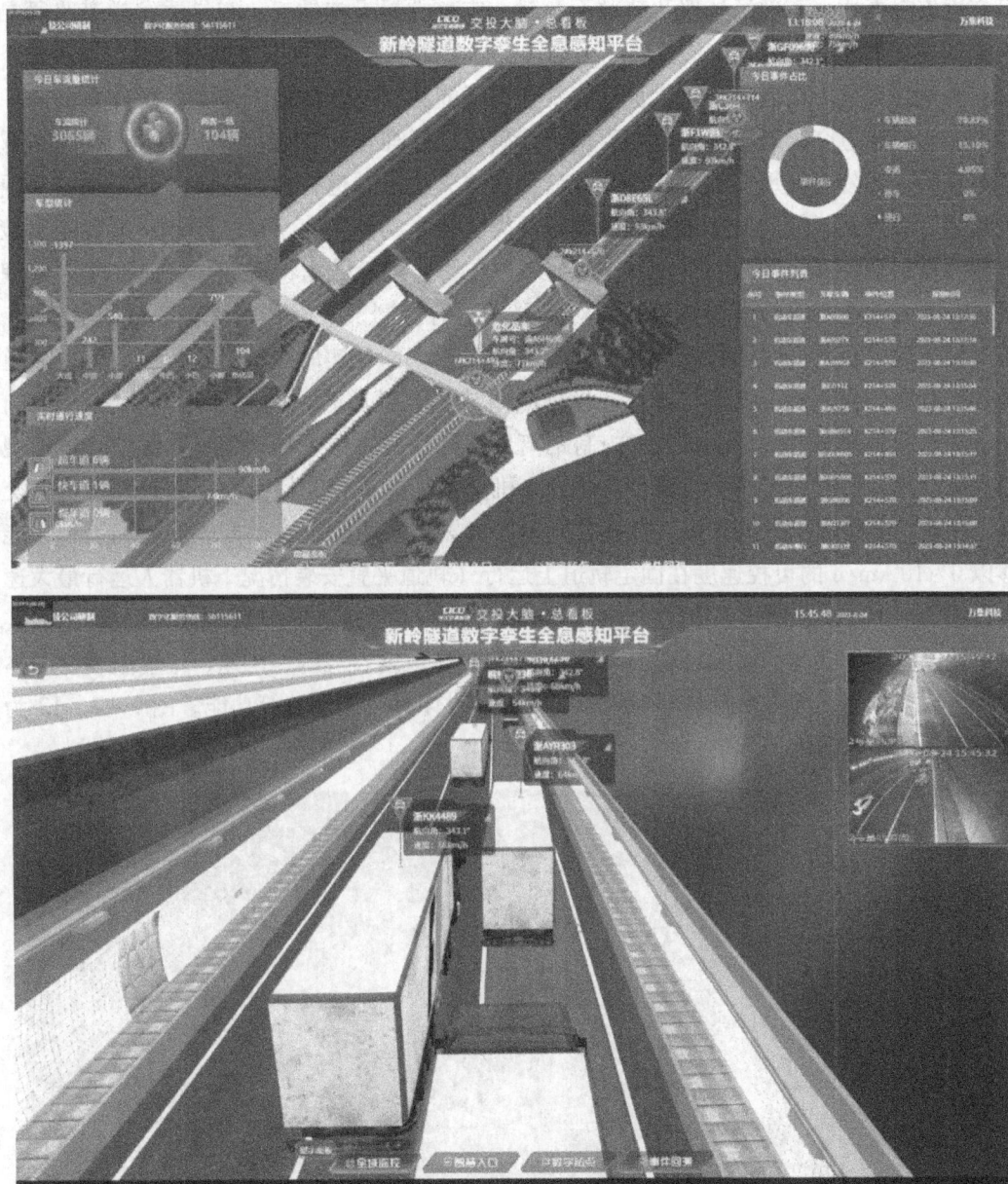

图9-2-10 浙高运公司新岭隧道数字孪生全息感知平台

2. 京台高速天龙山隧道智慧监管及巡检系统应用

京台高速福建段是福建高速公路网的重要组成部分，省内路线总长400余km，桥隧比超过60%，是福州往西北方向的重要高速公路通道，也是省内交通出行保畅压力较大的公路之一。京台高速天龙山隧道是福州驶入京台高速的第一条长隧道，该路段年平均日交通量约 20 000 pcu/d，节假日平均日交通量近 35 000 pcu/d，为日常交通量的 1.75 倍。以 15 min 为尺度，日常交通量中高峰时段为 8:00—10:00，最高至 750 pcu/15 min。由于节假日返程高峰期交通量激增，不同车辆动力反应不一，极易造成车辆追尾、刮蹭等交通安全事故，若现场处理和疏散不及时，应急救援设施缺乏，容易诱发隧道路段二次交通安全事故等问题，交通保畅压力剧增，严重影响公路交通出行服务品质。

为加强天龙山隧道交通运营管理的安全保障能力，提升隧道交通突发事件自动辨识精度，实现隧道交通运行状态监测数据的精确化、标准化和智能化管控水平，福建高速公路集团有限公司福州管理分公司开展京台高速天龙山隧道智慧监管及巡检系统应用项目建设，由盘天（厦门）智能交通有限公司提供技术实施方案，通过搭建隧道智能巡检机器人控制平台（见图 9-2-11）、定制多种在线监控及数据检测模块，对接隧道管理平台，利用隧道覆盖的无线信号远程对机器人进行控制及数据传输，对隧道交通环境、机电设施运行状况、洞体病害等进行 24 h 全天候、智能化实时在线抵近检测，实现隧道内各类数据监测记录、统计与分析、设施故障诊断、隧道隐患趋势预测等功能。例如，在火灾等紧急情况下，自动或人工控制距离最近的巡检机器人移动到火灾区域，抵近观察火灾情况，监测现场环境数据，并通过人机交互功能进行现场控制，为管理人员、交警、路政的救援提供数据支撑。隧道智能巡检机器人采用固定轨道方式安装和运行，能够以 0~10 km/h 的可控速度在固定轨道上运行（轨道平直安装情况下机器人运行最大速度为 25 km/h，以保证紧急情况发生时设备可以第一时间抵达现场），在巡检过程中能实时监控设施运行状况，完成温度、湿度、CO 等气体浓度、气压、风速、车辆温度、洞体病害等数据采集，异常情况自动提醒和报警，同时伴有声光预警等功能。图 9-2-12 为隧道智能巡检机器人。

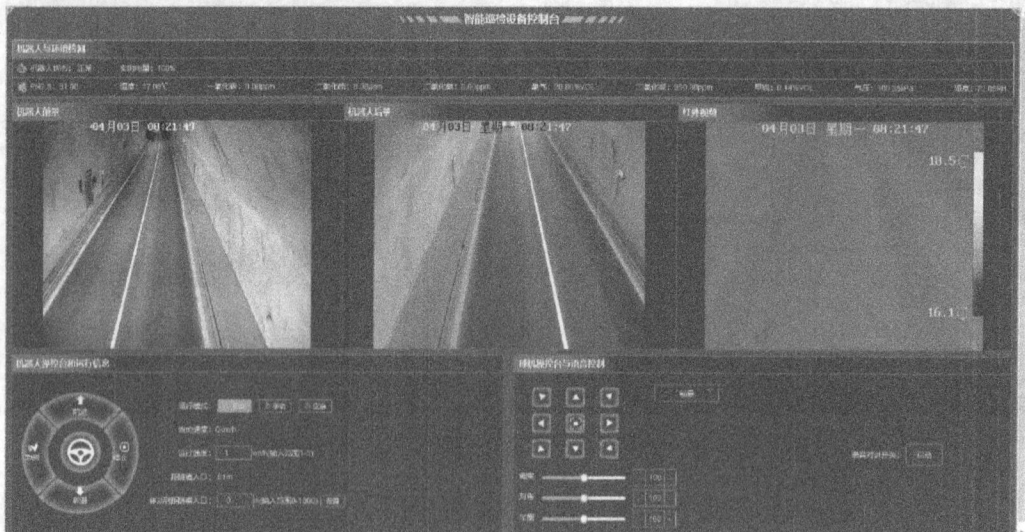

图 9-2-11　隧道智能巡检机器人控制平台

当隧道内发生紧急情况时，隧道智能巡检机器人可以完成以下任务：

（1）抵近观察，第一时间到达现场，通过视频、热成像、环境监测等功能掌握事故

图 9 – 2 – 12 隧道智能巡检机器人

发生位置、现场人数、环境温度、有害气体含量、颗粒物含量等信息,为指挥决策提供数据支撑;

(2) 主动干预,通过机器人的拾音喊话及路径指示功能,指挥事故现场人员自救或往正确的方向逃离;

(3) 物资运送,当救援人员无法到达事故现场时,通过机器人运送救援物资到现场,也可协助救援现场人员离开事故现场;

(4) 消防灭火,通过智能消防机器人可以完成隧道内火灾初期的消防灭火任务。

该应用在对隧道环境、设施状态监测与检测的基础上,还可以融合隧道交通量、运行速度等交通运行信息,进一步通过 AI 智能算法、大数据等信息技术,建立隧道内车辆温度异常、隧道追尾、隧道拥堵等突发事件预警模型,结合路侧固定式隧道安全多端信息发布设施,构建基于事件感知、精准定位、远程指挥、指导救援、协同处置、协助疏散、交通自动管控等方面的隧道突发事件应急处置一体化解决方案,实现高速隧道交通突发事件的智能化动态风险预警和安全态势分析。

3. 重庆至武隆段大规模隧道群智能管控应用

渝湘高速重庆至武隆段全长 135 km,属于典型重丘山区路段,地形复杂,全段共有隧道 14 座,其中特长隧道 6 座,长隧道 4 座,尤其是水江至武隆段长约 50 km,隧道占比达 50%。渝湘高速连接渝东南拥有独具魅力的多个旅游资源,是假期出行的热门旅游直通线路。据统计,2023 年春节假日期间重庆至武隆段高峰单日车流量约 19 万辆,交通运行保通保畅管理压力极大。为缓解路段交通压力,提升交通安全应急处置能力和智能化管理水平,重庆高速公路集团有限公司于 2022 年 9 月正式实施重庆至武隆段山区高速公路大规模隧道群安全与服务智慧化提升项目。

该项目主要利用多源融合感知技术、异构传感器全域融合技术、边缘物联网中台技术和数字孪生技术等,对路段多处隧道、收费站、沿线机电设施、车路协同终端等设备设施进行网联化，构建高速公路智能云控平台和数字时空底座，形成以高精地图、实景三维、数字孪生为基础的管控"一张图"系统，提供便捷可视的管控和服务窗口。

该项目重点对接龙隧道、太平隧道、巴南收费站等关键交通节点布设了激光雷达、毫米波雷达、声光音感知终端、智能视频终端、智慧基站等，对大规模隧道群及收费站进行智能化感知覆盖，实现对隧道群路段交通量、能见度、车辆通行情况、交通异常事件、隧道通风、隧道照明、沿线音频、温湿度、烟雾探测等因素的全路段全息监测与智能化融合，支撑实现大规模隧道群运行状态"一张图"监控，如图9-2-13所示。

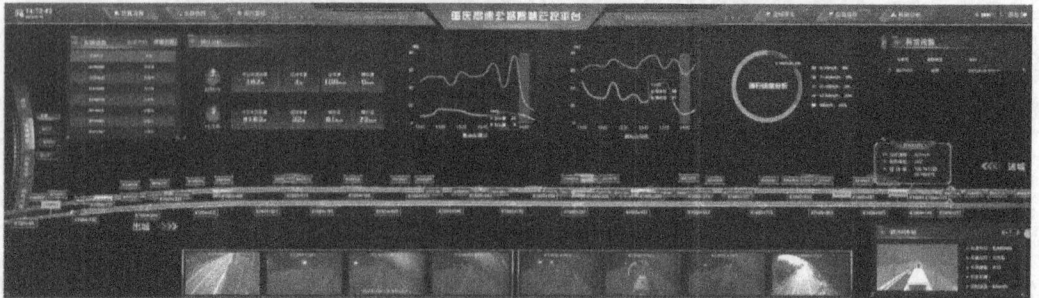

图9-2-13　隧道群运行状态"一张图"监控

在隧道入口处，通过将激光雷达与卡口视频相机进行智能化融合，大大提升了卡口相机的抓拍触发率和准确率，更加有效地保障了单个车辆身份的绑定成功率，可以满足对两客一危等重点营运车辆在隧道内无GNSS信息下的准确识别和在线监管，同时可以提升交通异常事件监测的准确率，另外基于隧道内高精地图的厘米级精度和激光雷达的精准感知，可以准确感知到车辆的行驶轨迹，实现运动车辆在隧道内的运动轨迹分析和全域跟踪（见图9-2-14），从而提升车辆超速、违停、变道、抛洒等交通异常事件检测的实时性和准确率。

图9-2-14　重点车辆全域识别跟踪与监管

对于大规模隧道群路段，隧道内外路段的传感设备状态、环境参数、声光条件等因素一直是高速公路隧道管控的难点。通过该提升项目，对隧道内的通风、照明、温度、湿度、腐蚀等实现了远程状态监控及智能化巡检，如图9-2-15所示。通过隧道群运行状态"一张图"监控平台，可以控制隧道光控系统、音控系统、温湿度监测等，与隧道入口安全预警功能联动，远程自动调节隧道内照明灯亮度，自动控制通风时间，及时更新交通诱导信息，实现隧道内外信息联动车辆，实时发布交通信息，引导车辆安全通行，减小隧道路段环境突然改变产生的交通流异常波动，预防交通事故发生。

图 9 - 2 - 15　传感设备状态远程查看

9.2.5　高速公路服务区数智技术应用

我国高速公路服务区经过近 30 年的发展，已经成为高速公路交通出行者的重要休憩、车辆能源补充、紧急避险、享受畅行服务的重要场所，如何提升服务区的智慧化、人性化、便捷化成为新时期高速公路运营管理与服务提质增效的重要抓手。数智技术在高速公路服务区的应用，主要通过前端感知设备，对服务区人、车、路、场所、环境实现全要素感知融合，并依托服务区相关旅游资源、停车汽修、加油充电、住宿如厕、餐饮购物、休闲娱乐等特色场景需求，进行全息数据分析，构建智能化、可视化的服务区综合管控平台，提供人性化延伸服务。

交通运输部于 2020 年正式印发了《2020 年全国公路服务区工作要点》，明确了公路服务区建设发展方向，围绕聚焦"一流设施、一流技术、一流管理、一流服务"，提出强化服务区设施建设改造，推进智慧和绿色服务区建设，提升综合管理能力，深化文明服务创建，大力促进了我国高速公路服务区的智慧化建设进程。随后，交通运输部又印发了《2024 年全国公路服务区工作要点》，明确提出要聚焦构建布局合理、功能完善、服务规范、特色鲜明、智慧低碳的现代化服务区体系，持续推动充电基础设施建设和服务区智慧化改造，探索开放式服务区建设，开展服务区支撑"平急两用"试点，优化充电桩"随手查"服务，推进"服务区＋"融合发展等系列具体建设要求和服务质量等级评定要求。"十三五"以来，全国各省对高速公路服务区的提质增效、创品牌的意识不断加强，服务区设施建设和服务质量得到根本性提升。虽然与美国、日本及欧洲部分国家的高速公路服务区相比，我国高速公路在服务内容、服务方式、智慧化程度等方面还略有差距，但各具地方特色的高速公路高质量服务区建设正在加速推进。

江西省结合高速公路沿途旅游资源景区，开展高速公路服务区提质升级三年行动，坚持以司乘需求为导向，全力破解停车难、充电难、如厕难等问题，先后对南昌北、庐山、赣州西、南康北等 15 个高速公路服务区进行改造升级；依托国家 5A 级景区庐山西海，还打造了独具特色的以"桃花水母"为主题的庐山西海高速公路服务区，如图9-2-16所示，利用智能传感、5G网络、物联网、云计算、大数据等技术，构建智慧停车系统、景区资源智慧服务系统、智慧旅游厕所引导系统、ETC联网充值服务、充电智能管理系统、服务区中水管理系统、智慧语音播报系统等，大大提高了服务区智慧化监管水平和人性化服务品质。

图9-2-16　江西庐山西海高速公路服务区

贵州省高速公路管理部门近年来积极探索高速公路"服务区+"数字化转型建设，贵州高速投资集团有限公司于2022年自主研发打造了"服务区+"数字化管理平台，实现了对高速公路服务区的全要素感知、全方位服务、全过程管控、全数字运营，大大提升了服务区日常化运营管理、突发事件处置、公众全程服务的智能化水平。该平台先后荣获"全国高速公路服务区十佳创新应用成果"奖、国务院国资委首届国企数字场景创新专业赛二等奖等诸多殊荣，已经成为全国高速公路服务区数字化转型应用的典范。贵州"服务区+"数字化管理平台目前具备"综合信息展示、实时状态感知、现场作业管理、资产精细管理、人员履职考核、数据分析决策、应急指挥调度、公众全程服务"等8个业务应用场景，利用物联网技术、AI事件算法、前端感知终端等数字化技术，集成了覆盖贵州高速投资集团有限公司管理的121对服务区（停车区）的视频监控网、风险预警网、应急调度网、数据汇聚网、内控管理网和公众服务网6张数字化网，全面融入"贵州高速云"平台，实现了高速路网"云"资源的共享共用，做到了全域实时监控、实时调度、高效响应和处置闭环，实现了服务区车流、客流、经营流和能耗的智能化管理和精准画像，整合和挖掘了全省高速公路服务区资源，促进了服务区价值经营与人文服务的双赢。

由万集科技技术支持实施的某高速公路服务区以数字孪生为引擎，打造了全息立体可视数字化服务区，目前已投入运行使用，如图 9-2-17 所示。该系统通过激光雷达、摄像机、边缘计算、物联网及相关融合算法等，建立全息感知系统，加载厘米级高精度地图，建立服务区数字化时空底座，构建数字孪生全景系统、公众信息服务窗口、智慧停车管理、客流监测管理、车辆监测画像、数据研判预警分析、可视化运维管理等应用场景功能，实现"一图尽览"数字孪生全息立体可视、"分级触达"服务区信息多功能发布、"一网打尽"服务区多类违规问题、"全域追踪"赋能服务区精准管理，达到利用数智技术引领推动服务区提质强服的建设效果，从根本上提升了高速公路服务区经营管理、运行管控和综合服务的综合"软实力"。

图 9-2-17　数字孪生全息服务区系统

该系统通过对服务区整体高精地图采集和三维模型构建，还原服务区整体建筑、植被、道路、附属设施设备等数字化要素，并结合感知的车辆、人群等目标和轨迹，还原服务区内车辆进出、人员流动等数字化元素，构建数字孪生全息立体可视化场景，为服务区提供车辆管理、客流管理、设备运维管理、数据统计分析"一图尽览"的数字化监管能力。数字孪生全息服务区"全域追踪"管理系统如图 9-2-18 所示。

图 9-2-18　数字孪生全息服务区"全域追踪"管理系统

高速公路服务区属于车辆短期停留繁忙场所，车流的"全域追踪"和精准管理是服务区运行管控的重点，"全域追踪"管理系统能够在从车辆进入服务区到驶出服务区的时空范围内，提供车辆车型、位置、类型、状态和位置的全环节标记，自动生成车辆移动轨迹画像。通过对两客一危等营运车辆的重点监管，可以提供全过程轨迹和异常行为检测，同时对进出服务区的客流、车流进行统计，分析热点时段、热点区域、饱和度等，检测车辆留驻时长和驾驶异常行为，并通过车辆分析算法提取车辆轨迹画像。

9.3 小结

本章主要介绍了我国目前高速公路运行管理与服务领域典型数智技术的试点示范应用案例和应用效果，涉及高速路段智能管控精准化收费、隧道管控和服务区管控等典型场景。

附录 A 交调数据用户质量评价调查问卷

1. 您使用交调数据主要开展什么业务？［单选题］
○ 交通宏观决策
○ 公路发展规划
○ 路网运行管理

2. 基于您对交调数据的使用，结合以往经验，您认为交调数据与实际情况是否相符？［单选题］
○ 完全相符
○ 基本相符
○ 略有差异
○ 不太相符

3. 交调数据对您所开展业务是否有很大帮助？［单选题］
○ 有很大帮助
○ 较有帮助
○ 帮助不大
○ 没有帮助

附录 B 样本数据处理及变量计算过程

主函数 main. cpp

```cpp
#include <iostream>
#include <stdio. h>
#include <fstream>
#include " functionWM. h"
#include " classWM. h"
using namespace std;
FILE * fin, * fout;
ofstream fdebug;
class_ sample sample [2];
int numSamples;
class_ lane * mainAccidentLane;
class_ lane * mainNeighborLane;
class_ sample * mainSeletedSample;
int main ( )
{
    cout < <" The process begins. \ nInitializing begins. \ n";
    if (mainInitialize ( ))
     {
        numSamples = mainReadin ( );     / *
     }
    else
     {
        rep (" Initializing FAILED! \ n");     / *
        getchar ( );
        return 0;
     }
    if (mainSelectSample ( ))    / *
     {
        mainSeletedSample - >sampleSelfCalculation ( );     / *计算各变量值
```

```
        mainWrite ( );     / * 将变量值写入文本文件
    }
    getchar ( );
    return 0;
}
```

样本数据预处理


```
#include  < iostream >
#include  < stdio. h >
#include  < time. h >
#include  < vector >
#include  < fstream >
#include  " classWM. h"
#include  " functionWM. h"

using namespace std;

int class_ data:: calculateParameters ( )
{
//选取 unitName 主路检测器，确定方向

    if ( unitName [12] ！ = 'M')
        return -1;
    if ( unitName [13] = = 'N')
        direction = 2;
    else if ( unitName [13] = = 'S')
        direction = 3;
    else
        return -2;

//判断线圈检测器类型
    if ( unitName [16] = = 'S')
        SP = true;
    else
```

```
            SP = false;

//提取事故里程
    int i, temp = 1;
    milepost = 0;
    for (i = 9; i > = 5; i - - )
      {
        milepost + = (unitName [i] - '0') * temp;
        temp * = 10;
      }



// volume 和 scan 中异常数据处理
    if (volume > 0)
        volumeFlag = true;
    else
        volumeFlag = false;
    if (scan > 0 && scan ! = 1200)
        scanFlag = true;
    else
        scanFlag = false;

    return 1;



}

int class_ detector:: fillupFV ()
{
    int c = 0;
    int n = data. size ();
    if (! data [0] . volumeFlag)
      {
        data [0] . volume = data [1] . volume;
        c + +;
      }
```

```
        if (! data [n - 1] . volumeFlag)
        {
            data [n - 1] . volume = data [n - 1] . volume;
            c + + ;
        }
        for (int i = 1; i < n -1; i + +)
        {
            if (! data [i] . volumeFlag)
            {
                data [i] . volume = (data [i - 1] . volume + data [i + 1] . volume)
/ 2;
                c + + ;
            }
        }
        return c;
}
//volume 变量异常数据处理
int class_ detector : : fillupFS ( )
{
        int c = 0;
        int n = data. size ( );
        if (! data [0] . scanFlag)
        {
            data [0] . scan = data [1] . scan;
            c + + ;
        }
        if (! data [n - 1] . scanFlag)
        {
            data [n - 1] . scan = data [n - 1] . scan;
            c + + ;
        }
        for (int i = 1; i < n - 1; i + +)
        {
            if (! data [i] . scanFlag)
            {
                data [i] . scan = (data [i - 1] . scan + data [i + 1] . scan) / 2;
                c + + ;
```

```
            }
        }
        return c;
}
//scan 变量异常数据处理
int class_ detector:: calculateData ()
{
    if (data. empty ())
        return -1;
    copyInformation (data [0]);
    nFV = fillupFV ();
    nFS = fillupFS ();
    int n = (int) data. size ();
    int i;
    for (i = 0; i < n; i++)
     {
        data [i] . occupancy = ((double) data [i] . scan) / 1200;
        data [i] . speed = (((double) data [i] . volume) *1. 8) / ((2. 2 * (double)
data [i] . scan) / 1200);
     }
    if (i == n)
        return i;
    else
        return -1;
}


int class_ detector:: copyInformation (class_ data source)
{
    int i;
    for (i = 0; i <= 17; i++)
        unitName [i] = source. unitName [i];
    milepost = source. milepost;
    direction = source. direction;
    lane = source. lane;
    SP = source. SP;
    return 1;
}
```

```
bool class_ detector:: judgeConsistancy (class_ data aim)
{
    if (lane = = -1)
     {
         copyInformation (aim);
         return true;
     }
    for (int i = 0; i < = 17; i + +)
     {
         if (unitName [i]! = aim. unitName [i])
             return false;
     }
    return true;
}


void class_ detector:: detectorClear ()
{
    lane = -1;
    data. clear ();
    return;
}


int class_ sample:: numAvailableLane ()
{
    int c = 0;
    for (int i = 0; i < = 9; i + +)
        if (lane [i] . availablity)
             c + +;
    return c;
}

bool class_ lane:: laneSelfWork ()
{
    if (detectorQueue. empty ())
```

```
    {
        availablity = false;
        return false;
    }

    if (detectorQueue [0] . data. size ( ) ! = 16
    {
        availablity = false;
        return false;
    }

lane = detectorQueue [0] . lane;
SP = detectorQueue [0] . SP;
direction = detectorQueue [0] . direction;

if (detectorQueue. size ( ) ! = 2)
    {
        rep (" ERROR! A lane does NOT have 2 detectors, with the lane number of ");
        rep (lane);
        rep (" . \ n");
        return false;
    }

if (detectorQueue [0] . milepost = = detectorQueue [1] . milepost)
    {
        rep (" ERROR! 2 detectors have same mileposts, on the lane with number of ");
        rep (lane);
        rep (" . \ n");
        return false;
    }

if (detectorQueue [0] . lane ! = detectorQueue [1] . lane)
    {
        rep (" ERROR! 2 detectors have different parameters, on the lane with number
of ");
        rep (lane);
        rep (" . \ n");
```

```
    return false;
}


int i;
for (i = 0; i < 2; i + +)
  {
    detectorQueue [i] . calculateData ( );
  }



if (direction = =2) //定义向北方向上下游
  {
    if (detectorQueue [0] . milepost > detectorQueue [1] . milepost)
      {
        detectorQueue [1] . updown = 0; //0 – upstream ; 1 – downstream
        detectorQueue [0] . updown = 1;
      }
    else
      {
        detectorQueue [1] . updown = 1; //0 – upstream ; 1 – downstream
        detectorQueue [0] . updown = 0;
      }
  }
else if (direction = =3) //定义向南方向上下游
  {
    if (detectorQueue [0] . milepost < detectorQueue [1] . milepost
      {
        detectorQueue [1] . updown = 0;
        detectorQueue [0] . updown = 1;
      } //0 表示上游 ; 1 表示下游
    else
      {
        detectorQueue [1] . updown = 1;
        detectorQueue [0] . updown = 0;
      } //0 不表示下游 ; 1 表示上游
  }
```

```cpp
    else
    {
        rep ("  ERROR! Strange direction, on the lane with number of ");
        rep (lane);
        rep (" . \ n");
        return false;
    }


    int pos;
    for (i = 0; i < 2; i + +)
    {
        pos = detectorQueue [i] . updown;
        detector [pos] = detectorQueue [i];
    }
    detectorQueue. clear ();

    availablity = true;
    return true;
}

int class_ sample:: selectAccidentLane ()
{
    int i;
    int neighbor = - 1;
    for (i = 0; i < 10; i + +)
        if (lane [i] . laneSelfWork ())
            neighbor = i;
    if (neighbor < 0)
    {
        rep (" \ tThis sample has no lanes! \ n");
        return - 1;
    }


    if (numAvailableLane () > 3)
    {
        rep (" \ nERROR! A sample has more than 3 lanes! \ n");
        getchar ();
```

```
        return -2;
    }


if (lane [neighbor] . availablity &&lane [neighbor - 1] . availablity)
    {

        accidentLane = &lane [neighbor - 1];
        neighborLane = &lane [neighbor];
    } // 定义事故车道和相邻车道
else
    {

            rep (" \ tThe accident lane cannot be found! \ n");
            return -3;
    }

    return 1;

}
```

附录 C　变量计算的主要过程

```cpp
#include < iostream >
#include < stdio. h >
#include < time. h >
#include < vector >
#include < fstream >
#include < math. h >
#include " classWM. h"
#include " functionWM. h"

using namespace std;

const int n = 16;

void class_ sample:: calcVehcnt ( )
  {
    int i, j;
    for (i = 0; i < 2; i + +)
      {
        Vehcnt [i] = 0;
        for (j = 0; j < n; j + +)
            Vehcnt [i] + = accidentLane - > detector [i] . data [j] . volume;
      }
  }


void class_ sample:: calcAvgocc ( )
  {
    int i, j;
    for (i = 0; i < 2; i + +)
      {
        Avgocc [i] = 0;
```

```
        for (j = 0; j < n; j + +)
              Avgocc [i] + = accidentLane - > detector [i] . data [j] . occupancy;
          Avgocc [i] / = (double) n;
      }
      Avgocc [2] = 0;
      for (j = 0; j < n; j + +)
              Avgocc [2] + = math_ abs (accidentLane - > detector [0] . data [j]
. occupancy - accidentLane - > detector [1] . data [j] . occupancy);
      Avgocc [2] / = (double) n;
  }


  void class_ sample :: calcOccudev ()
  {
      int i, j;
      for (i = 0; i < 2; i + +)
      {
          Occudev [i] = 0;
          for (j = 0; j < n; j + +)
              Occudev [i] + = math_ square (accidentLane - > detector [i] . data
[j] . occupancy - Avgocc [i]);
          Occudev [i] / = (double) n;
          Occudev [i] = sqrt (Occudev [i]);
      }
  }


  void class_ sample :: calcAvgsped ()
  {
      int i, j;
      for (i = 0; i < 2; i + +)
      {
          Avgsped [i] = 0;
          for (j = 0; j < n; j + +)
              Avgsped [i] + = accidentLane - > detector [i] . data [j] . speed;
          Avgsped [i] / = (double) n;
      }
      Avgsped [2] = 0;
      for (j = 0; j < n; j + +)
```

```
            Avgsped [2] + = math_ abs (accidentLane - > detector [0] . data [j]
. speed - accidentLane - > detector [1] . data [j] . speed);
            Avgsped [2] / = (double) n;
    }


    void class_ sample:: calcSpddev ()
    {
        int i, j;
        for (i = 0; i < 2; i + +)
        {
            Spddev [i] = 0;
            for (j = 0; j < n; j + +)
                Spddev [i] + = math_ square (accidentLane - > detector [i] . data
[j] . speed - Avgsped [i]);
            Spddev [i] / = (double) n;
            Spddev [i] = sqrt (Spddev [i]);
        }
    }


    void class_ sample:: calcCvspd ()
    {
        for (int i = 0; i < 2; i + +)
            Cvspd [i] = (Spddev [i] /Avgsped [i]);
    }


    void class_ sample:: calcSpddif ()
    {
        int i, j;
        for (i = 0; i < 2; i + +)
        {
            Spddif [i] = 0;
            for (j = 0; j < n; j + +)
                Spddif [i] + = math_ abs (accidentLane - > detector [i] . data [j]
. speed - neighborLane - > detector [i] . data [j] . speed);
            Spddif [i] / = (double) n;
        }
    }
```

```
void class_ sample :: calcVoldif ( )
    {
        int i, j;
        for ( i = 0; i < 2; i + + )
            {
                Voldif [ i ] = 0;
                for ( j = 0; j < n; j + + )
                        Voldif [ i ] + = math_ abs ( accidentLane - > detector [ i ] . data [ j ]
. volume - neighborLane - > detector [ i ] . data [ j ] . volume ) ;
                Voldif [ i ] / = ( double ) n;
            }
    }


void class_ sample :: calcAvgvol ( )
    {
        Avgvol = 0;
        for ( int j = 0; j < n; j + + )
                Avgvol + = math_ abs ( accidentLane - > detector [ 0 ] . data [ j ] . volume
- accidentLane - > detector [ 1 ] . data [ j ] . volume ) ;
        Avgvol/ = ( double ) n;

    }


void class_ sample :: sampleSelfCalculation ( )
    {
        rep ( " Sample calculation begins. \ n" ) ;
        calcVehcnt ( ) ;
        calcAvgocc ( ) ;
        calcOccudev ( ) ;
        calcAvgsped ( ) ;
        calcSpddev ( ) ;
        calcCvspd ( ) ;
        calcSpddif ( ) ;
        calcVoldif ( ) ;
```

```
        calcAvgvol ( ) ;
        rep ( " Sample calculation ends. \ n" ) ;
}
```

数据读取及结果输出

```cpp
#include < iostream >
#include < stdio. h >
#include < time. h >
#include < vector >
#include " classWM. h"
#include " functionWM. h"
#include " parameterWM. h"
#include < fstream >
#include < string >

double math_ abs ( double aim )
{
    if ( aim > 0 )
        return aim;
    else
        return ( - 1 * aim ) ;
}
double math_ square ( double aim )
{
    return aim * aim;
}
void rep ( string t )
{
    cout < < t;
    fdebug < < t;
}
void rep ( int t )
{
    cout < < t;
    fdebug < < t;
}
```

```
void rep（long t）
{
    cout < < t;
    fdebug < < t;
}
void rep（double t）
{
    cout < < t;
    fdebug < < t;
}
bool mainInitialize（）
{
    fin = fopen（" 1. txt"，" r"）;
    fout = fopen（" 1 - out. txt"，" w"）;
    fdebug. open（" debug. txt"，ios：: out）;
    if（！ fdebug. is_ open（））
        return false;
    else
        {
        if（fin ！ = NULL && fout ！ = NULL）
            rep（" The files have been opened. \ nThe initializing ends. \ n"）;
        else if（fout = = NULL）
            {
            rep（" ERROR！ The fout file has NOT been opened. \ n"）;
            return false;
            }
        else
            {
            rep（" ERROR！ The fin file has NOT been opened. \ n"）;
            return false;
            }
        }
    return true;
}
int mainReadin（）
{
    if（fin = = NULL）
```

```
                {
                    rep (" ERROR! The fin file has NOT been opened. \ n");
                    return -1;
                }
            else
                rep (" Reading in fin file begins. \ n");
        class_ data dataR;
        class_ detector detectorR;
        char trash [500];
        fgets (trash, sizeof (trash), fin);
        int ID, RouteID, isHOV, isMetered, isDeplicate, LOOPID, INCIDENT, DATA-
NUM, FLAG;
        char UnitType [10], Direction;
        double MilePost, Lat, Lon;
        struct tm Stamp;
        int availibityR;
        int c = 0;
        while (! feof (fin))
            {
            c + +;
            if (c % 10 = = 0)
                {
                    rep (" \ tReading in ");
                    rep (c);
                    rep (" data. \ n");
                }
            fscanf (fin,"% s % s % d % d ", dataR. unitName, UnitType, &ID,
&RouteID);
            fscanf (fin,"% lf % c % d % d % d ", &MilePost, &Direction, &isHOV,
&isMetered, &isDeplicate);
            fscanf (fin, "% lf % lf % d % d % d % d", &Lat, &Lon, &LOOPID,
&INCIDENT, &DATANUM, &FLAG);
            fscanf (fin, "% d/% d/% d ", &Stamp. tm _ year, &Stamp. tm _ mon,
&Stamp. tm_ mday);
            fscanf (fin, "% d:% d:% d ", &Stamp. tm _ hour, &Stamp. tm _ min,
&Stamp. tm_ sec);
            fscanf (fin, "%d %d %d", &dataR. volume, &dataR. scan, &dataR. lane);
```

```
            Stamp. tm_ year - = 1900;
            Stamp. tm_ mon - -;
            dataR. stamp = mktime (&Stamp);
            availibityR = dataR. calculateParameters ();
            if (availibityR = = 1)
              {    if (detectorR. judgeConsistancy (dataR))
                    detectorR. data. push_ back (dataR);
                else
                  {
                    if (detectorR. SP)
sample [1] . lane [detectorR. lane] . detectorQueue. push_ back (detectorR);
                    else
sample [0] . lane [detectorR. lane] . detectorQueue. push_ back (detectorR);
                    detectorR. detectorClear ();
                    detectorR. copyInformation (dataR);
                    detectorR. data. push_ back (dataR);
                  }}
            else
              {
                rep (" ERROR! Data ");
                rep (c);
                rep (" has invalid parameters! \ n");
                getchar ();
                return 0;
              }
          }
      if (detectorR. SP)
          sample [1] . lane [detectorR. lane] . detectorQueue. push_ back (detectorR);
      else
          sample [0] . lane [detectorR. lane] . detectorQueue. push_ back (detectorR);
      detectorR. detectorClear ();
      rep (" Reading in fin file ends.  In total ");
      rep (c);
      rep (" has been reading in. \ n");
      return c;
  }
bool mainSelectSample ()
```

```
        {
            rep (" Sample selection begins. \ n \ tSelecting the single sample. . . ") ;
            if (sample [0] . selectAccidentLane () > = 0)
                {
                    rep (" \ tIn the single sample the accident lane has been selected. \ n") ;
                    mainAccidentLane = sample [0] . accidentLane;
                    mainNeighborLane = sample [0] . neighborLane;
                    mainSeletedSample = &sample [0] ;
                }
            else
                {
                    rep (" \ tSelecting the plural sample. . . ") ;
                    if (sample [1] . selectAccidentLane () > = 0)
                        {
                            rep (" \ tIn the plural sample the accident lane has been selected. \ n") ;
                            mainAccidentLane = sample [1] . accidentLane;
                            mainNeighborLane = sample [1] . neighborLane;
                            mainSeletedSample = &sample [1] ;
                        }
                    else
                        {
                            rep (" No accident lane selected! Selection Failed! \ n") ;
                            return false;
                        }
                }
            rep (" Selection succeeded! \ n") ;
            return true;
        }
    bool mainWrite ()
        {
            if (fout = = NULL)
                return false;
            fprintf (fout," Vehcnt - u, Avgocc - u, Occudev - u, Avgspd - u, Spddev - u,
Cvspd - u, Spddif - u, Voldif - u, Vehcnt - d, Avgocc - d, Occudev - d, Avgspd - d, Sp-
ddev - d, Cvspd - d, Spddif - d, Voldif - d, Avgspeed - ud, Avgvol - ud, Avgoccu - ud,
FV, FS \ n") ;
            for (int i = 0; i < 2; i + +)
```

```
        {
            fprintf (fout, "%ld,%lf,%lf,", mainSeletedSample - >Vehcnt [i], mainSe-
letedSample - >Avgocc [i], mainSeletedSample - >Occudev [i]);
            fprintf (fout, "%lf,%lf,%lf,", mainSeletedSample - >Avgsped [i], main-
SeletedSample - >Spddev [i], mainSeletedSample - >Cvspd [i]);
            fprintf (fout, "%lf,%lf,", mainSeletedSample - >Spddif [i], mainSeleted-
Sample - >Voldif [i]);
        }
        fprintf (fout, "%lf,%lf,%lf,", mainSeletedSample - >Avgsped [2], mainSelet-
edSample - >Avgvol, mainSeletedSample - >Avgocc [2]);
        fprintf (fout, "%d,%d \ n", mainAccidentLane - >detector [0] .nFS + main-
AccidentLane - >detector [1] .nFS, mainAccidentLane - >detector [0] .nFV + mainAc-
cidentLane - >detector [1] .nFV);
        fclose (fout);
        rep (" Data written. \ nProcess ends. \ n");
        fdebug. clear ();
        return true;
```

附录 D 匝道控制策略实现

PROGRAM RampMetering; /* D: \ RampMetering. vv */

VAP_ FREQUENCY 1;

CONST
         MAX_ LANE = 6,
         KR = 70,
         OCC_ OPT = 0.4;

/* ARRAYS */
ARRAY
         detNo [6, 1] = [[11], [12], [13], [14], [15], [16]];

/* SUBROUTINES */

/* PARAMETERS DEPENDENT ON SCJ – PROGRAM */
         IF (prog_ aktiv = 1) AND (prog_ aktiv0vv < > 1) THEN
           prog_ aktiv0vv : = 1;
           DT : = 1;
         ELSE IF (prog_ aktiv = 2) AND (prog_ aktiv0vv < > 2) THEN
           prog_ aktiv0vv : = 2;
           DT : = 1;
         END END;

/* EXPRESSIONS */
         Demand : = Detection (41);

/* MAIN PROGRAM */

S00Z001:   IF NOT init THEN
S01Z001:   init : = 1;

```
S01Z002:        Set_ sg ( 1 , off )
            END;
S00Z004:    cyc_ sec : = cyc_ sec + 1;
S00Z005:    IF cyc_ sec > = cyc_ length THEN
S01Z005:        cyc_ sec : = 0
            END;
S00Z007:    Set_ cycle_ second ( cyc_ sec );
S00Z008:    laneNo : = 1;
S00Z010:    IF laneNo < = MAX_ LANE THEN
S01Z010:      IF detNo [ laneNo, 1 ] > 0 THEN
S02Z010:        oout : = oout + Occup_ rate ( detNo [ laneNo, 1 ] );
S02Z011:          laneNo : = laneNo + 1;
                GOTO S00Z010
              END
            END;
S00Z013:    timer_ dc : = timer_ dc + 1;
S00Z014:    IF timer_ dc = ( 60 * DT ) THEN
S01Z014:        timer_ dc : = 0;
S01Z015:        qRamp : = ( Front_ ends ( 31 ) + Front_ ends ( 32 )); Clear_ front_
ends ( 31 ); Clear_ front_ ends ( 32 );
S01Z016:        oout : = oout / MAX_ LANE / ( 60 * DT );
S01Z017:        cqRamp : = qRamp + KR * ( OCC_ OPT – oout );
S01Z018:        cyc_ length : = 60 * DT * 2 / cqRamp;
S01Z019:        oout100 : = oout * 100; RecVal ( 1, oout100 );
S01Z020:        oout : = 0
            END;
S00Z023:    IF cyc_ length < 4 THEN
S01Z023:        Set_ sg ( 1 , off )
            ELSE
S00Z024:      IF Demand THEN
S01Z024:        IF cyc_ sec = 0 THEN
S02Z025:          Set_ sg ( 1 , redamber );
S02Z026:          cyc_ sec : = 0
              ELSE
S01Z025:          IF T_ red ( 1 ) > = cyc_ length – 3 THEN
                    GOTO S02Z025
              ELSE
```

```
S00Z027:              IF Current_ state ( 1, redamber ) THEN
S01Z027:                  Set_ sg ( 1 , off )
                      ELSE
S00Z028:              IF Current_ state ( 1, off ) THEN
S01Z028:                  IF NOT ( cyc_ length < 4 ) THEN
S01Z029:                      Set_ sg ( 1 , amber )
                          END
                      ELSE
S00Z030:                  IF Current_ state ( 1, amber ) THEN
S01Z030:                      Set_ sg ( 1 , red )
                          END
                      END
                  END
              END
          END
      ELSE
          GOTO S00Z027
      END
  END;
S00Z032:  RecVal ( 2, cyc_ length );
S00Z033:  qRampHour : = qRamp * 60 / DT; RecVal ( 3, qRampHour )
PROG_ ENDE:
```

附录 E 收费系统故障数据

收费站	子类别	设备名称	设备类别	故障描述	报修开始时间	维修完成时间	故障原因	维修类型	维修记录
开发区收费站	超限检测系统	计重门架	硬件故障	信息下发不成功	2022 - 07 - 29 11:53:25	2022 - 07 - 29 16:03:48	IP更改	现场维修	更换IP
开发区收费站	混合/ETC车道设备	车道工控机	硬件故障	无法连接计重信息	2022 - 07 - 29 11:31:41	2022 - 07 - 29 12:01:43	机柜跳闸	远程维修	重新接电
开发区收费站	闭路电视监视系统	半球摄像机	硬件故障	道路摄像机无图像	2022 - 07 - 29 09:50:55	2022 - 08 - 01 15:32:47	死机	现场维修	重启
开发区收费站	混合/ETC车道设备	移动支付设备	硬件故障	无法使用移动支付付款	2022 - 07 - 27 17:12:43	2022 - 07 - 27 17:15:58	POS机故障	现场维修	重新固定底座
开发区收费站	混合/ETC车道设备	车道工控机	硬件故障	治超匹配数据	2022 - 07 - 25 09:22:16	2022 - 07 - 25 09:35:29	网络不通	现场维修	更换交换机
开发区收费站	超限检测系统	计重门架信息显示屏	硬件故障	情报板无法下发	2022 - 07 - 22 20:59:26	2022 - 07 - 23 09:52:04	网络不通	现场维修	调试网络
开发区收费站	混合/ETC车道设备	通行信号灯	硬件故障	不亮	2022 - 07 - 22 12:53:37	2022 - 07 - 23 09:52:24	电源故障	现场维修	更换电源线

收费站	子类别	设备名称	设备类别	故障描述	报修开始时间	维修完成时间	故障原因	维修类型	维修记录
开发区收费站	混合/ETC车道设备	ETC天线	硬件故障	情报板多次下发不成功	2022-07-22 12:52:57	2022-07-23 09:52:44	网络不通	现场维修	调试网络
开发区收费站	混合/ETC车道设备	移动支付设备	硬件故障	POS机故障	2022-07-22 12:27:58	2022-07-23 09:53:21	POS机故障	现场维修	申请备件
开发区收费站	内部对讲及紧急报警系统	对讲分机	硬件故障	IP电话故障	2022-07-09 09:43:22	2022-07-10 17:15:27	调度中心故障	现场维修	重启
开发区收费站	超限检测系统	计重设备	硬件故障	无称重信息	2022-07-07 16:34:10	2022-07-07 21:01:59	光栅角度不对	现场维修	调整光栅
开发区收费站	混合/ETC车道设备	车道摄像机	硬件故障	摄像机无录像	2022-07-06 08:49:33	2022-07-06 18:07:41	摄像机异常	现场维修	调试网络
开发区收费站	超限检测系统	计重设备	硬件故障	无计重	2022-07-03 01:03:48	2022-07-03 11:36:45	传感器	现场维修	复位
开发区收费站	混合/ETC车道设备	车道摄像机	硬件故障	摄像机无回放	2022-07-02 20:31:24	2022-07-02 20:32:09	网络异常	现场维修	调试网络
开发区收费站	混合/ETC车道设备	通行信号灯	硬件故障	后信号灯不亮	2022-07-01 23:28:56	2022-07-01 23:31:05	开关闭合	现场维修	重新送电

注：由于高速公路机电系统要求故障数据保密，本书以收费系统的故障检修记录为例，公开部分数据作为参考。

参考文献

［1］杨兆升．智能运输系统概论［M］．北京：人民交通出版社，2005．

［2］SMITH B, SCHERER W, CONKLIN J. Exploring imputation techniques for missing data in transportation management system［J］. Transportation research record journal of the transportation research board, 2003：132 – 142.

［3］CHEN H, GRANT-MULLER S S. A study of hybrid neural network approaches and the effects of missing data on traffic forecasting［J］. Neural computing & applications, 2001, 3 (10)：277 – 286.

［4］CHEN C, KWON J. Detecting errors and imputing missing data for single-loop surveillance systems［J］. Journal of the transportation research board, 2002 (1855)：160 – 167.

［5］王晓原，吴芳，朴基男．基于粗集理论的交通流丢失数据补齐方法［J］．交通运输工程学报，2008, 5 (10)：91 – 94.

［6］袁满，张雪．一种基于规则的数据质量评价模型［J］．计算机技术与发展，2013, 23 (3)：81 – 89.

［7］RYE KYUNG-SEOK. A study on data quality management maturity model［J］. Proceedings of the 7th international conference on advanced communication technology, 2005, 1：598 – 603.

［8］AEBI D, PERROCHON L. Towards improving data quality［J］. Delhi, 1993, 10：273 – 281.

［9］VANAJAKSHI L, RILETT L R. Loop detector data diagnostics based on conservation-of-vehicles principle［J］. Transportation research record, 2004 (1870)：162 – 169.

［10］耿彦斌，于雷，赵慧．ITS 数据质量控制技术及应用研究［J］．中国安全科学学报，2005, 15 (1)：82 – 87.

［11］秦玲，郭艳梅，吴鹏，等．断面交通检测数据检验及预处理关键技术研究［J］．公路交通科技（应用技术版），2006 (11)：39 – 42.

［12］BATTELLE C O. Traffic data quality measurement. Final report.［J］. 2004.

［13］AHN K, RAKHA H, HILL D. Data quality white paper［R］. Washington D C：Department of Transportation, 2008.

［14］施莉娟，朱健，陈小鸿，等．基础交通数据质量评价研究［J］．交通信息与安全，2011, 29 (5)：57 – 61.

［15］牛世峰，姜桂艳．交通数据质量宏观评价与控制方法［J］．公路，2012, (12)：119 – 123.

[16] 文峰. 数据组织过程中的数据质量评价研究 [J]. 软件导刊, 2013, 12 (11): 132 – 134.

[17] 马韵楠. 基于模糊综合评价的道路交通流数据质量评价研究 [D]. 北京: 北京交通大学, 2015.

[18] 庄广新, 谷远利, 马韵楠, 等. 基于 AHP 灰色理论的道路交通流数据质量评价 [J]. 山东科学, 2017, 30 (1): 69 – 75.

[19] XU J, LI X, SHI H. Short-term traffic flow forecasting model under missing data [J]. Journal of computer applications, 2010, 30 (4): 1117 – 1120.

[20] CHEN C, WANG Y, LI L, et al. The retrieval of intra-day trend and its influence on traffic prediction [J]. Transportation research part C, 2012, 22: 103 – 118.

[21] GOLD D L, TURNER S M, GAJEWSKI B J, et al. Imputing missing values in its data archives for intervals under 5 minutes [C]. Transportation research board, 2001.

[22] SMITH B L, SCHERER W L, CONKLIN J H. Exploring imputation techniques for missing data in transportation management systems [J]. Transportation research record: journal of the transportation research board, 2003, 1836: 132 – 142.

[23] ZHONG M, LINGRAS P, SHARMA S. Estimation of missing traffic counts using factor, genetic, neural, and regression techniques [J]. Transportation research part C, 2004, 12: 139 – 166.

[24] NI D, LEONARD J D, GUIN A, et al. 2005. Multiple imputation scheme for overcoming the missing values and variability issues in ITS data. ASCE journal of transportation engineering, 2005, 131 (12): 931 – 938.

[25] 蒋锐, 王均. 道路交通流数据检验与修复方法 [J]. 交通与计算机, 2006, 24 (6): 65 – 67.

[26] MIN W, WYNTER L. Real-time road traffic prediction with spatio-temporal correlations [J]. Transportation research part c: emerging technologies, 2011, 19 (4): 606 – 616.

[27] 胡超伟, 刘君, 丛浩哲, 等. 实时交通流数据缺失修复方法对比研究 [J]. 第八届中国智能交通年会论文, 2013: 205 – 209.

[28] 金逸文. 城市快速路交通流数据修复方法研究 [D]. 上海: 上海交通大学, 2008.

[29] ZHANG Y, LIU Y C. Missing traffic flow data prediction using least squares support vector machines in urban arterial streets [C]. IEEE Symposium on Computational Intelligence and Data Mining, 2009: 76 – 83.

[30] 耿彦斌. 城市道路交通流数据质量控制理论与模型 [D]. 北京: 北京交通大学, 2006.

[31] 温晓岳. 区域交通流残缺信息修复与时空特性分布特性分析 [D]. 杭州: 浙江工业大学, 2009.

[32] 方匡南, 谢邦昌. 基于聚类关联规则的缺失数据处理研究 [J]. 统计研究, 2011, 28 (2): 87 – 92.

［33］郭敏，蓝金辉，李娟娟，等．基于灰色残差 GM（1，N）模型的交通流数据恢复算法［J］．交通运输系统工程与信息，2012，12（1）：42 – 47.

［34］邹小芳．城市快速路交通流故障数据修复方法研究［D］．北京：北京交通大学，2014.

［35］王英会．高速公路交通流异常数据识别及修复方法研究［D］．北京：北京交通大学，2015.

［36］QU L，ZHANG Y，HU J，et al. A BPCA based missing value imputing method for traffic flow volume data［J］. IEEE，2008. DOI：10. 1109/IVS. 2008. 4621153.

［37］QU L，LI L，ZHANG Y，et al. PPCa-based missing data imputation for traffic flow volume：a systematical approach［C］. IEEE Intelligent Transportation Systems Society，2009，10（3）：512 – 522.

［38］TAN H C，FENG G D，FENG J S，et al. A tensor-based method for missing traffic data completion［J］. Transportation research part C，2013，28：15 – 27.

［39］CHEN L，MAY A D. Traffic detector errors and diagnostics［J］. Transportation research board，1987：82 – 93.

［40］DAILEY D J. Improved error detection for inductive loop sensors［J］. Department of transportation，1993.

［41］杨永勤，刘小明，于泉，等．交通流三参数关系的研究［J］．北京工业大学学报，2006，32（1）：43 – 47.

［42］庄焰，吕慎．城市道路交通流三参数关系研究［J］．深圳大学学报（理工版），2005，22：373 – 376.

［43］史忠科．交通控制系统导论［M］．北京：科学出版社，2003.

［44］邓永录，梁之顺．随机点过程及其应用［M］．北京：科学出版社，1992.

［45］GUARRACINO M R，IRPINO A，JASINEVICIUS R，et al. Fuzzy regularized generalized eigenvalue classifier with a novel membership gunction［J］. Information sciences：an international journal，2013，245：53 – 62.

［46］PARTHA C，SHINYA K. Calibrating the membership functions of the fuzzy inference system：instantiated by car-following data［J］. Transportation research part c：emerging technologies，2003，11C（2）：91 – 119.

［47］CHANG C T. Binary behavior of fuzzy programming with piecewise linear membership functions［J］. IEEE transactions on fuzzy systems，2007，15：342 – 349.

［48］刘俊娟，王炜，程琳，等．基于梯形隶属函数的区间数模糊评价方法［J］．系统工程与电子技术，2009，31（2）：390 – 392.

［49］COMON P，TEN BERGE J M，DE LATHAUWER L，et al. Generic and typical ranks of multi-way arrays［J］. Linear algebra and its applications，2009，430（11）：2997 – 3007.

［50］BADER B W，KOLDA T G. Efficient MATLAB computations with sparse and factored tensors［J］. SIAM journal on scientific computing，2007，30（1）：205 – 231.

［51］ KOLDA T G, BADER B W. Tensor decompositions and applications. SIAM review, 2009, 51 (3): 455 – 500.

［52］ 高德地图. 2018 年度中国主要城市交通分析报告［J］. 城市规划通讯, 2019 (2): 13 – 14.

［53］ 陈韫. 基于 LSTM 深度网络的城市道路短时交通状态预测模型研究［D］. 福州: 福建工程学院, 2018.

［54］ 邵鹏. 基于融合 SNN 模型深度学习算法的交通状态预测研究［D］. 北京: 北方工业大学, 2019.

［55］ PAYNE H J, TIGNOR S C. Freeway incident detection algorithms based on decision trees with states［C］ // Transportation Research Record, 1978.

［56］ PERSAUD B N, HALL F L. Catastrophe theory and patterns in 30-second freeway traffic data-implications for incident detection［J］. Transportation research part a general, 1989, 23 (2): 103 – 113.

［57］ YUAN F, CHEU R L. Incident detection using support vector machines［J］. Transportation research part c: emerging technologies, 2003, 11C (3/4): 309 – 328.

［58］ CHATZIGIANNAKIS V, GRAMMATIKOU M, PAPAVASSILIOU S. Extending driver's horizon through comprehensive incident detection in vehicular networks［J］. IEEE transactions on vehicular technology, 2007, 56: 3256 – 3265.

［59］ NOROOZI R, HELLINGA B. Real-Time prediction of near-future traffic states on freeways using a Markov model［J］. Transportation research record journal of the transportation research board, 2014, 2421 (2421): 115 – 124.

［60］ AHMED M S, COOK A R. Analysis of freeway traffic time-series data by using Box-Jenkins techniques［J］. Transportation research record, 1979: 1 – 9.

［61］ VOORT M V D, DOUGHERTY M, WATSON S. Combining kohonen maps with arima time series models to forecast traffic flow［J］. Transportation research part c: emerging technologies, 1996, 4 (5): 307 – 318.

［62］ OKUTANI I, STEPHANEDES Y J. Dynamic prediction of traffic volume through Kalman filtering theory［J］. Transportation research part b: methodological, 1984, 18 (1): 1 – 11.

［63］ GUO J, HUANG W, WILLIAMS B M. Adaptive Kalman filter approach for stochastic short-term traffic flow rate prediction and uncertainty quantification［J］. Transportation research, 2014, 43C (2): 50 – 64.

［64］ DAVIS G A, NIHAN N L. Nonparametric regression and short-term freeway traffic forecasting［J］. Journal of transportation engineering, 1991, 117 (2): 178 – 188.

［65］ DOUGHERTY M S, COBBETT M R. Short-term inter-urban traffic forecasts using neural networks［J］. International journal of forecasting, 1997, 13 (1): 21 – 31.

［66］ THAKURIAH P, TILAHUN N. Incorporating weather information into real-time speed estimates: comparison of alternative models [J]. Journal of transportation engineering, 2013, 139 (4): 379 – 389.

[67] ZHAO Z, CHEN W H, WU X M, et al. LSTM network: a deep learning approach for short-term traffic forecast [J]. The institution of engineering and technology, 2017, 11 (2): 68 – 75.

[68] ABDULHAI B, PORWAL H, RECKER W. Short-term traffic flow prediction using neuro-genetic algorithms [J]. ITS journal-intelligent transportation systems journal, 2002, 7 (1): 3 – 41.

[69] JIA Y H, WU J P, XU M. Traffic flow prediction with rainfall impact using a deep learning method [J]. Journal of advanced transportation, 2017, 2017: 1 – 10.

[70] 高朝晖, 张晓春, 王遥, 等. 高速公路路段交通运行状态的模糊综合评价方法 [J]. 中国矿业大学学报, 2014, 43 (2): 339 – 344.

[71] 王光辉. 高速公路交通运行状态判别方法研究 [D]. 吉林: 吉林大学, 2015.

[72] 庄劲松, 曲大义, 曹俊业, 等. 基于模糊综合层次分析法的道路交通运行状态判别 [J]. 青岛理工大学学报, 2015, 36 (6): 103 – 110.

[73] 崔玮. 高速路网交通状态判别与预测的研究 [D]. 淄博: 山东理工大学, 2016.

[74] 符锌砂, 梁中岚, 郑伟, 等. 二分 K-FCM 结合算法在交通运行状态判别中的应用 [J]. 公路工程, 2018, 43 (2): 6.

[75] 戴学臻, 苑仁腾, 裴文杰, 等. 基于集对分析的城市道路交通运行状况判别 [J]. 重庆交通大学学报 (自然科学版), 2019, 38 (7): 7.

[76] 张现伟. 大数据环境下交通状态判别算法的研究与应用 [D]. 青岛: 青岛科技大学, 2018.

[77] 崔华, 纪宇, 李盼依. 基于卷积神经网络 (CNN) 的高速路交通图片拥堵识别 [J]. 科技创新与应用, 2018 (5): 18 – 19.

[78] 吴志周, 范宇杰, 马万经. 基于灰色神经网络的点速度预测模型 [J]. 西南交通大学学报, 2012, 47 (2): 285 – 290.

[79] 傅贵, 韩国强, 逯峰, 等. 基于支持向量机回归的短时交通流预测模型 [J]. 华南理工大学学报 (自然科学版), 2013, 41 (9): 71 – 76.

[80] 王晓杰. 基于深度学习的短时交通流预测 [D]. 青岛: 青岛大学, 2017.

[81] 李莉杰, 舒勤. 基于时空特性的高速路短时交通流预测 [J]. 数字技术与应用, 2017 (3): 46 – 50.

[82] 刘炀. 基于网格模型的城市交通运行状态识别和行程时间预测方法研究 [D]. 北京: 北京交通大学, 2018.

[83] 周思楚. 基于张量理论的短时交通流预测算法 [D]. 北京: 北京交通大学, 2018.

[84] PARK D, RILETT L R, HAN G. Spectral basis neural networks for real-time travel time forecasting [J]. Journal of transportation engineering, 1999, 125 (6).

[85] 张帆. 基于 SAGA-FCM 的城市道路交通状态判别方法研究 [D]. 吉林: 吉林大

学，2019.

［86］交通运输部．公路网运行监测与服务暂行技术要求［M］．北京：人民交通出版社，2012.

［87］张扬．城市路网交通预测模型研究及应用［D］．上海：上海交通大学，2009.

［88］张源．基于交通参数预测的城市快速路交通状态判别研究［D］．北京：北京交通大学，2019.

［89］龚曙明．应用统计学［M］．2版．北京：北京交通大学出版社，2005.

［90］杜崇．高速公路实时交通状态判别方法研究［D］．北京：北京交通大学，2017.

［91］王漫．基于 HMM 的交通状态判别及其在交通流参数短时预测中的应用［D］．南京：东南大学，2017.

［92］曾智慧．考虑数据异常的高速公路交通运行状态评价方法与实现［D］．重庆：重庆大学，2016.

［93］BENI G, WANG J. Swarm intelligence［C］//Proceedings of the 7th Annual Meeting of the Robotics Society of Japan，1989：425 – 428.

［94］MIRJALILI S, LEWIS A. The whale optimization algorithm［J］. Advances in engineering software, 2016, 95：51 – 67.

［95］TIZHOOSH H R. Opposition-based learning：a new scheme for machine intellig［C］// International Conference on International Conference on Computational Intelligence for Modelling, Control & Automation. IEEE, 2005：695 – 701.

［96］HINTON G E, SALAKHUTDINOV R R. Reducing the dimensionality of data with neural networks［J］. Science, 2006, 313（5786）：504 – 507.

［97］HOCHREITER S, SCHMIDHUBER J. Long short-term memory［J］. Neural computation, 1997, 9（8）：1735 – 1780.

［98］CHO K, VAN MERRIENBOER B, GULCEHRE C, et al. Learning phrase representations using RNN encoder-decoder for statistical machine translation［J］. Computer science, 2014.

［99］北京交通发展研究中心．2015 年北京交通发展年报［J］．交通与运输，2016（3）：3 – 7.

［100］王旭昭．基于 GMM 模型与 RWI – HLLE 算法的高速公路运行状态评价［D］．北京：北京交通大学，2019.

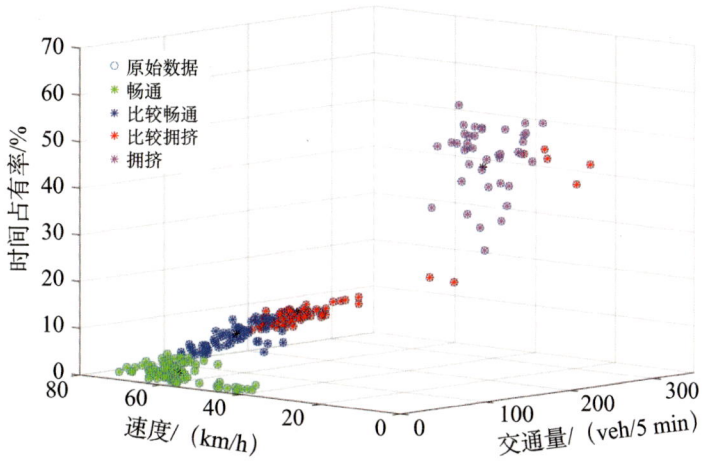

图 3 - 1 - 5　采用 OWF 算法得到的聚类效果图

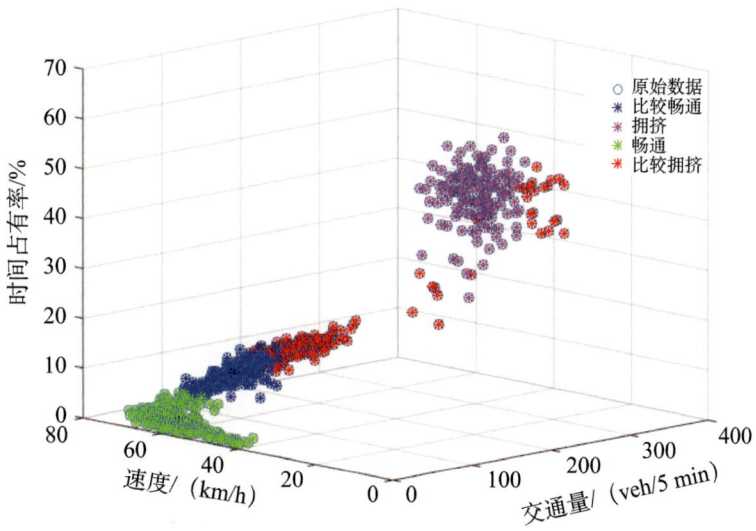

图 3 - 1 - 6　3 天数据的交通状态聚类效果图

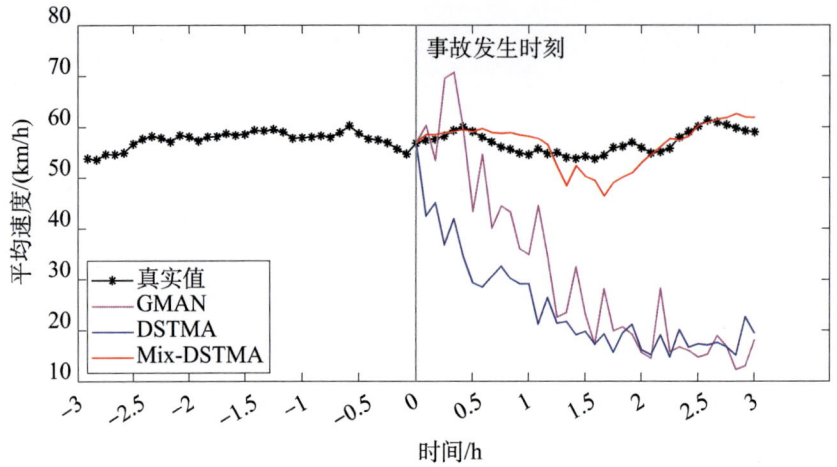

事故特征：
time：周五 13:39
milepost：169
severity：轻微
coltype：追尾
weather：晴朗

（a）事故发生地点附近第850号检测器

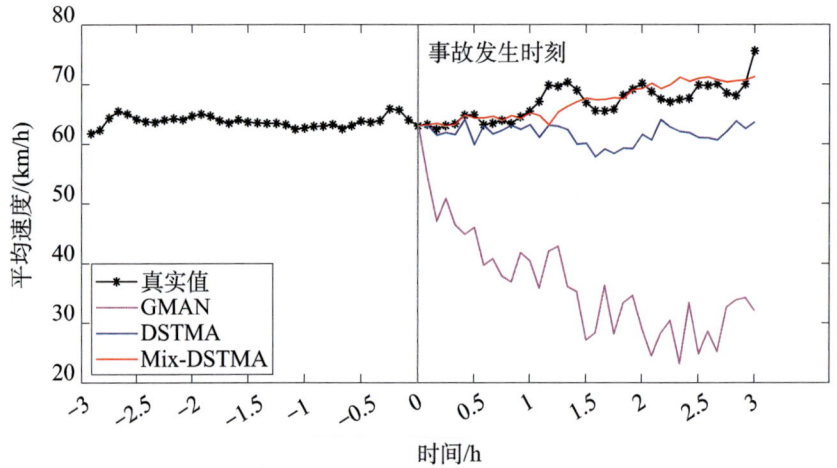

事故特征：
time：周四4:53
milepost：148
severity：轻微
coltype：侧碰
weather：晴朗

（b）事故发生地点附近第785号检测器

图4-3-1 轻微事故影响下各模型的速度预测对比图